教师教育融媒体教材

ZHONGWAI JIAOYU JIANSHI

中外教育简史（上）

第2版

王保星　杜成宪◎主编

北京师范大学出版集团
BEIJING NORMAL UNIVERSITY PUBLISHING GROUP
北京师范大学出版社

图书在版编目（CIP）数据

中外教育简史（上、下）/ 王保星，杜成宪主编. —2 版. —北京：北京师范大学出版社，2023.8（2025.7 重印）

教师教育融媒体教材

ISBN 978-7-303-28733-8

Ⅰ.①中…　Ⅱ.①王…　②杜…　Ⅲ.①教育史–世界–师范大学–教材　Ⅳ.①G519

中国国家版本馆 CIP 数据核字（2023）第 018146 号

出版发行：北京师范大学出版社 https://www.bnupg.com
　　　　　北京市西城区新街口外大街 12-3 号
　　　　　邮政编码：100088
印　　刷：保定市中画美凯印刷有限公司
经　　销：全国新华书店
开　　本：787 mm×1092 mm　1/16
印　　张：27
字　　数：570 千字
版　　次：2023 年 8 月第 2 版
印　　次：2025 年 7 月第 4 次印刷
定　　价：58.00 元

策划编辑：王建虹　　　　　　　责任编辑：岳　蕾　刘小宁
美术编辑：焦　丽　　　　　　　装帧设计：焦　丽
责任校对：陈　民　　　　　　　责任印制：马　洁

前　言

习近平总书记在全国教育大会上的讲话中指出："教育是国之大计、党之大计。"习近平总书记多次强调，要着力培养担当民族复兴大任的时代新人。党的二十大报告强调："培养什么人、怎样培养人、为谁培养人是教育的根本问题。育人的根本在于立德。全面贯彻党的教育方针，落实立德树人根本任务，培养德智体美劳全面发展的社会主义建设者和接班人。"如何贯彻好党的教育方针，将国家的人才培养目标落实于专业课程和教材，是本次教材修订的首要任务，也是需要认真思考和解决的问题。

多年前，作为教育学本科专业基础课，中外教育史都是单独设课。随着本科专业人才培养的发展，原来单设的中外教育史课程在绝大部分高校统合为"中外教育史"。这就给课程、教材建设带来新课题：如何在十分有限的课时里将内容十分丰富的教育史课程有质量地讲完？如何帮助学生形成正确的教育历史观、思维能力和掌握研究方法？这是在教材修订中我们反复思考的问题。

首先，中外教育史合为一本教材，按理说教材的两个组成部分应该融为一体，然而，以我们目前的能力尚不足以做到，于是就尽可能地在教材编写方面求得些一致。目前教材中外部分都分成四章，并以传统、转型、探索、改革来概括四章的主题，就是这种努力的体现。希望引导读者在阅读和使用本教材时，能够作一些比对甚而比较，增强对中外教育历史的整体观念和发展道路的意识。

其次，教育历史的发展是连续性和阶段性的统一，为了看清和说清教育历史的发展，就需要对历史作合理分期，把握其阶段性特点，进而把握其发展特点。本教材将中外教育历史划分为传统、转型、探索、改革四个阶段，表达了我们对教育历史发展的看法。

再次，就上编中国教育史部分而言，在章的设置上，本教材总体表现为"厚今薄古"，这是出于学习教育历史的现实立场，也是出于读者更便于理解当今教育的考虑。但我们也强烈意识到传统教育对于中华民族教育未来发展的重要性，所以讲述教育传统的一章实际上篇幅最大，差不多占教材上编的三分之一。在建立中国现代教育的过程中，我们希望能够更多关注中华民族优秀教育传统的传承。

最后，本教材依据中国教育史内容和形式特点，设计了诸多教材要素。如引介最为精辟的背景性论述，介绍历史上最为经典的教育家语录，列举能够帮助理解和掌握教育史知识点的关键术语，提供具有启发思考作用的分析材料……本教材立足于学，更多地关注能力训练，希望这些教材要素能够丰富教材的呈现形态，有利于学习和思维训练。

《中外教育简史》教材从2015年出版至今已历时八年，八年来得到诸多学校师生的支持，增加了我们的信心。此次修订还做了以下工作：其一，订正了书中存在的各种讹误；其二，反映了近年来学科研究发展的成果，修改了一些材料使用上、表述上和观点上的欠妥之处，以使教材的阐述更加准确；其三，删改了部分的内容或语句。

本教材在展现中国教育历史方面优点是"简"，不足也是"简"。建议有志于学习中国教育史的读者不应以本教材为满足。我们自信本教材能够提供进入中国教育史的门径，但要登堂入室还须扩大阅读量，更多地读一些其他教材甚或论著。

编者

2023 年 8 月

本书使用指南

本课程的发展历史

教育史作为一门课程，最早开设于京都于 1902 年分流师范学校寸寺寿科特别课程中，清京颁店来的上海寺门揖长学的的师聋中，也设定教育的课程。1904 年，京师范学堂将布寸实施了第一个定设学制（奏定学堂章程）（学命学制），亦有把"中外教育史"列为必修学科入学的学习科目，把"教育理论与应用教育史"作为比取得师范学堂分物科的第一系课程的研习科目。这便教育史课程由中国的定学制得到寸正认定。

19 世纪 80 年代后起，近世以下约始盛教育寺，遂官以 19 世纪末年被研的教育寺科，其内涵分初大方教育寺，也寺最大量中国教育史内外的。外寺今相对教育史的，近代中国小斯新式学堂和新定近代学制影在学的日本。新式学堂教育堂课程教的初，1904 年以前，当定学制中。在设定下第一个定设学堂（奏定学堂章程）（学命学制），亦有把"中外教育史"列为必修学科入学的学习科目，把"教育理论与应用教育史"作为比取得师范学堂分物科的第一系课程的研习科目...

中国教育史课程的发展历史

- 初创阶段（20 世纪初到 20 世纪 20 年代）
- 转型阶段（1949 年至 1976 年代）

中华人民共和国成立后，人文社会科学需要依据辩证唯物主义和历史唯物主义立场进行建设。为了适应国建设的迫切要求，1952 年，全国高校院系调整，高等师范院校对教育系的专业课师大为设立九九大课程，那教育学、教育史、心理学和教育学，而教育史又分设分设为中外教育史两大门，为了适应今全人门学科的学的第二学分。《教育史》在各学院开设后，研究馆当新在设置了 20 世纪初年这设育学堂分物初的第一系课程。调出国写馆也反在社会历史学革馆当寸 1910 年完编，作为 1925 年出版，作为此后大学和师范大寸中国教育史成熟的重要参考教材...

本课程的学习方法

中国教育史既是教育科学领域内的一门基础学科，也是历史学领域内的一门专史，具有双重性，这就决定了学习与研究本课程的特有方法。

中国教育史是一门基础学科，与其他大多数教育学科的区别在于，它不是以现实的教育实践和应用问题为研究对象，而是以过往的教育为研究对象。它研究和总结的是过去的教育问题和经验，由于社会变迁、时代兴替、今昔有比，从历史中获取能够对现实教育直接产生指导作用的成果，只要从对历史的研究中得出经验、发展规律，并为今日的教育提供借鉴。如果想要立字牢见地地从历史学习中寻找到解决当前面临的教育问题的良策，就是一种寻求。作为基础学科，中国教育史为教育领域里其他基础和理论学科一样，给予人的是学科意识的培养、学科理论的熏陶和学科使命感的养成，以而为专业地从事教育研究和实用教育工作奠定基础。

中国教育史是一门历史学科，与任何一门教育学科都有不同，它不是以正在不断变化的教育为研究对象，而是以诸多年代变化了的教育思想、理论、制度、学校、课程、教学、教材及其相关文化观念和风尚习俗为对象，因此，中国教育史研究教育，不是对教育的某一方面理论和实践问题作空间的横向展开，而是对中国教育的整体发生、发展过程作时间的纵向延伸。作为历史学科，中国教育史学科的唯一无二性体现在随着给人们对教育研究的历史进、即将成以发展的观念、过程的意识去认识和把握微教育问题，任何教育理论和实践问题都是历史地感悟的，任何教育学科都是历史认识的产物，中国教育史学科对人的训练功能与众不同就会在于养成人历史地感悟教育问题的习惯、意识和能力。

据此，学习和研究中国教育史应当遵循以下要求。

其一，史实的要求。历史是由诸多事实连接起来的过程，历史对开就是史实的展开。学习中国教育史，要求对中国历史上有关教育的实践、制度、政策、内容、方法、思想、理论等有基本的掌握，在此基础上把诸种教育发展革历程，把握它在不同历史时期特殊性和一般性特点。

其二，材料的要求。历史学科的重要特点最是依据事实材料作出判断和建立观点。学习中国教育史，要求理解和掌握有关中国教育的基本历史材料，尤其熟悉原始和代的典典论述而关键性史料，并维导熟此作出自己的分析和判断，从而养成有根据地陈述论的专业习惯。

其三，观点的要求。史观和材料是研究历史的两个重要基础。正确的史观是历史研究的灵魂。学习中国教育史，要求尝试着运用历史唯物主义和其他人文社会科学理论认识和分析中国历史上和现实中有关教育的各种现象，从中得出合理的结论和见解。

简要目录

详细目录

关键术语表

学在官府	学在官府是夏、商、西周文化教育的基本特征。主要表现是政教合一、官师合一、学术世袭。客观上使传播缺乏所限，"唯富有书图民无书，唯富有器而民无书、唯富有学而民无学，贵族垄断教育权利，庶人和平民缺乏受教育的权利和机会。显春秋时期，随着社会政治动乱、"天子失官、学术下移"，学术下移、私学兴起，学术和教育垄断状况被打破。
六艺	六艺是西周学校的主要教育内容，以之考察贵贱。起源于夏、商、即指礼（礼仪制度、道德规范）、乐（音乐、诗歌、舞蹈）、射（射箭）、御（驾车）、书（文字书写）、数（算法）六种科目，各有明确的学习、训练要求，也有以礼、乐、射、御为"大艺"，书、数为"小艺"，汉以后称"六艺"。
大学	大学是中国古代高等级学校。殷商中青文中的"大学"的记载。有关西周大学、传世文献和西周青铜铭文中的记载要多，并有多种名称。《礼记·王制》："大学在郊。天子曰辟雍，请侯曰泮宫。"战国时期开国辟雍下学官也可早昆，国辟雍下学官也可早昆高等性的高等学府，自汉武帝以后历代设立的太学、国子学、国子监等都属于官办大学，而大部分的书院也属大学性质。
小学	小学是中国古代初等学校。甲骨文已有大学的记载，即可知当年小学，西周的已多有小学的记载。《礼记·王制》："天子命之国，然后为学。小学在公宫南之左之。"其后各代继续设立，并有发展，且名称不一，官学称西四守（小学、学小学）；科举寺的太学、蒙馆、家塾、义塾等。近代小学始设于清末。而古代小学的传私塾消亡于 20 世纪 50 年代初。
性相近也，习相远也	性相近也，习相远也是孔子有关人性与教育问题的论点。语出《论语·阳货》："子日：性相近也，习相远也。"意谓人的先性（先天禀质）差异不大，因后天习染（教育、环境影响造成人的差异）却有着大变异。对贵族天生才质平高的的传统观念是重要冲击，成为人人都应受教育、人人都可教育的重要的理论基础。
有教无类	有教无类是孔子的教育主张。语出《论语·卫灵公》："子日：有教无类。"东汉马融注："言人所在见贵，无有种类。"意即不分贵贱、贫富、贤愚、地区、种族等，任何人都可成为教育对象。孔子的学生中来自各阶层者居多，大部分平民，且成分复杂。教育对象的扩大、体现其"举贤"的社会本主张，客观上顺应了文化下移的时代趋势。

本课程的发展历史：开始学习本课程之前，先了解了下它的发展历程。

本课程的学习方法：如何学习本课程，并进一步展开研究，方法至关重要。

简要目录：一个层级的简要目录让你一眼览尽全书的章目要点。

详细目录：三个层级的详细目录为你提供更具体的页码索引，并展现作者阐释每个章节的角度。

关键术语表：书后会对全书的关键术语做一个整体呈现，并配上解释。

章前栏目

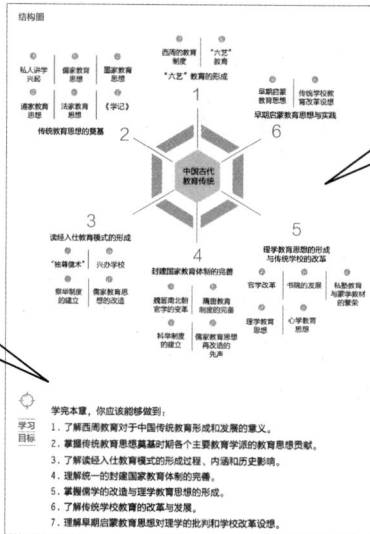

本章概述：学习每章之前，先了解一下它的内容概要。

章结构图：这张"地图"将助你在第一时间把握本章知识结构。

章学习目标：清楚学习目标，学习才能更高效。

读前反思：反思的问题将带你步入新的知识探索之旅。

章内栏目

节学习目标：完成每节学习目标，才能实现每章学习目标，直至掌握全书内容。

材料分析：丰富的案例助你更好地掌握理论，并在实践中灵活运用。

教育家语录：这里有教育家、哲学家、思想家……听一听他们的真知灼见吧。

第一节
"六艺"教育的形成

学习目标

了解西周教育对于中国传统教育形成和发展的意义。

中华大地很早就有人类存在和活动，随着人类的出现和社会的形成，教育这一特殊社会现象产生了，它以培养年青一代和传递文明成果为己的。考古研究表明，中国原始社会发展经历了两个阶段，即原始人群时期（约200万年前—5万年前）和氏族公社时期（约5万年前—公元前21世纪）。在第二阶段，教育发展的速度有所加快。在氏族社会晚期，文字和学校开始衍育，知识的积累和传授具备了文字充分的条件，教育发展开始加速，对教育的原始平等也逐渐被打破，教育的性质开始发生变化。夏代已进入有文字记载的文明时代，《古传》《国语》等古籍曾引用《夏书》材料，古代典籍《礼记·明堂位》《王制》等记述夏代已有学校，学校教育内容包括军事教育、宗教教育和人伦道德教育。商代已有了成熟的文字，甲骨卜辞保存了不少关于教育的材料，学校记已经确可考。学校有小学与大学之分，学校教育为贵族的特权，以培养神贤孝、孝敬善的未来统治者为目的，以礼乐为核心的"六艺"教育已显出初步形态。从卜辞文字中可以看出，当时人们对教育的认识已经相当丰富和深入，由此促成中国传统教育第一个发展高潮的到来。

一、西周的教育制度

西周是继殷商之后建立的一个农业大国家。西周政权的重要政治、经济特征是在分封制、井田制基础上实行宗法制和嫡尊卑制。这也决定了西周贵族对文化教育占有和教育权利上的严格等级性。西周建国后，为了维护统治，十分注重政治、文化和社会制度的建设，开始"制礼作乐"，形成了一套完整而繁复的礼制，其用意如同《礼记·曲礼上》所言，"定亲疏，决嫌疑，别同异，明是非"，"为礼以教人，使人以有礼，知自别于禽兽"。由此开创了"礼乐文明"，形成了较完整的学校教制度。

1. 学在官府

《诗·小雅·北山》"溥天之下，莫非王土；率土之滨，莫非王臣"，是对西周政治、经济状况的形象描述。在文化教育方面，西周的历史特征是学在官府，即一切文化教育事业均为贵族所占有、享受和管理。国家设立机构，设置官员，分司其职，世守其业，造成只有

材料分析

原文：不出户，知天下；不窥牖，见天道。其出弥远，其知弥少。是以圣人不行而知，不见而名，不为而成。（《老子·四十七章》）
（1）上述观点能够成立吗？
（2）我们学习中是否存在过老子所说的这种情景？

五、法家教育思想

管仲所作的《管子》被视为法家的思想渊源之一，其中以"礼、义、廉、耻"为国之四维，提出了"仓廪实，则知礼节；衣食足，则知荣辱"（《管子·牧民》），还与儒家思想相合。战国改革家商鞅（约前390—前338年）奠定了法制理论的基础，使法家与儒家形成对立。战国末韩非（约前280—前233年）为法家理论集大成者，其学说深刻影响了统一国家的建立。商鞅、韩非从进化的历史观导出了"法古王"的主张，又走向轻视传统文化的方向；从富国强兵的愿望导出了对"耕战"的倡导，又属于否定文化教育活动的偏颇；从建立君主专制的政治制度设计导出了对统一意志的强调，又属于私人讲学思想自由的狙喊。法家与儒家在教育上是他慈爱和行法知与讲仁义和行礼制的对立。法家代表作有《商君书》《韩非子》。

比较而言，儒家荀况的人性观只是一种有条件的性恶论，而法家则提出了彻底的性恶论。法家以趋利避害是人的本能，人不免于私心利之心，因此总是利己而不惜害人，人际关系就是利害关系；不能指望人自我觉善，却可以做到惟之为非作歹，这是对法家定位教育功能的基本立场。"夫严家无悍虏，而慈母有败子。吾以此知威势之可以禁暴，而德厚之不足以止乱也"（《韩非子·显学》），结论就是"父母之爱不足以教子"，无论是教人还是治民都应当用严，形成高压氛围，令人奉事就范，无道德教化之心，这种思想对后世有很大影响。

出于统一的需要，法家认为思想不统一的根本原因在于政教允许，致励私人讲学各鸣其说，蛊惑人心，扰乱法制，造成乱上反世，所以必须禁绝，以绝私人讲学活动非不劳动生产，却享有超过劳动生产的大部分社会财富，这种观念不合理，是为了误诱的社会予治，所以必须改变。为杜绝产生"二心"，必须禁私学、绝诗书，不准人思想、言论、让摒、卿夸知分动者向生产者者许，并敷除安定生产稳定的农民、士兵，以求富国强兵，从而法家提出了重农抑的教育，开创了中国专制思想统治的先河。

与此相应，法家提出"以法为教""以吏为师"，表达了对教育内容、方式和施教者的特殊理解，即迄今之外无教育内容，官吏之外无教导者。官史传播法令，实施普遍的法制教育，使维护专制统治的政治、经济、思想、文教等社会学家喻户晓，归摒皆知，深人人心。官

高校招生过程中出现的各种违规违法案件的查处力度，有效地遏制了一些长期存在的突出问题。加群众反映强烈的"高考移民"、舞弊、招生腐败等。义务教育阶段就近摒户籍所在地，实行就近入学，不少大中城市刚实行就近入学。

第四是关注安全和学生健康，为青少年成长提供良好的环境。以人为本、健康第一等教育理念深深入人心，许多学校纷纷建立健全安全校园、文明校园、健康校园的活动，加强了安全管理和安全教育，落实安全责任制。尤其是中小学的校车安全问题，引起了全社会的广泛关注，2012年3月，国务院授特别为此出台了《校车安全管理条例》。

教育家语录

校长要成为教育家，须有丰富的智力助力生活，质是文化人、文明人，身上有书卷气，思维十分活跃，所谓"活跃"，不是花哨细新，表面文章，形式主义，而是审时度势，因时制势，通晓教育规律，独立思考，努力创新。既要有历史的眼光，又要有掌握时代信息的能力，思想敏锐，脚踏实地。

一名校长，就是一所学校，反映学校的内涵，学校的内部，学校的精神，学校的办学质量，因此，他的思想、品德、气度、言行包含着对教育的特质，学生的期待，他应是学校的青春，顶住学校一片天，以人格塑造人格，以精神激励精神，春风化雨，恩泽师生。

——于漪《岁月如歌》

四、《国家中长期教育改革和发展规划纲要（2010—2020年）》

20世纪80年代始，中国基本上每隔10年左右颁布一次教育改革发展的指导性文件，21世纪的一个十年基本上是贯彻执行《面向21世纪教育振兴行动计划》，2008年8月，教育部启动21世纪第二个十年规划的研制工作。2010年7月，中共中央、国务院印发《国家中长期教育改革和发展规划纲要（2010—2020年）》（以下简称《规划纲要》），各省区市根据国家规划，结合地方特点，相继制定了本地区的教育发展规划纲要。

改革开放以来，我国社会主义教育事业取得了举世瞩目的成就，建成了世界最大规模的教育体系，基本解决了"有学上"的问题，保障了亿万人民群众受教育的权利。21世纪头十年，中国改革开放已处于转折期，进入深水区，正谋求转变经济增长方式、建设创新型国家、增进人民福祉。如要全面建成小康社会，面教育的发展还不能适应国家现代化建设新阶段、新形势提出的更高要求，不能满足人民群众"上好学"的新期盼。因此，必须优先发展教育，长远谋划教育改革发展蓝图。

《规划纲要》主要涉及的内容包括以下几个方面。

关于普及教育，提出在普及九年制义务教育的基础上，向两端延伸，实现高水平的普

章后栏目

5. 1986 年 4 月，《中华人民共和国义务教育法》："义务教育必须贯彻国家的教育方针，努力提高教育质量，使儿童、少年在品德、智力、体质等方面全面发展，为提高全民族的素质，培养有理想、有道德、有文化、有纪律的社会主义人才奠定基础。"

6. 1995 年 3 月，《中华人民共和国教育法》："教育必须为社会主义现代化建设服务，必须与生产劳动相结合，培养德、智、体等方面全面发展的社会主义事业的建设者和接班人。"

7. 2002 年 11 月，中共十六大报告对党的教育方针作了进一步的丰富和发展，将之扩展为："坚持教育为社会主义现代化建设服务，为人民服务，与生产劳动和社会实践相结合，培养德智体美全面发展的社会主义建设者和接班人。"

以上是不同时期关于共和国教育方针的表述，请分析以下问题。

(1) 这些表述对新中国的教育作出了哪些规定？

(2) 这些表述中哪些内容是不变的？哪些内容是变化的？

本章小结

当代中国教育发展呈现出非常强烈的历史阶段性，以及一定的反复性（"钟摆现象"）。改革开放前，教育发展道路与国家的政治形势一样充满曲折，但在曲折中完成了社会主义教育事业的奠基，人民大众教育得到了基本保障。改革开放后，教育发展趋于平缓，主要着力于中的体制改革和课程教学改革，注重内涵式发展。教育与社会的关系内涵表现为两种不同的形态；改革开放前，教育受到国家政治形势和经济建设的直接干预，甚至成为政治运动的主战场，如十年"文化大革命"时期。改革开放后，教育的相对独立性受到尊重，通过人才培养、科学研究来为社会政治经济发展提供所需的人才支持和技术支持；同时，教育内部的各项改革既关注国家建设需要，也照顾教育自身的发展特点。几十年来，中国教育体制改革随着经济和社会的发展不断深化。宏观方面，从集权体制过渡到集权与分权相结合，建立分级管理模式，扩大学校办学自主权，例如，基础教育实行负责制，高考模式以统一考试到分省考试，部属重点大学实行中央与地方共建等；微观方面，重视各类学段的课程与教学改革，从注重知识的授受过渡到注重知识的生成，培养创造性人才，例如，实施素质教育，开展基础教育课程改革，提升高校教育质量等。新中国成立 70 多年来，经过几代人的艰辛努力，中国教育已完成了普及九年义务教育和高等教育大众化等重大历史使命，解决了"有学上"的问题。放眼未来，将更加关注办学质量，力促教育公平，切实办好人民满意的教育，解决"上好学"的问题。

总结 >

关键术语

院系调整　学习苏联经验　"教育大革命"　"三个面向"

"普九"　科教兴国　素质教育　高等教育大众化

章节链接

在这一章，你读到——	在其他章节中，你将发现相关的讨论——
社会主义教育建设的开展	第三章第三节　新民主主义教育的论述
"文化大革命"时期的教育	第三章第一节　国民政府的教育建设
建设中国特色社会主义教育和社会主义教育改革的深化	第二章第一节　洋务学堂兴办、第二节　维新派的教育实践和近代学制建立、第三节　民主教育体制的形成

应用 >

批判性思考

1. 当代中国教育发展可以分为哪几个历史阶段，各有什么阶段的特点？

2. 如何评价苏联教育理论和教育经验对中国教育发展的影响？

3. 学术界对 21 世纪基础教育课程改革争论的焦点有哪些？你怎么看？

体验练习

以下一些自测题可以帮助自己了解对本章一些内容的掌握情况。

一、下列每题给出的选项中，只有一个选项是符合题意要求的。

1. 新中国成立初期设立的工农速成中学，其性质属于（　　）。

A. 普通教育　B. 职业教育　C. 专业教育　D. 终身教育

2. 1951 年开始的高等学校院系调整，其重要目的在于加强工科教育和（　　）。

A. 理科教育　B. 文科教育　C. 师范教育　D. 通识教育

3. 20 世纪 50 年代后期和 60 年代前期，刘少奇提出"两种教育制度，两种劳动制度"，是为了（　　）。

A. 提高专业教育水平　B. 有效推广勤工俭学

C. 大力开展职业教育　D. 加快教育普及步伐

4. 1985 年《关于教育体制改革的决定》中提出有步骤地普及九年义务教育的目标，其中关于发展基础教育的责任，提出的原则是（　　）。

A. 中央负责，地方落实　B. 地方负责，中央配合

C. 中央负责，分级管理　D. 地方负责，分级管理

5. 在 1999 年《中共中央国务院关于深化教育改革，全面推进素质教育的决定》中，要求将素质教育从中小学教育延伸到（　　）。

A. 高等教育　B. 职业教育　C. 社区教育　D. 全部教育

二、要求判断正误，并说明理由。

1. "实施无产阶级教育革命，必须有工人阶级领导。"

2. "不能让我们的孩子输在起跑线上！"

拓展 >

补充读物

1　杜成宪.《共和国教育 60 年》. 广州，广东教育出版社，2009.
本书分四个历史阶段（1949—1965 年，1966—1976 年，1977—1991 年，1992—2009 年），详述当代中国教育的发展演变，图文并茂。

2　徐小洲.《中国教育 60 年》. 杭州，浙江大学出版社，2009.
本品分分析六个方面：初中教育、中等教育、高等教育等，详述当代中国教育事业的发展，可与前书参阅行五各的阅读。

3　李国钧，王炳照.《中国教育制度通史（第八卷）》. 济南，山东教育出版社，2000.
本书系统阐述中华人民共和国成立后教育制度的沿革、变革、发展。

4　中华人民共和国教育部.《新中国教育五十年》. 北京，人民教育出版社，1999.
本书要事记之，以大量详实资料回顾新中国成立以来 50 年教育的历程。

5　王炳照，阎国华.《中国教育思想通史（第八卷）》. 长沙，湖南教育出版社，1994.
本书阐述了当代中国马克思主义教育思想的发展、变化，要点研究当代中国重要教育家的教育思想。

本章小结：这里概述了每章的重要知识点，方便进行复习和回顾。

关键术语：每章后为你提供了本章的关键术语。

章节链接：知识之间是有联系的，章节链接为你提供了这种指引，它能让你的知识融会贯通。

批判性思考：这里通过提问的方式引导你进一步思考。

体验练习：练习能深化你对知识的学习，并助你查漏补缺。

补充读物：这里为你的学习提供了更广阔的阅读空间。

本课程的学习方法

中国教育史既是教育科学领域内的一门基础学科，也是历史学领域内的一门专史，具有双重性，这就决定了学习与研究本课程的特有方法。

中国教育史是一门基础学科，与其他大多数教育学科的区别在于，它不是以现实的教育实践和应用问题为研究对象，而是以过往的教育为研究对象。它研究和总结的是过去的教育问题和经验，由于社会变迁、时代兴革，从历史中难以获取能够对现实教育直接产生指导作用的对策，只能从对历史的研究中得出经验、发现规律，并为今日的教育提供借鉴。如果想要立竿见影地从历史学习中寻找到解决所面临的教育问题的良策，就是一种苛求。作为基础学科，中国教育史与教育领域里其他基础和理论学科一样，给予人的是学科意识的培养、学科理论的熏陶和学科使命感的养成，从而为专业地从事教育研究和实际教育工作奠定基础。

中国教育史是一门历史学科，与其他任何一门教育学科都有不同，它不是以正在不断变化的教育为研究对象，而是以不再变化的教育为研究对象，即以过往年代的教育思想、理论、制度、学校、课程、教学、教材及其相关文化观念和风俗习惯等为对象。因此，中国教育史研究教育，不是对教育的某一方面理论和实践问题作空间维度的横向展开，而是对中国教育的整体发生、发展过程作时间维度的纵向展述。作为历史学科，中国教育史学科的独一无二性体现在能帮助人们形成教育研究的历史感，即养成以发展的观念、过程的意识去认识和把握教育问题。任何教育理论和实践问题都是历史地形成的，任何教育学科也是历史的产物，中国教育史学科对人的训练功能的与众不同处就在于养成人历史地看教育问题的习惯、意识和能力。

据此，学习和研究中国教育史应当遵循以下要求。

其一，史实的要求。历史是由诸多事实连接起来的过程，历史的展开就是史实的展开。学习中国教育史，要求对中国历史上有关教育的实践、制度、政策、内容、方法、思想、理论等有基本的掌握，在此基础上把握中国教育发展变革历程，把握它在不同历史时期特殊性和一般性特点。

其二，材料的要求。历史学科的重要特点就是依据事实材料作出判断和建立观点。学习中国教育史，要求理解和掌握有关中国教育的基本历史材料，尤应熟练知晓其中的经典性论述和关键性史料，并懂得据此作出自己的分析和判断，从而养成有根据地说话的专业习惯。

其三，观点的要求。史观和材料是研究历史的两个重要基础，正确的史观是历史研究的灵魂。学习中国教育史，要求尝试着运用历史唯物主义和其他人文社会科学理论认识和分析中国历史上和现实中有关教育的各种现象，从中得出合理的结论和见解。

本课程的发展历史

　　教育史作为一门课程，最早开设于张謇于 1902 年办通州师范学校寻常师范科的课程中。而在稍后兴办的上海龙门师范学校的课程中，也设有教育史课程。1904 年，清政府颁布并实施了第一个法定学制《奏定学堂章程》（癸卯学制），章程把"中外教育史"列为经学科大学的学习科目，把"教育理论与应用教育史""教育史"作为优级师范学堂分类科第一至第四类学科的学习科目，这使教育史课程在中国的法定学制中得到认定。

　　19 世纪 80 年代前后，日本开始编著教育史，通常以《内外教育史》的方式成书，其内篇介绍东方教育史，包含着大量中国教育史内容，外篇介绍西方教育史。近代中国办新式学堂和制定近代学制多借鉴于日本，新式学堂教育史课程最初的教科书也多译自日本。中国学者撰写的第一本中国教育史著作是黄绍箕、柳诒徵所著的《中国教育史》。曾担任京师大学堂总办及编书局、译学馆监督的黄绍箕于 20 世纪初年提出设想，并着手研究和编撰准备，拟出编写大纲，该大纲后由历史学者柳诒徵于 1910 年完稿，约在 1925 年出版。此书虽未能完成作者的最初愿望——成为清末新式学堂的教科书，但在之后的年代里始终是大学中国教育史课程的重要参考教材。

中国教育史课程的发展历史 ▶

1 初创阶段（20 世纪初到 20 世纪 20 年代）

3 转型阶段（1949 年至 1976 年）

　　中华人民共和国成立后，人文社会科学需要依据辩证唯物主义和历史唯物主义进行重建。为了适应国家建设的迫切需要，1952 年，全国高校院系调整，高等师范教育得到加强。高师的教育学专业课程大致由几大块构成，即教育学、教育史、心理学和教学论，而教育史又分设为中国教育史和外国教育史两大门。为了适应专业人才的培养需要，又逐渐形成了不同层次的教育史课程，即作为专业课的中国（外国）教育史和中国（外国）教育文选及作为专业选修课的教育史专题研究（如教育人物研究、断代教育史研究、专题教育史研究）。这样就形成以基础性的专业课（中国教育史）为核心，以深化的专业课（教育文选或原著）和拓展的选修课（教育史专题研究）为辅的教育史课程体系。在 20 世纪 50 年代后期和 60 年代初期，华东师范大学和北京师范大学先后招收了中国教育史专业研究生，更是对高师院校中国教育史学科、专业、课程建设和人才培养产生了积极影响。在重建的大学教育学科课程中，理论和历史的地位得到了很大加强。

简要目录

详细目录

第一章

中国古代教育传统

本章概述

　　本章阐述中国传统教育的形成、发展、改革和完善过程。主要包括以下阶段：西周的教育制度与"六艺"教育的形成；春秋战国思想争鸣、私人讲学兴起和教育实践、教育思想流派纷呈；汉代倡导"独尊儒术"，创造了读经入仕的传统教育模式；隋唐时期建立完备的学校制度，封建国家教育体制臻于完善；宋明理学实现对儒学的改造，中国传统教育思想趋于成熟；明清之际早期启蒙教育思想对理学教育的批判，中国传统教育内部呈现变革趋势。

结构图

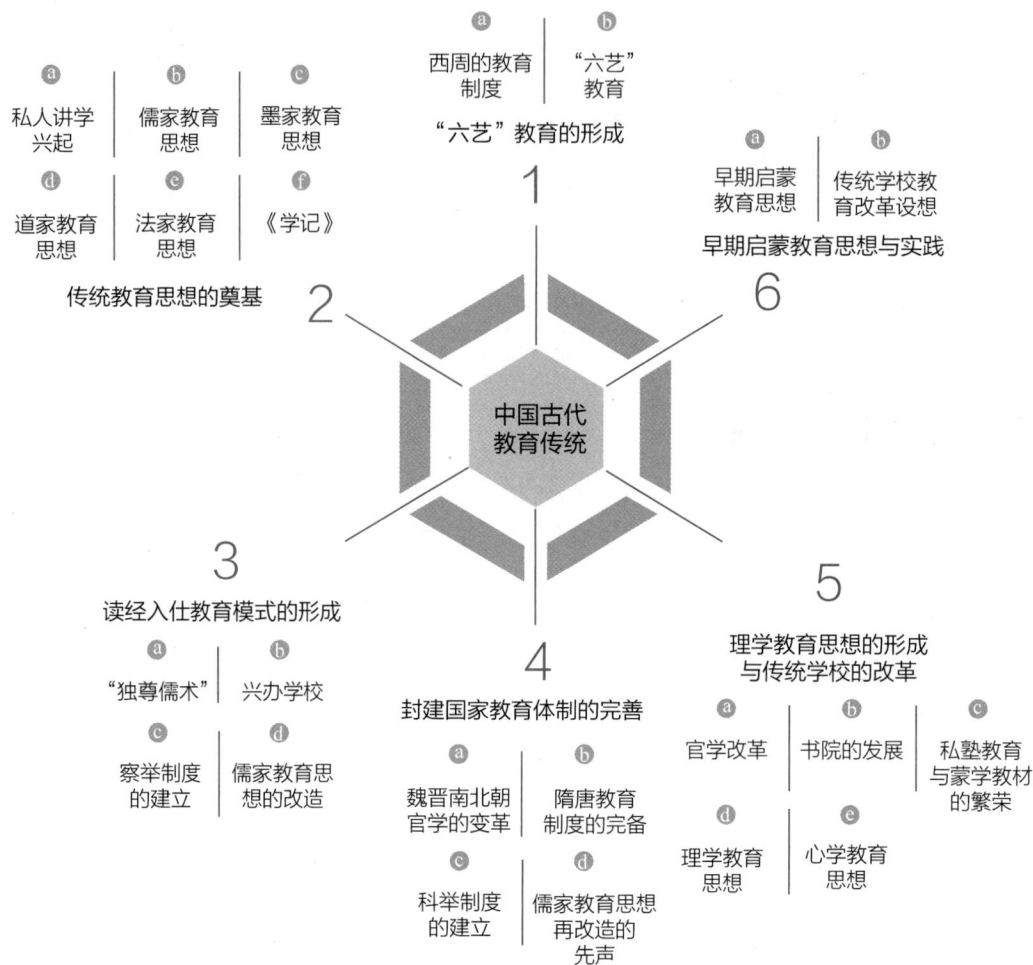

中国古代教育传统

1 "六艺"教育的形成
ⓐ 西周的教育制度
ⓑ "六艺"教育

2 传统教育思想的奠基
ⓐ 私人讲学兴起
ⓑ 儒家教育思想
ⓒ 墨家教育思想
ⓓ 道家教育思想
ⓔ 法家教育思想
ⓕ 《学记》

3 读经入仕教育模式的形成
ⓐ "独尊儒术"
ⓑ 兴办学校
ⓒ 察举制度的建立
ⓓ 儒家教育思想的改造

4 封建国家教育体制的完善
ⓐ 魏晋南北朝官学的变革
ⓑ 隋唐教育制度的完备
ⓒ 科举制度的建立
ⓓ 儒家教育思想再改造的先声

5 理学教育思想的形成与传统学校的改革
ⓐ 官学改革
ⓑ 书院的发展
ⓒ 私塾教育与蒙学教材的繁荣
ⓓ 理学教育思想
ⓔ 心学教育思想

6 早期启蒙教育思想与实践
ⓐ 早期启蒙教育思想
ⓑ 传统学校教育改革设想

⊕ **学习目标**

学完本章，你应该能够做到：

1. 了解西周教育对于中国传统教育形成和发展的意义。

2. 掌握传统教育思想奠基时期各个主要教育学派的教育思想贡献。

3. 了解读经入仕教育模式的形成过程、内涵和历史影响。

4. 理解统一的封建国家教育体制的完善。

5. 掌握儒学的改造与理学教育思想的形成。

6. 了解传统学校教育的改革与发展。

7. 理解早期启蒙教育思想对理学的批判和学校改革设想。

读前
反思

　　读者在学习中国教育史课程时通常会产生一些疑问，例如，中国历史上的教育人物众多、事实繁富，似乎很难理出头绪来，不知如何去把握它的发展脉络？再如，我们今天所使用的教育理念、理论和话语体系，主要是近代以来从西方传入中国的，那么，中国历史上的教育有怎样令人信服的贡献？在开始阅读本章之前，请你先思考以下几个问题。

1. 你关于中国教育历史的认识是从何而来的？任何人学习和研究历史时都是带着一定的观念进入的，这种观念是不是也需要得到验证呢？

2. 你可能已经学过教育学、外国教育史等以西方的教育理论和话语方式为主的知识体系，并对这套知识体系已经比较熟悉和适应了，请你设想一下，中国教育的历史会是怎样的一套知识体系呢？

3. 当今世界的教育话语从内容到形式主要是西式的，但在历史上中国有自己的教育体系，这种教育体系长期存在、发展，并不断地塑造着中华民族一代又一代的人，使中华民族屹立于世界民族之林，它是凭借什么实现这一点的呢？

我国学校教育，在现代的意义上，严一点说，只占着三十年；宽一点说，也只占着七十年的历史。① 但我们是一个历史最悠久的国家；从虞夏时代算起，也有四千余年的历史了。难道这四千年来，立国于大地，我们没有教养国民、传递文化的方法和精神吗？当然有的！只是和现代截然不同罢了。

——孟宪承《新中华教育史》

中国是一个有着悠久而深厚的文化教育传统的国家。中国古代教育从原始氏族公社时期起，到 1862 年京师同文馆的创办，先后形成几个发展阶段，即：以"六艺"教育为标志，形成有国学与乡学之分、大学与小学之别的西周官学教育制度，为后世教育建设积累了思想资源；以私学的人才培养和学术传承为载体，形成以儒、墨、道、法为主的各派教育思想争鸣，涌现出孔丘、孟轲、墨翟、老聃、庄周、荀况等代表性教育家和标志性教育理论著作《大学》《中庸》《学记》《乐记》的春秋战国教育，为中国传统教育思想和实践奠定了基础；确立"独尊儒术"的文教政策，创办太学，建立察举制度，开始读书入仕时代的汉代经学教育，形成了传统教育内部的稳定结构；以经学教育为主导，形成完备的教育管理体制和学校体系，并开始与科举考试制度结合的隋唐教育制度，推动封建国家教育体制达到鼎盛；以官学改革为教育变革先导，以私学为儒学价值观传播渠道，以书院为学术活动和学派传承中心，推动儒学教育实现改造的宋明理学教育，标志着中国传统教育基本定型；倡导实学、批判理学、非议科举、提出未来学校蓝图的明清之际早期启蒙教育思潮，反映出中国传统教育内部酝酿着变革。中国传统教育对维护国家的统一，促进民族的融合，保障民族文化传统的传承与更新发挥了重要作用。

---

① 孟宪承著《新中华教育史》由上海中华书局于 1932 年出版。距清政府 1904 年 1 月颁行《奏定学堂章程》（癸卯学制）将近 30 年，距 1862 年创办京师同文馆恰好 70 年。故文中说，我国现代意义的学校教育，严格一点说，只有 30 年；宽泛一点说，也只有 70 年。

第一节
"六艺"教育的形成

学习目标

了解西周教育对于中国传统教育形成和发展的意义。

中华大地很早就有人类存在和活动。随着人类的出现和社会的形成，教育这一特殊社会现象产生了，它以培养年青一代和传递文明成果为目的。考古研究表明，中国原始社会发展经历了两个阶段，即原始人群时期（约 200 万年前—5 万年前）和氏族公社时期（约 5 万年前—公元前 21 世纪）。在第二阶段，教育发展的速度有所加快。在氏族社会晚期，文字和学校开始萌芽，知识的积累和传授具备了更充分的条件，教育发展开始加速，而教育的原始平等也逐渐被打破，教育的性质开始发生变化。夏代已进入有文字记载的文明时代，《左传》《国语》等古籍曾引用《夏书》材料。《礼记·明堂位》《礼记·王制》等篇还记载了夏代已有学校，学校教育内容包括军事教育、宗教教育和人伦道德教育。商代已有了成熟的文字，甲骨卜辞保存了不少有关教育的材料，学校也已确切可考。学校有小学与大学之分，学校教育成为贵族的特权，以培养尊神重孝、勇敢善战的未来统治者为目的，以礼乐为核心的"六艺"教育已显出初步形貌。从卜辞文字中可以看出，当时人们对教育的认识已经相当丰富和深入。由此促成中国传统教育第一个发展高潮期的到来。

一、西周的教育制度

西周是继殷商之后建立的一个农业国家。西周政权的重要政治、经济特征是在分封制、井田制基础上实行宗法制和世卿世禄制。这也决定了西周贵族对文化教育的占有和教育权利上的严格等级性。西周建国后，为了维护统治，十分注重政治、文化和社会制度建设，开始"制礼作乐"，形成了一套完整而繁复的礼制，其用意如同《礼记·曲礼上》所言，"定亲疏，决嫌疑，别同异，明是非"，"为礼以教人，使人以有礼，知自别于禽兽"。由此开创了"礼乐文明"，形成了较完整的学校制度。

1. 学在官府

《诗·小雅·北山》："溥天之下，莫非王土；率土之滨，莫非王臣"，是对西周政治、经济状况的形象描述。在文化教育方面，西周的历史特征是学在官府，即一切文化教育事业均为贵族所占有、享受和管理。国家设立机构，设置官员，分司其职，世守其业，造成只有官府有学，民间私家无学可言。

学在官府反映了文化教育的垄断局面，具体表现为：其一，唯官有书而民无书。由于生产力水平的低下和知识载体的原始，书本是笨重的竹简、木牍，书写工具是粗拙的刀笔，书籍的制作不仅工作十分繁重，而且代价十分昂贵。由于书籍的制作和复制极其不易，只有官府有能力做到，书籍也只能藏之秘府，由专门的职事官员掌管，民间难知其详。其二，唯官有器而民无器。"六艺"中的礼、乐、射、御既是当时重要的学术，也是学校教育中重要的学习科目，这些科目需要通过动作操练而形成技能技巧，必须借助器物设施才能开展学习和演练，很多项目还需要众人合作，所需器物更多。礼、乐、射、御之器也只有官府有能力拥有和掌握。其三，唯官有学而民无学。在宗法制度之下，子承父业，父子世官，贵贱终生，谓之"畴人"。因学术官守，为官之人学有专守，术有专攻，子入官府，各从父学。官府是学术传授基地，学术传授是为了职官的传递。因此，只有官学而无私学，文化教育为贵族所垄断，庶人和平民很难平等享有教育权利。

2. 小学

西周时期，设在国都的学校称为国学，又有小学与大学之分。据《礼记·王制》记载："小学在公宫南之左，大学在郊。天子曰辟雍，诸侯曰泮宫。"

西周的小学见载于周康王时的《大盂鼎》等青铜器铭文。贵族子弟幼时通常接受家庭教育，教以基本的生活常识、行为习惯和初步的待人接物礼数。8岁始离家出外入小学，小学在王宫近旁，王宫侍卫官师氏、保氏兼任小学师长。小学的目标在于业小道，履小节。小学教育主要包含德、行、艺、仪，实际上是关于贵族的道德行为、基本常识、生活技能和身体仪态等方面的训练。其中，尤其注重孝亲父母、友尊贤良、顺事师长一类德行的培养，为造就有德行和武功的未来统治者打下基础。

西周时期贵族子弟的早期教育过程如下。

子能食食，教以右手。能言，男唯女俞（唯、俞都为应答之声）。男鞶革，女鞶丝（鞶为盛手巾小囊，男皮制，女丝制）。六年，教之数与方名（四方之名）。七年，男女不同席，不共食。八年，出入门户及即席饮食，必后长者，始教之让。九年，教之数日（朔望与六甲）。十年，出就外傅，居宿于外，学书计。……十有三年，学《乐》……二十而冠……三十而有室……

女子十年不出，姆教婉娩听从，执麻枲，治丝茧，织纴组紃，学女事，以共衣服。……十有五年而笄……（《礼记·内则》）

3. 大学

西周的大学也见于《麦尊》等青铜器铭文。大学教育也为太子、王子，诸侯和卿大夫之长子、嫡子等贵族子弟所专享，平民中极个别的优秀青年须经严格的推荐考核程序才能进入。大学入学年龄通常始于 15 岁，按《礼记·学记》记载，完成大学学业需要 9 年。大学设在郊外开阔地带，天子的大学四周环水称作辟雍，诸侯的大学半周环水称作泮宫，体现出等级的差异。大学的择址、布局、设施体现出射、御教学和演练的实战需要。据古籍记载，大学的堂室分处不同方位而有不同的用途和名称，如东序（东学）学干戈羽籥，瞽宗（西学）习礼仪，成均（南学）学乐，上庠（北学）学书。

大学的目标在于学大艺，履大节，培养有德有仪、能征善战的未来统治者。西周王朝的"国之大事，在祀与戎"，祭祀需要学习礼乐，从戎需要学习射御。大学实行分科教学，首重礼乐，射御次之，书数又次之。无论是礼乐还是书数，较之小学阶段，内容更为丰富，程度更为提高。大学的课程与教学已具有明显的计划性，《礼记·文王世子》记载："春夏学干戈，秋冬学羽籥"，"春诵，夏弦"，"秋学礼，冬读书"。并有专门的场地和专门的职事官员施教。

4. 乡学

西周都城称为国，城外围若干里范围称为郊，郊之外的广大地区称为野。在郊外六乡行政区中所设的地方学校统称为乡学。据《礼记·学记》："古之教者，家有塾，党有庠，术有序，国有学。"塾、庠、序是地方学校。有学者认为，西周在地方行政组织的基础上相应设立乡校、州序、党庠、家塾等地方学校，分别由各级地方官员负责，又由中央政府负责民政的官员司徒领导。乡学教育的课程包括德、行、艺，据《周礼·地官司徒》记载，"一曰六德：知、仁、圣、义、忠、和；二曰六行：孝、友、睦、姻、任、恤；三曰六艺：礼、乐、射、御、书、数"。教育的要求与国学接通。乡学实行定期的考试选拔，将优秀者逐级举送至国学深造。对于不服从教导者，则先教后罚，予以惩戒。

🔊 教育家语录

设为庠序学校以教之。庠者养也，校者教也，序者射也。夏曰校，殷曰序，周曰庠，学则三代共之，皆所以明人伦也。

——《孟子·滕文公上》

西周教育制度显得相当完善，通常认为含有后世儒家学者想象、美化和附会的成分，但其构想了国学与乡学的国家教育制度，区分了小学与大学并以 15 岁为分界的学校层级结构，根据小学与大学的教育目标、特点不同考虑择址、布局和设施，根据季节时令安排课程与教学，通过考试逐级从地方向中央举送优秀人才，这些都对后世封建国家的教育实践有很大影响。

二、"六艺"教育

"六艺"含礼、乐、射、御、书、数六科。"六艺"教育源于夏，发展于商，充实、完善于西周。"六艺"是西周教育的代表，体现了中国古代教育所达到的水平。西周无论国学还是乡学，小学还是大学，都以"六艺"为基本科目，只是在内容的深浅、要求的高低上有所不同。"六艺"大致可以分成三组，即礼乐、射御、书数，体现了不同的教育意图和功能。

1. 礼乐

礼乐教育是"六艺"教育的核心，体现在国家政治、宗法制度、社会生活、日常行止的方方面面，贯穿了思想政治、道德品行、情感节操的教育。礼与乐密切配合，相辅相成，凡行礼之时之地都需要有乐，而乐也不能避开礼的要求。礼的教育内涵很广，凡政治、伦理、道德、礼仪、历史、宗教、社会、风俗等，都包含其中，社会生活各方面都不能无礼。学校中所教之礼，主要是指"五礼"，即祭祖示神的吉礼、哀邦忧国的凶礼、外交睦邻的宾礼、征讨攻伐的军礼、亲和民众的嘉礼，以及与之相应的各种仪容。由此使行动合乎规范，以显示贵族尊严，以利于治国理民。乐的教育也有着丰富的内涵，包含了诗歌、音乐、舞蹈、田猎和各种娱乐活动的教育，也包含了思想、道德、审美等教育意蕴。乐的教育要求掌握中、和、祇、庸、孝、友等乐德，兴、道、讽、诵、言、语等乐语，《云门大卷》等各种形式的乐舞，这显示了贵族高雅的艺术道德和技艺修养。乐的教育不仅仅是艺术教育，它与礼的教育一起培养了年青一代的政治思想、道德品行、品位情操。对于个人的修养而言，乐以修内，礼以修外。对于国家和社会的治理而言，"移风易俗，莫善于乐；安上治民，莫善于礼"。

2. 射御

射御教育实施的是军事训练。射指射箭的技术训练，御指驾驭马拉战车的技术训练，以造就身体强健、技艺娴熟、"执干戈以卫社稷"的战士。射的教育从男孩出生时就已开始，例如，在门左挂弓、举行射的仪式，表示男儿志在御四方、保国家，不能射就不称男子之职。习射的要求有射时的准确度、速度、力度和仪态，并且十分讲究射时的礼节规范。贵族重视习射，每年大祭前例行赛射，选拔武士；诸侯每年向天子贡士，也试射以定弃取。御的教育同样受到重视，贵族子弟常以擅御与否区别长幼。习御的要求有五项，归纳起来就是御时的节奏、灵活性、控制力、准确性、速度和仪态。西周早期的射御教育要求十分严格，更多地追求实战效果，后来则渐渐流于形式。

3. 书数

书指文字读写，数指算法，书数教育落实的是文化知识教育。书的教育既包括文字的认读和书写，也包括掌握汉字造字的"六书"之法，即象形、指事、会意、形声、转注、假借，以此了解汉字的字音、字形、字义之道。数的教育则从最初浅的数字、计数、运算，到较深的"九数"之法，即方田、粟米、差分、少广、商功、均输、方程、赢不足、旁要。"九数"后来发展成《九章算术》。书数的教育在小学和大学阶段就有程度深浅的不同，或理解深浅的不同。大学阶段还将《诗》《书》列入知识课程之中。书数教育在"六艺"中被称为"小艺"，位居"六艺"之末，表现了西周教育的政治和伦理的导向性。

"六艺"教育是西周教育的特征和标志，包含了多方面的教育因素。它既重道德，也重知识；既重文化，也重技能；既重文事，也重武功；既重礼仪规范，也重情感精神。有和谐发展的意味，成为后代人们的理想教育模式，每每借之评点时弊，阐发己见。西周晚期，"六艺"教育发生了蜕变，表现出重德、主文的形式化倾向，而离实用和身体训练渐远，这影响了后世中国教育一些特点的形成。

第二节
传统教育思想的奠基

学习目标

掌握传统教育思想奠基时期各个主要教育学派的教育思想贡献。

按照"战国封建说"，春秋时期是我国奴隶制崩溃而向封建社会转型的社会大变革时期。社会经济的发展，尤其是铁器与农业生产的结合，极大提高了生产力水平，奴隶主国家土地所有制逐渐被地主土地所有制所取代，劳动力得到解放，封建生产关系逐渐形成。在此过程中，人的思想和创造力也得到了解放。经济的变革促使旧有政治秩序逐渐被打破，政治、思想呈现多元状态，社会各个阶级和阶层在变革的潮流中浮沉，代表新兴地主阶级利益的新势力逐步占据政治主导地位。在文化教育领域，经济与政治的变革表现为学在官府的教育垄断局面被打破，适应新的经济、政治需要的新教育组织形式——私学开始出现，并围绕着社会变化形成教育思想的争鸣，又形成诸多教育学派，这不仅促成了一个教育大发展时期的到来，也奠定了中国传统教育思想的基础。

雅斯贝斯的"轴心时代"论

德国哲学家卡尔·雅斯贝斯在其 1949 年出版的《历史的起源与目标》中指出，公元前 800 年至公元前 200 年间，是人类文明精神发展的重大突破时期。在北纬 30 度上下区间的一些地区，诸个文明都出现了伟大的精神导师，发生了"终极关怀的觉醒"。如古希腊的苏格拉底、柏拉图、亚里士多德，以色列的犹太教先知，古印度的释迦牟尼，中国的孔子、老子……他们的思想塑造了各自的文化传统和形态，也影响着后世人类的生活。虽然希腊、中东、印度和中国之间阻隔着千山万水，但思想、文化却颇为相通。每当人类社会面临危机、面对飞跃时，人们总会回首看看先哲是如何告诫的。雅斯贝斯将这一时期称为"轴心时代"。①

一、私人讲学兴起

1. 官学衰废与私人讲学兴起

私人讲学兴起的前提是官学衰废，而官学衰废与私人讲学的兴起又可以说是同一个过程。春秋时期，官学逐渐衰落的原因主要是世袭制度让贵族子弟不思进取，不重视教育。《左传·昭公十八年》记载周大夫原伯鲁甚至公然表示"可以无学，无学不害"；周天子势力衰落，礼制破坏，导致学校荒废，文化职官流散四方，书籍、器物也随之散失；频繁的争霸战争使原有学校难以维持正常秩序。因此，"天子失官，学在四夷"，学术扩散于社会，教育下移于民间。

私人讲学发端于春秋中期，春秋末期呈现初步繁荣，战国时期达到兴盛。私人讲学兴起的主要原因是社会阶层的流动，尤其是士阶层的崛起。士为四民之首，原处于贵族最下层，擅长"六艺"，在政治秩序重组中从贵族中游离出来，以一技之长谋生。他们既可以上升，做官食禄，成为统治者的附属；也可以下降，自食其力，成为依附土地的"小人"。而社会的其他阶级和阶层也可以上升或下降于士阶层。因为士人各怀艺能，有很大的社会活动能量，各诸侯国的公室与私门为壮大自身势力往往竞相罗致，由此开养士之风气，士就成为一个有相当独立性的社会阶层和一个相当热门的职业。要成为士必须学习知识文化技能，从师受教就成为社会需要。官学既已没落，培养士人的使命自然就落于民间，私学应运而生，而流落于民间的原官府文化职官就成为最早的私人讲学者。教人学讼的郑国邓析、曾与孔丘分庭抗礼的鲁国少正卯，都是其中的佼佼者。

2. 代表性私学

春秋战国时期，私人办学十分活跃，可以用"学在四夷"来形容这种状况。私学兴起和发展打破了学在官府的传统，使文化知识传播于民间。私学自由讲学，也促进了学派的形成，学派以私学为基地，私学以学派为号召，讲学与学派互相促进，造就了一批著名学派和代表性私学。

儒家私学产生于春秋时期，其开创者为孔丘。生活于春秋末期的孔丘虽非开创办私学之风气者，却在私人办学者中最为著名。他早年曾游学于诸多私人讲学者，后办私学，开创儒

---

① ［德］卡尔·雅斯贝斯：《卡尔·雅斯贝斯文集》，朱更生译，西宁，青海人民出版社，2003。

家学派。其私学规模最大，目标最明确，课程最充实，教学最优异，育才最有效，影响最深远。其办学目的在于立足于教育，通过育才、讲学而积极干政。孔丘之后，儒家后学分化出诸多派别，各有师传，也各有成就，其最为著名者有孟轲、荀况两派。孟轲办学于战国中期，"后车数十乘，从者数百人"，积极游说各国诸侯，以继承和发扬孔子思想的义理精神为教学特色；荀况为战国末年的一代名师，以注重儒家经籍的传承为教学特色，曾培养出著名的政治改革家、改革理论家和文献经籍学家，深刻影响了历史进程。

道家私学产生于春秋后期，流行于战国时期，直至战国末和秦汉之际仍有较大社会影响，代表人物为老聃、庄周。因为其思想主流的反社会和避世倾向，所以其教学活动的规模不如儒墨两家。但也有一些派别能适应现实社会和政治需要进行自我调整，表现出或儒或法的积极干世趋向，教育活动也比较活跃。

墨家私学崛起于战国之初，其开创者为墨翟。墨翟所办私学号称有门人三百，一度与儒家私学相抗衡，与儒家并称"显学"。这个代表农民与小手工业者利益的教育学派，以提倡兼爱、反对战争、倡导实行、传授生产和科学知识与技术为教学和人才培养特色，是一个具有浓厚宗教色彩的教育和政治团体。墨翟之后，墨家私学也形成分派，但在战国中后期即开始呈现萧条之态。

法家学派的形成得益于孔丘后期弟子子夏在魏国西河的讲学，早期和晚期法家的代表人物都曾受过儒家熏陶。法家学派攻讦其他各家尤其是儒墨两家学说，反对私学中的文化知识传承和思想传播，其私人讲学活动在干预现实政治方面最为成功，事实上左右了社会变革和国家统一的走向。

这四派私学影响最大，此外还有主张"并耕而食"的农家私学，热衷"名实之辩"的名家私学，依仗兵法谋略解决军事政治问题的兵家私学，阐述世事兴废之道的阴阳家私学，钻研辨证施治方法、济世治民的医家私学等，这些私学共同营造了思想争鸣交融和教育繁荣兴盛的局面。

"诸子"是谁？"百家"有几家？

《史记·太史公自序》中列举春秋战国时期私家讲学者有六家：阴阳、儒、墨、法、名、道。《汉书·艺文志》则列举十家，除六家外，加上纵横、杂、农、小说四家。但又说："诸子十家，其可观者九家而已。"是不以小说家为意。相对而言，纵横、杂、农三家也稍逊，太史公所列六家确实更具有社会和历史影响。

关于诸子。战国和秦汉之际的典籍《庄子·天下》《荀子·非十二子》《韩非子·显学》《淮南子·要略》对诸子有比较集中的评说，所列举诸子应当是更受时人重视者。而东汉班固撰写的《汉书·艺文志》著录了当时仍然保存的诸子著作，著作能够存世，表明其学派也更为时人所重。现据《汉书·艺文志》与《天下》《非十二子》《显学》《要略》编制成简表（表 1.1），凡《艺文志》中出现诸子名与诸篇重合者，可视为主要代表人物。[1]

表 1.1　"百家争鸣"中主要学派及代表人物

学派	人物（见于《汉书·艺文志》）			
	见于《天下》	见于《非十二子》	见于《显学》	见于《要略》
阴阳家				
儒家		子思、孟轲	孔子、子思、孟子、孙（荀）子	孔子、晏子
墨家	墨翟	墨翟	墨翟	墨翟
法家	慎到	慎到、申子		申子、商鞅
名家	惠施、公孙龙、尹文	惠施、邓析		
道家	关尹、老聃、庄周			太公、管子

二、儒家教育思想

孔丘创立儒家私学。孔丘身后，儒家内部出现学派分化，《韩非子·显学》认为"有子张之儒，有子思之儒，有颜氏之儒，有孟氏之儒，有漆雕氏之儒，有仲良氏之儒，有孙氏之儒，有乐正氏之儒"八派。实则其后学既不止八派，如还可列举有若、曾参、子夏、子游等也各自成派；而所列八派也存在统属关系，如子思、孟轲可归为一派，乐正氏也可从之。儒家学派在教育方面作出重要贡献的，除了孔丘，当属孟轲和荀况两派。以他们为代表的儒家教育学说，成为了中国传统的教育学说。

1. 孔丘的教育思想

孔丘（前 551—前 479 年），字仲尼，鲁国（今山东曲阜）人，为殷商后裔，其先祖本系宋国贵族，至其父时已没落。父早逝，自称"吾少也贱，故多能鄙事"，当过委吏（管理仓库）和乘田（管理畜牧）。少年时发奋求学，青年时期就已知名。曾游学于周，问礼于老子。30 岁左右讲学授徒，并整理传统文献。后在继承和改造儒术的基础上自成学说，创立儒家学派。50 岁时从政，先后任县宰、司空、司寇并代行相事。因与执政者意见不一而弃职离鲁，率弟子周游列国 14 年。晚年返鲁，讲学著书，整理"六经"并以之授徒，培养了大量人才。据称有弟子三千，身通六艺者七十二人。孔子的思想和言行见于其门人、后学所辑《论语》。

---

[1]　参考孟宪承《新中华教育史》下编第四章诸子名表改制。见瞿葆奎、杜成宪：《孟宪承文集·卷九》，175 页，上海，华东师范大学出版社，2010。

教育家语录

孔子曰："大道之行也，天下为公。选贤与能，讲信修睦。故人不独亲其亲，不独子其子，使老有所终，壮有所用，幼有所长，矜寡孤独废疾者，皆有所养。男有分，女有归。货，恶其弃于地也，不必藏于己；力，恶其不出于身也，不必为己。是故谋闭而不兴，盗窃乱贼而不作。故外户而不闭，是谓大同。"

——《礼记·礼运》

孔丘在继承和发展前人仁的思想的基础上，提出以仁为本的人生哲学和社会理想。什么是仁？《论语·颜渊》记载："樊迟问仁。子曰：爱人。"孔丘曾与众弟子反复讨论仁的内涵，"仁者爱人""泛爱众，而亲仁"成为其仁学思想主调，表达了他对人的同情、爱惜和珍视。据此又提出人际交往和社会关系的基本原则——"忠恕之道"。《论语·卫灵公》记载，弟子子贡曾经问："有一言而可以终身行之者乎？"孔丘答道："其恕乎！己所不欲，勿施于人。"《论语·雍也》记载，在另一次回答子贡问仁时又答道："夫仁者，己欲立而立人，己欲达而达人。"孔丘用以己度人、推己及人的方法，从消极的（"恕"：底线要求）和积极的（"忠"：理想要求）两个层面论述了人际交往原则，并要求推及全社会，实现仁的世界，即天下"大同"。这成为孔丘和儒家的最高社会理想。

孔丘重视教育在社会发展中的作用，提出"庶、富、教"的主张，认为在繁衍充足的劳动力、保障民众过上富足生活的基础上，必须施行教育，使其知伦理、守本分。他又认为，治国需要做到"足食，足兵，民信之"，即具备物质条件、社会安定和道德诚信三方面条件，但迫不得已时，前二者都可以放弃，而道德诚信无论如何都不能放弃，正所谓"自古皆有死，民无信不立"（《论语·颜渊》）。孔丘最先讨论了教育与经济、政治和社会发展的关系，肯定了教育发展需要一定的物质基础，尤其肯定了教育对社会的导向性影响。

孔丘认为教育的社会作用又是建立在教育对人的发展作用基础之上的，在历史上首次提出"性相近也，习相远也"（《论语·阳货》）的命题，即认为人的天赋素质相近，造成人发展上的差异是后天教育和社会环境的影响，而人也具备适应环境影响的潜在素质。这一思想突破了传统的血统论、命定论教育观，论证了人人都可能受教育，都应当受教育。

基于此，孔丘提出并坚持"有教无类"的办学方针，主张不分贵贱、贫富、种族、智力、品性，人人都可以入学接受教育。其私学学生成分确实颇复杂，而以平民子弟为多，从实践上打破了贵族对教育的垄断，把受教育对象扩大到平民，适应并促进了文化下移的趋势和社会发展需要，并成为后世社会倡导教育平等的重要历史和思想资源。

🔊 **教育家语录**

子曰："自行束修以上，吾未尝无诲焉。"

——《论语·述而》

子路问君子。子曰："修己以敬。"曰："如斯而已乎?"曰："修己以安人。"曰："如斯而已乎?"曰："修己以安百姓。修己以安百姓，尧、舜其犹病诸!"

——《论语·宪问》

子曰："兴于《诗》，立于礼，成于乐。"

——《论语·泰伯》

子曰："不愤不启，不悱不发，举一隅不以三隅反，则不复也。"

——《论语·述而》

子贡曰："贫而无谄，富而无骄，何如?"子曰："可也，未若贫而乐，富而好礼者也。"子贡曰："《诗》云：'如切如磋，如琢如磨。'其斯之谓与?"子曰："赐也，始可与言《诗》已矣! 告诸往而知来者。"

——《论语·学而》

子夏问曰："'巧笑倩兮，美目盼兮，素以为绚兮。'何谓也?"子曰："绘事后素。"曰："礼后乎?"子曰："起予者商也! 始可与言《诗》已矣。"

——《论语·八佾》

作为政治改良主义者，孔丘继承西周"敬德保民"思想，提倡以德政治国，主张"举贤才"，从平民中选拔治国理民者。在教育上相应提出培养"修己以安百姓"的"君子儒"，即有道德有才能的君子，实现贤人政治。德才兼备的君子就成为孔丘私学乃至儒家教育的培养目标，而具体的培养路线和衡量标准就是"学而优则仕"。其内涵指懂得学习并且成绩优异是为官的前提和途径，教育的目的是官员养成，不懂得学习或者学而未能优异者无资格入仕。此言虽为弟子子夏所述，却也可以代表孔丘思想。他还告诫学生，"不患无位，患所以立"（《论语·里仁》），即不必担心无官可做，要担心是否具备了入仕干政所需要的素质。这是意在以任人唯贤的选官制度取代任人唯亲的世袭制度，建立德才兼备的干部标准，将良性的激励与竞争机制引入教育过程，也是提出了一种新的教育目标模式，为后代官僚制度的建立和发展提供了思想启示。

为培养有道德有文化的君子，孔丘特意选择和组织了其私学的教学内容。《论语·述而》记载："子以四教：文、行、忠、信。"即以文献、品行、忠诚、信义教育弟子。"四教"实可归为两类：文与德。"文"主要是指西周传统的文献典籍，而"德"显然在其教育中居于首位，但道德教育需要通过"文"的传授才能落实。孔丘继承"六艺"教育传统并加以改造，亲自整理古代文献，编成被后世称为"六经"的六种教材——《诗》《书》《礼》《乐》《易》《春秋》，又以《诗》《书》《礼》《乐》为主要课程。"六经"各有教育作用，《诗》"可以兴，可以观，可以群，可以怨"，有助于修养品德、纯洁性情和人际交往；《书》垂以先王轨范而立教示人；《礼》使人知仪范、明规制而立身于世；《乐》可陶冶情操、升华品格，使人知伦理、时政……不能说孔丘不以"六艺"为教，但其教学显然更重"六经"。"六经"总体上偏重道德人伦而轻自然、生产和科技，偏重文化学术而轻军事、体育，这影响着后世对它们的利用。

孔丘自学成才，且从教数十年，深谙教学之道。他提出学、思、行结合的学习过程思想，论述了传统学习过程的一般模式，即广博地求知，继之以深入地思索和执着地践行，注重三者间的交互作用，学习以行为目的并完成于行；在十分流行记诵教学的当时，他与众不同地倡行启发教学，以"不愤不启，不悱不发"和"举一反三"作为教师教学的一般技巧要求，强调学生主动思考求索和积极的心理准备状态，并提出考察事物不同方面而寻求问题解决的"叩其两端"方法、综合诸事物特征而把握其本质的"一以贯之"方法；创造出因材施教的教学方法，并作为教育原则贯穿于日常教育之中，要求承认并尊重学生的个别差异，通过各种途径去充分了解学生的个性特点，扬长避短，有针对性地教育和教学；注意培养学生好学乐学、实事求是的学习态度，"知之者不如好之者，好之者不如乐之者"（《论语·雍也》），"敏而好学，不耻下问"（《论语·公冶长》）。

道德教育在孔丘培养从政君子的教育中占据首要位置，他曾说："人而不仁如礼何？人而不仁如乐何？"（《论语·八佾》）即做人而无仁德，又如何能把握和实行礼乐的制度与精神？他提倡自觉修养德行，以"礼"为道德规范，要求一切视、听、言、动都符合礼的精神；以"仁"为最高的道德准则，要求无论是在仓促匆忙时还是颠沛流离中都不能有丝毫违背；以"忠恕"为处理人我关系的原则，坚守底线要求，追求理想要求；提出和坚持仁、知、信、直、勇、刚等道德品质，通过立志求道、内省克己、改过迁善、力行践履、奉行中庸等道德修养方法，实现个人道德的完善；强调道德修养依靠人的内在自觉，"为仁由己，而由人乎哉？"（《论语·颜渊》）强调道德修养不能脱离社会实践。

作为教师，孔丘热爱教书育人的事业，深得为师之道。他以"学不厌而教不倦"（《孟子·公孙丑上》）自许，以之为教师的最基本要求，认为不修养、不学习、不进步、不改过是可忧的，而对学生的爱和负责任就体现为严格要求、诲之不倦；注重教师的人格、情感和道德的感化作用，树立师表，以之示人化人；相信"后生可畏"，乐对来者胜今，鼓励学生"当仁不让于师"，有师生平等、师生互学思想，开创了中国教师的优良传统。

孔丘的教育思想对前代的教育观念有很大突破，作出了多方面贡献，奠定了中国传统教育思想和实践的理论基础，深刻影响了中国社会的发展和中国人民族性格的形成。一些思想（如"有教无类""忠恕之道"）还对欧洲近代思想发展产生了影响。

🔍 材料分析

原文：叶公语孔子曰：“吾党有直躬者，其父攘羊，而子证之。”孔子曰：“吾党之直者异于是。父为子隐，子为父隐，直在其中矣。”（《论语·子路》）

译文：叶公告诉孔子说：“我们那儿有个正直的人，他父亲偷了别人家的羊，而当儿子的便去告发了父亲（他父亲因此受到了严厉惩罚）。”孔子说：“我们那里的正直人与你们不同。父亲替儿子隐瞒，儿子替父亲隐瞒——正直就在其中了。”

（1）孔丘为什么这么说？

（2）如何评价孔丘的观点？

2. 孟轲的教育思想

孟轲（约前372—前289年），字子舆，邹（今山东邹县）人。为鲁国贵族后裔，其父早逝，其母仉氏一心教子成人。孟轲一生崇拜孔子，以学孔子为愿，自称为私淑弟子，也以孔子之道捍卫者自居，得到孔丘之孙子思的门人传授，被视为得孔丘学说真传。以“舍我其谁”的气概干预时政，反对攻伐，主张以“不嗜杀人”的方式实现统一，主张以“仁政”“王道”和“善教”治国。曾讲学于战国时期著名学府齐国稷下学宫。率弟子游历列国却终不为各国当政者所用，人生经历一如孔丘，被时人评价为“迂远而阔于事情”。晚年归邹，专心著述、讲学，以“得天下英才而教育之”为人生三大乐趣之一，创造了“内发说”的教育思想。与弟子万章等作《孟子》传世。

孔丘重“仁”，孟轲则“仁义”并提；孔丘重人，孟轲则提出“保民而王”。他向各国君主阐述其“仁政”思想，主张“制民之产”，即使民众不饥不寒，更养成人的“恒心”；提出“民为贵，社稷次之，君为轻”（《孟子·尽心下》），要求慎乎民心、民意；提倡好的政治，更提倡好的教育，主张通过讲明人伦、建立道德伦常实现社会国家的治理，表现出了强烈的民本思想。

孟轲批评“食色，性也”一类偏重人类生理本能的人性观，以及将人性比喻为水，可任意使之东西而无所谓善恶的人性观，孟轲主张讨论人性必须先揭示出人之为人的本质属性：人与禽兽的区别虽然只是不多的一点，却使人区别于禽兽；人生性本善，恻隐、羞恶、辞让、是非之心“人皆有之”，与生俱来，这是“不学而知”的“良知”，“不虑而能”的“良能”。因此他认为教育是扩充人固有“善性”的过程。虽然他也承认人的成就中社会环境影响和后天习得的作用，但强调教育的根本作用和过程是顺人之性而因势利导，将“我固有之”的“善性”加以扩充和完善，成为实然的“仁义礼智”一类品德。就此意义而言，“人皆可以为尧舜”。由此他反对教育中对人进行灌输，充分强调个体自觉，形成“内发说”的教育理论。

教育家语录

恻隐之心，仁之端也；羞恶之心，义之端也；辞让之心，礼之端也；是非之心，智之端也。人之有是四端也，犹其有四体也。……凡有四端于我者，知皆扩而充之矣，若火之始然、泉之始达。苟能充之，足以保四海；苟不充之，不足以事父母。

——《孟子·公孙丑上》

仁义礼智，非由外铄我也，我固有之也，弗思耳矣。故曰：求则得之，舍则失之。

——《孟子·告子上》

孟轲认为人类的本质和生活特点表现为"人伦"，即五对人际关系及其相应的相处准则："父子有亲，君臣有义，夫妇有别，长幼有序，朋友有信。"（《孟子·滕文公上》）又以父子——孝、长幼——悌这两对关系为核心。进而推导出五种道德规范，即"五常"——仁、义、礼、智、信。仁，事父母；义，从兄长；礼，孝悌形于礼节；智，知其理而践行；信，诚实地去做。由此明确提出学校教育的目的在于"明人伦"，使人人亲其亲、长其长、老其老、幼其幼，又由己及人，推之天下，据此建立社会的道德和政治秩序。

孟轲相信人拥有"良知""良能"，世上最可宝贵的东西都内在于人自身，其价值远高于外在于人的财富和权位，因而人具备充分的自觉和自信。在道德修养方面，孟轲提出"大丈夫"的人格理想，即具有"浩然之气"、只向真理和正义低头的人；"大丈夫"的实现须靠道德信念的树立（"养气"）、理性的启发（"心之官则思"）、道德情感的培养（"恻隐""羞恶"）、意志的锻炼（"动心忍性"）。在教学方面，孟轲提出以"深造自得"为基本追求，要求发挥"大体"即"心之官"的作用，独立思考，有独立见解。在书本与学习者之间，更强调学习者的主体性，"尽信书，则不如无书"（《孟子·尽心下》）。正因人有充分的内在可能，教学就是个自然有序的过程，如同流水总是注满一洼后再注入下一洼，渐次流入大海；教学还须根据对象情形因人而异，"有如时雨化之者，有成德者，有达财（材）者，有答问者，有私淑艾者"（《孟子·尽心上》），甚至可采取"不屑教诲"的做法，促人警醒。

孟轲的教育思想重在阐发儒家思想的义理精神，以重视个体主观能动作用为特征，体现出强烈的人道和民本追求，开创了传统教育思想的一个重要流派，与孔丘的思想一道影响了此后两千多年的中国社会与教育。

3. 荀况的教育思想

荀况（约前313—前238年），字卿，又叫孙卿，赵国人。或为孔丘再传弟子子弓后学。曾在齐国稷下学宫"三为祭酒"，讲学则"最为老师"，齐君授以"列大夫"，名重一时。生逢国家正走向统一，曾建议秦国"力术止，义术行"，节制武功和强权，采用王道和德政。虽"徒属不众",但弟子中有法家著名理论家和实践家韩非与李斯,他培养了诸多经学大师,这些儒生后来在汉初恢复读经传经时作用甚大。荀况受尊于楚国春申君,任为兰陵令,后退而著书授徒,终老兰陵。自称为儒,时人也称其为儒,却因其兼礼法、合王霸的学说而不被视为孔学嫡传。荀况创立了以"外铄"为特征的教育学说而影响深远。由弟子辑录而成的《荀子》反映了荀况主要的思想。

荀况批评孟轲的"性善论"在"争于气力"的时代得不到验证,并混淆了人的先天自然状态和后天人为影响。提出谈人性必先作"性伪之分","性"是指与生俱来、"不可学"的生理本能和感知能力,"伪"是指可以通过人为习得或改变的品性;如果放任本能,将会产生争夺、暴力而导致罪恶,所以说人性恶,人性需要后天积极的人为改造。而孟轲所谓性善是在说伪,而非性。性与伪又可说是素材与加工的关系,没有素材就无从加工修饰,没有加工,素材永远不会自己变美,只有素材与加工结合("性伪合"),才能改变人的本性而使其不再退回本初。教育的作用也就在于"化性起伪",用"仁义礼法"改变人原始粗陋的本性,如果环境影响、教育作用和个体努力形成合力,"故涂之人可以为禹"(《荀子·性恶》)就会成为现实。所谓"政教习俗,相顺而后行"(《荀子·大略》),教育主要是从外部对人施加影响的过程。

🔊 教育家语录

曰:"凡性者,天之就也,不可学、不可事;礼义者,圣人之所生也,人之所学而能,所事而成者也。不可学、不可事,而在人者谓之性;可学而能、可事而成之在人者谓之伪。是性、伪之分也。"

——《荀子·性恶》

无性则伪之无所加,无伪则性不能自美,性伪合,然后圣人之名一,天下之功于是就也。故曰:天地合而万物生,阴阳接而变化起,性伪合而天下治。

——《荀子·礼论》

天地者,生之本也;先祖者,类之本也;君师者,治之本也。无天地恶生?无先祖恶出?无君师恶治?

——《荀子·礼论》

国将兴,必贵师而重傅,贵师而重傅则法度存。国将衰,必贱师而轻傅,贱师而轻傅则人有快,人有快则法度坏。

——《荀子·大略》

荀况认为人的成就目标并非个人精神人格的实现,而是顺应社会发展需要成为治国经邦的儒者。他在教育目标问题上延续了孔丘的思路,而与孟轲有所不同。儒者可分为背诵教条、谄谀权贵、徒具儒者外表的俗儒，言行合礼义、有能力治国却难有开拓的雅儒，"以浅持博，以古持今，以一持万"（《荀子·儒效》）而能开拓的大儒，教育显然应以大儒为培养目标。养才、选才的标准则是德才兼备、言行并重：言行俱佳，"国宝也"；拙于言而长于行，"国器也"；长于言而拙于行，"国用也"；言善而行恶，"国妖也"。治国当敬其宝、爱其器、任其用、除其妖。可见荀况对孔丘、孟轲的人格理想和教育目标有所发展。

既然人因"化性起伪"而变美，那么所谓"起伪"意味着不断对人施加影响，在人身上不断积累起知识和道德。荀况因此提出"渐"与"积"的概念，"渐"指渐染，注重环境的影响；"积"指累积，注重个体努力的积累。此外他还十分注重通过学习前代经典改变自身，强调系统而有顺序地读书："学恶乎始？恶乎终？曰：其数则始乎诵经，终乎读礼……《礼》者，法之大分、类之纲纪也，故学至乎《礼》而止矣。"（《荀子·劝学》）在书本与学习者之间，更强调学习者从书本获取，《礼》《乐》《诗》《书》《春秋》各有可取，尤应重学礼、知礼、循礼。

人的学习是向外求知，需系统读书，荀况十分讲究学习程序与方法，认为："不闻不若闻之，闻之不若见之，见之不若知之，知之不若行之，学至于行之而止矣。行之明也，明之为圣人。……故，闻之而不见，虽博必谬；见之而不知，虽识必妄；知之而不行，虽敦必困。不闻，不见，则虽当，非仁也。"（《荀子·儒效》）一个完整的学习过程始于闻见，经过知，而完成于行，每一个环节都不可或缺。关于"知"，荀况提出"兼陈万物而中悬衡"，即对事物作全面、广泛的比较、分析，择其所是，避免"蔽于一曲"；又提出"虚一而静"，即保持"心"既能藏纳又总能虚怀，既能兼知又总能专一，既能开动又总能宁静，也就是既在积极活动而又能清醒地把握它，实现思维的"大清明"状态。正因为人的天性不会自美，所以学习与教育最有效、最便捷的途径是从师。无师长之教，会加重人本性放纵；有师长教诲，会使人"长迁于善"。教师于个人、于国家都至关重要。个人必须"师云亦云"，不得背叛；国家必须尊师，尊师则"国将兴"，贱师则"国将衰"。师既尊，为师就有条件，要求师自身须有尊严，有德望，讲学有条理而不违师法，见解深刻而表述明白，只是传习知识者不足为师。

荀况首创了外铄论的传统教育思想流派，也开创了讲究学习程序、注重文献师传的教育传统，直接影响了汉初儒家经籍的传承，对后世教育也有实际影响。

三、墨家教育思想

墨家曾与儒家并称"显学"，率先批判儒家，揭开百家争鸣序幕。墨家创始人墨翟（约前468—前376年），宋国人，住在鲁国，出身微贱，是位精于制造车械的手工艺人，后曾任宋大夫。早年学儒，受孔子之术，长于文献礼乐，后背弃儒家。墨翟代表"农与工肆之人"利益，倡导"兼爱""尚同""尚贤""非攻""节用"等主张，更为重视生产、生活实际和人的实利，与儒家旨趣不同，也与当时诸子存在差异。弟子众多，一度"满天下"，是一个有政纲、有领导、有组织、有纪律的团体。其后学继承这些特点，并在科技与逻辑学方面有所发展。汉代尊儒，墨学渐成绝学。有《墨子》一书为墨家经典总汇。

墨翟认为社会罪恶的根源在于人的自私自利，进而有区别地对待人、我，"子自爱不爱父，故亏父而自利；弟自爱不爱兄，故亏兄而自利"。(《墨子·兼爱上》) 矫正的办法即为"兼相爱，交相利"，人人都懂得爱人，人人就会得到爱的回报，人们自然就不会有争斗和残害。"兼爱"成为墨家社会学说的中心思想和社会理想。

墨家以"兴天下之利，除天下之害"为追求，教育被视为实现这一追求的重要手段，这是因为教育可以使人"知义"，进而实现平等互利。墨翟以素丝和染丝为喻，说明教育对人的影响和改变："染于苍则苍，染于黄则黄，所入者变，其色亦变，五人必（毕），而已则为五色矣。故染不可不慎也！"(《墨子·所染》) 人的善恶不是天生的，而是后天环境和教育影响的结果，如同素丝，下什么染缸即成什么颜色。所以，人必须慎其所染，选择其所染。国家对民众的教育就是必需的。这也成为"官无常贵而民无终贱"的社会和教育平等思想的理论基础。

与儒家培养"君子"不同，墨家主张造就"有力者疾以助人，有财者勉以分人，有道者劝以教人"(《墨子·尚贤下》) 的"兼士"，他们"博乎道术""辩乎言谈""厚乎德行"，即道艺博通、擅长论辩、品德高尚，尤其是善于行动，立志去改变"乱不得治""饥者不得食""寒者不得衣""劳者不得息"的社会不公正现象，以实现"兼以易别"的社会。这种全新的人格追求影响了后世义侠和任侠精神的形成。

墨家十分注重政治道德教育，也传授文史知识，但最具特色的教育内容是生产、军事与自然科技知识的传授和思维能力的培养。墨家对科学技术有很高造诣，涉及数学、光学、声学、力学、心理学等方面。尤其是墨家后学的《墨经》，表达出了丰富的数学概念、严密的逻辑推理和深邃的数理哲学思想，论及部分与整体、有穷与无穷、同与异、"端"、加倍、圆与方、虚与实、相交、相比、相次、建位、极限等问题，达到较高的水平。

墨家注重思想方法训练，要求掌握和运用形式逻辑的思维、论辩法则去战胜论敌，推行自己的社会政治主张。他们认为知识有三个来源，"知：闻、说、亲"(《墨子·经上》)，即间接获得的知识、推理所得的知识、经验所得的知识。据此提出判别人与事的三条标准("三表")："有本之者，有原之者，有用之者"，即依据过往的经验、考察百姓耳目之实和经过实践检验。同时提出"察类明故"命题，懂得运用类推与求故的方法去判断事物、说服他人。

墨翟和墨家的教育表现出鲜明的学派特色，在方法上强调主动、创造和实践。儒家将教学比喻为撞钟，主张"叩则鸣，不叩则不鸣"，要求教者在学者有了知识和心理准备时相机而教；墨家却主张更加主动，"虽不叩必鸣"，即使学者不来请教也须主动积极施教，不希望放任无知。儒家在对待传统问题上主张"述而不作"，强调继承；墨家则主张"古之善者则述之，今之善者则作之，欲善之益多也"（《墨子·耕柱》），既肯定继承，又重视创造。儒家注重行，主要是指道德和政治实践，并十分注重思想动机的纯正；墨家注重行，除了有道德、政治的含义外，还有生产和科技实践的含义，提出了评价人与事须动机与效果结合而论——"合其志功而观焉"，（《墨子·鲁问》）还首次提出"量力"的教育原则。

墨家教育在教育目标、内容、方法等方面都提出了独特的价值主张，在当时独树一帜，在后世却未能成为主流，甚至长期湮没不闻，只是到近代才又重放光芒，对中国教育发展而言不免是个缺失。

🔍 材料分析

原文：杨朱、墨翟之言盈天下。天下之言不归杨则归墨。杨氏为我，是无君也；墨氏兼爱，是无父也。无父无君是禽兽也。（《孟子·滕文公下》）

译文：杨朱、墨翟的学说盛行天下，所有的主张不是属于杨朱派，便是属于墨翟派。杨氏主张自我至上，就是目无君上；墨氏主张兼爱所有人，就是目无父母。目无君上，目无父母，那就成了禽兽。

（1）孟轲宣扬"仁义"，是讲爱人；墨翟主张"兼爱"，也是讲爱人。孟轲为何如此强烈地批评墨翟？

（2）你更赞同哪一家的思想？为什么？

四、道家教育思想

儒墨之争炙手可热之际，道家学派迅速崛起，杨朱即为道家先驱之一，其学说一度与墨家形成对抗。作为变革时代的失意者，道家认识社会和人生有自己的视角。道家创始人老聃原为周朝史官，学问渊博而富于智慧，后流落民间成为最早的私人讲学者，孔丘曾受教问礼。但司马迁写《史记》时，对老子究竟为何人也难以断定。庄周使道家真正成为一个学派而与儒、墨相抗衡，其早年可能曾学儒，终身不仕，继承和发展老子学说，崇尚自然，批判社会生活，鄙弃道德人伦，追求人格独立和精神逍遥，这形成了道家主流思想。战国时，一批活动在稷下学宫的道家学者抬出黄帝来阐发老子学说，称为黄老学派。他们虽依旧标榜清高，实则积极干政、入世，对西汉初年的统治有实际影响。道家经典为《老子》与《庄子》。

道家认为，人的理想状态既非有知识，也非有道德，而应如婴儿般无知无欲的质朴状态，即所谓"见素抱朴，少私寡欲"（《老子·十九章》）。《庄子·马蹄》以伯乐为象征，批评像伯乐那样自以为"我善治马"而实际上大批残害马致死的人和事，通过比喻，指出社会文明的发展使人异化。文化教育对人的影响一方面如同给马套络、给牛穿鼻，是摧残天性；另一方面使人变得智慧却也变得奸伪，一样是扭曲人性。据此而论，伯乐非但不是功臣，而应视为罪魁。《庄子·人间世》又以大森林中的良木往往更容易被砍伐而不能终其天年来说明人为干预对人之害，因此提出教育应是将种种人为影响逐渐消减的过程。"为学日益，为道日损，损之又损，以至于无为"（《老子·四十八章》），提醒人们注意教育存在着负面作用，教育应减少人为干预，遵循自然发展，富于启示。然而道家也由此也走向否定文明的极端主张。

道家对儒、墨学者以仁义为追求的圣贤人格表示怀疑，认为仁义既已异变为有些人的工具而成为虚假，那么为仁义而献身和保存人的自然生命哪个更有价值？是做一只神龟供奉在庙堂上而献身，还是做一只无名小龟自在地爬行于土路？于是道家提出一种"无功""无名""超世独立""物我两忘"的逍遥人格。还认为现实中最当称道的不是圣贤，而是捕蝉者、屠夫、匠人、残疾人甚至盗贼等"小人"，因为他们与世俗标准相去甚远，自然天性丧失最少。道家抵制人的社会化和社会责任，指出了社会原则与个性发展之间存在矛盾冲突。

道家对学习和求知问题也有独到见解。一是重视怀疑，不仅怀疑自然、社会，更怀疑圣人的教条，庄周认为"六经"是前人社会活动的成果，二者的关系如同足迹与步履，时代进步不可阻挡，为何要用过去的足迹（"六经"）限制今日的脚步。二是提出"涤除玄览"，认为人心如同镜子，人们做到了将其洗涤干净而无一点瑕疵吗？人的认识以清静为前提，须除去一切杂染，不执着于一己，不固守于人为。"不自见，故明；不自是，故彰；不自伐，故有功；不自矜，故长"（《老子·二十二章》）。三是要求懂得辩证的学习，"故善人者，不善人之师；不善人者，善人之资。不贵其师，不爱其资，虽智大迷"（《老子·二十七章》），既须求师，也须取资（借鉴）。四是强调理性、思维、直觉、顿悟在认识中的作用，学习的目的是求道，而真正的道不是用概念所能表达，也不是靠感觉经验所能把握的；对事物的深入程度越深，得到的认识会越少。"塞其兑，闭其门，终生不勤"（《老子·五十二章》），即关闭耳目口鼻，反能知晓天下。五是注意思考知识世界与认识能力的关系，"吾生也有涯，而知也无涯，以有涯随无涯，殆已"（《庄子·养生主》），人生有限，宇宙无穷，如何解决有限的认识能力与无限的知识世界的矛盾，这是道家留给现代人的问题。

道家善于从反面提出问题，批判了教育中的人为与教条，揭示了教育中的矛盾与问题，表现了思想方法的辩证特点，富于启示。但道家的自然主义教育思想以抵制社会原则为前提，使其难以成功。

🔍 **材料分析**

原文：不出户，知天下；不窥牖，见天道。其出弥远，其知弥少。是以圣人不行而知，不见而名，不为而成。（《老子·四十七章》）

（1）上述观点能够成立吗？

（2）我们学习中是否存在过老子所说的这种情景？

五、法家教育思想

管仲所作的《管子》被视为法家的思想渊源之一，其中以"礼、义、廉、耻"为国之四维，提出了"仓廪实，则知礼节；衣食足，则知荣辱"（《管子·牧民》），还与儒家思想相合。战国时改革家商鞅（约前390—前338年）奠定了法制理论的基础，使法家与儒家形成对立。战国末期韩非（约前280—前233年）为法家理论集大成者，其学说实际影响了统一国家的建立。商鞅、韩非从进化的历史观导出了"法后王"的主张，又走向轻视传统文化的片面；从富国强兵的愿望导出了对"耕战"的倡导，又流于否定文化教育活动的偏颇；从建立君主专制的政治制度设计导出了对统一意志的强调，又陷于禁止私人讲学和思想自由的极端。法家与儒家在教育上是绝恩爱和行法制与讲仁义和行礼制的对立。法家代表作有《商君书》《韩非子》。

比较而言，儒家荀况的人性观只是一种有条件的性恶论，而法家则提出了绝对的性恶论。法家认为趋利避害是人的本能，人不免于欲利之心，因此总是利己而不惜害人，人际关系就是利害关系；不能指望人会自觉变善，却可以做到使之不为非作恶，这成为法家定位教育功能的基本立场。"夫严家无悍虏，而慈母有败子。吾以此知威势之可以禁暴，而德厚之不足以止乱也"（《韩非子·显学》），结论就是"父母之爱不足以教子"。无论是教人还是治民都应当用严，形成高压氛围，令人乖乖就范，无须道德感化。这种思想对后世有很大影响。

出于统一的需要，法家认为思想不统一的根本原因在于当政者允许、鼓励私人讲学各擅其说，蛊惑人心，结党聚众，扰乱法制，造成乱上反世，所以必须禁绝。另外，从事私人讲学活动者不参加生产劳动，却享有着劳动者生产的绝大部分社会财富，这种现象不合理，成为了错误的社会导向，所以必须改变。为杜绝产生"二心"，必须禁私学、烧诗书，不准人思想、言论，让儒、墨等知识劳动者向体力劳动者看齐，并鼓励安心生产和战斗的农民、士兵，以求富国强兵。法家提出了重农战的教育，开创了中国专制思想统治的先河。

与此相应，法家提出"以法为教""以吏为师"，表达了对教育内容、方式和施教者的特殊理解，即法令之外无教育内容，官吏之外无教导者。官吏传播法令，实施普遍的法制教育，使维护专制统治的政治、经济、思想、文教等法令家喻户晓、妇孺皆知、深入人心。官吏、民众都知法、畏法、守法，社会就安定，国家没有不强的道理。专门的文化知识教育、教育机构、施教者的存在是社会进步的结果和表现，法家实行严厉的法制教育虽使秦国全国上下令行禁止、整齐划一，但禁锢思想言论、抛弃道德文化、否定学校教育、制裁学者教师是极端的"开历史倒车"的思想。

法家教育主张适应了国家统一的发展需要，适应了农业社会的基本经济要求，但对人的价值和人格尊严的蔑视、对人类文化知识积累和传承的轻视、对学校教育和道德感化的忽视，是不适应社会发展的。其思想主张的积极方面和消极方面都能启发人思考。

六、《学记》

战国末年，经过了数百年诸侯割据与征战，建立一个中央集权的全国性政权已是大势所趋。与之相适应，教育领域也在进行着理论总结，出现了一批代表时代水平的教育论著。后来成书于汉初的儒家典籍《礼记》就保存着诸多著名篇章，如《大学》《中庸》《学记》《乐记》等。《大学》着重论述"大学之道"——大学教育纲领，所提出的"三纲领"是儒家对大学教育目的、为学做人目标的纲领性表达，所提出的"八条目"则是对实现上述目的、目标的过程和步骤的阐述。《中庸》着重论述儒家的人生哲学和修养、治学问题，阐述了"命""性"与"教"的关系和"中庸之道"，提出了"诚明"与"明诚"，"德性"与"问学"等修身、为学范畴，而与《大学》互相阐发。《乐记》着重论述乐的产生、作用和评价标准诸问题，是儒家乐教经典。

《大学》《中庸》语录

大学之道，在明明德，在亲民，在止于至善。

古之欲明明德于天下者，先治其国；欲治其国者，先齐其家；欲齐其家者，先修其身；欲修其身者，先正其心；欲正其心者，先诚其意；欲诚其意者，先致其知。致知在格物。物格而后知至；知至而后意诚；意诚而后心正；心正而后身修；身修而后家齐；家齐而后国治；国治而后天下平。自天子以至于庶人，壹是皆以修身为本。

——《大学》

天命之谓性，率性之谓道，修道之谓教。

诚者，天之道也；诚之者，人之道也。诚者，不勉而中，不思而得，从容中道，圣人也；诚之者，择善而固执之者也。

自诚明，谓之性；自明诚，谓之教。诚则明矣，明则诚矣。唯天下至诚，为能尽其性。能尽其性，则能尽人之性；能尽人之性，则能尽物之性。

博学之，审问之，慎思之，明辨之，笃行之。

故君子尊德性而道问学，致广大而尽精微，极高明而道中庸，温故而知新，敦厚以崇礼。

——《中庸》

《学记》重在讨论教育的具体实施，又偏重说明教学过程的各种关系，相对于《大学》专重"大学之道"，更多讨论"大学之法"，是中国最早的专门论述教育和教学问题的论著。通常认为其主要代表了儒家思孟学派的主张。

《学记》本着儒家德治精神，用格言化的语言说明了教育的社会政治作用："建国君民，教学为先"，"君子如欲化民成俗，其必由学乎！"并用形象的比喻——"玉不琢，不成器；人不学，不知道"说明了教育的社会作用是通过对个人的影响而实现的。由此将教育与政治结合起来，使之成为政治的手段，成为中国古代关于教育作用问题的一般表述。

《学记》完整设想了一套学校教育制度。首先，借鉴古代传说，从中央到地方按行政建制设立学校，"家有塾，党有庠，术有序，国有学"，这成为后世设学兴教的基本框架。其次，设计了大学的学习年限和阶段，即九年、两段、五级，第一、三、五、七年共四级为第一段，完成者谓之"小成"；第九年一级为第二段，完成者谓之"大成"。设定了递进的评价标准，通过品德和学业两方面考试来评定能否升级或毕业，评价标准分别为"离经辨志""敬业乐群""博习亲师""论学取友""知类通达，强立而不反"。最后，建立管理制度，要求学生树立为从政而学的学习目的；严肃纪律教育，甚至采取体罚的手段；建立君主定期视察、督导学校的制度，体现大学教育的重要。

《学记》的重点和精华在于对教学问题的论述，提出了一系列教学原则："禁于未发之谓豫"——预防性原则；"当其可之谓时"——及时性原则；"不陵节而施之谓孙"——循序性原则；"相观而善之谓摩"——学习观摩原则；"教也者，长善而救其失者也"——扬长救短原则；"道（导）而弗牵，强而弗抑，开而弗达"——启发性原则；"时教必有正业，退息必有居学"——课内课外结合原则；"藏焉修焉，息焉游焉"——劳逸结合原则。对于教学方法则提出：讲解法，要求"约而达"（语言简约而意思准确），"微而臧"（含义精深而说得完善），"罕譬而喻"（举例精练而道理明白）；问答法，要求提问"如攻坚木"，先简易后难坚，答问"如撞钟"，随其问之所至而应答；练习法，如学诗须多吟诵，学乐须多操琴，学礼须多躬行。这都表现了对教学活动的深刻体会。

《学记》对教师问题也有深刻认识。明确提出了尊师重道思想，认为君主应作出表率，全社会都应当尊师，君主对两种人不能以臣下之礼对待，教师为其中之一。"师严然后道尊，道尊然后民知敬学"，能为师者方能为君。既然如此，也对教师提出了较高要求：为人师不能只凭记诵的知识，"记问之学，不足以为人师"。教师尤其是要认真求索，注意在教学中自我提高——"教学相长"。即学而知不足，教而知困；知道不足而懂得反思，知道困阻而愈加深入钻研，由此教学互促互进。

《学记》的出现标志着中国古代教育理论的专门化，其论述体系的完整、理解教育教学问题的深入细致、表述的概括明晰，表现出相当高的教育思维水平和鲜明的民族特色，为中国传统教育理论发展树立了典范。

《学记》语录

虽有嘉肴，弗食，不知其旨也。虽有至道，弗学，不知其善也。是故学然后知不足，教然后知困。知不足然后能自反也；知困然后能自强也。故曰：教学相长也。兑命曰："学学半"，其此之谓乎！

大学之法，禁于未发之谓豫，当其可之谓时，不陵节而施之谓孙，相观而善之谓摩。此四者，教之所由兴也。发然后禁，则扞格而不胜；时过然后学，则勤苦而难成；杂施而不孙，则坏乱而不修；独学而无友，则孤陋而寡闻。燕朋逆其师，燕辟废其学。此六者，教之所由废也。

学者有四失，教者必知之。人之学也，或失则多，或失则寡，或失则易，或失则止。此四者，心之莫同也。知其心，然后能救其失也。教也者，长善而救其失者也。

第三节
读经入仕教育模式的形成

🎯 **学习目标**

了解读经入仕教育模式的形成过程、内涵和历史影响。

公元前 221 年，秦统一六国，建立君主专制的中央集权国家。秦统一后，未能及时变更统治策略，继续推行强权政治，结果二世而亡。汉初经过数代人认真反思，最终选择儒术作为统治的价值依据并确立其独尊地位，儒学开始与政治联姻，既帮助重建了统治秩序，也赢得了自身发展的空间。以儒术治国引起教育的重大变化就是将儒家经典立为官方学说，开办太学培养"德治"人才并保证经学传承，建立察举制度，以儒家德才标准选官、任官。由此促成读经入仕的教育模式。

一、"独尊儒术"

秦朝教育政策的核心是维护国家统一和君主集权统治。秦国建立后，针对之前六国

"田畴异亩，车涂异轨，律令异法，衣冠异制，言语异声，文字异形"（《说文解字·序》）的分裂状况，依次颁行统一制度。文教方面则实施"书同文，行同伦"，创造统一国家的共同心理和价值基础。秦统治者将思想不统一归因于各种私人讲学传播思想异说，于是提出并实施"焚书坑儒"，这造成思想禁锢和文化毁灭，也致使政权迅速覆亡。

有了秦的"前车之鉴"，汉初采用黄老之术，实行"无为而治"和"休养生息"政策，放开办学禁令，废除"挟书律"，但这似乎难满足统治者追求统一、集权和进取的政治愿望。经过几代儒家学者和帝王的反思，逐步认识到"取天下"与"守天下"须有不同对策，秦的速亡就在于未能"取守异术"，适时转型，而既有别于法家高压政策又不同于道家放任自流的儒学，正可以适应守天下的需要。汉武帝采纳了著名儒者董仲舒的三条建议，确立了治国方针与文教政策。

首先也是最重要的是"推明孔氏，抑黜百家"。董仲舒依据《春秋》公羊学中有关"大一统"的学说，论证汉代统一的集权政治和皇权至上的天经地义，认为当时"师异道，人异论"，人们各持己见莫衷一是对维护稳固统治秩序的危害，建议"诸不在六艺之科孔子之术者，皆绝其道，勿使并进"，以保障思想统一，纲纪清楚，民众知所从。其次是提出兴太学以养士。设立五经博士，将儒家经典《诗》《书》《礼》《易》《春秋》立为官方学说，并为博士专设弟子，兴办太学，这样既可培养行教化的贤才，也可保证儒术传承不绝。最后是针对吏治不良，提出严选举、用贤才主张，不以日月为功，而以贤能为上，"量材而授官，录德而定位"。据此开科目，行察举，以儒术取士。在广泛的统治基础上，以儒术求官取士的教育与政治模式形成。

二、兴办学校

1. 太学

兴办太学是落实独尊儒术政策的重要措施和步骤。公元前 124 年，汉武帝采纳董仲舒建议，下令为五经博士置弟子，标志着封建国家最高学府太学正式设立和以经学教育为基本内容的中国封建教育制度正式建立。太学初建时有学生 50 人，后日益扩大，汉末达到 3 000 人，东汉时期规模更大，全国各地的学生纷纷往学。

太学的正式教师即博士。博士在战国时多为备顾问之官，太学设立后转为教官。五经博士共设 14 名，博士的挑选标准十分严格，基本要求是有德望、擅长教学、精通经学并严守师法与家法，以保证经学传授的正宗与纯洁。博士官职不高，但很受朝廷优待和社会尊重。博士弟子即太学生，由太常从京城范围内挑选的为正式生，由地方选送的参照正式生给予免除徭役和薪俸资助的待遇。东汉光武帝刘秀、思想家王充年轻时都曾游学于太学。太学传授的学问是单一的儒家经典，包括《诗》《书》《礼》《易》《春秋》五门儒经的 14 家学说，都属于今文经学。太学初创时学生少，采用个别教学或小组教学，随着学校规模扩大、学生人数增加，出现了称为"大都授"的集体教学形式，也借鉴了私学中高业弟子教授低业弟子的转相授受的教学方式。太学图书和师资有欠充足，因此学生课余时间充裕，便于自学、研讨和求教校外名师。王充暇时就常流连于书肆。太学考试采用设科、射策方式，设科即设置难易等级编制试题，射策类似抽签选择考试题，据考生考试所获等级授予官职。

中央官学除太学外，东汉灵帝时首设传授文学艺术的鸿都门学，还有为皇室及贵族子弟开设的贵胄学校和为后妃、宫人办的宫廷学校。

汉代太学博士与博士弟子（太学生）选拔标准

《后汉书·朱浮传》章怀注引《汉官仪》：对生者事以爱敬，对丧者事以礼敬；通《易》《尚书》《孝经》《论语》，兼通文献典籍，理解精深而讲述深入；隐居乐道，不求闻达；身体无各种金伤痼疾；不与妖恶交往、接受王侯赏赐。行应四科，经任博士。须由现职官员保举。（译文）

《汉书·儒林传》：为博士官置弟子五十人，免其徭役。太常择民年十八以上、仪状端正者，补博士弟子；郡、国、县、道、邑有好儒学、敬长上、肃政教、顺乡里、出入不悖者，闻于官府，诸县令丞、侯相、郡守、王相谨慎考察其可者，每年选送至京，报送太常备案允许与博士弟子一样受业。（译文）

2. 地方学校

汉代实行郡县制，也保留分封制，地方行政单位最高为郡国，地方学校称郡国学校。郡国学校始创于公元前141年。汉景帝时蜀郡太守文翁有感于蜀地偏远，"有蛮夷之风"，遂选属下年轻颖慧吏员送入太学随博士学，学成返蜀量材授官。同时在成都设学，选属县青年才俊入学，学成亦随才录用。蜀地风气丕变，史称"文翁兴学"。汉武帝即位后十分赞赏，下令郡国依例设立学校；元帝时下令郡国以下各级行政单位都设立学校。从理论上形成从地方到中央的学校网络。地方学校办学目的是培养当地衙署属吏，并选学生之优者举送中央，同时通过定期举行礼乐仪式向当地民众推行道德教化。

3. 私学

汉代私人办学已形成书馆和经馆两级。书馆的最初阶段主要实施启蒙教育，授以识字、写字、常识，代表性教材为《急就篇》。较高的阶段则进行读书、写作训练，更注重伦理道德和思想意识教育，教材则为《孝经》《论语》《尔雅》等儒家典籍。书馆是普通民众接受基础教育的场所，学生中少部分可升入地方官学甚至太学或更高一级私学——经馆。

经馆是较高一级私学，又称精舍、精庐等，其优者可与太学相当。多为著名学者聚徒讲学之地。两汉一些学术巨子，如董仲舒、王充、马融、郑玄等私人讲学是其中代表。经馆中传授的学问多未立为博士，不少学者仕途不得志，即依据经馆讲学渐与官方学说形成对立乃至抗衡，经馆所授多为古文经学，与官学所授今文经学相对立，因此也大大促进了私人讲学的兴盛。因太学难以满足需要，经馆发展规模越来越大，一位经师常有及门和著录弟子成百上千。及门弟子有机会当面求教于师，而著录弟子就多由高业弟子转相教授。经馆的学术传统为后世书院所接续。

三、察举制度的建立

察举制度始行于汉文帝，确立于汉武帝，是先经考察举荐，再经分科考试，据考试成绩优劣选人任官的制度，是对太学养士选才的补充，两者相辅相成。其程序一般为：由郡守及以上品级的政府官员以德才两方面标准考察士人并推荐参加中央考试；中央政府设置秀才、孝廉等常设科目和贤良文学、贤良方正等特设科目，根据各科目标的具体要求，经书面考试选拔后予以任用。察举制度是以考察决定入选与否、以考试决定录用与否，既重道德品行也重经术学业的官员选拔制度，为汉代政权源源不断地供应了有一定德行、才干、学问水平的统治骨干，使得封建国家的统治基础大大扩展，既保证了读经入仕、以儒术取士的落实，又为独尊儒术文教政策提供了保障，并成为科举制度的先导。东汉后期，察举选人的权力逐渐被豪门大族所把持，成为少数人的特权，选人已名不符实。

四、儒家教育思想的改造

孔丘创建的儒学经历过两次重要改造，西汉董仲舒是第一次改造的重要人物，他使原始儒学转化为政治化的儒学，使之与现实政治结合，成为统治学说。董仲舒（约前179—前104年），广川（今河北景县）人，汉景帝时博士，以春秋公羊学名重于世。在贤良对策时提出三条文教政策深受汉武帝认可，政治上不得志，只担任过江都王和胶西王相。后潜心著书讲学，朝廷每遇大事，都会上门向其征询。其著作有《春秋繁露》《对贤良策》。

与先秦儒家体现平等精神的人性观不同，董仲舒始将人性分为三个等级，即"斗筲之性""中民之性"和"圣人之性"，认为前者教之无益而唯有刑罚惩治，后者无须施教而能自善，讨论教育只是针对绝大多数"中民之性"而言，所以人性是待教而后善，即通过教育获得纲常礼数。人之所以能够也必须教而后善，是因人性中同时具备仁、贪二气，即趋向道德的因素和与道德相抵触的因素，教育自然就是助长仁气而去除贪气的过程。然而，人性与善又存在区别，两者关系如同禾与米："善如米，性如禾。禾虽出米，而禾未可谓米也；性虽出善，而性未可谓善也。"（《春秋繁露·实性》）教育的作用就在于使禾生出米，即使质朴的人性成长出道德。

在先秦儒家概括的"五伦"中，董仲舒突出强调君臣、父子和夫妇三对关系，并用"天人感应""阳尊阴卑"理论加以论证，提出"王道之三纲"，即"君为臣纲，父为子纲，夫为妻纲"，强调每对关系中的主从关系和等级名分，臣忠、子孝、妻顺就此成为最重要的道德规范。与之相应，将仁、义、礼、智、信五常提升为五常之道。以纲为道德的基本准则，以常为道德的具体观念和行为，构成纲常体系，成为封建社会最重要的道德教育内容。在价值观上，提出重动机轻效果、重义轻利主张，强调依据人的动机即可判定是非、善恶，扼杀"不道德"于意念状态；认为利养体，义养心，而"体莫贵于心，故养莫重于义"（《春秋繁露·身之养重于义》），进而提出将"正其谊（义）不谋其利，明其道不计其功"（《汉书·董仲舒传》）作为基本价值取向。在人我关系问题上，从反躬自律的立场赋予仁、义以新含义，要求"以仁安人，以义正我"；"仁之法在爱人，不在爱我；义之法在正我，不在正人"（《春秋繁露·仁义法》）。

董仲舒提出的文教政策、纲常学说和"性三品"说适应了专制统治需要，对传统中国政治与社会发展影响深远，而其强调动机和道义的道德教育思想也影响了汉以后中国人的道德和精神世界，也使儒家教育思想适应了专制政治。

📢 教育家语录

师哉！师哉！桐（童）子之命也。务学不如务求师。师者，人之模范也。模不模，范不范，为不少矣。一哄之市，不胜异意焉；一卷之书，不胜异说焉。一哄之市，必立之平；一卷之书，必立之师。

——扬雄《法言·学行》

凡学问之法，不为无才，难于距师，核道实义，证定是非也。

——王充《论衡·问孔》

第四节
封建国家教育体制的完善

🎯 学习目标

理解统一的封建国家教育体制的完善。

魏晋南北朝时期学校制度颇多变革，表现出过渡性特点，为后世学校建设准备了经验。隋唐时期是中国封建社会政治、经济、社会发展的鼎盛时期，学校教育取得进一步发展，表现为统一的封建国家教育体制臻于完善。

一、魏晋南北朝官学的变革

魏晋南北朝是个动荡年代，战乱频仍，世家大族势力强大，致使统治权力松弛，为思想活跃、文化多元局面的形成创造了条件。这一时期玄学流行，佛学兴盛，文学、史学发展，对儒学产生冲击，既改变了教育思想的走向，也深刻影响了学校教育发展。教育事业处于变革、转型时期，在教育观念、内容、方法和学校类型等方面取得建树，丰富了学校教育，可称继汉开唐。因时局多动荡，魏晋南北朝的学校处于兴废无常状态，但也有新创。

曹魏政权在教育制度方面的新创是兴办律学。227年，魏明帝采纳尚书卫觊建议，于廷尉属下设律博士，教授诸官吏习律令诉讼之学，是为中国古代设律学实施法律教育之始，是在经学教育之外的又一种学校类型。后为南朝梁、陈，北朝北魏、北齐、北周所沿设，直至隋唐。

西晋时出于培养贵族子弟的需要，咸宁二年（276年），晋武帝设立国子学，两年后又设置国子祭酒、博士、助教，以教国子学生，沿为通例。这是在太学之外又设置经学教育学校的开始，不仅丰富了中央官学，也为后世开办国子学、设置国子监提供了思想资源，积累了经验。之后的南朝宋、齐、梁、陈，北朝北魏、北齐、北周也都设置，或设太学，或设国子学，或二者同设，到了隋唐国子学愈盛。北齐时，改国子学为国子寺，设博士、助教和学生员额，以讲学授徒，但同时也统理学官和学生，突出了教育管理职能，显现了教育行政管理机构的特性，也为后世隋唐教育体制所因袭。

南朝宋在学校制度和教育管理体制方面的重要贡献是创设儒、玄、文、史四学馆和管理机构总明观。元嘉十五年（438年），宋文帝诏设儒学馆，翌年又设玄学馆、史学馆和文学馆，四馆并立，收徒教学，而以著名学者主持。玄学、文学、史学等知识学问进入中央官学之列，反映了当时玄学的兴起、文学的繁荣和史学的兴盛对学校教育中经学教育主导局面的冲击，是学校制度的一大变革。泰始六年（470年），宋明帝诏立总明观，置祭酒主其事，开设儒、道、文、史四科，每科置学士10人，并设正令史等吏员。总明观兼事藏书、研究和教学，它将元嘉时期分立的四馆总归于属下而统辖之，实为在一学之下分设诸科，是为中国古代多学科大学的雏形，也是学校管理体制上的创造，对之后中国封建社会中央官学管理体制建设有深刻影响。

🔊 教育家语录

夫明《六经》之指，涉百家之书，纵不能增益德行，敦厉风俗，犹为一艺，得以自资。父兄不可常依，乡国不可常保，一旦游离，无人庇荫，当自求诸身耳。谚曰："积财千万，不如薄伎在身。"伎之易习而可贵者，无过读书也。世人不问愚智，皆欲识人之多，见事之广，而不肯读书，是犹求饱而懒营馔，欲暖而惰裁衣也。

——《颜氏家训·勉学》

当及婴稚，识人颜色，知人喜怒，便加教诲，使为则为，使止则止。比及数岁，可省笞罚。父母威严而有慈，则子女畏慎而生孝矣。吾见世间，无教而有爱，每不能然。饮食运为，恣其所欲。宜诫翻奖，应诃反笑，至有识知，谓法当尔。骄慢已习，方复制之，捶挞至死而无威，忿怒日隆而增怨，逮于成长，终为败德。孔子云"少成若天性，习惯如自然"是也。俗谚曰："教妇初来，教子婴孩。"诚哉斯语。

——《颜氏家训·教子》

北朝魏作为少数民族政权，执政后崇儒兴学，意在汉化，在教育制度方面也有建树。太和二十年（496 年），孝文帝迁都洛阳后诏立国子学、太学和四门小学，实施儒学教育的学校同设，是开风气之举，四门小学尤属首创。宣武帝时复诏建小学于四门，选儒生以为小学博士，定学生员额 40 人。到北齐，四门学已明确是与国子学、太学并列，成为中央官学中经学教育的承担学校，隋唐时的制度即溯源于此。北魏教育的另一建树是州郡立学。北朝地方官学较南朝发达，北魏则开其端。天安元年（466 年），献文帝下诏立乡学，置博士、助教和学生。不久又规定更为周全的全国学制：分郡为大、次、中、下四等，差等确定博士、助教、学生人数，分别设学。孝文帝时又增设乡党之学。地方学校以儒学为教学内容。北魏地方学校虽也兴废无常，但这一完备的地方官学方案对北齐、北周和隋唐都有影响。

二、隋唐教育制度的完备

隋唐是中国封建社会政治、经济、社会发展的鼎盛时期。隋唐国家经政治体制改革，在中央形成三省六部制，在地方建立州县制，并留意加强中央对地方的控制，又通过立法以健全法制。这为教育发展创造了良好的环境。隋唐时期教育领域为适应封建国家发展需要而开展了一系列改革和建设，学校教育很繁荣，教育体制臻于完备。

1. 文教政策的调整

隋代统治也选择儒学作为政治指导思想，实行德治路线，确定崇儒兴学的文教政策。唐代政权建立后，总结隋代兴亡经验教训，更加明确而坚定地选择儒学为指导思想，奉行崇儒兴学。武德二年（619 年），唐高祖诏令国子学立周公孔子庙，七年又下《兴学敕》。唐太宗李世民在其《帝范·崇文》中表示："夫功成设乐，治定制礼。礼乐之兴，以儒为本。弘风导俗，莫尚于文；敷教训人，莫善于学。因文而隆道，假学以光身。"之后唐代帝王虽有偏好佛、道的，甚至一时以佛、道压倒儒学，但出于稳定社会的现实需要，占据文教政策主流地位的仍是儒学。

由于统治者上层内部斗争，隋唐统治者也并不独尊儒学，对佛、道两教也加以利用，影响到文教政策的确定。唐初，道、儒、佛并用而以道教居首，以李氏为道教始祖李耳之后，借以说明李唐政权的合法性。武则天当政后为抑制李唐势力，极力崇佛而以佛教居首，贬抑讲究纲常名分的儒学。唐玄宗全面抬高道教以抑制佛教，掀起全国性的崇道热。但他也不忘崇儒兴学，使学校制度化，并封孔子为文宣王，春秋祭奠。

除兼用儒、佛、道外，隋唐积极地推行科举选士制度、鼓励私人办学也是国家重要的文教政策。文教政策的调整直接影响学校教育发展：尊儒则国子监及诸中央与地方学校发展较好；武则天崇佛抑儒则重科举而轻学校，官学荒废；唐玄宗崇道则建崇玄学、开道举。文教政策阶段性的变化使得唐代学校教育事业发展呈现起伏变化。

2. 中央教育行政管理机构的建立

隋唐以前中央政府没有专门主管学校教育的机构与职官，教育相关职事通常隶属于太常寺。为适应封建国家教育事业的发展需要，隋开皇十三年（593 年），国子寺从太常寺下独立出来，之后又改称国子监，设祭酒一人总管学校，下辖诸学，即首次设立了中央教育行政机构与首长，教育部门成为独立的部门。唐代于贞观元年（627 年）恢复独立设置国子监，设国子祭酒、国子司业等教学、训导和行政官职，为中央政府教育行政机构，同时也是国家最高学府。国子监兼有教育管理和人才培养两方面职能，在礼部的协调指导下开展工作，使得对学校的领导和管理得到加强，以经学教育为主体的学校发展形成高潮。

3. 学校教育体制的完备

中国古代学校发展到唐代日趋完备，表现在以下几个方面。

（1）中央官学与地方官学形成完整的系统。地方教育按府州与县两级行政设学，并按府州与县的大小确定学生数额即学校规模。府州学校开设经学和医学专业，县学校只设经学。在地方学校开设医学是个创造。开元末还一度在府州开设崇玄学。州县学生学成后或考选升入四门学继续深造，或经考试合格以乡贡名义赴京应举，或于州县谋职任为小吏，这些成为中央官学和科举考试的教育基础。成体系的地方学校系统前所未有地建立了起来，全国形成了官学的学校网络。

（2）中央官学形成国子监主管的专设学校和各政府部门主管的附设学校两个系统。国子监下辖国子学、太学、四门学（实施经学教育）、律学、书学、算学（实施专门教育）以及广文馆（业进士），是唐代学校的主干（表 1.2）。政府部门则根据各自的专门人才需要附设学校，体现鲜明的专业特性，如太医署的医学、太卜署的卜筮学、太乐署的乐舞学、司天台的天文历数刻漏学、太仆寺的兽医学、门下省的弘文馆、东宫的崇文馆、尚书省的崇玄学等，办学主体多样。

表1.2　唐开元年间国子监学校学官学生定额①　　　　　　　单位：人

所属学校	学官定额		学生定额
	博士	助教	
国子学	2	2	300
太学	3	3	500
四门学	3	3	500
			800
律学	1	1	50
书学	2		30
算学	2		30
广文馆	4	2	无定额
总计			2210+

（3）专门教育比较发达。弘文馆和崇文馆以教授经学为业，崇玄学以教授道家经典为业。此外，政府各部门所办学校均培养专门人才。例如，医药学内部又分设医科、针科、按摩科、咒禁科、药科，医科之下再分体疗（内科）、疮肿（外科）、少小（儿科）、耳鼻口齿、角法（火罐）等专业（表1.3）；司天台分设天文、历数、刻漏诸专业；少府监工艺学习百工杂作，划分众多专业技艺。

（4）教学管理制度周全。各专设和附设学校根据专业设计课程，根据专业与课程的难易程度规定修业年限，形成旬试、月试、岁试、毕业考试的学业评估检查系列制度，并相应规定了旬假、田假和授衣假等休假制度。

（5）留学教育的开展。国子监接受各国留学生，而以日本、新罗为多。

（6）私学比较发达。形成以启蒙为主的初级私学和以专门研究为务的高级私学。在高级私学中几乎每一种专门学术都有传授，尤其是一些不入官学的学术得以传承，如谱牒学、《文选》学、文学、科学技术等。既补充了官学之缺失，又成为了实施科举制度的教育基础，尤其是保存、发展和传承了文化。中国封建社会中后期开始出现重要的教育机构书院。

① 孙培青：《中国教育史（第三版）》，162页，上海，华东师范大学出版社，2009。

表 1.3　唐代太医署附设医药学校分科与课程①

分科		学生数	学习年限	课程	
				基础课	专业课
医科	体疗	22	七年	读《新修本草》即令识药形而知药性；读《明堂》即令验图识其孔穴；读《脉诀》即令知四时浮沉涩滞之状；读《素问》《黄帝针经》《甲乙》《脉经》皆使精熟	分业教习
	疮肿	6	五年		
	少小	6	五年		
	耳鼻口齿	4	二年		
	角法	2	二年		
针科		20	不定年限考试合格即业成。九年无成者令其退学	习《素问》《黄帝内经》《明堂》《脉诀》	习九针补泻之法；习流注、偃侧等图，《赤乌神针》等经
按摩科		15	同上	欲使骨节调利、血脉宣通之理	教以消息导引之法以除人疾，凡人节支腑脏积而生疾导而宣之。若损伤折跌以法正之
咒禁科		15	同上	道禁出于道士，禁咒出于释氏	教习咒禁五法：存思、禹步、营目、掌决、手印
药科		8	同上。业成补药师	《新修本草》	教习药物种植、收采、加工、药性、配合、产地、存贮

三、科举制度的建立

科举考试制度产生于隋而确立于唐，吸取察举制度、九品中正制度的经验，经调整、改造而成，是一种通过设立不同的考试科目、考生自愿报名、以各种文化考试为主、依据考试成绩选拔官员的制度。它完全保障了"学而优则仕"原则的落实，是读经入仕教育和政治模式的充分制度化体现。科举考试始于何时有诸多说法，通常认为隋炀帝大业三年（607年）下令十科举人，其中"文才美秀"一科即为后世进士科，以此为科举考试制度建立的标志。科举制度自此至 1905 年被废除，存在了约 1300 年，对中国封建社会政治、经济、文化影响深远。

1. 考试程序

唐代科举考试的考生来源主要有二：一是国子监和有关官学的学生经所在学校考试合格选送与考，称为生徒；二是由地方政府经逐级考试选拔后报送尚书省应试者，称为乡贡。乡贡的存在表明科举考试的大门向更加广大的社会阶层开放。县和府州两级地方政府的考试选拔，加上中央政府尚书省一级考试的三级考试选拔制度，成为后代明清时期的院试（产生秀才）、乡试（产生举人）和会试、殿试（产生进士）的三级考试制度的萌芽。

---

① 孙培青：《中国教育史（第三版）》，166 页，上海，华东师范大学出版社，2009。

2. 考试科目

唐代考试科目有两类，即每年定期举行的常科和皇帝根据特殊需要下诏举行的制科。常科有秀才、明经、进士、明法、明字、明算和史科、开元礼、道举、童子科等，前六科是基本科目。制科设置尤繁，先后设有百余科，《唐会要》归为七类：文、武、吏治、长才、不遇、儒学、忠良。《新唐书》认为最稳定、最重要的有四科：贤良方正直言极谏，博通坟典达于教化，军谋宏远堪任将率，详明政术可以理人。另外有选拔军事人才的武科。设科众多反映盛唐国家多方面的人才需要和科举考试初创时期的发展状况，其后考试科目逐渐集中，渐以明经、进士为重，尤重进士。明经科体现儒家思想的主流地位，但考试偏于记诵儒经；进士科重文词与才思，与社会崇尚诗文风气相呼应，并更能考出综合素质，渐受推崇，成为主导科目，及第者多官至卿相，埋下后世进士科一枝独秀的种子。

3. 考试内容与形式

各科考试内容与形式各不相同，即使某一科也是不断调整。明经科考试以儒家经典为主，逐渐形成帖经、经义和时务策三场考试。经义考试原为口问大义，简称口义，即以口试的形式考查对儒经含义的掌握，有时也改为笔试方式，简称墨义。进士科考试也逐渐形成帖经、杂文（诗赋）和时务策三场，杂文考试最初要求写作箴、铭、论、表、颂等实用文体，后确定为诗赋，对人的要求更为全面，更强调能力和才情。由此初步形成为后代沿用的三场考试制度，而考试形式也基本在经义、杂文、时务策中斟酌先后。

4. 考试管理

考试初由吏部主持，后移为礼部执掌，礼部选人而吏部任官的体制形成；礼部设立贡院作为专门的考试场所；规定礼部考试于每年初春举行，前一年秋应试人由各地贡举入京；逐步形成了考试糊名、别头考试、锁院、殿试等完备的考试环节以及防止舞弊的措施，也为后世考试管理制度的建设提供了借鉴。

科举考试的产生激发了社会民众读书进取的积极性和自觉性，促进了教育的下移和向更广大地区的推进，使得读经入仕的教育得到更为有力的制度支持，从此中国形成了以入仕教育为主导，而其他类型的教育都直接或间接地从属和服务于此的教育模式。科举考试对学校的培养目标、教学内容、教学和考试方法都有深刻影响。同时，国家只重科举取士而忽视建设学校发展教育，学校教育逐渐受科举制约，成为考试预备场所，教学内容、人才标准的单一化和脱离社会实用的缺陷也逐渐显露并日益严重，埋下了宋以后改革科举、振兴学校，并在近代最终废除科举制度的伏笔。

四、儒家教育思想再改造的先声

经董仲舒改造的神学化、政治化的儒学，在之后的年代里逐渐显出理论自身的粗陋。另外，东汉时佛教思想流传开来，而到魏晋南北朝时更为盛行；魏晋时的特殊社会政治环境，促使形式上复活道家思想的玄学兴起，从外部形成对儒学的冲击，儒学独尊地位不再且陷入生存危机。教育思想领域同样也呈现多元局面。由于儒家教育思想在维护社会秩序、传递社会价值和塑造道德人格方面的独特作用，使之始终受到学者推崇，从魏晋到隋唐，倡导儒学者不乏其人。而使儒学得以重振，要归功于唐代学者韩愈等人的鼓吹呼吁，及在儒学理论重建上作出的努力。

韩愈（768—824 年），河内南阳（今属河南孟县）人，其先世居昌黎。年轻时钻研古文，潜心儒道。25 岁时取进士，10 年后方入仕。其间即授徒执教。先后任四门博士、国子博士、国子监祭酒和刑部侍郎、兵部侍郎、吏部侍郎、京兆尹兼御史大夫。韩愈是三个运动的领袖：思想文化方面，他倡导尊崇孔孟，排斥异端，复兴儒道；文学方面，他反对四六体，倡导口语化散文，推行古文；教育方面他倡导师道，破除轻师陋习，重建尊师风气。其著作由弟子编辑，有《韩昌黎集》传世。

韩愈认为道德的内涵即仁义，《诗》《书》《礼》《易》《春秋》是其表现形式，而礼、乐、刑、政则是其制度体现。实际上强调了以孔孟仁义道德为核心的社会政治制度，对孔孟的推崇达到无以复加的高度：以孔丘为有史以来的最高圣贤，甚至超过尧舜；以孟轲为孔学最忠实继承者，因其之功而仁义、王道之学说得传后世。然而孟轲之后，圣人之道无传者，而韩愈鼓起勇气挺身而出，以卫道者自居，欲挽其道于既堕，再兴而传，"使其道由愈而粗传，虽灭死万万无恨"（《与孟尚书书》）。因此，韩愈不仅从政治、经济、思想等方面对佛、道学说作揭露、批判，而且在行动上强烈排佛，几遭杀身。道统说的提出，提醒世人重新认识儒学，加强了儒学的思想地位和社会影响。

唐代治国往往以儒、佛、道三说并用，某些时期出于统治需要还扬佛、道而抑儒学，科举制度的实行也助长了社会与士人重文词、轻经术和侥幸、钻营的风气。在教育中，经学受忽视，孔孟之道被轻慢。韩愈撰写《师说》，通过论述教师问题表达由倡行师道而重振儒道的用意。

《师说》全篇提倡尊师重道，既表达了承道、续道愿望，又针砭了当时教育中的种种流弊，尤其是不以师传为荣而以求师为耻的风气。首先，从"人非生而知之者"立论，肯定"学者必有师"，论述了教师在教育、教学和人的成长中的主导作用，由此论证了尊师重道的现实合理性。其次，提出教师的任务包括三方面："师者，所以传道、受业、解惑也。"即传授儒家仁义之道，讲授儒家六艺经传古文，解除学生在求道习业中的疑问，三者紧密相连而以传道为首。据此提出以"道"为择师标准："圣人无常师"，唯道是从，"道之所存，师之所存"。最后，论证合理的师生关系："弟子不必不如师，师不必贤于弟子。闻道有先后，术业有专攻，如是而已。"甚至赞扬和提倡社会下层"巫医乐师百工之人不耻相师"的风气，力求矫正士人中耻于从师、耻于为师、耻于相师的陋习。

《师说》的思想渊源于荀况尊崇师道的思想，又赋予师道以孔孟仁义学说的内涵；其特定时代内涵则是通过倡导尊师而崇尚儒道，促进了中唐以后儒学的重振；而它对教师的使命、职责、标准等问题又有很准确的理解和概括，由此提出传统师道观的新内涵和表述的新形态，对后世师道观和教育思想的发展有普遍影响。

古代师说举要

《礼记·学记》

《吕氏春秋·尊师》《吕氏春秋·诬徒》

韩愈《师说》

柳宗元《答韦中立论师道书》

王守仁《训蒙大意示教读刘伯颂等》

李贽《真师二首》

黄宗羲《续师说》《广师说》

章学诚《师说》

第五节
理学教育思想的形成与传统学校的变革

◎ 学习目标

掌握儒学的改造与理学教育思想的形成。

从宋代起中国封建社会步入后期。儒学在经历较长时期彷徨后，通过自身的理论改造重新确立了主导地位，其表现形态就是吸取了佛、道思想的形式与内涵而形成的理学。理学初创于北宋时期，代表人物有邵雍、周敦颐、张载和二程兄弟；完成于南宋时期，代表人物是朱熹；至明代又发展出王守仁的心学。理学在其内外的学派之争中发展完善了自身，也活跃了思想。在教育方面，一是对教育问题的思索更为深入细致，思维形式也更为周密；二是重建了儒学的价值体系，促使儒家道德教化学说更深入地向社会和民众渗透，也推进教育出现平民化趋势。在科举制度实施三百年后，人们也更清楚地认识到它对学校教育和社会的负面影响，宋代三次兴学，改革中央和地方官学，意在消除科举的弊端，恢复学校应有的功能，后代围绕这一目的屡兴改革。与之相应，以研究和传播学术为使命的书院兴起，以传授基础文化为己任的私塾普及，共同构成这一时期教育发展的特色。

一、官学改革

1. 北宋三次兴学

宋代实行崇文政策，重视通过科举考试网罗士人，将科举选士之门大开，其表现是取额多，取中立即授官，且授官品秩提升。学校教育因此大受冲击，宋初八十多年学校发展水平未必强过唐末、五代，国家深感实用人才匮乏。于是从宋仁宗起先后兴起三次学校改革运动，以期改革科举，使学校教育摆脱科举束缚而得到强化。

第一次为庆历兴学。由范仲淹于宋仁宗庆历四年（1044 年）发起。他认为，只重考试而不重教育的科举制度犹如"不务耕而求获"。改革措施为：普遍设立地方官学，士人欲应试必须在学校学习一定时日方可被选送参加考试；改革考试内容，停试帖经、墨义等偏重记诵的形式，专重策、论和诗赋，以期选拔出有用之才；建设太学，延请名师，按胡瑗所创"苏湖教法"办学。这次兴学虽因范仲淹被排挤而夭亡，却开了改革先声，重视学校教育、培养真才实才的观念开始形成。

第二次为熙宁兴学。由王安石于宋神宗熙宁四年（1071 年）发起，后在元丰初续行，是其政治改革的组成部分。他提出"教之，养之，取之，任之"的人才培养和管理方案，主张通过学校的全面改革，培养大则"足以用天下国家"、小则"足以为天下国家之用"的人才。改革措施为：扩建太学，充实和整顿师资，创建强化太学生培养和管理的"三舍法"；恢复、发展、创立地方学校和中央的武学、律学、医学等专门学校；重新注释被认为对政治改革和实用人才培养有用的《诗》《书》《周礼》，编成《三经新义》并作为教育和考试的统一教材；科举考试停诗赋、帖经、墨义，试以经义、论、策等易于检验思想水平和实际才能的考试形式。至元丰时"三舍法"得以完善。

第三次为崇宁兴学。由蔡京于宋徽宗崇宁元年（1102 年）发起，意在承继熙宁变法以救当时国家之难。改革措施为：发展地方学校，建立县学、州学、太学相贯通的学校系统，并普遍实行"三舍法"；新建太学，扩大招生；恢复和创立医学、算学、书学、画学、武学；停罢科举取士，悉由学校升贡。

三次兴学围绕一个主题：摆脱科举考试制约，恢复学校教育的功能，培养和选拔有实际才能的治国人才。改革都对教育有所促进，但因政治动荡、国势不稳而都未能坚持完成。然而其中一些制度却影响了明清时期学校的建设。

2. "苏湖教法"

"苏湖教法"是教育家胡瑗（993—1059 年）在苏州郡学和湖州州学任教期间所形成的教育教学经验，因用此法培养人才成绩卓著而声名远播，使得四方学者汇集。庆历兴学时，因范仲淹被赞赏而推行于太学改革中，胡瑗也被延请至国子监执教，令太学面貌一新。其法核心是分斋教学，围绕此形成一套行之有效的独特做法。其一，首创分斋教学制度。于学校中分经义与治事两斋，经义斋学习"六经"；治事斋分设治兵、治民、水利、历算等科，实行主修兼修制，"一人各治事又兼摄一事"，以培养国家所需要的各种专门人才。其二，采取生动活泼、务实有效的教学方法。教学中因材施教与相互切磋结合，根据学生兴趣特长"使之以类群居，相与讲习"；讲学或条分缕析，要义明晰，或联系实际，引当世之事，或采直观方法，利用图谱；提倡课堂学习之外的参观游历，以开阔眼界，增长实际见闻；教学安排张弛有度，或读书，或歌咏，或游息。（《安定言行录》）

分斋教学，尤其是与经义斋并列的治事斋的设立，对以经学为内容、科举为主导的官学教育形成冲击，有助于改变传统教育重书本、重文辞、不求实用的缺陷，确实造就了一批有用之才。当时礼部所得士，胡氏弟子常十居四五。其法对后世官私学校都有很大影响，清初颜元规划漳南书院即以胡瑗为法，直到近代仍有人提议在新学堂中仿行分斋讲习之法。

3. "三舍法"

"三舍法"又称"太学三舍选察升补之法"，是王安石在熙宁兴学中提出的整顿太学秩序、改革教育教学管理的主要措施，后在元丰时修订完备。规定：将太学分为外舍、内舍和上舍三个依次递升的层次；学生入太学后成为外舍生，须经平时考试和升舍考试，考在一二等者参酌平时德行和学业表现，予以依次升入内舍乃至上舍；上舍生平时德艺与学业考试在上等者直接授官，中等者免礼部考试而可直接参加殿试，下等者可直接参加礼部考试。这种方法意在凸显学校作用，甚至以学校部分替代科举功能，以抵消科举制度的影响，并将学生平时表现与考试成绩共同作为考核和选拔未来官员的依据，而层层淘汰、逐级递升制度又形成激励机制，有利于激发学生进取心，提高教学和人才培养质量，是教育教学管理的一项创新，对后代官学教育和管理有很大影响。如元代国子学、明代国子监所采用的"升斋等第法"和"积分法"，就是将学校分成三个等级，逐级递升，升等的依据是结合平时表现和考试成绩的累计积分。

二、书院的发展

1. 书院沿革

书院是中国封建社会后期一种重要的教育组织，以重读书、讲学和研究而著称。唐初已见书院之名，多为士人读书治学处。真正讲学授徒的书院出现在唐中期，初为私人办学性质。官学极易因政局动荡而兴废无常，导致士人失学，而中国又有悠久的私人讲学传统，汉代的经馆可视为书院的渊源，加之受佛教禅林讲学制度的影响，书院在宋代大为兴盛。北宋以白鹿洞、岳麓、应天府、嵩阳、石鼓、茅山等书院为著名，南宋以白鹿洞、岳麓、丽泽、象山等书院为代表。书院的兴盛与理学发展相互促进，书院往往成为某一学派的学术基地，如张载关学与关中书院，朱熹闽学与考亭书院。元代也提倡办书院，但通过委任教师、资助经费等措施加强控制，书院出现官学化倾向。明代书院也一度繁荣，而与理学、心学发展相表里，但政府四次禁毁书院，表明书院影响扩大和政府干预、控制的加强。至清代，政府从开办、教师选任、招生、学生管理等方面实现对书院的控制，书院官学化并几乎沦为科举附庸，丧失了自由讲学、研究学术的传统。19 世纪后期，在西方教育思想影响下，传统书院在课程内容、教学方法方面出现变革。20 世纪初，在兴办新式学堂的热潮中，全国书院纷纷改制为各级学堂，传统书院退出历史舞台。

天下"四"大书院

南宋学者喜欢说天下四大书院，然而所指各不相同。这反映了入宋后的书院兴盛，声势大、影响广，可取代官学的事实。现列举当时各人所称之"四"大书院的著名书院。这些书院分布在全国南北：徂徕书院在山东徂徕山；金山书院又称茅山书院，在江宁；岳麓书院在岳麓山下；石鼓书院在湖南衡阳；嵩阳书院在河南登封太室山麓；应天府书院又称睢阳书院，在睢阳（今属商丘市）；白鹿洞书院在庐山。

范成大《石鼓山记》：徂徕、金山、岳麓、石鼓。

吕祖谦《白鹿洞书院记》：岳麓、嵩阳、睢阳、白鹿洞。

王应麟《天下四书院》：岳麓、嵩阳、睢阳、白鹿洞。

马端临《文献通考·学校考》：岳麓、石鼓、应天府、白鹿洞。

马端临《文献通考·职官考》：岳麓、嵩阳、应天府、白鹿洞。

2. 书院特色

书院最初是聚书藏书之地，后逐渐演变为士人读书、讲学、求学的教育机构和著书、编书、校书、出书的学术研究机构，同时也是所在地方的文化交流中心，祭祀、藏书、讲学、出书是书院最主要的活动。书院多由著名学者主事，往往成为某一学派学术嬗递和人才培养的基地。学院重视学术交流，倡导不同学派和观点的论辩和争鸣，是地区学术发展的中心。书院教学形式生动多样，有学生自学、教师讲授、师生质疑问难、学友相互切磋、会讲和讲会等，尤其注重独立研讨，鼓励师生参加学术探讨和论辩。书院注重学生的品德修养、人格陶冶，师生感情深厚，关系融洽。书院在经费、办学方针、课程设置、学校管理等方面都有自治色彩。书院在中国教育和学术史上发挥了独特作用。

3. 特色书院

宋代书院大发展，至清末，出现诸多各具特色的著名书院，特色书院对中国文化、教育和学术事业作出了贡献。

白鹿洞书院在江西星子县北（今属九江市）庐山五老峰下。原为唐后期李勃兄弟隐居读书处。南唐时，始建庐山国学。宋初置书院，历有兴废。南宋时，朱熹知南康军，予以修复，征集图书、筹措经费，并任洞主亲自掌教。尤其是制定《白鹿洞书院揭示》，以"父子有亲，君臣有义，夫妇有别，长幼有序，朋友有信"为教育目的；"博学之，审问之，慎思之，明辨之，笃行之"为治学顺序；"言忠信，行笃敬，惩忿窒欲，迁善改过"为修身之要；"正其义不谋其利，明其道不计其功"为处世之要；"己所不欲，勿施于人，行有不得，反求诸己"为接物之要。这一学规是朱熹和白鹿洞书院的标志性成果，不仅成为书院普遍接受的规训，也成为后代一般学校的办学规范，影响深远。

东林书院在无锡城东南。原为北宋理学家杨时讲学处，明万历年间由东林学派领袖顾宪成等复创，邀约同志讲学其中。其特色一是"讽议朝政，裁量人物"，主张学术与时政结合，以学术和道德的力量干预朝政，"风声雨声读书声声声入耳，家事国事天下事事事关心"的门联是其写照。特色二是定期举行大规模学术讲会，每年一大会，每月一小会，每会三日，邀请和欢迎四方学者与会。讲会轮流推一人主持、一人主讲，众人虚怀以听，俟后可"问学"，"诘难"，"商量"。会中还歌诗唱和，调节精神激发灵感。书院名声大振，吸引了四方学者，成为学术、文化、教育中心，也是清议中心，然而忌者亦多，在明代第四次禁毁书院时被禁。

诂经精舍和学海堂是清后期嘉庆、道光年间阮元在任浙江巡抚和两广总督时，先后于杭州西湖孤山和广州越秀山创办的，以追求汉代考据学说为宗旨，办学延续至20世纪初，培养了众多学术人才。书院重品格学问而轻功名利禄，不习帖括、时文之类应试之学，而以经史、小学、地理、算学、文学为业，与当时普遍陷于举业的书院异趣。所聘教师均为考据、训诂各有所长，学生则据其天资秉性所近自主选择，因材而习。十分注重让学生参加研究，或与教师合作编书，或独立著述，成果由书院刊刻出版，《十三经注疏校勘记》《皇清经解》等学术著作都出自师生之手。书院对整理、研究、保存文化遗产和发展学术作出了贡献，并继承和发扬书院传统，成为一时楷模，被诸多追求学术的书院所效法。

三、私塾教育与蒙学教材的繁荣

1. 私塾教育

私塾多为民间私人所办，是对儿童少年进行启蒙和基础教育的教育机构，主要承担识字、写字、阅读、作文和基本的道德教育。其前身可追溯至汉代的书馆，唐宋时已较普遍。苏轼自述："吾八岁入小学，以道士张易简为师，童子几百人……学日益进。"（《东坡志林·道士张易简》）到明清时，私塾更是遍布城市乡镇。虽然北宋"崇宁兴学"时令县置小学，元代也有相似规定，并规定农村五十家为一社，每社立学校一所，以教农家子弟，但国家的基础教育主要还是由私塾承担。

私塾按其办学者不同可以分为数类：官宦和殷实人家延聘教师在家中教授子弟的为家塾，如《红楼梦》中贾府的家塾；教书先生在家中或在外借赁场所自办的为学馆，如鲁迅儿时就读的三味书屋；私人或社会团体所办具有公益性质的为义塾，如清末山东武训靠行乞和做工集资所办的义学；村民联合聘请老师教子弟的为村学等。私塾的学生年龄、学习程度、教材、学习进度、学习年限均因人、因时、因地而异，无统一规定，无严格要求，但也大体上可分为识字，习字和初步知识、道德教育的启蒙阶段，启蒙之后是学习"四书""五经"等经史文章的读经阶段，同时或稍后开始学习作试帖诗和八股文为主的举业阶段。普通民众子弟通常花几年完成阅读和初步的写作教育，以应付日常生产和生活所需为目的，而欲参加科举考试者则须完成上述所有训练，约需费时十年，即所谓"十年寒窗"。

教育家语录

蒙养之时，识字为先，不必遽读书。先取象形指事之纯体教之。识"日""月"字即以天上之日月告之，识"上""下"字即以在上在下之物告之，乃为切实。纯体字既识，乃教以合体字，又须先易讲者，而后及难讲者。讲又不必尽说正义，但须说入童子之耳，不可出之我口……

能识二千字，乃可读书，读亦必讲。然所识之二千字，前已能解，则此时合为一句讲之。若尚未解，或未曾讲，只可逐字讲之。八九岁时，神智渐开，则四声、虚实、韵部、双声、叠韵，事事都须教，兼当教之属对。且每日教一典故……

——王筠《教童子法》

私塾教学多采用集中识字方法，一两年过识字关后就进入大量阅读和学习写作。教学过程十分强调打好基础和循序渐进，如习字，先描红（先由教师把腕，再脱手），再摹影，再临帖（先照着临，再背着临），先写大字，再写小楷。作文则先从对对子入手，字数由少而多，逐步掌握词性、平仄、音韵和写作技巧，如"天对地，雨对风，大陆对长空，山花对海树，赤日对苍穹。雷隐隐，雾蒙蒙，日下对天中，风高秋月白，雨霁晚霞红"（《笠翁对韵》）。教学讲究文道结合，"明理演文，一举两得"。关注儿童的身心特点，教材常图文并茂，并有故事、格言、诗歌穿插其间。教学能做到读书与活动相结合，有张有弛。但也普遍存在注入式教育和体罚现象。

私塾教师多由落第秀才、举人充任，大多社会地位低下，生活贫苦，却责任很大。清人郑板桥在《教馆诗》中写道："教馆本来是下流，傍人门户度春秋。半饥半饱清闲客，无锁无枷自在囚。课少父兄嫌懒惰，功多子弟结冤仇。而今幸得青云步，遮却当年一半羞。"

2. 启蒙教材

传统启蒙教材起源较早。最早见载的是西周的《史籀篇》。秦初为统一和规范文字，编有《仓颉篇》《爰历篇》《博学篇》等字书，作为启蒙教材，后合为《仓颉篇》。西汉史游所撰《急就篇》比较通行。南朝梁时，周兴嗣所编《千字文》更是流行教材。唐宋是启蒙教材繁荣发展时期，逐渐形成丰富的数量和种类，形成较为完整的启蒙教材体系。其种类可分为：以识字为主的综合性教材，集识字、知识和道德教育于一体，如《三字经》《百家姓》《千字文》（"三百千"）；道德训诫类教材，偏重讲明伦理道德规范和为人处世、待人接物之道，如朱熹《小学》《童蒙须知》，吕祖谦《少仪外传》；历史知识类教材，传授历史常识和历史人物的嘉言懿行，如唐李瀚《蒙求》、宋王令《十七史蒙求》；名物常识类教材，解释名物制度和自然常识，如宋方逢辰《名物蒙求》、明程登吉《幼学琼林》；诗歌写作类教材，训练诵读和传授有关写作知识、技巧，如朱熹《训蒙诗》《千家诗》《唐诗三百首》；女学类教材，专为规训、教养女子，如唐侯莫陈邈妻《女孝经》，宋若莘、宋若昭《女论语》，明佚名《女儿经》；生产生活类教材，即流行于民间被称为"村书"的大量杂字类乡土教材，如《日用杂字》《妇女杂字》。所有启蒙教材中流传最广且最具有代表性的是"三百千"。传统启蒙教材最为成功之处在于符合汉字规律和儿童少年学习语言文字的规律，教材大多文字浅显通俗，文句短小精悍，字句讲究韵律，内容生动丰富，包含多种教育功能，儿童易读、易诵、易记，"有新奇可喜之趣，而无冗长枯燥之感"。

启蒙教材举隅

宋若莘、宋若昭《女论语·立身》："凡为女子，先学立身；立身之法，惟务清贞。清则身洁，贞则身荣。行莫回头，语莫掀唇，坐莫动膝，立莫摇裙，喜莫大笑，怒莫高声。内外各处，男女异群。莫窥外壁，莫出外庭。出必掩面，窥必藏形。男非眷属，莫与通名；女非善淑，莫与相亲。立身端正，方可为人。"

方逢辰《名物蒙求》："高平为原，窈深为谷。山脊曰冈，山足曰麓。邱言其高，阿言其曲。土山为阜，大阜为陵。……小路为径，通道为衢。闹则市井，静则郊墟。林圃苑囿，皆谓为园；畦畴垅亩，皆谓之田……"

程登吉《幼学琼林·地舆》："北京原属幽燕，金台是其异号；南京原为建业，金陵又是别名。浙江是武林之区，原为越国；江西是豫章之郡，又曰吴皋。福建省属闽中，湖广地名三楚。东鲁西鲁，即山东山西之分；东粤西粤，乃广东广西之域。河南在华夏之中，故曰中州；陕西即长安之地，原为秦境。四川为西蜀，云南为古滇。贵州省近蛮方，自古名为黔地……"

四、理学教育思想

宋代是中国教育思想发展的重要时期，既涌现出诸多教育家和教育思想流派，又创造出儒学的新形态——理学及其相应的教育思想体系。理学形成于北宋，是糅合儒、佛、道三家思想而以儒家价值观为旨归的学说。由"宋初三先生"胡瑗、孙复、石介开其端，邵雍、司马光衍其流，周敦颐、张载和"二程"（程颢、程颐）成就之，至南宋时朱熹集大成。宋代理学又有不同派别，最具代表性的是濂（周敦颐）、洛（"二程"）、关（张载）、闽（朱熹）四学派，以及与朱熹闽学形成对峙的陆九渊学派。

　　宋代理学教育思想较之汉唐有显著发展，表现为对教育问题思考和探讨的广度与深度得到加强，思维形式的严密与体系化程度得到加强，教育思想应对社会问题和个人问题的适切程度得到加强。理学各派几乎都关注了人性论与人的发展、认识论与教学、伦理学和道德修养等教育问题，表现出共同的学术趋向。但在上述问题如何实现方面却主张各异，表现出思想的多元化。例如，关于人性论与人的发展问题，理学家不再拘泥于对人性本身及其善恶属性进行讨论，而是将人性问题提升至本体论层面，讨论人性与"天地""天理""天道"等的关系，由此探索人性的由来，进而提出否定汉唐等级人性论的平等人性论，例如，区分"天地之性"与"气质之性"，以解释人的发展基础和完善的必要，复归了先秦人性论的平等精神。但在解释人性的普遍性和特殊性关系及其趋善依据时，则有不同说法。再如，关于认识论与教学问题，理学家更强调"心"在知识获取中的作用，提出"德性之知"概念，并讨论其与"闻见之知"的关系，倾向于强调认识过程中个人内心体悟的作用，注重读书，但更偏重怀疑、思考、自得。又如，关于伦理学与道德修养问题，理学家提出理欲的存去是道德教育和修养的核心问题，并与认识论相应，提出实现目标的两个过程或方式，即由"诚"而"明"抑或由"明"而"诚"，也可说是"尊德性"抑或"道问学"，实际上是指出了人的道德完善的两条途径：由德性入手和由明理入手。正是围绕着这些问题，理学家们阐述了各自的教育思想，而其中最具有代表性的则为朱熹。

🔊 教育家语录

为天地立心，为生民立命，为往圣继绝学，为万世开太平。

——张载《横渠语录》

书须成诵，精思多在夜中或静坐得之。不记则思不起，但通贯得大原后，书亦易记。所以观书者，释己之疑，明己之未达。每见每知所益，则学进矣。于不疑处有疑，方是进矣。

人若志趣不远，心不在焉，虽学无成。

——张载《经学理窟·义理》

　　朱熹（1130—1200 年）字元晦，后改仲晦，号晦庵，祖籍婺源（今属江西），生于福建尤溪。19 岁举进士，先后任知南康军、知漳州、知潭州等职，曾为宁宗侍讲，为官十年，一生绝大部分时间从事教育和学术活动。长期在福建武夷山聚徒讲学，创建寒泉精舍、武夷精舍、沧洲精舍。在江西和湖南任内，先后兴复白鹿洞书院、岳麓书院，所撰《白鹿洞书院揭示》后成为官私学校普遍遵行的学规。著作等身，广涉四部。代表作《四书章句集注》宋以后成为学校教学和科举考试的标准教科书。所著《小学》《童蒙须知》是有广泛影响的启蒙教材。朱熹总结了前代理学，成为宋代理学教育集大成者。

朱熹继承前人思想，提出"存天理，灭人欲"主张，即以天经地义的道德伦常克除私欲作为教育的追求。吸取张载和"二程"的人性学说，认为人性可分为得之于"天理"的纯善的"天命之性"和善恶混淆、各个不同的"气质之性"，教育的作用就在于"变化气质"，使人性中的善得以发扬。这个过程即"存天理，灭人欲"的工夫。人的求善有可能也有必要。教育的目的就在于"明人伦"，而其目标则是培养"内无妄思，外无妄动"的"圣人"，反对学校在科举下引导人逐利而去义。

朱熹更多地继承了前代"外铄论"的教育观，提出格物、致知、穷理的教育、教学过程思想。重申《中庸》"博学之，审问之，慎思之，明辨之，笃行之"的为学之序，以前四个环节为求知，称作"下学"，相应地形成一套读书方法；后一个环节为力行，称作"上达"，相应地形成一套修身、处世、接物方法，由此达到"治国平天下"乃至"止于至善"的境界。

朱熹将"小学"教育和"大学"教育既视为两个不同阶段，又看成是一个完整过程。小学定位在"学其事"，知其当然，"如事君、事父、事兄、处友等事，只是教他依此规矩做去"，具体是"教人以洒扫、应对、进退之节，爱亲、敬长、隆师、亲友之道"；大学则是在"学其事"基础上"究其理"，知其所以然，即所以事君、事父、事兄之缘由。小学是打基础，塑造"圣贤坯璞"；大学是"就上面加光饰"，扩充、深化和完成，最终造就圣贤。小学如不错失时机，到大学时学来"都不费力"，否则"自小失了，要填补实是难"（《朱子语类·小学辑说》）。朱熹认为，儿童教育的特点是先入为主，在其还未形成一定观念之前就要靠灌输、强化和规范，于是提出以格言、故事、须知、学则的形式灌输观念，规范行为，养成习惯，"欲其常接于目，每警乎心"，使之"积久成熟"，自成方圆。

朱熹强调"格物穷理"，认为"穷理之要，必在于读书"，故而深谙读书之道。其后学归纳为"朱子读书法"六条（《程氏家塾读书分年日程·朱子读书法》）。一为循序渐进：一书有首尾次第，诸书有先后难易，读书须通盘考虑，先易后难、由小到大、由近及远。二为熟读精思：如欲"精思"，先须"记得"，又赖熟读；思随读起，初读时无疑，继读而"群疑并兴"，终读而疑解。三为虚心涵泳：即虚怀若谷、平心静气地体会，反复咀嚼、细细玩味。四为切己体察：读书不可只就纸上求道理，"须反来就自家身上推究"。五为着紧用力：即时间上抓紧，精神上振作，有一股顽强刻苦、锲而不舍的狠劲，"宽着期限，紧着课程……直要抖擞精神，如救火治病然，如撑上水船，一篙不可放缓"。六为居敬持志：读书时须"收敛此心"，"关了门，闭了户"，精神状态高度集中，并通过静坐来调节意念。朱熹读书法将读书治学和修养德性熔为一炉，是传统社会读书和修养经验的系统总结。

朱熹教育思想从完善理论体系和普及思想观念两方面发展了传统儒家教育思想，在将儒家教育思想落实为教育实践方面作出了重要贡献，广泛而深远地影响了宋以后的中国传统教育思想和实践。

📢 教育家语录

书不记，熟读可记；义不精，细思可精。惟有志不立，直是无着力处。

——朱熹《性理精义·卷七》

直须抖擞精神，莫要昏钝。如救火治病，岂可悠悠岁月。

——朱熹《朱子语类》

读书始读未知有疑，其次则渐渐有疑，中则节节有疑。过了这一番，疑渐渐释，以至融会贯通，都无所疑，方始是学。

——朱熹《读书须有疑》

致知、格物，十事格得九事通透，一事未通透，不妨；一事只格得九分，一分不透，最不可。

——朱熹《朱子语类》

读书之法，在循序而渐进，熟读而精思。……字求其训，句索其旨。未得乎前，则不敢求其后；未通乎此，则不敢志乎彼。……先须熟读，使其言皆若出于吾之口；继以精思，使其意皆若出于吾之心。

——朱熹《读书之要》

五、心学教育思想

作为理学教育思想体系的重要分支，心学教育思想自南宋陆九渊起即与程朱理学展开论辩。相比同时代的朱熹，陆九渊的思想更显得自由、解放，倡导人性平等，修治工夫简易。他以为朱熹诸人区分天理与人欲是大错，实际却是宇宙即理，理即心，万物皆备于我，明理只需从自身去寻求，因此不必汲汲于读书。可有一比："深山有宝，无心于宝者得之。"在知识和学习问题上，同样强调人不能拘于书，哪怕是经典。"学苟知本，则六经皆我注脚。"（《陆九渊集·语录》）于是，朱陆后学各守门户，陆氏"尊德性"，朱氏"道问学"。到明代，王守仁推崇陆学，创立阳明学派，将心学教育思想推向高峰，开创了理学教育思想的新时代，此后，程朱与陆王即"理学"与"心学"的对抗延续至清。

王守仁（1472—1528 年）浙江余姚人，字伯安，曾隐居绍兴阳明洞，世称阳明先生。

27 岁中进士。因弹劾刘瑾被贬至贵州龙场驿并在此悟道，提出"致良知"学说。他一生岁月多付于戎马，官至南京兵部尚书。从戎为政之暇热衷教育，在所到之处热心建书院、兴社学或讲学授徒，以生动活泼的讲学名盛一时。其学说以反传统姿态出现，打破程朱学说的独尊地位。著作由门人辑为《王文成公全书》。

在平定反明叛乱、农民起义和少数民族武装过程中，王守仁体会到"破山中贼易，破心中贼难"，重要的是如何铲除人们因利欲而生的非分之想、叛逆心理。教育显然最是良方。而朱熹的问题在于，其所倡导的教育死抱住烦琐教条不放，只重外求而忽视了人固有的精神世界。他继承孟轲"内发论"的教育思想，尤其是"良知"论，兼采《大学》"致知"说，提出"致良知"学说，认为"良知"人所固有，要求人凭借自身所有的"是非之心"克服利欲，"胜私复理"；"理"只是一个理，天下无心外之理、心外之物，心即理，"格物"即"格心"，要求将私欲一一追究、搜寻出来，如猫捕鼠般消灭干净；知与行是合一的，即知即行，一个不善念头发动就是恶行，故须除恶于未萌之时。

🔊 **教育家语录**

你们拿一个圣人去与人讲学，人见圣人来，都怕走了，如何讲得行？须做得个愚夫愚妇，方可与人讲学。

——王守仁《传习录·门人黄省曾录》

六经者非他，吾心之常道也。……故六经者，吾心之记籍也。而六经之实，则具于吾心。

——王守仁《尊经阁记》

正因为"良知"是人所固有的，知识和道德增长的教育过程，本质上是帮助"心体"展开、发育的过程。王守仁以养育婴儿和种树为喻，指出教育须如养育婴儿一样，随其发育成熟"渐渐盈科而进"；也如种树，树木抽芽、发干、生枝、生叶均由其本原，"灌溉之功皆是随其分限所及"，萌芽时如倾一桶水灌之，是又害之。教育之功就是随时扩充，掌握住"勿助勿忘"（《传习录·答黄以方问》）的分寸。

因为"心外无理"，"六经"不过记载着人"心"的展开过程，其作用无非是帮助人明白和发展"心"之常理，读书不能让"文字夺却精神"，"六经皆史"，甚至"皆我注脚"，如此而已。而在教学中尤其不能有"道学的模样"，应是"无厌苦之患，有自得之美"，正所谓"狂者便从狂处成就他，狷者便从狷处成就他，人之才气如何同得？"

王守仁批评当时儿童教育的失误在于不顾"童子之情"，只以课业督责，甚至"鞭挞绳拘，若待拘囚"，致使孩童"视学舍如囹狱而不肯入，视师长如寇仇而不欲见"，为遂其天性而"设诈饰诡"，日趋下流。这是一种趋其于恶而求其为善的教育，指出儿童天性是"乐嬉游而惮拘检，如草木之始萌芽，舒畅之则条达，摧挠之而衰痿"。教育儿童就应如时雨春风，"必使其趋向鼓舞，中心喜悦，则其进自不能已"。正确的"栽培涵养之方"就是"诱之以歌诗，以发其志意；导之以习礼，以肃其威仪；讽之以读书，以开其知觉"，助其身心健康成长。

尽管以"天理"克除"人欲"的目的不变，但王守仁教育思想中确实出现了一些传统的"异端"因素而与近代思想有更多的沟通。但其教育思想的活泼、简易和主张"理在心中"也潜伏着危险，即耽于自我、耽于内心而脱离实际，同时，对人的思想禁锢会更为严重。

🔍 材料分析

朱熹："凡为人子弟，须要常低声下气，言语详缓，不可高声喧哄，浮言戏笑。父兄长上，有所教督，但当低首听受，不可妄自议论。长上检责，或有过误，不可便自分解，始且隐默，久却徐徐细意条陈。"（《童蒙须知》）

王守仁："大抵童子之情，乐嬉游而惮拘检，如草木之始萌芽，舒畅之则条达，摧挠之则衰痿。今教童子，必使其趋向鼓舞，心中喜悦，则其进自不能已。譬之时雨春风，沾被卉木，莫不萌动发越，自然日长月化。若冰霜剥落，则生意萧索，日就枯槁矣。"（《训蒙大意示教读刘伯颂等》）

（1）从上述两段材料，分析朱熹与王守仁的教育观。

（2）朱熹和王守仁你更赞许谁？为什么？

第六节
早期启蒙教育思想与实践

🎯 **学习目标**

理解早期启蒙教育思想对理学的批判和学校改革设想。

明末清初的中国社会处在动荡中，江南一带已明显可见资本主义生产关系萌芽，市民社会和市民意识逐渐形成；社会矛盾、民族矛盾尖锐，明清朝代出现更替，汉文化的优越感受到冲击；西方科学技术随传教士东渐，潜移默化士人的知识观和思维方式。士人反思理学教育的教条主义和空疏无用，使得传统思想中的民本意识和经世致用思想重新崛起，形成早期启蒙教育思想，其代表人物有顾炎武、王夫之、黄宗羲、颜元等。

一、早期启蒙教育思想

中国明清之际的早期启蒙教育思想具有启蒙思想的一般特征。首先是批判传统。针对传统政治和教育专制主义，黄宗羲指出，"天子之所是未必是，天子之所非未必非，天子亦遂不敢自为非是，而公其非是于学校"（《明夷待访录·学校》），主张士人参政议政，学校当为议政场所，必使"治天下之具皆出于学校"，才是办学本意；指出科举制度败坏人才、束缚人性、废弃学校，士人唯八股是求，学校唯举业是问，"舍当读之书一切不读"，"当学之学一切不学"，以至于亡国；认为理学教育从内容上看是文字教育，从方法上看是"习静"教育，这种道德至上、书本至上、鄙弃一技一艺的教育简直是在"杀人"。其次是包容广大。早期启蒙思想家的学术涉猎都十分广泛，例如，顾炎武批评理学不习六艺之文，不考百王之典，不综当代之务，只会空谈"明心见性"；对于传入中国的西方科学文化，早期启蒙思想家采取容忍和接纳态度，甚至吸取"西洋诸法"纳入自己思想体系，例如，接受西方数学是诸实学之基础的观念，并承认数学中不少方法是中国传统学问所不及的。最后是务实致用。提出"实德实才"的人格理想和教育目标，不仅是做人方面的表里如一、言信行果，还讲究治学必须"经世致用"；以"当世之务，俱宜练习"的社会实用标准为追求，努力开拓知识领域，将向来被正统观念不屑一顾的"役夫之道"列为学校教育内容；讲究"学必著行"，破除从书本到书本、枯坐冥想、空谈道理的书斋式教育教学方法，要求凡事都"亲下手一番"。这些都有别于传统教育。

二、传统学校教育改革设想

颜元（1635—1704年）字易直，号习斋，直隶博野（今属河北）人。19岁中秀才，但无意仕进。早年崇奉"讲实话，行实事"。30多岁时感到"思不如学，而学必以习"，名其所居为"习斋"。青年时期曾研习天文、地理、医学和兵法，并长期钻研农务。一度喜好陆王，又醉心程朱并躬行不懈，后幡然觉其有违人性，非士人正务，遂转而成为批判理学教育的代表。24岁起设塾授徒，终生讲学未息。62岁时应聘主持肥乡漳南书院。一生几乎未曾离开农村，亦耕亦读亦教，形成独特的教育思想。代表作有《四存编》（《存学》《存治》《存人》《存性》）。

颜元批判理学教育教人只读书不做事，一味静坐而不劳动，"误人才，败天下事"。认为与其读尽天下书，不如学成一技一艺，有用于社稷人民也是"圣贤一流"。提出学校是人才之本，而学校应当培养"实才实德之士"，即"上下精粗"都通或者"终身只精一艺"，并重新解释了"圣人"——"肯做功夫庸人"的人。据此，晚年主持漳南书院时参考宋代胡瑗的分斋教学制度设计了学校的课程类目和教学内容：第一，文事斋——学礼、乐、书、数、天文、地理等科；第二，武备斋——学黄帝、太公以及孙、吴五子兵法，并攻守、营阵、陆水诸战法，射御、技击等科；第三，经史斋——学"十三经"、历代史、诰制、章奏、诗文等科；第四，艺能斋——学水学、火学、工学、象数等科；第五，理学斋——学静坐，编著程、朱、陆、王之学；第六，帖括斋——学八股举业。颜元设想理学、帖括两斋今后逐渐废除，因此更体现实用知识的传授和实用人才的培养意图。其弟子李塨进一步提出分科养士和分科考试取士的设想，设九科：（1）礼仪（附经史有用之文）；（2）乐律（附经史有用之文）；（3）天文、历象、占卜（附术数）；（4）农政；（5）兵法；（6）刑罚；（7）艺能、方域、水学（附医道）；（8）理财；（9）兼科。更是将传统教育中占据主导地位的经学、理学、举业等内容淹没，而大大突出实用学科的地位。

颜元批评以朱熹为代表的理学家治学是"先生辈舍生尽死，在思、读、讲、著四字上做功夫，全忘却尧舜三事、六府，周孔六德、六行、六艺，不肯去学，不肯去习"（《朱子语类评》）。实际却是"大旨明道不在诗书章句，学不在颖悟诵读"，而在"身实学之，身实习之"（《存学编·卷一》）。颜元倡导了亲手做事、亲身经历的"习行""习动"教学方法，还注重体育、劳动教育，表现出身心兼顾的意图，这也是教学内容和教学方法的创造。

颜元对学校教育改革的设想体现了对传统教育"仕即其学，学即其仕"的批判，是按知识类别制定学校课程的思想萌芽，表达了学校教育适应社会需要的追求，也显示了突破书本和书斋教育的意愿，其思想已带有一些近代教育的特征。

🔊 教育家语录

但以人之岁月精神有限，诵说中度一日，便习行中错一日，纸墨上多一分，便身世上少一分。

——颜元《存学编》

吾尝言一身动则一身强，一家动则一家强，一国动则一国强，天下动则天下强。

——颜元《颜习斋先生言行录》

以此知心中醒，口中说，纸上作，不从身上习过，皆无用也。

——颜元《存学编》

人之为学，心中思想，口中谈论，尽有千百义理，不如身行一理之实也。

——颜元《颜习斋先生言行录》

本章小结

中国古代教育至西周达到鼎盛。当时的社会政治、经济条件决定了学校教育的性质，即所谓"学在官府"。西周国家按行政管理系统分设国学与乡学，贵族子弟按其年龄入小学与大学。西周教育的标志和特征即六艺教育。"六艺"既指教育内容，又代表了时代文化的精华。它强调道德精神、强健体格、文化知识和军事技能的结合，这一传统影响后世至深至远。

春秋战国时期，教育呈现又一个发展高峰。教育的创新是出现私人讲学。与之相表里，出现学派纷呈、教育思想争鸣的局面。孔丘创建儒家学派，重视文教事业而积极干政，奠定以人文精神、群体意识和实践理性为特征的中国传统教育思想模式。孟轲和荀况秉持儒学宗旨，开创出重义理精神和文献师传两大流变方向，形成中国教育思想史上"内发说"和"外铄说"两大流派。而中国最早的教育专论《学记》则是对早期儒家教育思想的系统总结。最早与儒家形成对峙的墨家学派以主动与务实为特征，站在社会下层民众立场，期望通过广泛的教育来实现社会平等，科学和逻辑学教育方面卓有成效，而对六艺教育有很大超越，却未成为教育的主流。道家以老庄为代表，批判了人类文明发展带来的对人性的损害，倡导回归自然，追求返璞归真的教育，独具反传统、反教条意义，而其思维的灵活、发散富于启发，对强调社会原则的其他学派的教育主张和中国传统士人的精神世界都是一种调适。法家断然否定以道德熏陶和知识传授为内涵的教育，以期统一思想，结束教育思想多元化的理想主义状态，最先明确了教育在专制集权的政治体制中的实际地位。

秦亡汉兴，儒家教育以服务于新政权的姿态再次活跃，儒术独尊的政策确立，使之取得从观念到实践领域的主导地位。太学的兴办使儒家经典成为学校的基本课程，察举制度的建立使儒家德才标准成为未来官员的培养和选拔标准，地方学校的设立使儒家的道德教化观念开始深入民间，读书入仕的教育模式建立起来。儒家教育思想实现第一次改造，由董仲舒倡导，人伦纲常的建立、个人道德的完善都与现实政治有了联系。汉代儒学理论内部的缺陷也开始引发批评与怀疑。

隋唐时期，封建国家制度发展达到鼎盛。学校教育制度经魏晋南北朝诸多创造性建设的积累，形成十分完备的体系：就教育管理专门化而言，中央政府主管教育的行政机构国子监建立；就行政体制而言，规划了完整的中央和地方官学体制；就主管部门而言，建立了以国子监系统为主，并以政府各行政部门附属办学为辅的学校体系；就学校性质而言，形成了儒家经学教育为主体、其他各专门教育为从属的教育体系；就学校内部管理而言，制定了从专业开设、课程设置、考核要求到休假、待遇等的完善制度。科举制度的建立使得读书入仕的教育模式走向成熟，既对教育的普及有推进作用，又开始成为制约学校教育的负面力量。儒家教育思想既因自身内部的理论缺陷，也因外部佛、道思想的冲击而遭遇危机，韩愈提出承续儒学道统，并通过讨论师道问题，阐述道的内涵和传道设想，推动了儒家教育思想的重建。

经过宋朝数代学者的探索，吸取儒学内外的各种思想材料，至南宋朱熹形成了成熟的理学教育思想体系，即概括出一套讨论和表述教育思想的概念范畴，进而展开为思想体系；打破汉代外在论的教育思想，转而从人的内在精神世界寻找教育实现的依据。至明代王守仁使之更为丰富和精致：吸取佛性说，重新阐明人的发展依据和教育的作用方式，打破汉唐等级人性论，恢复了先秦人性论的平等精神；吸取佛道学说，重新建构了修养论、知识论和教学思想，概括出注重内在体悟的求知和个人完善的方式与途径。相应地，宋代官学进行了数次改革运动，创造出诸多以教育为本位、以培养有用人才为目标的教学和管理制度；补官办学校之不足而以自由讲学为追求、以学术为旨归的书院兴盛起来，不仅与理学发展相辅相成，且成为地区文化教育中心；私塾得到极大普及，承担起传授基础知识和进行道德教育的职责，体现理学教育精神的蒙学教材则成为重要媒介。

受社会政治、经济动荡及外来文化影响，明清之际，中国出现早期启蒙教育思想。在思想观念方面批判集权政治、批判理学教育、批判科举制度，在教育目标、内容和方法方面充分提倡务实致用，更多地表现出与传统价值观的不同，体现出近代教育思想的若干特点。

总结 >

Ａａ 关键术语

学在官府	六艺	大学	小学	性相近也，习相远也	有教无类
学而优则仕	举一反三	因材施教	性善说	性恶说	"性三品"说
长善救失	《学记》	教学相长	官学	私学	私塾
书院	《白鹿洞书院揭示》	国子监	太学	罢黜百家，独尊儒术	庆历兴学
熙宁兴学	三舍法	存天理，灭人欲	致良知	科举制度	

章节链接

在这一章，你读到……	在其他章节中，你将发现相关的讨论……
中国古代的小学、大学、乡学	第一章第三节　太学、地方学校，第四节　魏晋南北朝官学、隋唐学校教育体制，第五节　官学改革讨论
什么是"六艺"	第一章第三节　太学教学内容，第四节　南朝宋分设四馆教学，第五节　官学改革，第六节　漳南书院的教学设计
私人讲学	第一章第三节　私学，第五节　书院和私塾
孟轲、荀况的教育思想	第一章第五节　朱熹、王守仁的教育思想
朱熹、王守仁的教育思想	第一章第六节　颜元教育思想
各节关于学校的阐述	第二、三、四章　关于学校的讨论

应用 >

批判性思考

1. 教育史家王凤喈在其1928年出版的《中国教育史大纲》中，对中国传统教育有如下批评。

教学偏重记忆与模仿，忽视独立思考，当然无发展个性、提倡创造性可言；偏重文科而忽略实用学科，除了书本外，几无其他教育可言，"求学"与"读书"几为同义词，一方面大量造就无用的书生，另一方面物质科学毫不发达。

对这样的批评，你怎么看？

2. 本章概要地展现了中国古代教育的历史，对中国古代教育的发展阶段有自己的划分方式。请对照其他中国教育史教材或著作，说明本书划分教育历史阶段的特点。你是否赞同这种划分？为什么？

体验练习

以下一些自测题可以帮助你了解自己对本章一些内容的掌握情况。

一、下列每题给出的选项中，只有一个选项是符合试题要求的。

1. 《学记》将古代大学教育的年限划分为两个阶段，第一阶段从第一年到第七年，第二阶段从第八年到第九年，第九年经考试合格称之为（　　）。

　　A. 博士　　　　　B. 大成　　　　　C. 翰林　　　　　D. 大儒

2. 先秦墨家所倡导的最具特色的教育内容是（　　）。

　　A. 政治教育　　　B. 科技教育　　　C. 艺术训练　　　D. 军事训练

3. 被朱熹称为"为学之序"的"博学之，审问之，慎思之，明辨之，笃行之"出自（　　）。

    A.《大学》　　　B.《中庸》　　　C.《论衡》　　　D.《白鹿洞书院揭示》

4. 王守仁"致良知"这个命题来自（　　）。

    A.《论语》和《孟子》　　　　　B.《论语》和《中庸》

    C.《孟子》和《中庸》　　　　　D.《孟子》和《大学》

5. 春秋战国之际，儒墨两家并称"显学"，在教育问题上，墨家不同于儒家的主张是（　　）。

    A. 重视道德教育　　　　　　　B. 重视文史教育

    C. 轻视礼乐教育　　　　　　　D. 轻视科技教育

二、要求判断正误，并说明理由。

1. "学不可以已。青，取之于蓝，而青于蓝。"表明荀况在师生关系问题上强调不唯师说。

2. 孔子办学以《诗》《书》《礼》《乐》《易》《春秋》六种典籍教授弟子，这就是"六艺"教育。

拓展 ＞

☕ 补充读物 ||||||||||||||||||||||||||||||||||||||||||||||||||||||||||||||||||||||||||||||||||||||||||||||||||||

1　孟宪承：《中国古代教育史资料·孟宪承文集（卷十）》，上海，华东师范大学出版社，2010。

    本书选录中国古代教育制度和教育思想有关史料，着重选取原始材料，适当选用考释性和研究性材料，选择颇精当。

2　孟宪承：《中国古代教育文选·孟宪承文集（卷十一）》，上海，华东师范大学出版社，2010。

    本书精选中国古代代表性教育家19人、教育论著5种中的代表性篇目，足可涵盖中国古代教育思想全貌。所选人物和篇目有助于读者阅读。

3　孙培青：《中国教育史（第四版）》，上海，华东师范大学出版社，2019。

    本书为目前国内中国教育史教材中的代表性作品，可阅读其中第一章至第九章，作为拓展性资料。

第二章

中国近代教育转型

本章概述

    本章主要分近代教育的起步、近代教育体制的探索和近代教育体制的变革三个阶段，概要性地介绍了鸦片战争以后中国近代教育的发展演变历程，勾勒出中国近代教育向西方学习的基本脉络，展示出中国近代教育发展与社会政治形势发展相互交织的基本形态。

结构图

| ⓐ | ⓑ | ⓒ |
| 洋务学堂的兴办 | 留学教育的肇始 | "中体西用"思想的提出 |

近代教育的起步

1

中国近代
教育转型

2   3

近代教育体制的探索   近代教育体制的变革

ⓐ	ⓑ
早期改良派的教育主张	维新派的教育实践
ⓒ	ⓓ
普及教育思想的提出	近代教育体制的初步建立

ⓐ	ⓑ
民国初年的教育改革	近代中国民主教育 思想与实践
ⓒ	ⓓ
新文化运动推动下的 教育观念变革	新文化运动推动下的 教育思潮与教育运动
ⓔ	
1922年"新学制"	

学习
目标

学完本章，你应该能够做到：

1. 了解中国近代教育起步发展的历史背景。

2. 掌握洋务教育的主要内容、基本特点和历史影响。

3. 理解清末民初中国近代教育体制的探索、建立与变革的过程和影响。掌握"癸卯学制""壬子癸丑学制"和1922年"新学制"，并能够进行比较。

读前
反思

　　在学习完第一章后，你已经了解了中国传统教育的发展过程、基本线索和主要内容，已经感性地认识到中国传统教育的特质和特征，这是一种与西方教育很不相同的体系；在第二章的概述中，我们又将读到中国近代教育是向西方学习的结果这样的观点。那么，这是不是激发起了你的一些思考呢？

1. 中国本土的和来自西方的两种不同的教育体系是如何融合起来的？中国传统教育历史如此之悠久，与一种异质教育融合，会是一个怎样的过程？

2. 按照事物发展的一般规律，决定事物发展变化的根本原因在其内部，那么，在中国近代按西方模式建立起新式教育的过程中，传统文化和教育的因素究竟起着什么作用？

3. 站在今天的立场，从过程和结果考察中国近代按照西方的模式建立起新式教育，究竟得失如何？

今则东南海疆万余里，各国通商传教，来往自如，麇集京师及
各省腹地，阳托和好之名，阴怀吞噬之计，一国生事，诸国构煽，
实为数千年来未有之变局。轮船电报之速，瞬息千里；军器机事之
精，工力百倍；炮弹所到，无坚不摧；水陆关隘，不足限制，又为
数千年未有之强敌。

——李鸿章《筹议海防折》

　　1840 年，鸦片战争的隆隆炮声轰开了中国闭关锁国的大门，
惊醒了亿万国人天朝上国的迷梦。自此，中国逐步进入半殖民地半
封建社会，并逐渐卷入世界现代化大潮之中。面对列强的步步凌逼，
一些先进的中国人忧虑国家民族的前途命运，开始睁眼看世界，通
过一次又一次的学习和探索，力求走出一条救亡图存的新路。就在
这一次又一次的学习和探索中，中国教育开始发生转型，传统教育
分崩离析，近代新教育渐次建立。以 1862 年京师同文馆的创立为
起点标志，到 20 世纪 20 年代，中国近代教育经历了洋务教育、维
新教育和资产阶级民主教育三个前后相续、逐步深化的阶段，按西
方模式初步建立了近代教育制度，为现代教育发展奠定了基础。

第一节
近代教育的起步

🎯 **学习目标**

了解中国近代教育起步发
展的历史背景。

　　中国近代教育的转型起步于学习西方。鸦片战争以来，以
龚自珍、魏源和林则徐等为代表的地主阶级改革派冲破传统学
术的樊笼，主张"经世致用"和"师夷长技以制夷"，发出了
向西方学习的先声。而真正开始学习西方、推动中国近代教育
转型的则是洋务运动中的教育改革。经历了两次鸦片战争的失败以后，清政府统治集团中一
部分与西方列强有过接触、头脑比较清楚的官僚，充分领略到西方列强的船坚炮利，感受到
了解西方、学习西方的必要性。面对中国"数千年未有之变局"，他们继承了地主阶级改革
派"师夷长技以制夷"的思想，发起了一场以富国强兵为目标的洋务运动。洋务运动起自
1861 年总理各国事务衙门的设立，终于 19 世纪 90 年代，是近代中国第一次大规模模仿、学

习西方工业化的运动，是一场在维护封建皇权前提下由上而下的改良运动。洋务教育是其中的重要组成部分。洋务教育以学习"西文""西艺"为追求，包括举办学堂、派遣留学生和教育观念的部分转变诸方面，中国近代教育由此发端。

一、洋务学堂的兴办

创办洋务学堂是洋务运动的重要组成部分，同时也是洋务教育的先导，其目的在于培养洋务运动所需要的翻译、外交、水陆军事、工程技术等方面的新式专门人才。

1. 洋务学堂概况

从 1862 年京师同文馆成立算起，洋务派共创办了 30 多所洋务学堂，大致可以分为三类。

第一类是方言（外语）学堂。主要有京师同文馆（1862 年）、上海广方言馆（1863 年）、广州同文馆（1864 年）、新疆俄文馆（1887 年）、台湾西学馆（1888 年）、珲春俄文馆（1889 年）、湖北自强学堂（1893 年）。方言学堂的创办主要是为外交形势所逼，当时中外交往日益频繁，中国通晓外语、了解他国情况的人才极为缺乏。总理各国事务衙门王大臣、恭亲王奕䜣说："洋人敢入中国肆行无忌者，缘其处心积虑在数十年以前，凡中国语言文字，形势虚实，一言一动，无不周知，而彼族之举动，我则一无所知。"[1] 更令清政府备感焦虑的是中外条约中对语言文字的限制，1858 年《中英天津条约》第 50 款规定：有关文书用英语书写，暂时配以汉文，俟中国选派留学生习英语熟练后，即不再配汉文。"自此以后，遇有文词辩论之处，总以英文作为正义。"[2]

第二类是武备（军事）学堂。为了培养掌握先进军事技术的人才，发展军事工业，建立新式军队，洋务派先后创办一系列武备（军事）学堂，主要有福建船政学堂（1866 年）、上海江南制造局操炮学堂（1874 年）、天津水师学堂（1881 年）、广东实学馆（后改为广东水陆师学堂）（1882 年）、广东黄埔鱼雷学堂（1884 年）、天津武备学堂（1885 年）、北京昆明湖水师学堂（1886 年）、山东威海卫水师学堂（1890 年）、江南水师学堂（1890 年）、旅顺口鱼雷学堂（1890 年）、烟台海军学堂（1894 年）、江南陆师学堂（1895 年）、湖北武备学堂（1896 年）等。

第三类是实业（技术）学堂。19 世纪 70 年代中期起，洋务派陆续创办了民用工业、商业和运输业，为提高从业人员技术水平，进而创办了一些实业学堂，主要有福州电报学堂（1876 年）、天津电报学堂（1880 年）、上海电报学堂（1882 年）、湖北算术学堂（1891 年）、天津西医学堂（1893 年）、山海关铁路学堂（1895 年）、南京铁路学堂（1896 年）、

---

① 中国史学会：《中国近代史资料丛刊·洋务运动（三）》，33 页，上海，上海人民出版社，1961。
② 杨松、邓力群：《中国近代史资料选辑》，102 页，北京，生活·读书·新知三联书店，1954。

南京储才学堂（1896 年）、湖北农务学堂（1898 年）、湖北工艺学堂（1898 年）等。

洋务学堂是在学习西方基础上创办起来的新式学校，表现出不同于传统学校的一些特点。

第一，多属具有高等教育性质的专门学校，培养目标是洋务事业所需的专门人才，广泛涉及外交、法律、水陆军事、机械制造等领域，迥异于传统的读书应试做官的办学模式。

第二，课程多包括外语、数学、格致、化学等现代学科，以"西文""西艺"为主，区别于传统学校的经史义理和八股文章。

第三，大多设置有实践性课程，有的还建立了实习制度，注重理论与实践相结合，不同于传统学校死记硬背的教学方式。

第四，普遍制定了分年课程计划，确定了学制年限，采用班级授课制，这是对传统个别教学的一大突破。

虽然洋务学堂在数量上不足与传统学校相抗衡，其创办者也无替代传统学校的意愿，但洋务学堂以西方近代科技文化作为主要教育内容，初步显示出近代教育特征，推动了中国教育的近代转型。

2. 京师同文馆

京师同文馆是最早开设也是办学最有成效的洋务学堂。咸丰十年（1860 年）元月，奕䜣等人奏准在总理各国事务衙门下附设外语学馆。同治元年（1862 年）七月，同文馆英文馆正式开学。1863 年 4 月，开办法文馆，并将俄罗斯文馆并入同文馆。1867 年，增设天文算学馆，同文馆从单纯的外语学校发展为综合性学校。1871 年，增设德文馆。1876 年，制定"八年课程计划"，进行课程改革。1888 年，开设格致馆，建立天文台和物理实验室。1897 年，增设东（日）文馆。1898 年，在维新变法高潮中，馆内科技教育部分并入新创办的京师大学堂。1900 年，八国联军攻占北京，同文馆遭受严重破坏，师生解散。1902 年，同文馆并入京师大学堂，后改称译学馆，专门负责训练外交人员。

同文馆开办初期，课程主要是"西文"，即英、法、俄等外文。"馆中功课以洋文、洋语为要，洋文、洋语已通，方许兼习别艺。"① 同时也要求学习汉文，规定每年夏季洋教习休假期和礼拜休息日加添汉文功课，每月底由汉教习呈帮提调查核。随着同文馆各馆的增设，课程也逐渐由以"西文"为主转为"西文""西艺"并重，增设了数学、医学、生理学、化学等。1876 年制订的分年课程计划（表 2.1），分为需学习外文的八年制课程和不需学习外文的五年制课程，课程除语言类外，包括各国史地、代数、几何、三角、格物、微积分、化学等普通科学课程，将西方近代科学知识、学科课程和教学方法引入了中国的学校。

---

① 高时良、黄仁贤：《中国近代教育史资料汇编·洋务运动时期教育》，51 页，上海，上海教育出版社，2007。

表 2.1　京师同文馆分年课程计划（1876 年拟定）①

年次	八年制课程计划	五年制课程计划
第一年	认字写字，浅解辞句，讲解浅书	数理启蒙，九章算法，代数学
第二年	讲解浅书，练习文法，翻译字句	学四元解，几何原本，平三角，弧三角
第三年	讲各国地图，读各国史略，翻译选编	格物入门，兼讲化学，重学测算
第四年	数理启蒙，代数学，翻译公文	微分积分，航海测算，天文测算，讲求机器
第五年	讲求格物，几何原本，平三角，弧三角，练习译书	万国公法，富国策，天文测算，地理金石
第六年	讲求机器，微分积分，航海测算，练习译书	
第七年	讲求化学，天文测算，万国公法，练习译书	
第八年	天文测算，地理金石，富国策，练习译书	

　　同文馆隶属总理衙门，设有总管大臣、专管大臣、监察官以及正提调和帮提调等负责管理。教师分总教习、教习和副教习。总教习统管教学事务，自 1869 年起，先后由丁韪良和欧礼斐担任。教习分洋教习和汉教习。除汉文教习外，英文、法文、俄文、德文、东（日）文、化学、天文、算学、格致、医学等教习都先聘洋教习，然后逐渐由汉教习替代。洋教习的待遇远远超过汉教习，收入往往是汉教习的十倍以上，有的还被授予四品或五品虚衔。截至 1898 年，同文馆先后聘有洋教习 50 多名、汉教习 30 余名。副教习协助教习教学，一般是从优秀高年级学生中挑选，保持学生身份，仍需在馆学习。

　　同文馆的学生有三个来源，一是直接招生，二是由上海广方言馆、广州同文馆等保送，三是通过达官显贵或馆中教师推荐。最初仅确定每馆 10 名学生，到 1887 年，总数最多时也仅有 120 多人。招生对象初为八旗子弟"资质聪慧，年在十三四以下者"，后来逐步扩至科举士人及杂项人等。学生分为额内学生和额外学生两类，前者享有津贴，后者不享受津贴。同文馆的毕业生多从事海关、外交、政府机构、军事和教育部门工作。

　　京师同文馆培养了中国近代第一批翻译、外交人才和具有近代思想的科技、教育人才，既是洋务学堂的开端，又是中国近代教育的开端，标志着中国学习西方由观念落实为实践。

　　3. 福建船政学堂

　　福建船政学堂是福建船政局的组成部分，也是我国近代第一所海军培养学校，是延续时间最长的洋务学堂。同治五年（1866 年）五月，闽浙总督左宗棠奏准在福州马尾设立船政局，后又奏准在船政局内设立学堂，1867 年 1 月正式开学上课，定名"求是堂艺局"。先后设有前学堂（制造学堂）、后学堂（驾驶学堂）、绘事院、艺圃、管轮学堂、练船学堂等，统称为船政学堂。其中艺圃是职工在职培训学校，开创了中国近代职工在职培训先河。

　　前学堂学习制造技术，由法国人任教习，修法语，设轮船制造、轮机设计两个专业，培

---

① 孙培青：《中国教育史（第三版）》，316 页，上海，华东师范大学出版社，2009。

养能设计制造船用零件和整船设计的人才；课程分为基本课程和实践课程，基本课程包括算术、代数、几何、三角、微积分、物理、机械学等科目，实践课程包括船体建造、机器制造和操纵等内容。后学堂学习驾驶，由英国人任教习，修英语，设驾驶、轮管两个专业，培养驾驶和轮机技术人才；驾驶专业基本课程有算术、几何、代数、平面三角、球体三角、航海天文学、航行理论、地理内容等；轮管专业基本课程有算术、几何、制图、发动机绘制、海上操纵轮机规则及指示计、盐重计和其他仪表应用等内容；实践课程则包括"练船"、发动机装配等内容。

船政学堂筹建时，左宗棠提出招生条件为"本地资性聪颖、精通文字子弟"。后沈葆桢任船政大臣主持学堂工作，也强调"择其文理明通，尤择其资质纯厚者，以待叙补"。可见船政学堂学生已摆脱出身限制。学堂招生采取自由公开报考办法，在福州街头张贴招生告示，还派人到香港招生。因受传统思想影响，报考者多为贫寒子弟。学生待遇较优，凡录取者伙食费全免，每月发银四两以补贴家用，学习优异者还可领取赏银。

学堂的教习主要聘自英、法两国，有专职教师，不少聘来担任船政局指导工作的技术人员也兼任教师。1874 年以后外国教习因合同期满陆续撤走，学堂以中国人教学和管理为主，也继续聘请外国教习。

福建船政学堂从开办到 1913 年改组，共培养学生 629 人，为中国海军输送了第一代舰战指挥和驾驶人才，是中国近代海军的摇篮。据不完全统计，船政学堂培养的海军人才约占中国近代海军同类人员的 60%。1884 年中法马江海战中，福建水师的大部分管带、管驾都是船政学堂毕业生；北洋水师有 11 艘舰只的管带毕业于船政学堂，包括林曾泰、刘步蟾、邓世昌、林永升等；第一艘由中国科技人员设计制造的木质兵船也出自学堂毕业生；中国近代启蒙思想家严复也毕业于此。

二、留学教育的肇始

洋务教育开展后，洋务派逐渐认识到要全面深入地学习西方先进技术，仅仅依靠本国洋务学堂难以满足需求，决定向海外派遣留学人员，发展留学教育。

1. 派遣儿童留美

1870 年，近代第一个取得美国一流大学学位、毕业于耶鲁大学的中国人——容闳，出于对西方文明的深入了解和促使中国文明趋于富强的强烈愿望，向曾国藩和丁日昌提出派遣学生留学美国的设想，经奏得准。随即拟定派遣计划，规定每年从上海、浙江、福建、广东等地挑选 30 名 10 岁至 16 岁聪慧儿童送往美国留学，4 年共派遣 120 名，留学年限为 15 年，学成回国，听候派用，不准在外洋人籍逗留，也不准私自回国自谋别业。

1872 年 8 月，第一批留美儿童赴美留学（表 2.2），其中包括詹天佑等人。随后，1873

年、1874年、1875年，第二、三、四批各30名儿童也奔赴美国，开始留学生活。儿童们到美国后，被安排到美国家庭中生活。他们勤奋好学，很快克服了语言障碍，取得优异成绩，受到各方赞赏。耶鲁大学校长朴德等联名致信总理衙门，给予学生很高评价。

为防止留美学生洋化，清政府规定肄习西学仍兼讲中学，课以孝经、小学、五经及国朝律例等书，每逢规定日期，要由留学生监督召集学生宣讲《圣谕广训》；遇有重要节日，要"望阙行礼"和跪拜"至圣先师神位"，唯恐儿童"腹少儒书，德性未坚，尚未究彼技能，已先沾其恶习"。但因儿童思想、人格处在形成期，到美后逐渐开始随同美国家庭祈祷，星期日到教堂瞻礼，改穿西装，参加体育运动，剪去辫子，谒见留学生监督不再行跪拜礼。学生的这些变化成为反对者的口实，顽固派视之为大逆不道，洋务派也认为"适异忘本"。1881年6月，鉴于学生的表现，受制于反对派物议，加上美国社会出现排华倾向，总理衙门议决撤回留美学生。1881年8月21日起，留美学生分三批回国，除死亡、中途撤回和执意不归者，共有94人回国，其中仅詹天佑等二人获学士学位，60人进入专业学习，其余尚在中小学阶段。黄遵宪、郑观应等人都为之深感愤慨和惋惜。培养目标和方式之间难以克服的矛盾决定了儿童留美难能成功。

表2.2　留美儿童籍贯及抵美时年龄分布表①　　　　　　　　　单位：人

| | 籍贯分布 | | | | | | 年龄分布 | | | | | | | |
	广东	江苏	安徽	浙江	山东	福建	10岁	11岁	12岁	13岁	14岁	15岁	16岁	抵美平均年龄
第一批	24	3	1		1	1	2	4	3	7	10	3	1	13岁
第二批	24	2		4				3	3	12	10			13岁
第三批	17	7	1	3		2	4	3	15	6	2			12岁
第四批	19	8		2		1	1	2	11	11	4	1		12.5岁
合　计	84	20	2	9	1	4	7	12	32	36	26	4	1	

2. 派遣学生留欧

1873年，福建船政学堂外国教习任期将满，为延续学堂和船政局事业，船政大臣沈葆桢建议派遣船政学堂学生赴欧洲留学，得到总理衙门允准。1875年，先派少数学生随同外国教习回国游学历练。1877年，李鸿章等人再次提出从船政学堂派遣学生到法国学习制造、到英国学习驾驶，得到清政府批准。3月，第一批30名留学生在监督李凤苞、日意格带领下赴欧洲。其中，12名学生赴英国学习驾驶，另外18名加上两年前抵法的2名学生在法国学习造船。这批学生在英法刻苦求学，实现了预定目标，效果理想，于1880年学成回国。

1881年底又派出第二批留欧学生10名。其中5人赴法，2人留英，3人留德。因海军发展需要，1886年又派出第三批留欧学生34人。其中不仅有船政学堂毕业生29人，还有天津

---

① 孙培青：《中国教育史（第三版）》，321页，上海，华东师范大学出版社，2009。

北洋水师学堂毕业生 5 人。甲午战争后，清政府于 1897 年派出第四批也是最后一批官派留欧学生 6 人赴法。原计划留学 6 年，因义和团运动和八国联军侵华而提前撤回。

因派遣学生留欧晚于儿童留美，故吸取了留美教育的经验教训，表现出诸多不同特点：留欧学生出国时年龄较大，多在 20 岁左右，且专业基础较好，"通晓泰西语言文字"，起点较高；学习目的具体明确，即为了发展海军和造船事业，培养中国的海军人才和造船人才；重视理论联系实际，强调学用结合，规定既要重视书本知识学习，又要重视实际能力培养，强化了实习环节，多数留欧学生成绩优良，成效显著。留欧学生学成归来后各尽其才，将中国近代军舰制造技术推进到新水平，并涌现出一批中国近代海军重要将领，如林泰曾、刘步蟾、方伯谦等北洋舰队管带，刘冠雄、萨镇冰、李鼎新等清末海军大臣和民国海军总长；还有转学社会学科而成名者，如严复，甚至在外交、实业和其他科技领域里也有留欧学生身影。

洋务运动中的两次留学生派遣是中国教育迈出国门、走向世界的重要一步，其经验和教训都很丰富，在推进中国教育现代化方面的功绩不可磨灭。

三、"中体西用"思想的提出

"中体西用"是"中学为体，西学为用"的略语，它是洋务派关于中西文化关系的核心命题，也是洋务教育的指导思想，对 19 世纪 60 年代至 20 世纪初的中国社会产生了深远影响。

1. "中体西用"思想的形成

洋务运动开始了移植西方近代文明成果的过程，这必然会引起要不要学习西学和如何学习的争议。保守派固守传统，抵制西学；洋务派相对开放，在承认中学主导地位的前提下，肯定西学的辅助和器用价值。从 19 世纪 60 年代起，就有学者借助中国传统的体用、本末等哲学范畴论述中学与西学关系。1861 年，冯桂芬在《校邠庐抗议·采西学议》中提出"以中国之伦常名教为原本，辅以诸国富强之术"。19 世纪 70 年代初，清政府在派遣留学生时就规定肄习西学仍兼讲中学。李鸿章强调"中学"与"西学"要分别教导，使学生懂得尊君亲上，不囿于异学。

到 19 世纪 90 年代，"中体西用"的思想被更多的人接受，并逐渐明确表述为"中学为体，西学为用"。郑观应在《盛世危言·西学》中，从本末和主辅的维度，构建中西会通的文化框架，主张"中学其本也，西学其末也；主以中学，辅以西学"。1896 年 4 月，沈寿康在《万国公报》发表文章，最早表述了"中学为体，西学为用"的概念，认为"中西学问，本自互有得失，为华人计，宜以中学为体，西学为用"。1896 年 8 月，孙家鼐在创办京师大学堂的奏书中提出学堂的宗旨应是"中学为主，西学为辅；中学为体，西学为用"，强调以西学补中学，以中学包罗西学，不能以西学凌驾中学。

1898 年 4 月，张之洞撰成《劝学篇》，对"中学为体，西学为用"进行了充分阐述和详细论证，构建了一个较为完整的理论框架，并按此思想路线开展湖北教育改革，赢得通晓学务的声誉。"中体西用"作为洋务教育的基本方针，贯穿在其实践过程的每一环节。

2. 张之洞对"中体西用"的系统阐述

张之洞（1837—1909 年），字孝达，直隶南皮（今属河北）人，是后期洋务派代表。1863 年中探花，任翰林院编修。曾任十年考官和学官。后以清流健将闻于朝。自 1882 年起历任山西巡抚及两广、湖广、两江总督和军机大臣，先后创办广东黄埔鱼雷学堂、湖北自强学堂等多所新式学堂，并积极策划派遣留学生，使湖北成为全国新式教育的中心之一。之后又参与主持制定了中国近代第一个正式实施的法定学制。在维新变法高潮之际著成《劝学篇》，系统阐述"中体西用"思想，迎合了保守势力扼杀维新变法的需要，经朝廷倡导，广为传播。《劝学篇》分内外两篇，分别论述中学和西学："内篇务本，以正人心；外篇务通，以开风气"，主旨则为"中体西用"。

中学也称"旧学"，"四书五经，中国史事、政书、地图为旧学"，但张之洞尤其强调"明纲"，认为"三纲"是"五伦之要，百行之原，相传数千年，更无异义。圣人所以为圣人，中国所以为中国，实在于此"。针对维新派反对君权、提倡民权、男女平权的主张，他认为："知君臣之纲，则民权之说不可行也；知父子之纲，则父子同罪免丧废祀之说不可行也；知夫妇之纲，则男女平权之说不可行也。"中学须无条件坚守，"不得与民变革"。

西学也称"新学"，"西政、西艺、西史为新学"。西史即指西方各国历史；西政指"学校、地理、度支、赋税、武备、律例、劝工、通商"，即西方有关文教、工商、财政、军事、法律、行政等制度层面的文化；西艺指"算绘矿医，声光化电"，即西方自然科学知识技能。张之洞主张在办教育和个人学习时，应根据具体情况分出西政和西艺的轻重缓急。学习西政着眼于当前急需，学习西艺着眼于长远。与前期洋务派的区别表现在将西政也纳入了应当学习和借鉴之列。

关于"中学"与"西学"的关系，张之洞主张"旧学为体，新学为用，不使偏废"。他强调"中学"是立国之本，其作用在于"固其根柢，端其识趣"，可以保存国家、民族、文化之传统，是保国、保种、保教的前提，所以学"西学"必先通"中学"。而要通"中学"，又不得不讲"西学"。"中学治身心，西学应世事。"不先通中学而追随西政、西艺，其祸更烈于不通西学；对西学孤陋不通而满口圣贤性理，也将为尧舜孔孟之罪人。在"中体西用"大原则下，张之洞还论述了学制设计、科举改革、留学教育、学校课程、教师培养等方面问题，实际上提出了清末教育改革的基本思路。

张之洞阐述的"中体西用"思想是洋务教育的指导思想，既是洋务派的文化教育观，又是应对顽固派的策略，其本质是一种调和的折中主义。"中体西用"的主旨在于维护封建政治制度和纲常名教的正统地位，但并未涉及中国文化传统和政体的改造，表现出严重的局限性。然而，"中体西用"思想主张引入西方的文化科学知识和近代社会制度，给封闭僵化的封建文化打开了缺口，为西学在中国的传播和发展争取到空间和合法地位，为中国社会和教育的现代化创造了一定条件。

📢 教育家语录

于是图救时者言新学，虑害道者守旧学，莫衷于一。旧者因噎而食废，新者歧多而羊亡。旧者不知通，新者不知本；不知通则无应敌制变之术，不知本则有非薄名教之心。

二十四篇之义，括之以五知。一知耻，耻不如日本，耻不如土耳其，耻不如暹罗，耻不如古巴。二知惧，惧为印度，惧为越南、缅甸、朝鲜，惧为埃及，惧为波兰。三知变，不变其习，不能变法；不变其法，不能变器。四知要，中学考古非要，致用为要；西学亦有别，西艺非要，西政为要。五知本，在海外不忘国，见异俗不忘亲，多智巧不忘圣。

——张之洞《劝学篇·序》

第二节
近代教育体制的探索

🎯 学习目标

掌握洋务教育的主要内容、基本特点和历史影响。

洋务运动推动中国教育向近代形态迈进了一小步。在洋务运动中逐渐成长起来的早期改良派进一步发出文化教育改革呼声，为近代教育体制的探索奠定了思想基础。

一、早期改良派的教育主张

早期改良派是 19 世纪 70 年代后逐渐形成的一个思想群体，代表人物分别是直接受资本主义文化熏陶的知识分子（如王韬、容闳）、通过书本或其他方式间接了解资本主义文明的激进士大夫（汤炽、陈炽）和从洋务派幕僚分化出来的知识分子（如薛福成、马建忠、郑观应）。早期改良派是地主阶级改革派的继续和发展，是维新派的直接先驱，他们提出"兵战不如商战，商战不如学战"的思想，要求对政治、经济、文化教育进行全面改革。

1. 全面学习西学

针对洋务派热衷于西文西艺，早期改良派指出，西学包含自然、技艺和社会科学诸多学科，而技艺制造、操练新军之类只是西学之末，仅此为学，是"弃其菁英而取其糟粕，遗其大体而袭其皮毛"。因此主张更全面深入地学习西学和思考中学与西学的关系。马建忠在1884年指出，洋务运动热衷讲求的制造、军旅、水师诸端，皆其末者。郑观应在《盛世危言·西学》中倡导学习西学，他将西学分为天学、地学、人学三部分，内容包括了西方的自然科学、工艺（技术）和社会科学的诸多学科。

2. 改革科举制度

随着新式学堂的产生和发展，科举制度之弊越来越显现，日益成为中国兴办新教育的障碍。早期改良派认为，科举考试以经史为内容，以八股为形式，妨碍了西学的引入；科举考试仅以政治人才为目标的导向，阻碍了社会所需的多种类型、多种层次人才的培养。因此必须改革科举制度。先是提出别开一科，考试天文、算学、格致、翻译之学；进而提出理想的方案是选材于学校，以复归教育职能，改变中国的学校仅致力于科举而不讲其他之弊。

🔊 教育家语录

学校者人才所由出，人才者国势所由强，故泰西之强强于学，非强于人也。然则欲与之争强，非徒在枪炮战舰也，强在学中国之学，而又学其所学也。今之学其学者，不过粗通文字语言，为一己谋衣食，彼自有其精微广大之处，何尝稍涉藩篱？故善学者必先明本末，更明所谓大本末而后可。以西学言之：如格致制造等学其本也，语言文字其末也。合而言之，则中学其本也，西学其末也。主以中学，辅以西学。

——郑观应《盛世危言·西学》

3. 建立近代学制

郑观应在对中西方教育进行比较分析基础上，较早勾画出中国近代学制的轮廓。他认为，中国传统教育不屑讲求商贾农工之学，不可能培养出适应近代工商业发展的人才，而西方社会是"无事不学，无人不学"。因此，他提出仿照西方学制，并结合中国按行政区划设学的传统，分别在京师、省府、州县建立大学、中学、小学的三级学制系统，采取班级授课的形式，学习年限各为三年，以考试的结果为升学的标准。这是建立近代学制的最早设想，虽然粗浅，却起了舆论准备的作用。

4. 倡导女子教育

中国封建社会的教育是男性的教育，学校只对男性开放，女子教育没有地位。在近代西方男女平权观念影响下，早期改良派开始关注女性的社会地位，是近代女子教育的最早提倡者。他们批判封建礼教对妇女身心的摧残，驳斥了"女子无才便是德"的观念，主张必须重视女子教育，广设女学。陈炽提出，应该下令各省郡县就近筹款，广增女塾，4 岁至 12 岁的女子都必须入学接受教育。郑观应也要求"通饬各省广立女塾，使女子皆入学读书"。

二、维新派的教育实践

甲午战争后，民族危机加深。洋务派求强未成激发了人们探寻真正有效的救国之道，以康有为、梁启超和严复等为代表的维新派因此形成。维新派希望进行自上而下的改良，建立君主立宪的政治体制，使中国走上资本主义道路。教育成为宣传维新、培养人才的重要手段。

1. 维新运动中的教育实践

与洋务教育有所不同，维新教育主要包括办学堂和办学会、报刊等方面。

其一，兴办学堂。体现维新精神的学堂主要有两类。一类是培养维新骨干、传播维新思想的学堂，比较著名的有康有为于 1891 年在广州创办的万木草堂和 1897 年在长沙开办的湖南时务学堂。另一类是对洋务学堂有所突破的新式学堂，例如，盛宣怀于 1895 年和 1896 年分别在天津、上海创办的北洋西学堂和南洋公学。北洋西学堂内分头等学堂（大专程度）和二等学堂（中学程度），后发展为北洋大学。南洋公学先后开设了师范院、外院（小学）、中院（中学）、上院（大学，分内政、外交、理财各专门）和特班，后发展为交通大学。这两所学校最早采取西方近代学校大、中、小学三级体系，相互衔接，已显出近代学制的雏形，主办者虽为洋务派人士，但体现了维新派普及教育的主张。此外，梁启超、经元善等人1897 年在上海倡设经正女学，虽存在时间不长，却是中国人自行创办的最早的女子学校，开创于先风。

其二，办报刊、办学会。维新派主张创办报刊介绍西学，沟通上下和东西，以"去塞求通"，"使风气渐开，百废渐举，国体渐立，人才渐出"。康有为等于 1895 年 8 月在北京创办《万国公报》（后更名为《中外纪闻》），于 1896 年 1 月在上海创办《强学报》，开启创办报刊之先风。随后，梁启超在上海办《时务报》，严复在天津办《国闻报》，唐才常在湖南办《湘学报》（后改为《湘学新报》），另有《蒙学报》《求是报》《实学报》《知新报》等。维新派认为，舆论宣传的目的是要组织群众以积聚维新力量。康有为认为，如要开风气、开知识，非合群不可，合大群才能形成雄厚力量。因此，先后成立了北京强学会、上海强学会。章太炎等在杭州设立了兴浙学会和化学会，康有为等在广西成立了圣学会，谭嗣同等在湖南成立了南学会等。1895 年至 1898 年间，全国创办学会、学堂和报刊共三百多起。维新派以学会为阵地，以报刊为媒介，通过集会、演讲等形式，讲西学，论国事，宣传维新思想；并收集图书、仪器，延请教师，广招学生（会员），定时讲课。民众性的学会报刊的兴办，不仅利于宣传变法，而且意味着新思想、新文化开始向民众传播和普及，与开办新式学堂相辅相成，为洋务教育所不及。

2. "百日维新"中的教育改革

《马关条约》签订后，西方列强瓜分中国的危机更深。康有为等维新派人士上疏力促朝廷变法。1898 年 6 月 11 日，光绪帝发布"明定国是诏书"，宣布变法。在"百日维新"中颁布了一系列改革法令，教育改革是其中重要方面。

设立京师大学堂是"百日维新"一大举措。早在变法前，就屡有创办大学堂的倡议。1896 年 6 月，刑部侍郎李端棻上《请推广学校折》，首次正式提出设立京师大学堂的建议。此后，康有为等也多次奏请。"明定国是"诏书明确提出，"京师大学堂为各行省之倡，尤应首先举办"。总理衙门委托梁启超草拟的《京师大学堂章程》通过。此章程共八章，对大学堂的性质、办学宗旨、课程、入学条件、学成出身、教习聘用、机构设置、经费筹措及使用都作了详细规定，规定大学堂不仅为全国最高学府，而且为全国最高教育行政机关。大学堂依据"中体西用"原则设置了溥通学（基础）和专门学（专业）两大类课程。溥通学包括经学、理学、掌故学、诸子学、初级算学、初级格致学、初级政治学、初级地理学、文学、体操学；学生年龄若在 20 岁以下，必须从英、法、俄、德、日语中任选一门外语，共三年完成，后进入专门学。专门学包括高等数学、高等格致学、高等政治学（含法律学）、高等地理学（含测绘学）、农学、矿学、工程学、商学、兵学、卫生学（含医学），学生从中选学 1~2 门，三年完成。"戊戌政变"发生后，京师大学堂因为"萌芽早，得不废"，继续由吏部尚书、协办大学士孙家鼐筹办，于当年 11 月正式开学，成为变法中教育改革硕果仅存者。与原《京师大学堂章程》规划相比，正式开办的京师大学堂仅设有仕学院及附设中小学堂，其封建性明显加强。1900 年，京师大学堂毁于八国联军战火，1902 年恢复开办，并纳入清末学制系统，规模也逐步扩大。

废除八股考试，改革科举制度是再一举措。光绪帝采纳维新派关于废除八股试帖楷法试士、变通科举的奏议，于 1898 年 6 月 23 日发布上谕，"著自下科为始，乡会试及生童岁科各试，向用四书文者，一律改试策论"。7 月 23 日又下诏催立经济特科（分内政、外交、理财、经武、格物、考工等六项），以选拔新政人才。并强调科举考试要以实学实政为主，不讲求楷法。虽在变法失败后一切复故，但此举仍对八股取士乃至科举制度产生了冲击。

要求普遍设立新式学堂是又一举措。"百日维新"开始时，光绪帝就明确宣示：从今以后，王公大臣、士子以及庶民百姓，都要兼习中西学问。随之令各省督抚饬地方官将各省府厅州县之大小书院，一律改为兼习中学、西学的新式学堂，省会立大学堂，府城立中学堂，州县立小学堂。民间所办各种社学、义学也一律中西兼学，并计划设立各种实业学堂，如铁路、农务、茶务、蚕桑等学堂。鼓励绅民捐资兴学，旨在创造一种"人无不学，学无不实"的局面。还计划广派人员出国游学，设立译书局和编译学堂，奖励开设报馆，开放言论。

"百日维新"中的教育改革对封建传统教育产生了更大冲击。虽然诸多举措随变法失败而中止，但是"人人谈时务，家家言西学"的社会风气已经形成。

🔍 **材料分析**

有人说，在洋务运动中，洋务派先后办了 30 多所新式学堂，其中不乏像京师同文馆、福建船政学堂这样的著名学堂。即使在维新运动时期，后期洋务派也继续创办了一批学堂，其中天津的北洋西学堂、上海的南洋公学尤为著名，后来还发展成中国近现代办得最成功的大学中的两所。维新派虽也办了一些新式学堂，但硕果仅存的只有一所京师大学堂，就办学而言，维新教育不如洋务教育成功。

（1）你如何评说这种观点？
（2）你如何评价洋务教育与维新教育？

三、普及教育思想的提出

康有为（1858—1927 年）、梁启超（1873—1929 年）和严复（1854—1921 年）等为代表的维新派发展了早期改良派的思想，进而提出了明确而完整的普及教育思想。

1. "开民智"，做"新民"

洋务派推行新教育的目的是维护传统学说和专制统治，但对教育作用的认识仍是旧立场。维新派则不同。早在《公车上书》中，康有为就比较世界各国发展历程，提出"才智之民多则国强，才智之士少则国弱"[1] 的观点。变法高潮时，又明确指出甲午之战日本之所以能胜，是由于"其国遍设各学，才艺足用"，因此，"欲任天下之事，开中国之新世界，莫亟于教育！"[2] 梁启超也认为，国势强弱以人民受教育程度为转移，"世界之运，由乱而进于平，胜败之原，由力而趋于智。故言自强于今日，以开民智为第一义"[3]。民智之开，"皆归本于学校"。他进而将"开民智"与"兴民权"合而论之，认为权生于智，欲伸民权须先广民智，既丰富了开民智的内涵，又揭示了教育作用的更深刻意义，表达了初步的教育民主思想。

教育开发民智、伸张民权，但民智、民权又非抽象的，而是体现为一定规格的国民素质。梁启超认为，新的国民标准应当包含"品行、智识、体力"三种基本素质，体现民族性、现代性和世界性，即"为本国之民""为现今之民""为世界之民"。他在《新民说》一文中，称这种新国民为"新民"，具有崭新的道德、思想、精神和品性，包括国家思想、

---

① 璩鑫圭、童富勇：《中国近代教育史资料汇编·教育思想》，135 页，上海，上海教育出版社，1997。
② 梁启超：《康有为传》，9 页，上海，上海人民出版社，1957。
③ 璩鑫圭、童富勇：《中国近代教育史资料汇编·教育思想》，238 页，上海，上海教育出版社，1997。

权利思想、政治能力、冒险精神和公德、私德、自由、自治、自尊、尚武、合群、生利、民气、毅力等，是一种有资产阶级信仰、观念、道德和适应资本主义社会生活需要的人。

严复则是中国近代首先以德、智、体三要素设计教育目标的思想家。他依据英国斯宾塞《教育论》中的有关论述，在其《原强》中指出：国家的强弱、贫富、治乱，是"其民力、民智、民德三者之征验也"。中国的贫弱根源于民力、民智、民德的薄弱，中国的奋起也就必须从提高国民素质入手，"一曰鼓民力，二曰开民智，三曰兴民德"，即倡导体育，强健身体，并使精神智力有所依附；提高文化教育水平，全面开发民众智慧，改革科举，讲求西学；以西方的民主自由平等精神取代中国传统伦理道德。三者中尤以兴民德为最重要也最难。国民素质全面提高，富国、强国将指日可待。

从传统教育的教化民众到"开民智"，做"新民"，这是近代中国教育作用观、目的观的一次重要转变，基本确立了中国教育目标的早期现代化模式。

2. 变科举，兴学校

维新派思想家都指出科举制度的存在是中国教育不发达、民智不开的根本原因，因此从不同的角度对科举制度进行了猛烈的批判，都强烈主张变科举，兴学校，同时进一步提出了建立学制的设想。

康有为主张从变科举入手改造传统教育，他认为科举注重以八股取士，造成所选拔的官员不会应变、不会实事，中国政府在军事和外交上的失利实源于此。他以治病为喻，将变科举比作"吐下而去其宿疴"，兴学校比作"补养以培其中气"。他一方面主张"废弃八股"，"以策论代替八股制艺"，开设经济特科；另一方面广开学校，并在《请开学校折》中对学校系统作了理论上的构想。这个学校系统框架的构想为：乡立小学，7 岁以上儿童必须入学，学习 8 年；县立中学，分初等、高等两段，各 2 年；初等中学毕业可升入专门学校，专门学校和高等中学毕业可升入省立专门高等学校或大学。康有为在 20 世纪初写成的《大同书》中，还描绘了在"大同"社会儿童公育背景下的完整教育体系：妇女怀孕后进入人本院接受胎教；婴儿断乳后送入育婴院抚养，3 岁后进入慈幼院，"养儿体，乐儿魂，开儿知识"；6 岁入小学院，"养体为主而开智次之"，但始终"以德育为先"；11 岁入中学院，为人生关键期，学问、德性之成否由此而定；16 岁进入大学院，以专业教育为主，至 20 岁毕业。这是中国传统大同思想与近代空想社会主义的杂糅，表达了维新人士对普及学校教育的追求。

梁启超在《戊戌政变记》中指出，"八股取士为中国锢蔽文明之一大根源，行之千年，使学者坠聪塞明，不识古今，不知五洲"。科举造成中国农、工、商、兵、妇各界都缺少读书人，而士人又学非所用，造成官不能治国，农不会种田，工不知生产，兵不擅御敌，妇女无以理家。因此，变法之本在育才，育才又须兴学校，学校之立在变科举。梁启超在提议废八股、推行经济科考试的同时，参考西方心理学研究成果，列出《教育期区分表》，提出按人的身心发展阶段建立学制：5 岁以下为幼儿期，受家庭教育或幼稚园教育；6~13 岁为儿童期，受小学教育；14~21 岁为少年期，受中等教育或师范、实业教育；22~25 岁为成年期，受大学教育，分文、法、师范、医、理、工、农、商等科。学校教育应该从低级到高级，体现一种次序，"求学譬如登楼，不经初级，而欲飞升绝顶，未有不中途挫跌者"，因此要建立各级各类学校体系。所论虽粗糙，却是中国近代教育史上最早根据儿童和青少年年龄特点设计的学校制度，直接影响了后来法定学制的产生。

严复也十分痛恨科举制度，对其进行了猛烈抨击。在《救亡决论》中概括八股式教育的三大害，"锢智慧""坏心术""滋游手"，中国不变法则必亡，而变法"莫亟于废八股"。他大力提倡三级学校教育制度，主张开设小学、中学和大学，以吸收不同年龄阶段的儿童青少年入学。

🔊 教育家语录

夫天下民多而士少，小民不学，则农工商贾无才。产物成器，利用厚生，既不能精；化民成俗，迁善改过，亦难为治。……尝考泰西之所以富强，不在炮械军兵，而在穷理劝学。……夫才智之民多则国强，才智之民少则国弱。……故今日之教，宜先开其智。

——康有为《公车上书》

今变法之道万千，而莫急于得人才；得才之道多端，而莫先于改科举；今学校未成，科举之法未能骤废，则莫先于废弃八股矣。……然则中国之割地败兵也，非他为之，而八股致之也。故臣生平论政，尤痛恨之。即日面奏，荷蒙圣训。

——康有为《请废八股试帖楷法试士改用策论折》

世界之运，由乱而进于平；胜败之原，由力而趋于智。故言自强于今日，以开民智为第一义。智恶乎开？开于学；学恶乎立？立于教。

——梁启超《变法通议·学校总论》

是故国之强弱、贫富、治乱者，其民力、民智、民德三者之征验也。必三者既立，而后其政法从之，于是一政之举，一令之施，合于其智德力者存，违于其智德力者废。……是以今日要政，统于三端：一曰鼓民力，二曰开民智，三曰新民德。

——严复《原强》

3. 论师范，倡女学

梁启超是中国近代师范教育的倡导者，于 1896 年撰写的《变法通议·论师范》是中国近代第一篇专论师范问题的文章。文中将师范视为教育的根本和核心问题，认为"师也者，学子之根核也"，如果师道不立，欲学术、教育能善，绝无可能，"故师范学校立，而群学之基悉定""欲革旧习，兴智学，必以立师范学堂为第一义"。而中国的现状是传统学校教师多不通六艺、不读四史，更不知西学；新式学堂聘请外国教习在语言、费用、效率、业务、态度等方面都不尽如人意。因此，他主张参考日本师范学校制度，"自京师以及各省府州县，皆设小学，而辅之以师范学堂"，"以师范学校之生徒，为小学之教习，而别设师范学堂之教习，使课之以教术，即以小学堂生徒之成就，验师范生徒之成就"。在19世纪末的中国大力提倡师范教育，充分体现了梁启超的远见卓识，领时代之潮流。

康有为批评传统社会中女子受压迫受歧视现象，在《大同书》中指出女子"一切与男子无异"，力主男女平等，提出在世界未进入大同之前，可"先设女学，章程皆与男子学校同，其女子卒业大学及专门学校者，皆得赐出身荣衔，如中国举人、进士，外国学士、博士之例。"梁启超《变法通议》中又有《论女学》一文，从女子自立自养、成才成德、教育子女和文明胎教诸方面论述了女子教育的必要性，指出女子受教育是女子的天赋权利和男女平等的保障，并说明女子的心智特点与男子相比各有所长，应充分开发和利用这一巨大的人才资源。他认为中国积弱的根本"必自妇人不学始"，必须仿西方制度，设立女学堂，培养女子成才并参与社会工作。

维新派充分肯定教育在现代社会发展中的作用，提出新的国民人格，设计近代学校制度，提倡师范教育和女子教育，表现出对传统教育的否定以及与洋务教育的巨大差异，初步形成了近代中国普及教育思想的观念体系。

四、近代教育体制的初步建立

19世纪末，美国抛出"门户开放"政策，使得列强更将中国视为可瓜分的稳定市场。1900年，八国联军攻陷北京，清廷仓皇西逃，举国震惊。为了支撑岌岌可危的政权，处于逃亡中的清政府于1901年宣布实行"新政"，教育改革是其中的重要内容。它将诸多维新派教育家提出的教育设想付诸实践，进一步推动了中国教育的现代化发展。

1. 颁布学制

1902年，管学大臣张百熙主持制定了一系列学制文件，合称《钦定学堂章程》，又称"壬寅学制"。这是中国近代第一个正式颁布的法定学制，也是中国近代新教育制度的开端。它规定了各级各类学堂的性质、目标、年限、课程和衔接关系。"壬寅学制"主系列分为三段七级。第一阶段为初等教育，含蒙学堂4年、寻常小学堂3年、高等小学堂3年，儿童6岁起入学蒙学堂，蒙学堂和寻常小学堂共7年，为义务教育阶段；第二阶段为中等教育，设中学堂4年，为高等专门教育的基础；第三阶段为高等教育，含高等学堂或大学预科3年、大学堂3年；大学堂之上设大学院若干年，以研究为主，不立课程，不主讲授。整个学制不算大学院年限长达20年。与主系列并行的还有实业、师范学堂。"壬寅学制"因存在诸多不足而未能实施。

1904年1月，清政府公布了由张百熙、荣庆、张之洞主持重新拟定的一系列学制文件，统称《奏定学堂章程》，又称"癸卯学制"，是中国近代第一个颁布并实施的法定学制。"癸卯学制"主系列同样分为三段七级。第一阶段为初等教育，含蒙养院4年、初等小学堂5年、高等小学堂4年。蒙养院招收3~7岁的儿童，实行"蒙养家教合一"的办学原则，教之以游戏、歌谣、手技等内容，这实际上是中国幼儿教育制度正式建立的开始。初小为强迫教育阶段，7岁入学，可直升高小。高小12岁入学。第二阶段为中等教育5年，设中学堂，主要以府设立为主，有条件的州县也可以设立。第三阶段为高等教育，设高等学堂或大学预科3年，于各省城设立一所，学生考试合格后升入大学堂。大学堂3~4年，分设经学科、政法科、文科等11科。学制中的最高学府为研究性质的通儒院，学制5年。整个学制长达20~21年。在主系列之外还设计了更细致的实业教育、师范教育制度。规定各地当尽力兴办师范学堂，实行公费制度，以保证尽可能多地培养出合格中小学师资。学制将实业学堂分为农、工、商、船四类，规定各省至少设立一所完全制实业学堂，以促进实业教育发展。

"癸卯学制"的制定反映了按西方近代标准统一规划全国教育的愿望，也表明政府普及民众教育计划开始付诸行动。学制接受西方的初、中、高三级学校模式，规定了义务教育年限，确定了德、智、体三育目标，设立实业学堂，重视师范教育和学前教育，以分年课程和班级授课为教学管理和教学组织形式，尊重儿童身心特点等，这都体现了中国教育的现代转化。但过分强调传统伦理道德的灌输、"读经"课比重过大、学制过长限制了普通民众受教育的机会，女子教育仍无地位、对毕业生奖励科举出身等，仍留有浓重的传统教育烙印。

2. 废除科举

在清末教育领域除旧布新、发展普及教育的探索过程中，废除科举是影响最深远、成效最显著的改革举措。"百日维新"时曾明确提出废除八股改试策论、设立经济特科等改革举措，因"戊戌政变"而流产。1901年5月，张之洞、刘坤一联合奏请"按科递减科举取士之额"；袁世凯也上疏建议逐年核减岁、科、乡试的取中名额，同时另设实学一科，将旧科减额作为实科取额。8月，清政府推行"新政"，宣布自次年起停止八股而代之以策论取士。施行500年的八股文考试就此终结。

"壬寅学制"颁布后，张之洞与袁世凯于1903年联合奏请递减科举取额，指出学制虽颁，但各地士人仍对科举深怀热情，新式学堂冷冷清清，科举为害甚重，今纵不能骤废，亦当分科递减。1904年1月，张百熙、荣庆、张之洞联合上奏《奏请递减科举注重学堂折》，提出为绝人侥幸、观望心态，鼓励绅富筹捐兴学，请"自下届丙午科起，每科递减中额三分之一，俟末一科中额减尽以后，即停止会试"，打算用10年左右时间逐步停废科举。最终得到批准。

1904年，日本取得日俄战争胜利，日本势力侵入东北，中国主权受到严重侵害，形势促使当政者加快兴学图强的步伐。袁世凯联络一班重臣上奏《奏请立停科举推广学校折》，提出"欲补救时艰，必自推广学校始；而欲推广学校，必自先停科举始"。1905 年 9 月，光绪帝上谕："著即自丙午科为始，所有乡会试一律停止，各省岁科考试亦即停止。"自此，实行 1300 年之久的科举考试制度宣告终结。

科举制度的废除标志着传统教育在形式上的结束，为发展新式教育扫除了一大障碍，有力地配合了"癸卯学制"颁布后兴学政策的落实，出现了全国性的兴学热潮。至 1909 年，各级各类新式学堂已达 5 万多所，在校学生超过 160 万人。

3. 建立行政体制

科举制度废除后，新式学堂迅猛发展，清政府进而逐步探索建立新的教育行政管理制度。

清朝的教育行政由礼部和国子监负责。19 世纪 60 年代洋务学堂兴办后，教育管理体制并无变化，新式学堂无所依存。1898 年京师大学堂开办，其定位既是最高学府，也是全国新学堂的管理机构，这是中国近代教育行政的开端。1904 年，张之洞等奏定学堂章程时，提议设立总理学务大臣统辖全国学务，原京师大学堂另设总监督专司大学堂事务，使中央教育行政职能从京师大堂中分离出来。1905 年清政府批准设立学部，作为统辖全国教育的中央教育行政机关，并将原国子监并入。学部的最高长官为尚书，其次为左右侍郎，并聘请咨议官作为学部顾问。学部下设总务司、专门司、普通司、实业司和会计司等五司，负责各方面事务。

地方各级教育行政机构也逐步建立起来。1906 年，清政府撤销各省学政，设置提学使司作为省级教育行政机关，长官为提学使，下设学务公所，内分总务课、专门课、普通课、实业课、会计课和图书课等六课。同年，在各府厅州县设立劝学所管理教育，长官为劝学长或总董。此外，清政府又制定了视学规程，将全国划分为 12 个视学区，以 3 年为一个视学周期。从此，清政府构建了从中央到地方统一的教育行政系统。

🔍 **材料分析**

1903 年，时任通州师范学堂教习的王国维发表《论教育之宗旨》，说："教育之宗旨何在？在使人为完全之人物而已。何谓完全之人物？谓人之能力无不发达且调和是也。人之能力，分为内外二者：一曰身体之能力，一曰精神之能力。发达其身体而萎缩其精神，或发达其精神而罢散其身体，皆非所谓完全者也。……而精神之中，又分为三部：知力、感情及意志是也。对此三者，而有真、美、善之理想。……完全之人物，不可不备真、美、善之三德。……教育之事，亦分为三部：智育、德育（即意志）、美育（即情育）是也。"

（1）试比较王国维的教育宗旨与清末所颁教育宗旨之间的异同。

（2）结合梁启超、严复和王国维等学者对教育宗旨问题的论述，试评说清末教育宗旨。

4. 制定教育宗旨

中国古代历史上没有政府明确制定全国统一的教育宗旨，兴办新教育后，需要有一个原则性的方针来指导办学和培养人才。"癸卯学制"中提出："至于立学宗旨，无论何等学堂，均以忠孝为本，以中国经史之学为基，俾学生心术壹归于纯正，而后以西学沦其智识，练其艺能，务期他日成材，各适实用，以仰副国家造就通才、慎防流弊之意。"这是中国近代教育史上首次由政府明确提出的教育宗旨，体现了"中体西用"指导思想。

1906 年，清末学部第一次正式颁布了教育宗旨，即"忠君、尊孔、尚公、尚武、尚实"，并说明前两项为中国所固有的，亟须发扬以抵制"异说"。所谓忠君，意在维护君主体制和国家统一。所谓尊孔，意在强化文化和意识形态认同。后三项为中国民众所缺乏而亟须养成的。所谓尚公，意在培养公民道德和公民意识。所谓尚武，意在培养爱国、守纪、坚强刚毅的品德，强健的身体，军事意识和技能。所谓尚实，意在发展实业教育以培养实业人才，学校增加实科，教学内容和方法都强调学以致用，以求国家富强。

清末学部制定的教育宗旨依然没有跳出"中体西用"的框架，并未吸纳当时最先进的教育观念，体现出一定程度的保守性，但它注意到了对国民公共意识、国家观念、身体素质和生活技能的养成问题，有助于加强对全国各级各类学校教育目标的指导，显示出中国教育由传统向现代转变的趋向。

第三节
近代教育体制的变革

🎯 **学习目标**

1. 理解清末民初中国近代教育体制的探索、建立与变革的过程和影响。
2. 掌握"癸卯学制""壬子癸丑学制"和 1922 年"新学制"，并能够进行比较。

1911 年，辛亥革命推翻了清朝二百多年的统治，也推翻了统治中国几千年的君主专制度，建立了资产阶级民主共和国，这是中国翻天覆地的历史巨变，直接引发了中国社会各项事业的全新变革。中国教育也在不断变革和探索，以期探寻适合中国国情的社会和教育出路。

一、民国初年的教育改革

辛亥革命胜利后，孙中山于1912年1月1日宣誓就任中华民国临时政府大总统，1月3日任命蔡元培为教育总长，1月9日在南京正式成立临时政府教育部。教育部成立后，立即开始除旧布新，着手对封建传统教育进行改革，加紧建设资产阶级教育体系。

1. 拟定教育方针

确立教育方针，使培养新国民有标准可循是新生政权教育建设的重要方面。1912年2月，蔡元培在《民立报》发表《对于新教育之意见》，4月，将其改名为《对于教育方针之意见》并在《东方杂志》上发表。文章批判和否定清末教育宗旨，指出其与共和政体不合，提出军国民教育、实利主义教育、公民道德教育、世界观教育和美感教育的五育并举教育方针。

1912年7月—8月，全国临时教育会议对蔡元培提交的教育方针进行讨论，在此基础上拟定新教育方针，9月2日，教育部予以正式公布："注重道德教育，以实利教育、军国民教育辅之，更以美感教育完成其道德。"

民国初年的教育方针对清末教育宗旨进行了革命性改造，以"道德教育"取代"忠君""尊孔"与"尚公"，在国家意志层面摒弃了君主专制思想对教育的控制；以"军国民教育""实利主义教育"取代"尚武"与"尚实"，更体现了现代教育精神；首次倡行美育，丰富了人的发展内涵；提出德、智、体、美四育，体现了促进受教育者身心和谐发展的追求。

2. 颁布学制

"癸卯学制"颁行后虽屡经修订仍不能满足教育发展需要，临时政府成立后更需按照新政权的性质重新规划。1912年9月，教育部正式公布了新学制系统。到1913年8月，教育部又陆续公布关于小学校、中学校、师范学校、专门学校、大学、实业学校的法令和相应的课程标准、实施规程等，构建成完整的学制系统、行政体系、办学规则和教育教学规范。因1912年、1913年为农历壬子、癸丑年，故该学制史称"壬子癸丑学制"。

学制主系列分为三段四级：第一段初等教育分初等小学和高等小学两级，不分设男校女校。初等小学4年，为义务教育性质，法定入学年龄为6周岁；高等小学3年。"小学校教育以留意儿童身心之发育，培养国民道德之基础，并授以生活所必需之知识技能为宗旨。"第二段中等教育仅设中学一级，共4年，"以完足普通教育、造成健全国民为宗旨"。中学以省立为原则，各县于法令所定应设学校外尚有余力时，可以一县或联合数县设县立中学；私人依法可以设私立中学；专设女子中学。第三段高等教育不分级，实含预科（3年）、本科（3~4年）、大学院三级，"以教授高深学术、养成硕学闳材、应国家需要为宗旨"。

主系列之外规定有师范教育和实业教育。师范教育分师范学校和高等师范学校两级。师范学校与中等教育相当，以造就小学教员为目的。高等师范学校与高等教育相当，以造就中学和师范学校教员为目的。此外，还专设有女子师范学校和女子高等师范学校。实业学校以教授农工商业所必需的知识技能为目的，分为甲、乙两种，分别与中学、高小平行。甲种实业学校实行完全的普通实业教育，乙种实业学校实行简易的普通实业教育。另外还有法政、医学、药学、农业、工业、商业、美术、音乐、商船、外国语等专门学校，也属实业教育。

民初学制仍保持以普通教育为主干，兼顾师范、实业教育的结构特点，其变化在于：初小、高小、中学较前学制各减一年，利于基础教育普及；女子教育权利平等在学制中得到充分体现，突破了传统教育对女性的限制；取消对毕业生奖励科举出身，有利于消除科举影响。

3. 颁布课程标准

1912 年 1 月，临时政府教育部颁布《普通教育暂行课程标准》，随后又陆续颁布各级各类学校办学规则和课程标准等，对学校课程进行了改革。

《小学校教则及课程表》规定初小开设修身、国文、算术、手工、图画、唱歌、体操，女子加缝纫；高小开设修身、国文、算术、本国历史、地理、理科、手工、图画、唱歌、体操，女子加缝纫，男子加农学或商学，有条件的可加英语。

《中学校令》及其施行规则和课程标准等规定中学设修身、国文、外国语、历史、地理、数学、博物、物理、化学、法制经济、图画、手工、乐歌、体操，女子中学加家事、园艺、缝纫。

《师范学校课程标准》和《高等师范学校课程标准》规定，师范学校课程为修身、教育、国文、习字、英语、历史、地理、数学、博物、物理、化学、法制、经济、图画、手工、农业（或商业）、乐歌、体操；女子师范学校免农业（或商业），加家事、园艺、缝纫课；高等师范学校的课程按预科、本科分别开设。表 2.3 为高等师范学校的课程教案。

表2.3　1914 年北京高等师范附属小学高等二年级理科课程教案①

班次学科	高等二年级　理科	
教科	森林之效用	
准备物	森林挂图一幅	时间
目的	使知森林对于吾人之关系及其保护法	

---

① 李桂林、戚名琇、钱曼倩：《中国近代教育史资料汇编·普通教育》，591 页，上海，上海教育出版社，2007。

续表

班次学科	高等二年级　理科	
教学方法	预备 ①房屋器具舟车等物用何物造作（木材） ②此等木材由何物得来（森林） ③森林既与吾人有极大关系，吾人对之应如何（保护） 教授 （甲）森林对于吾人之利益 ①供建筑用　②供制造器具用 ③供薪料用　④可获收果实及繁殖鸟兽等许多副产品 ⑤调和气候　⑥清洁空气 ⑦可免旱灾　⑧减少水患 （乙）森林之保护法 ①禁止滥伐　②栽培苗木 ③除去害虫　④保护益鸟 应用 ①森林有何利益　②本校门外土堆上树木颇多，其材可作何用 ③对于本校空气有无关系　④应如何保护	
备考		

注：高等二年级即高小二年级，即小学六年级。

临时政府教育部颁布的课程标准废止了"癸卯学制"中的"读经讲经"课，注重小学手工课，提高了唱歌、图画、手工、农业等课程的地位，关注对学生的美感和情感教育，与当时的教育方针保持了一定程度上的适应性。

二、近代中国民主教育思想与实践

蔡元培（1868—1940年），字鹤卿，号孑民，浙江绍兴人，中国近现代著名的民主革命家和教育家。早年曾中进士，入翰林院，戊戌变法后辞职南下，先后任绍兴中西学堂监督、上海澄衷学堂校长、南洋公学特科总教习。与人发起成立中国教育会，创办爱国女学和爱国学社，培养革命人才。1905年加入同盟会。后数度赴欧留学。1917年初就任北京大学校长，将北京大学改造成为新型大学。南京国民政府成立后出任国民政府大学院院长，病逝于香港。作为民国首任教育总长，蔡元培领导制定教育方针、推动学制改革，是名副其实的民国教育奠基者；作为北大校长，蔡元培领导北大实现观念和制度革新，树立中国高等教育现代化的里程碑；作为国民政府大学院院长，蔡元培倡导建立大学院、大学区制，推动教育独立，是中国教育现代化之探索者。

1. 五育并举

蔡元培提出军国民教育、实利主义教育、公民道德教育、世界观教育和美感教育的五育并举思想，成为民国初年制定教育方针的理论基础。

军国民教育强调学校教育中学生生活的军事化，尤其是体育的军事化。蔡元培认为，这并非理想社会的教育，但在国际强邻交逼、国内军阀横行的形势下，仍有提倡必要，以使民众有能力对抗列强、抵制军阀。实利主义教育强调"以人民生计为普通教育之中坚"，密切教育与国民经济、人民生活的联系，以提高人民生活水平、国家经济实力和国际竞争能力。蔡元培认为，当今世界列强竞争"不仅在武力，而尤在财力。且武力之半，亦由财力而孳乳"。而中国丰富的自然资源尚未得到开发利用，实业力量组织尚幼稚，人民中失业者很多，国家十分贫穷，所以"实利主义之教育，固亦当务之急者也"。公民道德教育是军国民教育和实利主义教育的灵魂和方向。蔡元培认为，"强兵富国"固然重要，但仅有两者则不够，因为兵强"然或溢而为私斗，为侵略"，国富"然或不免知欺愚，强欺弱"，所以必须通过公民道德教育，形成人的自由、平等、博爱精神，以取代封建伦理观念，而中国传统道德中的大丈夫人格、忠恕之道、仁爱精神却与之一一相通。世界观教育是蔡元培的独创，被他视为教育最高境界。他把世界分为隶属于政治、可以经验到的"现象世界"和超越政治、超越经验而可以直观感悟的"实体世界"。在实体世界中人们超脱人我、利害等关系，个人意志完全自由。"而教育者，则立于现象世界，而有事于实体世界者也。"世界观教育就是培养人立足现象世界又能超脱现象世界并贴近实体世界的精神境界。美感教育是实现世界观教育的桥梁与途径，这是因为美感超越了利害关系、人我分界，可以陶冶、净化人的心灵，通过美感教育可以"接触于实体世界之观念"。

蔡元培认为，一方面，从不同的角度看，五育分别属不同领域，发挥着不同作用。从哲学上看，军国民教育、实利主义教育、公民道德教育三者，是隶属于政治的教育；世界观教育、美感教育二者，是超越政治的教育。从心理学上看，军国民教育毗于意志，实利主义教育毗于知识，公民道德教育兼意志、情感两方面，美感教育毗于情感，世界观教育则统三者而为一。从教育学上看，军国民教育、世界观教育、美感教育皆为形式主义，实利主义教育为实质主义，公民道德教育则二者兼之。另一方面，五育又是相互联系、不可偏废的，既相互助益，也渗透于学校各科教育中。尤其是"五者以公民道德为中坚，盖世界观及美育皆所以完成道德，而军国民教育及实利主义，则必以道德为根本"。

因世界观教育的提法和内涵与实际存在距离，在制定民国教育宗旨时未被采纳，其他四育则都被采纳，适应了革命后教育建设需要，产生了深远影响。

2. 改革北大

蔡元培开始担任北大校长后，着手对北大进行全面改革。

其一，明确学校宗旨，改变学校风气。北大前身京师大学堂官僚习气浓重，改为北京大学后风气依旧，学生入学多为升官发财，重文轻理又尤重法科，意在干禄。蔡元培在就职演说中指出："大学者，研究高深学问者也。"它既非资格养成所，也非知识贩卖所，而是纯粹研究学问的机构。因此明确要求学生"抱定宗旨"，入学是为求学问而来，"入法科者非为做官，入商科者非为致富"。并要求师生"砥砺德行"，改变旧时士人的不良嗜习，养成正当、健康的娱乐爱好。以后每年新生入学，都要重申一遍北大宗旨，从而促进了北大优良学风的形成。

其二，整顿教师队伍。旧北大教员中有不少是政府官员，一些教员不学无术。蔡元培认为在改变学生观念的同时，还须延聘"积学而热心的教员"，教师聘任以"学诣"为主，即不论资格、年龄、思想倾向，只要有真才实学、热心教学和研究，都予以聘用。例如，聘请未曾读过大学却对佛学有研究的梁漱溟为印度哲学教习。反之，不论何人，都坚决辞退。由此引来一批有造诣、有声誉的著名学者。

🔊 教育家语录

所谓大学者，非仅为多数学生按时授课，造成一毕业生之资格而已也，实以是为共同研究学术之机关。研究也者，非徒输入欧化，而必于欧化之中为更进之发明；非徒保存国粹，而必以科学方法揭国粹之真相。……大学者，"囊括大典，网罗众家"之学府也。

——蔡元培《〈北京大学月刊〉发刊词》

夫新教育所以异于旧教育者，有一要点焉，即教育者非以吾人教育儿童，而吾人受教于儿童之谓也。吾国之旧教育以养成科名仕宦之材为目的。……新教育则否，在深知儿童身心发达之程序，而择种种适当之方法以助之。……因而知教育者，与其守成法，毋宁尚自然；与其求划一，毋宁展个性。

——蔡元培《新教育与旧教育之歧点》

其三，坚持"思想自由""兼容并包"的办学原则。蔡元培明确提出以"循'思想自由'原则，取兼容并包主义"为北大办学的基本原则，这又是由大学性质所决定的。因此各派学说都应在大学占有一席之地，如哲学之唯心论与唯物论，文学、美术之理想派与写实派，经济学之干涉论与放任论，伦理学之动机论与功利论，宇宙论之乐天观与厌世观，都可以自由研究和讲授。但包容也有原则："苟其言之成理，持之有故，尚不达自然淘汰之命运者，虽彼此相反，而悉听其自由发展。"[①] 包容学说就是包容学者，当时北大教师中既有提倡新文化运动的陈独秀、李大钊、鲁迅、胡适、钱玄同、刘半农等新派学者，也有政治保守的辜鸿铭、刘师培、黄侃、陈介石、陈汉章等旧派人物。而在新派人物中，既有三民主义、无政府主义、国家主义的代表，也有马克思主义的追随者。

其四，提倡教授治校的管理模式。蔡元培主张大学应由真正懂学术者来管理，学校发展关键在教授，要改变大学由少数人说了算的现象。他到北大后，第一步，设立评议会作为全校最高立法和权力机构，全校每5名教授选举评议员1人，校长为当然议长，学校的重大事

---

① 璩鑫圭、童富勇：《中国近代教育史资料汇编·教育思想》，679页，上海，上海教育出版社，1997。

务都必须经过评议会审核通过；第二步，成立各门（后改称系）教授会管理教学，教授会主任由各门全体教授选举产生；第三步，设立行政会议及下属的组织、聘任、预算、图书等各种委员会，负责处理有关行政事务。

其五，改革教学体制。蔡元培认为"学为学理，术为应用"，"学必借术以应用，术必以学为基本"[①]，文、理科属于学，法、商、医、农、工科属于术。针对当时北大"重术而轻学"现象，他停办工科，将商科改为商业学并入法科，扩充了文理两科，奠定了基础理论学科的发展基础。又依据现代科学发展趋势，主张沟通文理两科。随之在北大废除科，改原隶属于科的学门为系，清除了人为设置的科际障碍。还依据"尚自然""展个性"思想，改年级制为选科制，按一定基础和专业要求修满规定学分，不拘年限，即允许毕业。

蔡元培在北大推行的改革，不仅改变了学校的面貌，使北大成为全国高校办学的模范，还传播了民主与科学的精神，使北大成为近代中国新思想、新文化的策源地。

三、新文化运动推动下的教育观念变革

辛亥革命后，民主革命的果实为保守势力所窃取。袁世凯复辟帝制，提倡尊孔读经，形成复古逆流。以陈独秀、李大钊、鲁迅、胡适等为代表，在思想领域兴起一场反封建的新文化运动。在民主和科学旗帜下，人们批判传统，思想得到解放，教育观念发生深刻变革。

🔊 教育家语录

吾人的教育，既然必须取法西洋，吾人就应该晓得近代西洋教育的真相真精神是什么……要晓得真正的近代西洋教育，有几种大方针。第一，是自动的而非被动的，是启发的而非灌输的。……第二，是世俗的而非神圣的，是直观的而非细想的。……第三，是全身的而非单独脑部的。……中国教育，不合西洋近代教育的地方甚多。以上三样，乃是最重要的。

——陈独秀《近代西洋教育——在天津南开学校演讲》

孔子者，历代帝王专制之护符也。宪法者，现代国民自由之证券也。专制不能容于自由，即孔子不当存于宪法。

——李大钊《孔子与宪法》

人但知道那些资本家夺去劳工社会物质的结果，是资本家莫大的暴虐，莫大的罪恶，哪知道那些资本家夺去劳工社会精神上修养的工夫，这种暴虐，这种罪恶，却比掠夺他们的资财更是可怕，更是可恶！

——李大钊《劳动教育问题》

[①] 高平叔：《蔡元培全集（第四卷）》，42页，北京，中华书局，1984。

中国的孩子，只要生，不管他好不好；只要多，不管他才不才。生他的人，不负教他的责任。虽然"人口众多"这一句话，很可以闭了眼睛自负，然而这许多人口，便只在尘土中辗转。小的时候，不把他当人，大了以后，也做不了人。

——鲁迅《随感录二十五》

1. 教育的个性化

反观传统，比较先进国家，人们认识到中国落后的原因在于"个性主义"不发达，有独立而强健的个体方能有群体和社会的强健；求强之道不在强兵而在强民、强个性。因此提出使个人享有自由平等之教育权利，不为政府、社会和家庭所抑制；要求教育中尊重个人，又从尊重儿童开始，甚至"以儿童为中心"；尊重个性意味着使受教育者各尽其性，各展其能，而学校教育尤忌"随便教育"，教育者须注意学生身心发展特点，学习者须学会自主、自动、自治。解放个性的思想，使人们开始站在教育对象的立场上考虑教育问题。

2. 教育的平民化

民主思想反映在教育领域，就是提倡沟通知识与民众的联系，打破贵贱上下、劳心与劳力、治人与被治种种差别的阶级教育，求得男女之间、社会阶级和阶层之间的教育平等，让"庶民"也能享有受教育权利，并开发出民众中的巨大智能蕴藏。对民众的教育不能仅限于学校，而应顾及其生产、生活和环境改造需要；知识阶层则应真心诚意帮助民众获得知识和自我提高能力。教育由此下移于民间，民众教育问题开始受到广泛重视。

3. 教育的实用化

科举制度下的中国传统教育无视学校与社会的联系，虽学习西方教育半个世纪，学堂兴起，但工人、农夫与士兵仍无文化。社会需要能做事的人才，而学堂培养的人才不会做事也不肯做事，因此必须提倡务实的教育。一方面，人们致力于思考和解决"教育与生计关系"，提出改革教育结构，发展职业教育；另一方面，注意改革普通学校，以求沟通学校与社会、教育与生活，相应改变课程内容与教育教学方式，以求摆脱传统教育空疏无用的影响。

4. 教育的科学化

科学思想引导学校教育对科学观念和方法的追求，改变了传统教育"有假定而无实证""有想象而无科学"的"伪教育"弊端。人们认识到学校引进"数理化生地"等自然学科并不等于在进行科学教育，当科学的知识、方法和精神渗透于教育，用科学的观念从事教育时，中国的"真教育"才能建立起来。因此，以科学的和现实生活的教育取代迷信的和想当然的教育，以现代科学的方法从事教育和研究教育，成为时代的共识。

新文化运动所促发的中国教育观念变革是划时代的，表明中国人对教育传统与现状的反思和学习西方教育进入思想文化的层面、主动自觉的阶段。教育观念的转变促成20世纪二三十年代中国教育的繁荣。

四、新文化运动影响下的教育思潮与教育运动

新文化运动带来教育思想和教育改革的活跃，20 世纪 20 年代前后，以美国为代表的西方新教育思想大量传入，又激发出中国知识分子教育改革的热情，探索中国教育出路的教育思潮和运动大量涌现。

1. 平民教育运动

平民教育运动是新文化运动的民主思想在教育领域的反映，具有各种思想倾向的知识分子纷纷投身于其中。初步具有共产主义思想的知识分子认为，不是教育了一切人才可以改造社会，而是改造了社会才可以有好教育，必须首先致力于民主社会制度的实现，去争取工农民众受教育的权利，教育就是唤醒和发动民众起来革命的手段。毛泽东于 1917 年在湖南第一师范学校创办工人夜校，邓中夏于 1919 年 3 月发起组织平民教育讲演团、筹办长辛店劳动补习学校等，这些都是其中代表。具有资产阶级和小资产阶级思想的知识分子希望通过平民教育来实现平民（民主）政治，视教育为社会改良的工具，通过办学使平民学习知识文化来实现其理想。1923 年，中华平民教育促进总会成立，并在全国 20 多个省区的城市成立了 50 多个平民教育促进分会，广泛设立平民学校、平民读书处、问字处，大规模推行平民教育，将平民教育运动推向高潮。1925 年，平民教育运动逐渐向农村转移，最终融入乡村教育运动。

2. 工读主义教育思潮

工读主义思想萌发于第一次世界大战中蔡元培等人对旅法华人的教育活动，新文化运动期间形成工读主义思潮和工读互助实践。工读主义教育思潮与实用主义教育思潮、职业教育思潮、平民教育思潮等有着广泛联系。因提倡和参加者思想立场不同，形成关于工读目的、意义、方式的不同主张。北京高师学生发起的工学会主张融通工学，让做工的人读书、读书的人做工，打破劳心者与劳力者的分离和对立，由此争取社会民主、实业发展、经济改善。无政府主义者视工读为实现新组织、新生活、新社会的手段，提出空想社会主义的新村生活，即志同道合者互助合作，亦工（农）亦读，自给自足。初步具有共产主义思想的知识分子号召青年到工农中去，用文化科学改变工农的生活环境，也同时改变自身。纯粹的工读主义者将工读仅仅看作以工作换学费、解决青年失学问题的好方法。工读主义教育思潮对教育与生产劳动结合、体脑结合作了有益的探索，当时，天津、上海、武汉等地都成立了工读互助组织。20 世纪 20 年代中期后，工读主义教育思潮渐趋沉寂。

3. 职业教育思潮

职业教育思潮由清末民初的实利主义、实用主义教育思想发展演变而来，提出教育要授人一技之长和促进实业发展，意在改变学校大量毕业生难以升学却又谋生无能的现状，适应

了中国民族资本主义发展的需要。1917 年，中国第一个研究、推广职业教育的机构——中华职业教育社成立，并形成了以黄炎培为代表的、有中国特色的职业教育理论。1918 年，中华职业教育社在上海创办中华职业学校，开展职业教育实验。此后，全国职业教育逐步发展，职业教育机构不断增设，至 1926 年已达 1695 个。20 世纪 30 年代中期后，职业教育思潮趋于消沉。

4. 勤工俭学运动

勤工俭学运动萌发于 1912 年蔡元培等在北京发起的留法俭学会。1915 年，蔡元培、李石曾等人在法国成立勤工俭学会，提出"勤于工作，俭于求学"的宗旨，后又组织了华法教育会，吸引有志青年以勤工俭学方式赴法留学，探寻中国发展之路。五四运动后勤工俭学形成高潮，全国各地大量青年学生赴法留学。留法学生一方面在法国工厂勤奋工作，另一方面进入法国普通或实业学校刻苦学习，深入认识了资本主义社会，接触了工人运动和社会主义思想，并开始从社会革命角度寻找改造中国之路。勤工俭学运动从输入西方文明、通过教育救国、以半工半读为手段的教育运动，演变为寻求革命道路的新民主主义文化教育运动。1925 年前后，留法勤工俭学运动结束。

5. 科学教育思潮

科学教育思潮始于 1914 年 6 月，任鸿隽、赵元任等一批留美学者以"传播科学知识，促进实业发展"为宗旨，在美国发起成立中国科学社。1915 年，中国科学社创办《科学》杂志。1918 年底，中国科学社办事机构由美国迁至国内，并在上海、南京等地设立事务所，吸引了科学界、教育界、工程界、医学界大量的精英人才。新文化运动后，科学教育思潮渐趋兴起。科学教育思潮与新文化运动中的科学思想相呼应，逐渐形成以传播科学知识、科学思想和开展科学实验为追求的科学教育运动。其基本主张是在学校中提倡科学教育，尤重依照科学原理和方法进行教育并培养学生的科学技能和态度；提倡以科学方法研究儿童、研究教育，开展教育科学实验。科学教育思潮促成了教育的科学化观念，开启了我国教育科学研究与实验的风气。

6. 国家主义教育思潮

国家主义教育思潮兴起于 20 世纪初，兴盛于 20 年代中期，代表人物有曾琦、左舜生、李璜、陈启天和余家菊等。随着北伐战争不断胜利，国民党明令禁止国家主义，国家主义教育思潮从此沉寂。其主张有：教育为国家工具，教育的目的对内在于保持国家安宁和谋求国家进步，对外在于抵抗侵略，延存国脉；教育为国家任务，教育设施应完全由国家负责经营、管理，国家对教育不能放任。主旨在于以国家为中心，反对社会革命，通过加强国家观念的教育来实现国家的统一和独立。国家主义教育思潮认为，外国在中国办教育是怀有政治侵略之心、经济侵略之图和文化侵略之念，为了国家生存、文化延续和社会安宁，必须收回教育权；出于培养良好国民考虑，倡导教育机会均等和普及教育、义务教育；出于维护国家和民族统一大业需要，提倡蒙藏教育、侨民教育、爱国"知耻"教育、军事教育等。国家主义教育思潮以爱国主义为标榜，主张以国家为中心改革教育流弊，本质上是一种教育救国论。

7. 学校教学方法的改革实验

清末以来，西方教学法输入中国，最为流行的是赫尔巴特的"五段教学法"。20世纪20年代初，受新文化运动和美国新教育运动影响，以反传统和儿童中心为旨趣的各种新教学法相继传入，如设计教学法、道尔顿制、文纳特卡制、葛雷制、德可乐利制等。设计教学法和道尔顿制对中国中小学的教学影响最大，曾在各地中小学开展了广泛的实验研究。设计教学法是美国教育家克伯屈创造的一种教学方法，主张由学生自发地决定自己的学习目的和内容，在学生自己设计、自己实行的单元活动中获得有关知识和形成解决实际问题的能力。道尔顿制由美国教育家帕克赫斯特于1920年在马萨诸塞州道尔顿中学所创行，在这种教育组织形式下，教师上课时不再向学生系统讲授教材，而只为学生指定自学参考书和布置作业，学生自学和独立完成作业，有疑难时才请教师辅导，学生完成一定阶段的学习任务后向教师汇报学习情况和接受考查。

风行一时的教学法改革实验具有共同追求，即打破班级授课制和学科课程，从学生生活和学习出发组织教学。但是实验削弱了系统知识传授，导致教育质量下滑，其后大多逐渐停废。不过仍给教育者带来了很大的观念冲击和启示。

20世纪初期传入中国的中小学教学法举要

赫尔巴特五段教学法认为课堂教学由预备、提示、联想、统合、应用五个阶段组成。1901年，这种教学法传入中国，辛亥革命前后在中小学校广泛采用。

单级教学法。将年龄、程度不同的若干年级学生组织在同一教室内进行教学。又称复式教学。"癸卯学制"颁布后，该方法在小学中逐步开展，辛亥革命前夕得到广泛推行。

自学辅导法。又称自学辅导主义。即辅导学生自学自习，以防止教学过程中教师包办，发展儿童的积极性、自主性；学生自学时，教师须加必要辅导。民国初年传入中国。

分团教学法。又称分组教学法。将一个教学班的学生，根据其学习能力分为若干个团（组），教师分别讲授。1914年，该方法开始在中国实验。

设计教学法。废除班级授课，打破学科界限，摒弃教科书，由学生据其兴趣和需要，自发决定学习目的、内容，在自己设计和负责的单元活动中获取知识。1919年，该方法在中国实验。

道尔顿制。废除年级和班级教学，学生在教师指导下，各自主动在实验室内根据"学习公约"，以不同教材、进度、时间进行学习，以适应其能力、兴趣和需要。1922年传入中国。

　　文纳特卡制。将课程分为以获得社会生活必需的知识技能为目的的学科课程、以培养社会意识和创造性为目的的活动课程，学生以自学、自我校正为主，实行个别教学。20世纪20年代末传入中国。

五、1922年"新学制"

　　民国初年建立具有资产阶级性质的"壬子癸丑学制"后，虽经多次改革，存在问题仍多，如小学过长，中学过短（"七四制"）；中等教育偏于普通教育，以升学为主；强调整齐划一而缺乏灵活性；模仿外国痕迹太重。从1915年第一届全国教育会联合会起，改革学制的呼声就持续不断，各地也相继开展了一些改革性尝试。至20世纪20年代初期，学制改革形势已经刻不容缓。1921年，第七届全国教育会联合会（简称"全教联"）召开会议，广东等11个省区代表提出学制改革方案，经详细讨论，后以广东方案为依据参酌其他方案形成并通过《学制系统草案》，公布全国征求意见，引发热烈讨论。1922年，教育部组织召开学制改革会议，对"全教联"所提出草案稍作修改，形成《学校系统改革案》，再次在第八届"全教联"会上征求意见，并以大总统名义正式公布施行，即1922年"新学制"，又称"壬戌学制"，因其采用美国式中小学"六三三"分段，又称"六三三学制"。

　　受实用主义教育思想的影响，"新学制"不设定教育宗旨，而是提出七项标准作为指导思想。即适应社会进化之需要；发扬平民教育精神；谋个性之发展；注意国民经济力；注意生活教育；使教育易于普及；多留各地伸缩余地。

　　新学制的构成和特点体现了上述思想，具有如下特点。

　　将小学由七年制改为六年制，6岁入学。分为初高两段，初小四年暂定为义务教育，各地方也可以适当延长，高小定为两年。这种弹性分级制有助于儿童才能的个性化发展，有利于普及初等教育，在当时受到普遍欢迎。

　　中学学制定为六年，分为初中、高中两级，各三年。中等教育是学制的精华：中学由四年延长至六年，克服了旧制四年学习年限过短造成中学基础薄弱的缺点，中学水平提高并改善了与大学的衔接关系，也便于兼顾其他方面需要；分为初中、高中两级，增加了地方办学伸缩余地和学生选择余地；中学实行分科选科制，适应了学生个性需要；加强职业教育，充分兼顾升学与就业，一定程度上克服了旧学制整齐划一的弊端。

　　师范教育在新学制中得到加强，五年制的师范学校改为六年，与中学并行，或于初中后期单办三年师范，或在高级中学内设立师范科。

　　新学制取消大学预科，保留大学与大学院两级，修业年限定为4~6年。缩短了大学年限，既保障了中等教育年限，也有利于大学专门化教育和提高研究水平。

　　"新学制"借鉴了美国学制却非盲从，而是经过中国教育界长期酝酿、讨论乃至实验所产生的，是借鉴国外经验探索本民族教育模式的典范。它最大限度地适应了中国国情、各地发展不平衡和学生的需要差异，从学校体制上奠定了 20 世纪二三十年代中国教育发展的基础，其基本结构也一直影响至今。

🔍 材料分析

近五十年来，中国人渐渐知道自己的不足了。这点子觉悟，一面算是学问进步的原因，一面也算是学问进步的结果。第一期，先从器物上感觉不足，这种感觉，从鸦片战争后渐渐发动……于是福建船政学堂、上海制造局等等渐次设立起来。但这一期内，思想界受的影响很少，其中最可纪念的，是制造局里头译出几部科学书。……这几本译书，实实在在是替那第二期"不懂外国话的西学家"开出一条血路。第二期，是从制度上感觉不足。……所以拿"变法维新"做一面大旗，在社会上开始运动。……第三期，便是从文化根本上感觉不足。第二期所经过的时间，比较的很长——从甲午战役起到民国六七年间止。……革命成功将近十年，所希望的件件落空，渐渐有点废然思返。觉得社会文化是整套的，要拿旧心理运用新制度，决然不可能，渐渐要求全人格的觉悟。恰值欧洲大战告终，全世界思潮都添许多活气。新近回国的留学生，又很出了几位人物，鼓起勇气做全部解放的运动。所以最近两三年间，算是划出了一个新时期来了。(梁启超《五十年中国进化概论》)

（1）以上材料中，中国向西方学习的三个阶段在教育上有何体现？

（2）后一个阶段与前一个阶段相比，有何进步？

本章小结

鸦片战争的爆发是中国传统社会历史的转折点，揭开了中国教育现代化的序幕。西方列强对中国的每一步紧逼，都会引发教育领域产生相应的反应。

西方列强的坚船利炮催生了洋务教育，开启了中国教育向西方学习的实践历程。甲午战争的失利同样宣告了洋务运动的失败，推动着洋务教育向维新教育演进。维新教育虽然在顽固派的反对下中止了，但中国教育现代化发展的趋势已不可逆转。清末新政中的教育改革导致了中国传统教育制度的解体和近代教育体制的初步建立，从形式上建立了中国教育的近代形态。国民政府初期和新文化运动中的教育变革，为中国建立近代教育体制作了进一步的探索，推动了中国教育朝现代化和民主方向深入发展。

总结 >

Aa　关键术语 ┈┈

京师同文馆 | 京师大学堂 | 洋务教育 | 中学为体，西学为用 | 维新教育

儿童留美 | 改书院，兴学堂 | 废科举，举学堂 | "六三三"学制

🔗　章节链接 ┈┈

在这一章，你读到……	在其他章节中，你将发现相关的讨论……
洋务学堂	第二章第二节　维新派的教育实践
"中体西用"思想	第二章第二节　康有为、梁启超、严复有关教育的论述
康有为、梁启超、严复的教育思想	第二章第三节　蔡元培教育思想和新文化运动时期的教育思潮、教育运动
近代学校制度建立、民国初年的教育改革和1922年"新学制"	第三章第一节　关于教育制度改革的讨论

应用 >

⚡　批判性思考 ┈┈

洋务派教育家在处理学习西方和维护民族文化传统的关系问题上提出"中体西用"主张，即要求在保持中国传统伦理道德、专制体制不变的前提下，尽可能学习西方的语言文字、科学技术和社会制度。对此，维新派教育家严复批评说：事物的体与用是一致的，牛的身体就有牛的功用，马的身体就有马的功用，不可能让牛的身体而具有马的功用。意谓文化的整合不是简单肢解拼凑，"中体"却要求"西用"，无异于长着牛的身体而要求有马的功用。中国如欲学习西方，不仅"用"要改变，"体"也要改变。

你认为上述两种观点哪种更合理？为什么？

✎ 体验练习 |||||||||||||||||||||||||||||||||||||||||||||||||||||||||||||||||||||||||||||||||||||||||||||||||||||||||||||||||||||||||||||||||||||||||||||||||||||||||

以下一些自测题可以帮助你了解自己对本章一些内容的掌握情况。

一、下列每题给出的选项中，只有一个选项是符合试题要求的。

1. 严复在教育作用问题上，受斯宾塞"三育论"影响，主张鼓民力、开民智和（　　）。

        A. 新民德　　　　　B. 移民风　　　　　C. 增民财　　　　　D. 强民体

2. 蔡元培对大学精神的解释是（　　）。

        A. "大学者，非谓有大楼之谓也，有大师之谓也"

        B. "大学之道在明明德，在亲民，在止于至善"

        C. "大学者，'囊括大典，网罗众家'之学府也"

        D. "学术独立，思想自由，政罗教纲无羁绊之学府也"

3. 近代中国第一所实施班级授课制的官办新式学堂是（　　）。

        A. 京师同文馆　　　　　　　　　B. 湖南时务学堂

        C. 福建船政学堂　　　　　　　　D. 上海广方言馆

4. 近代中国政府颁布的第一个法定学制是（　　）。

        A. 壬寅学制　　　　B. 癸卯学制　　　　C. 壬子癸丑学制　　　D. 壬戌学制

5. 不是教育了一切人，才可以改造社会，而是改造了社会，才可以有好教育。这一主张出自"五四"新文化运动时期（　　）。

        A. 倡导工学主义的知识分子　　　　B. 倡导国家主义的知识分子

        C. 具有共产主义思想的知识分子　　D. 具有平民主义思想的知识分子

二、要求判断正误，并说明理由。

1. 维新派教育家对于中国教育发展最重要的贡献，是发起创办了中国近代第一所国立大学——京师大学堂。

2. 1922 年"新学制"最为成功之处在于在各级学校体系中加强了大学。

拓展 >

☕ 补充读物 |||||||||||||||||||||||||||||||||||||||||||||||||||||||||||||||||||||||||||||||||||||||||||||||||||||||||||||||||||||||||||||||||||||||||||||||||||||

1　孙培青：《中国教育史（第三版）》，上海，华东师范大学出版社，2009。

    本书作为拓展性教材，可阅读其中的第九章至第十二章。

2　田正平：《中国教育史研究·近代分卷》，上海，华东师范大学出版社，2001。

    本书分中国近代新式教育的产生与发展、近代教育制度的演进与西方教育理论的传播、近代教育家群体三编，展现中国教育的现代化进程，问题集中，体系新颖。

3 李剑萍、杨旭：《中国现代教育史——中国教育早期现代化研究》，北京，人民教育出版社，2011。

      本书以现代学校产生、现代教育制度建立、现代教育思想形成为线索，展现中国教育的早期现代化历程，对中国教育由传统向现代转型的过程表现得较充分。

4 陈学恂：《中国近代教育文选》，北京，人民教育出版社，1983。

      本书是孟宪承所编《中国古代教育文选》的后续系列，选择从戴震到陈独秀共18位近代教育家的代表性教育著作，可供深入了解近代教育思想变革。

5 华东师范大学教育系：《中国现代教育文选（修订版）》，北京，人民教育出版社，1998。

      本书是孟宪承《中国古代教育文选》、陈学恂《中国近代教育文选》的后续系列，选择蔡元培等24位现代教育家的代表性教育论著，可供深入了解现代中国教育思想发展状况。

第三章
中国现代教育探索

本章概述

　　本章主要介绍了中国现代教育探索中的三种主要路径，它们代表着中国现代不同社会阶层对中国教育走向的理解。国民政府是当时中国的统治者，他们推行的"三民主义"教育宗旨和"战时应作平时看"教育方针影响了当时各级学校在不同时期的发展，促进了普通教育的扩展和高等教育的提升。民主教育家的教育探索中出现了具有中国本土特色的原创性教育理论和教育实践，在职业教育、乡村教育、生活教育、幼儿教育等领域都积累了值得后世教育借鉴的宝贵经验。中国共产党领导的教育逐步形成了新民主主义教育方针和理论，在干部教育、群众教育等方面也独具特色，丰富和发展了马克思主义教育理论，影响了新中国成立以后的教育实践。

结构图

教育宗旨和教育
方针的演变 ⓐ | 教育制度的改革 ⓑ | 各级学校教育的发展 ⓒ | 学校控制的加强 ⓓ

国民政府的教育建设

1

中国现代
教育探索

2

民主教育家的实践探索与理论建树

3

新民主主义教育的产生与发展

职业教育的
探索 ⓐ | 乡村教育的
实验 ⓑ | "生活教育"和
"活教育"理论 ⓒ | 新民主主义教育
方针的形成 ⓐ | 马克思主义教育
理论的提出 ⓑ | 干部教育的
创新 ⓒ | 群众教育的
开展 ⓓ

学习
目标

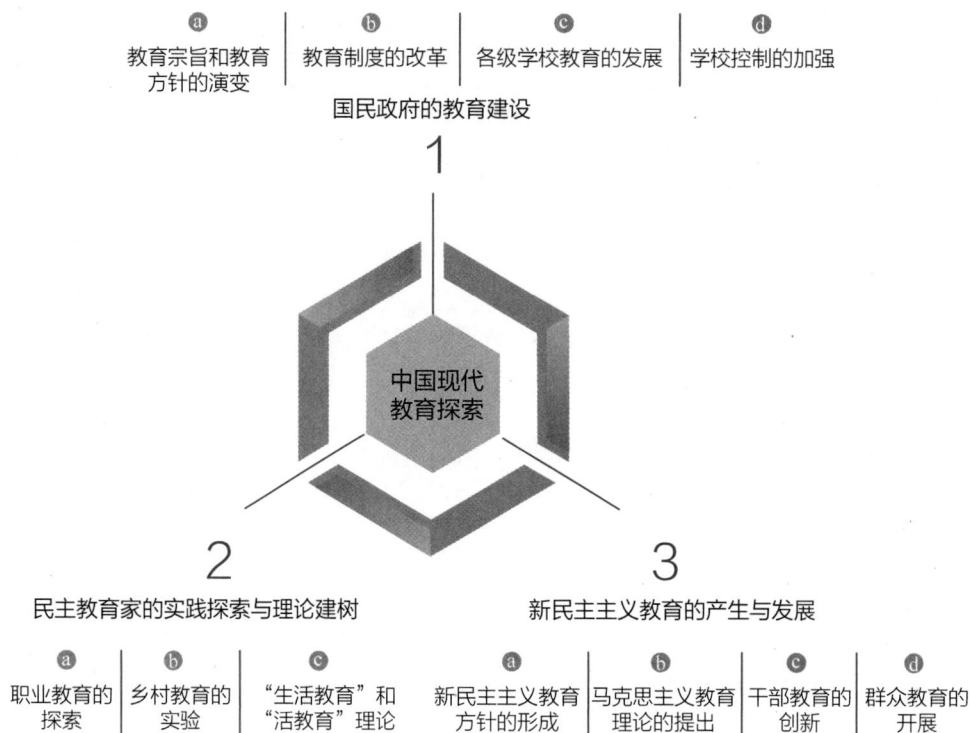

　学完本章，你应该能够做到：

1．了解国民政府的主要教育建设和国民政府教育改革中值得吸取的经验。

2．熟悉中国现代民主教育家的教育实践，掌握他们教育思想的核心内容。

3．了解新民主主义教育的发展历程，尤其是在干部教育和群众教育方面的特
　色，掌握马克思主义教育理论家的核心观点。

读前
反思

　　近年来，民国时期的教育受到人们肯定、称道甚至追捧，如民国时期的中小学教科书、杰出的大学教授群体、大学的学术研究和人才培养等，都很受人称赞。确实，民国时期尤其是国民政府时期的教育对中国现代教育的贡献很大，但你是否想过，国民政府时期的教育究竟是怎样一种状况呢？

1. 国民政府时期的教育真的如同我们所感受、所想象的那样吗？这一时期教育成就的获得究竟由何而来？

2. 今天人们好称道民国教育，部分是源于对当今教育某些方面的不满，但国民政府时期的教育是不是也存在一些问题？

3. 本章中对国民政府时期教育的评价有自己的标准和依据，你认为是否合适？你又会如何评价？

在"西学东渐"的背景下，中国近现代教育实现了大转型。从晚清"新政"时期颁布并实施的"癸卯学制"开始，中国出现了现代意义上的新学制。中国传统的经、史、子、集"四部之学"被现代西方的理、工、农、医、文、法、商"七科之学"所替代，各级学制体系初步完善，经过"壬子癸丑学制"，资产阶级的教育要求得到了全面反映。1922 年"新学制"颁布并实施以后，中国现代教育体制基本形成。到 1949 年新中国成立前，中国教育基本呈现出三条比较明显的发展线索，即国民政府的教育建设，民主教育家的教育探索和新民主主义的教育实践。这三条线索深刻反映了 20 世纪 20 年代以后，不同社会阶层为探索中国教育道路的不懈努力。

第一节
国民政府的教育建设

🎯 **学习目标**

了解国民政府的主要教育建设和国民政府教育改革中值得吸取的经验。

1927 年"四一二"政变以后，国民党背叛孙中山"联俄、联共、扶助农工"的三大政策和"新三民主义"，成立南京国民政府。在国民党二届五中全会上，蒋介石宣布"以党治国"，加强了思想控制，强调教育的集权与统一，通过教育立法加强制度建设，将民国时期的教育纳入国民党一党专政的轨道。这一时期，社会政局相对稳定，国民政府注重借助教育力量维护统治，教育投入有所增加，教育体制日益完善，民国教育进入稳步发展的时期。抗战爆发以后，国民政府制定了"抗战建国"的基本国策，明确了"战时须作平时看"的教育指导方针。在高等教育领域，国民政府采取了高等院校向内地迁移等诸多应急措施，尽量维持学校正常教学秩序，广大教育工作者表现出以民族大义为重、自强不息的精神，中国教育在逆境中仍然取得了令人鼓舞的成就。

一、教育宗旨和教育方针的演变

从晚清学部颁布的"忠君、尊孔、尚公、尚武、尚实"到南京临时政府颁布的"五育并举"，不同时期教育目的的变化决定了教育宗旨和教育方针的变化。南京国民政府在不同历史阶段，根据教育任务的不同，先后确立了"三民主义"教育宗旨和"战时须作平时看"的教育方针，指导了各个时期教育的发展。

1."三民主义"教育宗旨

1924 年，在国民党第一次全国代表大会上，孙中山改组了国民党，并模仿苏联"以党治国"的模式，强调政治上的一切举措都以党纲为依据，教育也不例外。"党化教育"的概念由此推衍而出。"四一二"政变以后，蒋介石曲解孙中山的本意，开始积极推行"党化教育"，意图却是建立"一个党，一个领袖，一个主义"的专制教育，主要目的在于控制教育，并与共产党争夺青年。由于"党化教育"的目的过于露骨，出台以后立即遭到进步人士的抨击，即使国民党内部对"党化教育"的理解也存在分歧。1928 年，中华民国大学院在南京召开第一次全国教育会议，决定取消"党化教育"，以"三民主义教育"取代。

1929 年 4 月，南京国民政府正式颁布《中华民国教育宗旨及其实施方针》，其中指出："中华民国之教育，根据三民主义，以充实人民生活，扶植社会生存，发展国民生计，延续民族生命为目的；务期民族独立，民权普遍，民生发展，以促进世界大同。"[①] 在该文件中，还对各级各类学校如何落实作了具体规定。"三民主义"教育宗旨终告形成。

三民主义

三民主义是孙中山提出的资产阶级民主革命的纲领，即民族主义、民权主义和民生主义。其发展过程分为两个阶段，即旧三民主义阶段和新三民主义阶段，1905 年他在《〈民报〉发刊词》中予以阐明，并主张进行民族革命、政治革命和社会革命，推翻清朝封建专制制度，建立民主共和国。后受俄国十月社会主义革命影响，在中国共产党帮助下，确定了"联俄、联共、扶助农工"三大政策，并于 1924 年《中国国民党第一次全国代表大会宣言》中重新解释了三民主义，形成以三大政策为核心的新三民主义。

1931 年 6 月，在南京政府公布的《中华民国训政时期约法》中，以根本法的形式肯定了"三民主义"教育宗旨及其方针政策。同年，国民党中央执行委员会通过《三民主义教育实施原则》，分别就初等教育、中等教育、高等教育、师范教育、社会教育等八个方面规定了实施的目标和纲要。例如，关于初等教育："（一）使儿童整个的身心融育于三民主义教育中；（二）使儿童个性、群性在三民主义教育指导下平均发展；（三）使儿童于三民主义教导下，具有适合于实际之初步的知能。"关于中等教育："（一）确定青年三民主义之信仰，并切实陶冶其忠孝仁爱信义和平之国民道德；（二）注意青年个性及其身心发育状态，而予以适当的指导及训练；（三）对于青年应予以职业指导，并养成其从事职业所必具之

---

① 王兴杰：《第一次中国教育年鉴（甲编）》，8 页，上海，开明书店，1934。

知能。"①

在此以后，"三民主义"教育宗旨的配套方针逐渐修订，在各级学校和不同类型的教育中都有所体现。师范教育、社会教育、普通教育等一些方针得到了细化和实施。"三民主义"教育宗旨及方针政策的颁布，使民国教育有法可依、有序可循，但国民党也以此名义来控制教育，封闭进步学校，镇压进步学生，从其实际来说，与孙中山的新三民主义背道而驰。

2. "战时须作平时看"

抗战爆发以后，1937年8月，国民政府提出"战时应作平时看"的教育方针，要求采取战时应急措施，一切仍以维持正常教育为主旨。1938年4月，国民政府通过《中国国民党抗战建国纲领》，对战时教育实施作了具体规定。1939年3月，国民政府教育部在重庆召开第三次全国教育会议，蒋介石作题为"今后教育的基本方针"的讲话，认为："教育、经济、军事构成国家的生命力，而教育是基本，是经济和军事的总枢纽；教育的着眼点不仅在战时，更在战后。要在抗战的同时，以非常的精神、非常的方法致力于民族改造和国家复兴，为战后的建设准备无数专家学者和技工技师。"

遵循战时教育方针，当日寇大举进犯、国土相继沦丧的关键时刻，国民政府为保存教育实力，勉力应变：将一批重点高校迁往西南、西北，调整重组，坚持办学，为中国教育保存了精英力量；在大后方新设国立中学，集中中学教学骨干，满足流徙青年求学愿望；安置、培训失学、失业青年；实施战区教育。"战时须作平时看"的教育决策，使中国教育事业在残酷的战争环境中得以保存，在西南、西北地区还有所发展，其中就包括在海内外名声卓著的国立西南联合大学等一批高等学校。

二、教育制度的改革

国民政府时期的教育制度改革主要有两个方面，即大学院和大学区制度的试行及"戊辰学制"的颁行，这些改革都影响了当时的教育实践，也给后人留下了可供反思借鉴的经验。

1. 大学院和大学区制

大学院和大学区制度是国民政府成立以后一次借鉴国外经验的教育制度创新。1927年，国民党中央执行委员会第105次政治会议上通过了蔡元培等人的提案，仿照法国教育制度，在中央设立中华民国大学院，以此来主管全国教育，在地方试行大学区制度，以此来取代教育部和教育厅的教育行政制度。国民政府任命蔡元培为大学院院长，并公布了《中华民国

---

① 国民政府教育部教育年鉴编纂委员会：《第二次中国教育年鉴（第一编）》，3页，上海，商务印书馆，1948。

大学院组织法》。国民政府同时还审议通过了《大学区组织条例》，并于次年公布了《修正大学区组织条例》。

法国的大学院与大学区制度①

拿破仑执政的法兰西第一帝国时期，为了加强中央集权，颁布了《关于创办帝国大学以及这个教育团体全体成员的专门职责的法令》（1806 年）及《关于帝国大学条例的政令》（1808 年），其中规定：专门负责整个帝国公共教育管理事务的团体应以帝国大学的名义建立；帝国大学总监作为全国教育界的最高首脑，由帝国大学任命，负责学校的开办、取缔，教职员任免、提升等诸项事宜；帝国大学下设由 30 人组成的评议会，协助总监管理全国的教育事宜；全国共划分 27 个大学区，每一个大学区设总长 1 人，并设由 10 人组成的学区评议会。学区总长及评议会成员均受命于帝国大学总监，负责管理大学区内的教育巡视工作，并向帝国大学总监及评议会提交有关的巡视报告。

《中华民国大学院组织法》规定，大学院为全国最高学术教育机关，隶属国民政府，管理全国学术教育行政事宜。大学院设立大学委员会，以此作为最高评议机构，有权推荐大学院院长，并且审议全国教育、学术重大方案。大学区组织条例则规定全国各地按照教育、经济、交通等状况划分为若干个大学区，每区设立大学一所，大学校长负责大学区内一切学术和行政事务。大学区下设立高等教育处、普通教育处、扩充教育处（即社会教育处）、研究院、秘书处等。大学区制先在江苏、浙江和河北三省试行，取得经验后推广到全国。

大学院和大学区制度反映了蔡元培"教育独立"的主张，是他留学法、德以后对中国教育走向的理想化设计，意图是使教育摆脱政治附庸地位，真正实现学术独立和教育经费独立，实现教育的自由与民主。但是在专制统治逐渐确立、经济条件极端落后的中国，这只能是美好的愿望。这一制度建设也使得中小学校成为大学的附庸，遭到中小学界的激烈反对。当时中国教育的现状是学术风气未浓，一厢情愿的教育行政学术化反而使得学术更加官僚化，从而也使得大学院和大学区制度成为脱离中国国情的一次不成功的教育实践。

🔍 问题讨论

蔡元培先生的改革意在使中国教育免于军阀政权更迭所带来的剧烈变动，努力实现教育独立。在方案上，既考虑到中国悠久的教育集权传统而采纳了法国的大学院和大学区制度，又吸收了近代德国大学学术独立的优点，可谓考虑周到。

这种理论上的合理设计为什么会在现实的教育环境中遭遇失败？

---

① 吴式颖：《外国教育史教程》，368 页，北京，人民教育出版社，1999。

2. 戊辰学制

南京国民政府成立以后，教育主管部门对职业教育、师范教育、普通教育都提出了改进要求，这就使 1922 年颁行的"新学制"需要进一步完善。1928 年 5 月，中华民国大学院第一次全国教育会议上通过《整理中华民国学校系统案》，即戊辰学制。该学制分原则与组织系统两部分，其中提到了七项原则：（1）根据本国国情；（2）适应民生需要；（3）增高教育效率；（4）提高学科标准；（5）谋个性之发展；（6）使教育易于普及；（7）留地方一伸缩之可能。比起 1922 年"新学制"，这些原则有一定的变化，同时也有一定的继承性，表现在更加注重本国国情、民生需要、教育效率和学科标准等方面（表 3.1）。

表 3.1　壬戌学制与戊辰学制的比较

	壬戌学制	戊辰学制
时间	1922 年	1928 年
标准	1. 适应社会进化之需要；2. 发扬平民教育精神；3. 谋个性之发展；4. 注意国民经济力；5. 注重生活教育；6. 使教育易于普及；7. 多留各地伸缩余地	1. 根据本国国情；2. 适应民生需要；3. 增高教育效率；4. 提高学科标准；5. 谋个性之发展；6. 使教育易于普及；7. 留地方伸缩之可能
分段	六三三	六三三
职业教育	兼顾升学与就业，中学开设职业科	设立实习学校，加强职业学校
师范教育	1. 在中学教育阶段，师范学校修业年限 6 年，师范学校后三年实行分组选修；2. 师范学校得单设后两年或后三年，招收初级中学毕业生；3. 在高等教育阶段，高等师范学校改为师范大学，在大学设立教育科，招收高等师范学校或中学毕业生	师范教育独立，高级中学集中

戊辰学制是国民政府基于统治需要对 1922 年"新学制"作的修正，基本框架没有脱离 1922 年"新学制"。从学制颁布到抗战期间，学制的内容都有所损益，例如，为了扫除"训政"和建国的障碍，使大多数文盲接受一定的教育，学制中比较重视义务教育和成人补习教育；为了促进经济更好地发展，开始有意识地向职业教育倾斜；高等教育方面，主要重视质量的提升，而不求数量的增加。这些措施在一定程度上促进了民国教育的健康发展。

三、各级学校教育的发展

1. 小学教育

1928 年，国民党二届四中全会提出"普及国民教育"主张。1929 年，国民政府教育部要求各地限于 1934 年年底前实现普及四年义务教育。1930 年，第二次全国教育会议将义务教育完成期定为 1930—1950 年的 20 年，而第一期全国指定县市实验区于 1932—1935 年完成。1935 年 8 月，行政院批准教育部《实施义务教育暂行办法大纲》及实施细则，计划分三期实现全国普及四年制义务教育：1935 年 8 月—1940 年 7 月为第一期，通过办一年制短期小学，使 80% 以上的学龄儿童受到一年义务教育；1940 年 8 月—1944 年 7 月为第二期，一年制小学全部转为两年制，使 80% 以上的学龄儿童受到二年义务教育；1944 年 8 月起为第三期，二年制小学全部转为四年制，实现全国范围内普及四年义务教育。此计划后因抗战爆发而中断。国民政府普及义务教育计划的屡屡变更，表明当时中国普及义务教育之艰巨，随着政府对困难的认识逐步清晰，措施才变得更趋实际。国民政府的腐败和忙于以武力围剿共产党领导的根据地使得他们殚于财力，这也是义务教育普及被延迟的重要原因。

义务教育

义务教育最早起源于德国。宗教领袖马丁·路德为了让人们都有学习《圣经》的能力，一再呼吁贵族和市政当局兴办学校，宣传普及男女儿童教育。1619 年，德国魏玛公国公布《魏玛学校章程》，明确规定父母应送其 6~12 岁的子女入学。之后，美国、英国、法国等欧美国家先后实施并普及义务教育。义务教育具有强制性、公益性和统一性，能够有效地提高国民素质，是现代文明的重要标志之一。中国在 19 世纪 90 年代由维新派提出义务教育。1906 年，清政府颁布《强迫教育章程》，是中国第一部义务教育法。民国成立后，各个时期的政府都提出不同的义务教育计划。中华人民共和国成立后即提出普及义务教育的目标，宪法规定，义务教育是适龄儿童和青少年必须接受，由国家、社会和家庭予以保障的国民教育。1986 年颁布《中华人民共和国义务教育法》，并在 20 世纪结束时，在全国范围内基本普及九年义务教育，实现了中国人民和政府为之努力奋斗了 100 年的宏伟蓝图。

抗战以前，国民政府颁布了诸多有关小学教育的法令法规。规定小学实施国民教育，办学形式有市立、县立、区立、坊立、乡镇立、联立和私立等。类型有初小、高小"四二"分段的六年制完小，四年制初小，为推行义务教育而设的四年制简易小学和 1~2 年的短期小学。国民政府时期的小学教育发展曲折起伏。据《第二次中国教育年鉴》统计，1929 年全国共有小学 212 385 所，学生 8 882 077 人；1936 年增为 320 080 所，学生 18 364 956 人；抗战爆发以后，减为 229 911 所，12 847 924 人；1945 年又增为 269 937 所，21 831 898 人，而当年失学儿童却有 175 209 934 人。在战乱中，国民政府的义务教育仍在曲折前行，受教育人数随着战争的结束得到了初步恢复。

2. 中学教育

国民政府时期的中学教育在制度设计上变化频繁。最初仍采取 1922 年"新学制"初、高中"三三"分段的综合中学制，在一所学校内开设以升学为目的的普通科（又分文理两组）和为就业准备的职业科（含农、工、商、师范、家事等）。高中课程分为公共必修、分科专修和纯粹选修三部分。1929 年，政府以各地普通高中普遍重文轻理导致结构失调、滥设选修课而忽视基础训练等理由，取消文理分组。1932 年，教育部以中学系统混乱、目标不明，造成普通、师范和职业教育都难以发展为由，废除综合中学制度，将普通、师范、职业学校重新分设，并取消选修科目。1936 年，又从普通高中的高二起实行分组，甲组理科，乙组文科，高三设简易职业科。1948 年，再次取消分组，恢复选修制。国民政府的中学教育改革集中于课程，变化反复，如同钟摆。焦点在于如何解决升学与就业、发展个性与统一基础等问题，每反复一次，认识提高一步，逐渐认识到了课程改革要立足于本国传统和社会现实。

🔍 **问题讨论**

中国现代学校系统完善过程中经常出现"钟摆现象"。这种现象也反映出，不同时代对教育问题的认识，普遍经历一个否定之否定的螺旋式加深过程，每一次问题出现以后的纠偏往往会矫枉过正，导致下一次的反复，当然这一过程也伴随着对问题认识的加深。

（1）试列举出你所知道的中国教育改革的"钟摆现象"。

（2）试分析、评说这种现象。

据《第二次中国教育年鉴》统计的国民政府时期的中学教育，1929 年，全国有中学1 339 所，学生 234 811 人；1936 年，增为 3 264 所，学生 627 246 人；抗战爆发后，减至1 896 所，学生 389 948 人；1946 年 10 月发展为 4 226 所，学生 1 495 874 人，相比当时 4.5亿的总人口数目，显然中学教育的发展还处在落后阶段。

3. 大学教育

1929 年夏，国民政府颁布了一系列有关大学教育的法令法规，对大学目标、学制、办学、课程等作了规定，规范了大学办学。例如，规定办学目标：大学是"研究高等学术，养成专门人才"，重学术性；大专是"教授应用科学，养成技术人才"，重应用性。根据规定，全国高校分为国立、省立、市立和私立四种。大学分设文、理、法、农、工商、医诸学院，增设教育学院；凡具备三个学院（其中必须具备理学院和农、工、医学院之一）以上可立为大学，否则只能作为独立学院；通过设立研究所以保证大学的学术性。进入 20 世纪30 年代，国民政府继续部署提高高校教学质量和效率。针对文、法科大学过多过滥现象，1931 年，行政院提出"大学教育以注重自然科学及实用科学为原则"，限制和收缩文、法科，扩充理、工、农、医科，高校办学向实科倾斜。1931 年，全国 103 所高校共 187 个学院，文法类占 59%，余为理工类；学生总数 44 167 人，文科生占 74.5%，余为理科生。而到 1935 年，大学生中文科生占 48.8%，理科生占 51.2%。这种调整使得高等教育内部学科专业结构趋于合理。1939 年，又公布大学学院和学系名称，院系名称也趋于统一。

　　抗战爆发后，为保存教育命脉，国民政府组织高校西迁，并进行调整、合并、重组。国立北京大学、清华大学和私立南开大学辗转迁往昆明，组成国立西南联合大学；国立北平大学、国立北平师范大学和国立北洋工学院迁往西安，组成国立西北联合大学；国立浙江大学、中央大学等也都西迁办学。至1938年底，共迁址调整大学55所。此外，还新建和改制了一批大学，如新设江西中正大学、贵州大学、由省立改国立的云南大学、广西大学，由私立改国立的厦门大学、复旦大学等，使抗战时期中国的高等教育仍呈发展势头。据《第二次中国教育年鉴》统计，1928年，全国公私立高校74所，学生25 196人；1936年，达到108所，学生41 922人；1937年后，一度减为91所，学生31 188人；而1947年，已发展到207所，学生155 036人。

　　从20世纪20年代中前期到1937年的15年时间里，是20世纪前半叶中国制度化教育发展的鼎盛时期，中国现代教育于此奠定基础。但是，国民政府也丝毫未放松对教育的控制，如建立各级学校的训育制度，实行童子军训练和军训，实行教科书审查制度等，并始终未放松对进步师生的监督甚至镇压。尤其是当全国人民赢得抗战胜利，教育面临大好发展的时机时，国民党却挑起内战，战争造成国民经济严重破坏甚至走向崩溃，教育已丧失生存和发展的基本条件，国民政府的教育走到了尽头。

四、学校控制的加强

　　国民政府时期，当局先后确立了训育、教科书审查和毕业会考等制度实行思想控制，加强对学生的管理，同时也开展了童子军训练，加强对青少年服从意识的培养。

　　1. 建立训育制度

　　南京国民政府实施"三民主义"教育以后，禁止学生参加政治斗争，整顿学风就成为教育主管部门的施政核心。1929年3月，南京国民政府教育部敕令所属大学、教育厅局和各级学校"整饬学风"，意图统一学生思想，规范校纪。1930年12月6日，以国民政府行政院长和教育部长的名义颁布《整顿学风令》，责令学生一意力学，不要干涉政治，违令者政府将绳之以法。面对全国学潮蜂起，行政院发布《告诫全国学生书》，指斥各级学校学风败坏，学生参与学潮破坏法纪与反革命无异，政府将依法惩办。

　　1929年7月，国民政府教育部通令全国实行国民党中央执行委员会所制定的《中小学训育主任办法》，设立训育主任和训育人员，专事考察学生的思想、言论和行动，在全国中小学推行训育制度。1930年10月，教育部批准上海市教育局拟定的《中学训育暂行标准》和《小学训育暂行标准》。中学训育制度配合蒋介石发起的"新生活运动"，讲究"忠孝仁爱信义和平"，宣扬"四维八德"，注重学生刻苦勤劳的习惯和严格的纪律。

新生活运动

1934 年 2 月 19 日，蒋介石在南昌"总理纪念周集会"上发表《新生活运动之要义》，提出全国知识分子负起教导国民的责任，让一般国民具备国民知识和国民道德，完成"复兴民族的使命"。其药方就是提倡符合礼义廉耻的"新生活"，并意图实现一种全民的军事化。国民政府的腐败使得他们的倡议成为一种脱离群众的作秀，难以达到彻底的改革，试图通过道德说教来改变国民面貌，却不改变旧的生产关系，容易沦为空洞的说教，没有实际效果。

实施训育制度以后，教育部又颁布了相关的法令法规，1931 年 8 月公布的《各级学校党义教师及训育主任工作大纲》规定党义教师与训育主任除辅助学校行政、教学事务以外，应与学生密切联系，匡正学生思想言行。中等以上学校还应随时调查学生平时所阅读刊物和发表言论，随时调查学生行动。这些条文都试图从组织上强化学校训育，限制学生自由。

1937 年后，国民党强化了各级各类学校的训育。1938 年 9 月，教育部通令专科以上学校遵行由教育部颁发的《青年守则》（即国民党《党员守则》），要求学生背诵，训育人员严加考核。1939 年 9 月，教育部颁布《训育纲要》，对于训育的意义、内容、目标和实施等方面都做了具体规定，成为集中反映国民党训育思想的纲领性文件。为了强化训育效果，各级学校还设立了导师制度，将学生分成小组，由导师进行思想、行为和学业的考察与记录，并作为毕业的证明。

2. 确立教科书审查制度

教科书审查制度是南京国民政府从教育内容角度实施的学校管控。教育部颁布统一的课程标准，确立教科书审查制度，实施思想控制。

1927 年，南京国民政府为贯彻党化教育，规定审查和编写教科书，要求符合"党义"，通过了《组织教科书审查会章程》。在大学院期间，国民政府设立了专门的编审机构，公布了教科书审查条例，规定未经大学院审定的教科书一律不准发行和采用，经过审定的教科书在书面上要标明，教科书在使用一段时间以后要重新审定。审定过程中，明确规定以国民党党章、党义和三民主义为审核标准。1929 年以后，教育部具体规定了教科书审查的政治、内容、组织形式、语言文字和印刷装帧等标准。这些规定突出强调了教科书的思想性，对编撰的实用性也提出了明确要求。

晚清新式教科书大多由著名出版社组织编纂，如开明书店、商务印书馆、中华书局等。民国以后，国民政府对学校教育的控制日益加强，担心书商不能有效贯彻"三民主义"教育宗旨，改由政府统一编纂教科书。1932 年 6 月，国民政府设立国立编译馆，负责中小学教科书的编纂审定，1933 年到 1935 年，中小学教科书分三期完成编纂发行。1933 年 4 月，国民政府公布了《国立编译馆组织条例》及其《办事细则》，确立国立编译馆隶属于教育部，详细规定了编译馆的工作内容和教科书审定程序，重申学校教科书编纂的国定制和审定制，明确了教科图书的初审、复审和终审的三审制，并且明确了初审、复审发生争议时的特审制。在 20 世纪 30 年代中期，教育部还先后设立中小学教科书编审委员会、教科图书编辑委员会和大学用书编辑委员会，负责各级各类学校教材的审查和甄选。1942 年以后，这三个机构统一并入国立编译馆。

抗战以后，国民政府曾经在战时教育方案中对教科书审查制度进行了调整，加强了爱国爱乡观念的教育，增强了教科书编写的乡土特点，以适应抗战和建国需要。

3. 实行毕业会考制度

毕业会考制度是国民政府对中小学教育进行改革的重要举措，其最初目的指向学校教育质量的统一，但最终因为掺杂着政治目的而加重了学生负担，被陶行知称为"杀人的会考"。

教育家语录

自从会考的号令下了之后，中国传统教育界是展开了许多幕的滑稽的悲剧。学生是学会考，教员是教人会考，学校是变了会考筹备处。会考所要的必须教；会考所不要的，不必教，甚至至于必不教。于是唱歌不教了，图画不教了，体操不教了，家事不教了，农艺不教了，工艺不教了，科学的实验不教了，所谓课内课外的活动都不教了。所要教的只是书，只是考的书，只是《会考指南》！教育等于读书；读书等于赶考。

——陶行知《杀人的会考与创造的考成》

1932 年 5 月，教育部以整合中小学毕业程度和增进教学效率为名，公布《中小学毕业会考暂行规定》，要求所有中小学校应届毕业生在经学校考试合格后，实行毕业会考，各科成绩合格者方能毕业。次年又规定会考学生如有半数不及格的学校，限期整改，否则停办；学生不参加会考不得升学。令下突兀，抵制四起，江苏、湖南、安徽等地方先后出现请愿、罢课风潮，尤以安徽最为激烈，全省各中学公开反对会考，组织反会考同盟，发布反会考宣言。政府采取严格手段予以弹压。蒋介石责令从严整饬，撤换大批中小学校长，会考制度被强行实施。同时也修正会考规定：取消小学会考，取消若干中学会考科目，毕业成绩计算方式改为学校考试成绩占 40%，会考成绩占 60%。之后又规定了师范学校、大专学校实行毕业会考。会考一直实行到 1945 年止。实行中学毕业会考的用意和效果都很复杂。中国幅员辽阔，地区差异极大，需要一种手段来整合各地的教学水平和质量，给中学的学生培养和学校办学以合格认定。同时，会考也包含通过控制毕业、操纵就业以控制学生思想行动的用意。会考实施，社会反响复杂：各级教育行政部门极力维护；家长为子弟学业顺利的考虑，也多支持；学校校长、教师因会考带来工作和社会压力，反对者多，或有保留地执行；学生大多抵制，高中生尤甚；教育理论界人士态度慎重，多主张通过调查与研究证明其是否合理，通过实行以观实效。民国实施中学会考制度留下了很多值得思考的问题。

历史镜像

对比分析民国时期的中学毕业会考制度与今天的普通高中学业水平考试的异同。民国时期的中学毕业会考制度意图规范中学教育，统一教育质量评价标准，但其定位失当，与大学招生考试冲突，以及加入过多的政治考量等，造成了学生的额外负担，遭到包括陶行知、廖世承等著名教育家和广大师生的反对。20 世纪 80 年代以后，我国中学会考制度开始实施，并意图协调文理偏科，全面提升学生素质，虽取得一定效果，但问题也多。21 世纪以来实施新课程改革以后逐渐转为学业水平考试，这一考试同样面临考试定位，学制、课程与评价制度的配合，会考与高考的关系等这些老问题。重温民国故事，有助于我们反思今天的问题，提出更好的改进路径。

第二节
民主教育家的实践探索与理论建树

🎯 **学习目标**

熟悉中国现代民主教育家的教育实践，掌握他们教育思想的核心内容。

中国现代教育发展中的另一重要力量就是民主教育家群体。如果说中国共产党和国民政府领导下的教育更多地借助政权的力量，着眼于全局的发展，民主教育家教育实践的主要特色就是注重教育领域内专门理论和实践问题的探索，以求寻找到中国教育发展的合理路径，并希望通过教育来达到改造中国社会的目的。他们都是真诚的爱国主义者和执着的教育理论家、实践家。他们广泛吸收中西教育文化，开创了本土化的教育理论，丰富了中华民族的教育内涵，也积淀为后世教育理论的组成部分和教育实践的基本规范，成为值得当代教育吸取的宝贵经验。

一、职业教育的探索

1. 中国近代职业教育的产生与发展

中国近代职业教育的思想与实践是由实业、实利主义、实用主义教育思想发展演变而来。在自给自足的生产方式占主导地位的传统中国，到了19世纪中叶后，在帝国主义资本的冲击下，才逐渐引进西方机器工业生产方式，民族资本主义经济艰难生长。传统手工业条件下的学徒制已不能适应现代工业发展需要，培养大工业所需的职业工人成为教育新课题。洋务派、早期改良派、维新派都视农、工、商这类的专门学校教育为实现富国强兵、富民强国目的的重要途径，于是开始兴办实业学堂的实践，提出建立教育制度的设想。这种设想到1904年颁布"癸卯学制"时得以制度化，逐步建立起从初级到高级的独立实业教育体系。

民国建立以后，蔡元培根据当时实业教育的发展状况，参考各国教育经验，提出实利主义教育。而对于职业教育，贡献最大者要数黄炎培。他以美国式的职业教育制度为法，一方面主张改革不能给学生以谋生之道的普通教育，另一方面主张改革清末以来脱离实际的实业教育制度。1917年，黄炎培成立中华职业教育社，次年又创办中华职业学校，成为中国近代职业教育的首倡者和探索者，其实践与当时倡导职业教育的社会思潮相互推进。这一波职业教育运动直接影响了1922年"新学制"的制定，而"新学制"中有关职业学校的建构标志着中学阶段的职业教育制度确立。然而，综合中学的设计也成为职业学校发展的困厄。

由于职业教育自身的问题和外部社会经济、生产的困难，中国的职业教育步履维艰。黄炎培提出"大职业教育主义"主张，探寻职业教育的出路。20世纪30年代初，职业教育再度引发社会关注。1932年《职业教育法》颁布，标志着职业教育再次得到提倡而进入继续发展时期。职业教育探索多围绕着职业教育如何联系实际、切乎实用展开。最大的变化是改变综合中学制度，分设普通中学、师范学校、职业学校，职业教育的地位得到突显。职业学校稳步发展。

2. 黄炎培职业教育思想与实践

黄炎培（1878—1965年），号楚南，后改号韧之、任之，江苏川沙县（今属上海市）人，出生于书香世家。早岁先后取中秀才、举人，1901年考入南洋公学特班，师从蔡元培，接受新学。次年回乡创办川沙第一所新式小学堂，任校长。因鼓吹反清，一度亡命日本，加入同盟会。辛亥革命前先后创办、主持、任教多所新学堂，民国初年任江苏省教育司长，规划了全省学校教育。1913年，他发表《学校教育采用实用主义之商榷》，倡议改革学校教育内容和方法，提倡教育与学生生活、学校与社会实际相联系。1917年5月，在上海发起成立中华职业教育社，以推广和改良职业教育，改良普通教育以适于职业之准备为职志；又创办中华职业学校，并将其作为探索基地。1921年以后，在普通学校推广职业教育：小学进行职业陶冶，初中进行职业指导，高中设职业分科，建立递进的职业教育体系。1925 年，他提出"大职业教育"主张，职业教育思想走向完善。20 世纪二三十年代黄炎培曾参与乡村建设实验，筹办南京高师、东南大学、厦门大学等高校。中华人民共和国成立后，他曾任政务院、全国人大、全国政协、民建中央领导职务。

🔊 教育家语录

只从职业学校做工夫，不能发达职业教育；只从教育界做工夫，不能发达职业教育；只从农、工、商职业界做工夫，不能发达职业教育。

——黄炎培《提出大职业教育主义征求同志意见》

职业教育目的：一、谋个性之发展；二、为个人谋生之准备；三、为个人服务社会之准备；四、为国家及世界增进生产力之准备。

——黄炎培《我之人生观与吾人从事职业教育之基本理论》

黄炎培在长期的职业教育实践中提出完整的职业教育思想体系，其中包括"大职业教育主义"原则等本土化理论，这成为中国职业教育理论的重要部分。他对职业教育的论述主要从职业教育的作用、目的、方针、教学原则、职业道德等方面展开。

黄炎培认为，职业教育就是通过教育的力量使人获得生活能力，其价值在于"谋个性之发展"，"为个人谋生之准备"，"为个人服务社会之准备"，"为国家及世界增进生产力之准备"，使学校培养之人无不可用，社会从业者无不受良好训练，国无不教之民，民无不乐之生，社会国家得以立基。因此，社会应建立起完整而独立的职业教育系统，并与其他各类教育相互沟通渗透，使职业教育贯穿于全部教育过程和全部职业生涯。当时中国百业不良，社会生计恐慌，青年失学失业，在中华职业教育社成立之际，他认为中国社会的主要问题在于青年的生计和提高实业界的生产力。20 世纪 30 年代以后，随着中国社会问题激化，他对职业教育的理解，更关注个性发展和民生实现，提出"使无业者有业，使有业者乐业"的经典概括，希望通过职业教育达到发展人的能力，使之热爱本职，进而实现有所发明，为社会服务，促进实业发展，增长社会经济，稳定社会秩序等目的。

关于职业教育方针，黄炎培强调社会化和科学化。所谓社会化，即指办理职业教育必须注意时代趋势与应走之途径，适应社会需要。从本质来说，职业教育的生命就是"社会化"，包括办学宗旨以职业为目的，培养的人才除有劳动技能外，还要在精神和能力方面适合社会需要；学制安排符合社会和专业需要，宜短不宜长。"大职业教育主义"充分体现其社会化主张："办职业学校的，须同时和一切教育界、职业界努力的沟通联络；提倡职业教育的，同时须分一部分精神，参加全社会的运动。"① 所谓科学化，是指"用科学来解决职业教育问题"。"职业教育直接求百业的进步，间接关系民生国计大问题，并不会在科学以外，别有解决的新方法。"② 具体说来，职业教育工作可分为两类：一是物质方面的工作，包括农业、工业、商业、家事应用、机械学等专业课程的设置、教材的选编、教学训练原则的确定、实习设施的配置等；二是人事方面的工作，包括教育管理的组织、机构自身的建设等。两方面工作均需遵循科学原则。

对于职业教育的教学原则，黄炎培根据职业教育的特点，提出"手脑并用""做学合一""理论与实际并行""知识与技能并重"等主张。他认为，中国传统社会中的教育与社会实际截然分开，士大夫是死读书而不用手，劳动者是死用手而不读书，而人类文明是人的手脑联合产生出来的，因此"要使动手的读书，读书的动手，把读书和做工两下并起家来"③。他批评清末以来兴办的实业学堂："所谓实业教育，非教以农工商也，乃教其读农工商之书耳。"④ 虽名为实业教育，却仍是重理论而轻实习的读书教育，造成学生富于欲望而贫于能力。就职业教育本身的特点而言，"职业教育的目的乃在养成实际的、有效的生产能力。欲达此种境地，需要手脑并用"⑤，单靠读书，欲得实用的知识和技能是万万学不成的。

职业道德教育是黄炎培职业教育的重要特色，也是他对职业教育的深刻理解。他把职业道德教育的基本要求概括为"敬业乐群"四个字，并以之为中华职业学校校训。"敬业"即热爱所业，尽职所业，有为所从事职业和全社会作出贡献的追求。"乐群"即有高尚情操和群体合作精神，让学生有"利居众后，责在人先"的服务乃至奉献精神。职业教育从内涵上看，应包括职业知识的学习、技能的训练与职业道德的培养两方面，缺一不可。离开职业道德的培养，职业教育也就失去方向。他曾反复指出人们认识上的一个误区，即职业教育是为个人一己谋生的，而正确的认识则是为社会服务的。

黄炎培及其职业教育思想开创和推进了中国的职业教育事业，其平民化、实用化、科学化和社会化特征，丰富了中国的教育理论，并对 20 世纪二三十年代中国教育改革产生了巨大影响。

二、乡村教育的实验

1. 二三十年代的乡村教育运动

20 世纪二三十年代，一大批著名教育家和教育团体纷纷走向农村，投身乡村教育，掀

---

① 中华职业教育社：《黄炎培教育文选》，155 页，上海，上海教育出版社，1985。
② 中华职业教育社：《黄炎培教育文选》，169 页，上海：上海教育出版社，1985。
③ 中华职业教育社：《黄炎培教育文选》，194 页，上海：上海教育出版社，1985。
④ 黄炎培：《中华职业教育社宣言书》，载《教育杂志》，1917。
⑤ 黄炎培：《断肠集》，129 页，上海，生活书店，1936。

起一场声势浩大的乡村教育运动。

1926 年，中华职业教育社等团体在江苏昆山徐公桥开展的乡村改进实验，开中国乡村教育运动先声。这一实验是体现黄炎培"大职业教育主义"思想的乡村教育探索，期望从教（教育）、富（生产）和政（农村组织）三方面，实现整个农村的改进。

1927 年，陶行知在南京神策门外小庄创办实验乡村师范学校，希望通过培养新型的乡村学校教师去兴办乡村教育，来改变中国农村面貌。其决心"要筹募一百万元基金，征集一百万位同志，提倡一百万所学校，改造一百万个乡村"。1932 年，陶行知又在上海宝山县大场镇附近农村创办山海工学团，吸收村民参加学习，实施"工以养生，学以明生，团以保生"的教育，进行军事、生产、科学、识字、民权、生育等方面训练，由此建设新农村、新国家、新世界。

1928 年起，江苏省立教育学院陆续在无锡开设实验区，开展民众教育实验，其宗旨在用民众教育的力量解决民众的生活问题，通过兴办民众茶园、图书馆、教育馆、合作社、体育场和各种民众学校，充实其生活力，培养其组织力，发扬整个民族的自信力，而以社会富强、民族复兴为旨归。

1933 年起，邰爽秋等组织大夏大学学生深入上海西郊，组织农村念二社，开展民生本位的教育实验，提倡土货、厉行社会节约、努力社会生产、发展国民经济、改进民众生活，以谋求中华民族复兴的目标。

教育家关注乡村社会，以各自的眼光分析中国农村问题，纷纷开出了自己的药方，形成了形态各异、各具特色的乡村教育实验。所有这些实验中最具代表性的是晏阳初的河北定县实验和梁漱溟的山东邹平实验。

2. 晏阳初的乡村教育实验

晏阳初（1890—1990 年），原名兴复，又名遇春，字阳初。四川巴中人。1916 年夏，他赴美留学。1918 年，从耶鲁大学毕业后，他立即赴法国为在欧洲战场的华工服务，继而开展华工教育。1920 年，获普林斯顿大学历史学硕士学位，回国后投身平民教育。1923 年，中华平民教育促进会总会（简称"平教会"）成立，晏阳初任总干事。在推行平民教育过程中，他认识到，中国绝大多数民众在乡村，要普及平民教育必须到乡村去。自 1926 年起，他将平民教育重点转到农村。1929 年秋，中华平民教育总会由北平迁河北定县，他与平教会同仁携家属迁居定县，全力从事"彻底的、集中的、整个的县单位实验"，该实验影响深远。1936 年起，他先后在湖南、四川、广西开展平民教育。1950 年后，晏阳初开始从事国际平民教育，曾任国际平民教育委员会主席，是一位有国际影响的社会教育家。

🔊 **教育家语录**

平民教育的目的是教人做人。做什么人？做"整个的人"。什么叫"整个的人"？第一要有智识力，第二要有生产力，第三要有公共心。要造就整个的人，须有三种教育。

——晏阳初《平民教育概论》

在乡村办教育若不去干建设工作，是没有用的。换句话说，在农村办教育，固然是重要的，可是破产的农村，非同时谋整个的建设不可，不谋建设的教育，是会落空的，是无补于目前中国农村社会的。

——晏阳初《中华平民教育促进会定县工作大概》

在定县乡村教育实验中，晏阳初非常重视对乡村社会的调查。1933 年，平教会出版了《定县社会情况调查》。在对定县历史、政治、经济、土地、教育、民俗等全面认识基础上，他认为中国农村有四大问题：愚、穷、弱、私。愚是指农民中大部分是文盲，缺乏知识；穷是指大多数农民连最低生活保障都无法维持；弱是指绝大多数农民是病夫；私是指绝大多数农民不能团结合作，缺乏道德陶冶和公民训练。不解决这些问题，任何训练都无从谈起。解决这些问题必须有"四大教育"，即以文艺教育攻愚，培养知识力；以生计教育攻穷，培养生产力；以卫生教育攻弱，培养强健力；以公民教育攻私，培养团结力。具体说来，乡民学习识字，掌握求知工具，进行读写算教育，通过戏剧、广播、电影等方式学习文艺内容；组织合作社，让农民获得选种、园艺、畜牧等方面的农业知识；注重农民的健康、卫生常识教育，完善医疗设施；激起公民道德观念，进行道德训练，开展村民自治，激发农民公共心。而"四大教育"中，公民教育是根本。

实施"四大教育"须实行"三大方式"，即学校式、社会式和家庭式。针对不同群体采取不同方式。对青少年主要采取学校式教育，包括初级平民学校、高级平民学校、生计巡回学校。初级平民学校以识字教育为主，力求增强学生读、写、说能力，内容为"四大教育"；高级平民学校为毕业于初级平民学校的部分青年农民所设，进一步传授更具体的、关于"四大教育"的知识；生计巡回学校的目的是使农民获得农村当前实际需要的训练，以生活秩序为教育秩序，按一年中时序先后，分区巡回训练，传授切实的技术。社会式教育面向一般群众及有组织的农民团体，内容取材于"四大教育"，主要通过平民学校同学会开展各项活动，如成立读书会、演说比赛会、演新剧、练习投稿，成立自助社、合作社、农业展览会等，使平民学校的毕业生继续受教育。家庭式教育将家庭中不同地位的成员用横向联系的方法组织起来，开展公民道德、卫生习惯、儿童保护、家庭预算、家庭管理、妇女保健、生育节制等方面教育。

平教会同仁放弃城市舒适生活，和村民一起劳动和生活，"给乡下佬办教育"，时人称为"博士下乡""教授下乡"。晏阳初认为，"我们欲'化农民'，我们须先'农民化'"。要做到"农民化"必须先明了农民生活的一切，要努力"在农村作学徒"，虚心"给农民作学徒"①。农民虽然不知道科学名词，未曾受过书本式教育，却有实际生活知识与技术，因而值得学习。只有深切了解农民，懂得他们的需要，才能实实在在进行乡村改造。当然，他所说的中国农村四大问题，只是看到了社会的表象，没能认识到"帝国主义之侵略与封建残余的剥削才是造成'愚、穷、弱、私'的原因"②；将愚、穷、弱、私等社会现象视为问题根源，实为倒果为因。但把乡村教育与乡村经济、文化、卫生、道德等的提高视为互相影响的整体，把学校、家庭、社会看成相互促进的系统，仍然是有意义的认识。

3. 梁漱溟的乡村教育实验

梁漱溟（1893—1988 年），初名焕鼎，字寿铭，后改字漱溟，原籍广西桂林，生于北京一个数代官宦之家。早年出入于西洋哲学、印度宗教、先秦宋明诸子，后加入同盟会，又曾沉迷于社会主义。一度归心佛法，精研佛经，受蔡元培聘为北大哲学系讲师，授印度哲学、印度宗教，评点东西方（西洋、印度、中国）文化，提出世界文化的未来乃是中国文化的复兴。1928 年，他筹办乡治讲习所，欲仿"吕氏乡约"，从乡治入手改造中国。1929 年，赴河南辉县创办河南村治学院，次年赴北平主编《村治》月刊宣传村治理论。1931 年，应韩复榘邀请赴山东邹平，创办山东乡村建设研究院，任研究部主任、院长，并兼邹平实验县县长，从事乡村建设实验和理论研究，指导邹平、菏泽、济宁等地的实验，探索民族自救和农村复兴之路，直到抗战爆发。

吕氏乡约

吕氏乡约是北宋神宗熙宁九年（1076 年）吕大忠、吕大钧、吕大临、吕大防四兄弟于陕西蓝田所制定和实施的我国历史上最早成文的村规民约，内容从德业相劝、过失相规、礼俗相交、患难相恤四方面展开，以此对乡民进行礼仪道德教育，践行乡民互助，对后世尤其是明清时期乡村治理模式影响甚大。

作为中国传统文化的信仰者，梁漱溟对中国乡村社会的问题有着独特理解，把乡村建设看成解决中国问题的妙方，构建了自己的乡村建设理论体系。针对晏阳初将中国农村问题归结为"愚、穷、弱、私"四个病症，梁漱溟认为这四个问题只是中国社会的病象，必须从病象去追究病因。中国社会是一个"理性早启，文化早熟"的社会。随着西方资本主义入侵，近代中国经济破产、生活贫困，尤其是礼俗蜕变，精神破产，农村尤甚，"中国的问题，并不是什么旁的问题，就是文化失调"③。如何调整这种文化失调？药方就是乡村建设。他分析说，中国社会是"伦理本位、职业分立"的社会，不同于西洋近代社会的"个人本

---

① 宋恩荣：《晏阳初全集（第一卷）》，230 页，长沙，湖南教育出版社，1992。
② 千家驹：《中国农村的出路在哪里》，载《中国农村》，1936。
③ 梁漱溟：《梁漱溟全集（第二卷）》，164 页，济南，山东人民出版社，2005。

位"和"阶级对立"。"伦理本位",是指中国社会以道德为本位,人际关系尤重宗法与家庭,人际交往全赖亲情相连。"职业分立",是指中国社会士、农、工、商只是职业不同,虽有贫富贵贱差别,却升沉不定,流转相通,不成对立之势。在这种社会结构之下,不会产生阶级对抗,进而爆发革命,走入资本主义。而西方资本主义也已穷途末路,不允许中国倒退回去再予仿效。中国唯一可行的道路就是乡村建设。中国社会是乡村社会,80%以上人民生活在乡村;传统文化的根、道德理性的根在乡村,要保存中国传统文化必须从乡村入手;乡村建设是乡村被破坏而激起的乡村自救运动,是重建我们民族和社会的新组织构造运动。

乡村建设的方法就是乡村教育。中国文化已严重失调,为了重新整理和建设中国固有文化,不使失传,不使停滞,必须借助教育。中国社会的改造是一个如何达到现代文明的问题,是一个如何以中国固有精神为主吸收西洋文化或者说是融取现代文明以求自身文化长进的过程,这是一个"巨大之教育工程"。因为在要建设的新社会中,重要的是人的进一步提高,社会关系的进一步合理。所以说,建设必寓于教育,归于教育。在乡村建设中,学校必然成为社会的中心,教员必然成为社会的指导者,乡村建设是纳社会运动于教育之中,以教育完成社会改造。

对于乡村教育的组织和实施,梁漱溟探索了一条自己的路。1931年,他在山东邹平创办乡村建设研究院。1933年,山东省政府将邹平、菏泽划为县政建设实验区,县长由研究院提名,省政府任命,两县行政机构与研究院事实上合一,希望以教育力量替代行政力量。实验区将全县分成若干个区,各区成立乡农学校校董会,开办乡农学校。乡农学校由学长、学董、教员、学众组成。学长和学董是"乡村领袖",是乡农学校领导,众学董组成学董会,在乡村中推选有资格、德望者组成乡村办事机构;学董会推举"老成厚重""品学最尊"者为学长,作为一村一乡民众的师长;教员是在乡村建设研究院受过专门训练的乡村建设者,是乡农学校的教师和乡村建设的指导者;学众则是乡村中的一切人,主要是成年农民。乡农学校分村学和乡学两级。从教育程度上,分文盲和半文盲人村学,识字的成年农民入乡学;从行政功能上,村学是乡学的基础组织,乡学是村学的上层机构。乡农学校的组织结构,按农村自然村落及其行政级别形成。其组织原则是"政教养卫合一","以教统政",教育机构和行政机构合一,以村学代村公所,乡村建设的政治、经济措施都通过乡农学校,借助教育力量来实施。学校式教育与社会式教育"融合归一",在乡农学校中成立儿童部、成人部、妇女部和高级部;儿童部以实施学校式普通教育为主;成人部、妇女部主要实施社会式教育,多在农闲进行;高级部是为了培养乡村建设骨干人才,尤其注重成人社会教育。

乡农学校教育从识字、唱歌等最"平淡"处入手,课程分两大类。一类是各校共有课程,包括识字、唱歌等普通课程和精神讲话。精神讲话是指在教员指导下启发民众思想,实现"精神陶冶",步骤是"先将旧道德巩固他们的自信力",然后用新知识、新道理来改变从前不适用的一切旧习惯,以适应现在的新世界。"旧道德"即《村学乡学须知》所规定的传统道德，"新知识、新道理"即禁缠足、禁鸦片、戒早婚等新风俗和农业改良、组织合作社等新方法。另一类是各校根据自身生活环境需要而设置的课程，例如，匪患严重的乡村可成立农村自卫武装，进行自卫训练，维护地方安全；产棉区可组织农民学习植棉技术，建立运销合作社等。乡农学校所有的教育内容都服务于乡村建设，适合农村生产生活需要。

梁漱溟的乡村建设实验的可贵之处在于牢牢立足于中国文化传统和他对农民深怀悲悯之心。而问题正如他本人后来所言：号称乡村运动而乡村不动，"我们是走上了一个站在政府一边来改造农民，而不是站在农民一边来改造政府的道路"①。

历史评说

他们的到来意味着中国乡村教育正经历前所未有的变革，意味着邹平县的教育也将不得不适应 20 世纪的现实。这些城市知识分子胸怀壮志，他们想通过乡村学校推动社会变革，并且带去新的教学方法、科学技术和新的生活方式。

——［丹］曹诗弟《文化县：从山东邹平的乡村学校看二十世纪的中国》

梁漱溟倡导的乡村建设，就总体而言，是一种企图在保留现存社会关系的基础上，通过乡村教育的方法，由乡村建设引发工商业，以实现国民经济改造和社会改良的运动。

——李华兴《民国教育史》

三、"生活教育"和"活教育"理论

陶行知的"生活教育"理论和陈鹤琴的"活教育"理论都是受杜威实用主义教育思想影响、结合中国国情和时代背景提出的本土化理论，在现代教育史上产生了重要影响。

1. 陶行知的"生活教育"理论

陶行知（1891—1946 年），原名文濬，后改知行、行知，安徽歙县人。1914 年，他自金陵大学毕业，赴美留学，初入伊利诺伊大学，获政治学硕士，后入哥伦比亚大学师范学院学习教育，得杜威、孟禄、克伯屈等赏识，应南京高等师范学校之聘回国，任教务主任兼教育科主任等，参与发起中华平民教育促进会。1927 年，他创办南京晓庄试验乡村师范学校，开展乡村教育以改造乡村。1932 年，在上海创办山海工学团，探索普及教育的途径。抗战中，在重庆创办育才学校，收容难童，培养文艺人才。一生都在为教育奋斗，做到了"为了苦孩，甘为骆驼"，"敢入未开辟之边疆，敢探未发明之新理"。

"生活教育"是陶行知教育思想的核心，集中反映了他在教育目的、内容和方法等方面的主张，反映了他探索适合中国国情和时代需要的教育理论的努力。早在新文化运动时期，

---

① 梁漱溟：《梁漱溟全集（第二卷）》，581 页，济南，山东人民出版社，2005。

陈独秀等人就对中国学习西洋教育几十年，但传统教育依旧脱离社会生活实际而提出批评。到 20 世纪 20 年代，情形依旧，尤其是学校十分不普及，民众极其缺乏教育。陶行知将此比喻为"不过把'老八股'变成'洋八股'罢了。'老八股'与民众生活无关，'洋八股'依然与民众生活无关"。他认为，杜威的"教育即生活"是把社会生活引入学校，是在鸟笼里造一个树林，生活已失其真。真正的生活教育必须是"适应于中国国民全部生活之需要"①，是提倡一种把鸟儿从鸟笼放回树林的教育，也是紧密联系社会生活实际、有利于普及的教育。

"生活即教育"是陶行知生活教育理论的核心，其内涵为：首先，生活含有教育的意义。从生活的横向发展看，过什么生活便是在受什么教育；从生活的纵向发展看，生活伴随人始终，教育也伴随人始终。"教育的根本意义是生活之变化。生活无时不变即生活无时不含有教育的意义。因此，我们可以说：'生活即教育'。"② 其次，实际生活是教育的中心。教育不能脱离生活，教育要通过生活来进行，无论教育内容还是教育方法都要根据生活需要。生活教育是生活所原有，生活所自营，生活所必需的教育。书本、文字和读书并非教育本身，书本和文字不过是生活的工具，读书之外存在着更有价值的教育。最后，生活决定教育，教育改造生活。陶行知说："从生活与教育的关系上说，是生活决定教育。"③ 一方面，生活决定教育，表现为生活决定教育目的、原则、内容、方法，是为了"生活所必需"。另一方面，教育又能改造生活，推动生活进步。"生活即教育"反对的是脱离生活而以书本为中心的教育。

"社会即学校"是"生活即教育"思想在学校与社会关系问题上的具体化。首先，"社会即学校"是指"社会含有学校的意味"，或者说"以社会为学校"。一方面，传统教育与社会隔绝，是"死教育、死学校、死书本"。杜威的"学校即社会"虽使社会生活进入学校，但仍嫌不够，不如拆除学校与社会间的围墙，让学校延伸到社会与自然。另一方面，劳动人民难以进入学校、课堂，社会就是"大众唯一的学校"。其次，"社会即学校"是指"学校含有社会的意味"④。一方面"运用社会的力量，使学校进步"，另一方面"动员学校的力量，帮助社会进步"⑤，使学校真正成为社会生活必不可少的组成部分。学校如不能运用社会的力量求进步，也就无法使自己成为社会改造的力量。"社会即学校"反对的是将学校与社会生活隔绝的教育。

---

① 华中师范学院教育科学研究所：《陶行知全集（第二卷）》，76 页，长沙：湖南教育出版社，1985。
② 华中师范学院教育科学研究所：《陶行知全集（第二卷）》，633 页，长沙：湖南教育出版社，1985。
③ 华中师范学院教育科学研究所：《陶行知全集（第五卷）》，477 页，长沙：湖南教育出版社，1985。
④ 华中师范学院教育科学研究所：《陶行知全集（第二卷）》，617 页，长沙：湖南教育出版社，1985。
⑤ 华中师范学院教育科学研究所：《陶行知全集（第三卷）》，545 页，长沙：湖南教育出版社，1985。

山海工学团自编课文两则

其一：

问阿姐，问阿哥，为啥道理我伲工人生活苦？隔壁格伯伯话，为何我伲工人生来就命苦？

我越想，越糊涂，同是爷娘生，为啥洋行大班生来就不苦？阿姐，阿哥，请侬告诉我。（山海工学团周围住着许多市区工厂的女工和童工，就用上海方言编了课文）

其二：

他是木匠，我是先生。先生学木匠，木匠学先生。哼、哼、哼，我哼成了先生木匠，他哼成了木匠先生。（陶行知请一位青年木匠白天教先生和儿童做木工，晚上让先生教他识字，特作"工师歌"）

——《山海钟声——陶行知与山海工学团》

"教学做合一"是"生活即教育"在教学方法问题上的具体化。其一，"教学做合一"要求"在劳力上劳心"。在传统教育下，劳力者与劳心者是割裂的，造成"田呆子"和"书呆子"两个极端，所以在中国"科学的种子长不出来"。须教劳心者劳力——读书的人做工，教劳力者劳心——做工的人读书。其二，"教学做合一"是因为"行是知之始"。传统教育历来把读书、听讲当成"知之始"，并以之为知识的唯一来源，习之既久，学生就不肯行、不敢行，终于不能行，也就一无所知。而事实是"行动是老子，知识是儿子，创造是孙子"[1]。其三，"教学做合一"要求"有教先学"和"有学有教"。一方面"以教人者教己"，或者说教人者先教自己；另一方面会者教人学，能者教人做，"即知即传"。其四，"教学做合一"是对注入式教学法的否定。陶行知指出，注入式的教学法是以教师的教、书本的教为中心"教授法"，完全不顾学生的学，不顾学生和社会生活需要。教服从于学，教、学又服从于做（生活需要），"教学做合一"是最有效的方法。"教学做合一"反对的是不顾学的教，不顾做的教、学。

1936年春，陶行知在《生活教育之特质》中指出生活教育的特点是生活的、行动的、大众的、前进的、世界的、有历史联系的；1946年，又指出生活教育的方针是民主的、大众的、科学的、创造的。

2. 陈鹤琴的"活教育"理论

陈鹤琴（1892—1982年），浙江上虞人。曾入圣约翰大学。1914年夏，他从清华学堂毕业赴美留学。先入约翰霍普金斯大学，获文学士学位，后入哥伦比亚大学师范学院，获教育

---

[1] 华中师范学院教育科学研究所：《陶行知全集（第四卷）》，160页，长沙，湖南教育出版社，1985。

学硕士学位，又转攻心理学博士。1919 年，应南京高师之聘回国任教。在对其长子出生后的追踪研究基础上，1925 年，他出版了中国第一部运用西方理论并结合自身研究的儿童心理学著作《儿童心理之研究》和第一部现代家庭教育著作《家庭教育》。他创办了我国第一所实验幼稚园——南京鼓楼幼稚园，总结形成了系统的、有民族特色的幼儿教育思想和实践规范。20 世纪 30 年代末，他提出"活教育"主张，并在江西进行实验。1941 年，他创办《活教育》杂志，标志着"活教育"理论形成。1945 年，返沪创办上海市立幼稚师范学校，继续"活教育"实验。

陈鹤琴"活教育"的目的论是"做人，做中国人，做现代中国人"。这一命题是他有感于民族的生存危亡，有感于中国传统教育的弊失而发。他曾说：生而为人，生而在中国，生而在现代中国，究竟有几个人真正明白做"人"、做"中国人"、做"现代的中国人"呢？"做'人'不易做，做'中国人'不易做，做'现代中国人'更不易做。"[①] 他从抽象到具体，论述了这三个逐步递进的层次。"做人"是"活教育"最为一般意义的目的。人之所以区别于动物就在于人的社会性，如何建立起和谐的人际关系，借以参与生活，控制自然，改进社会，追求个人及人类幸福，便是"做人"问题。"做中国人"体现了"活教育"目的中的民族特征。作为中国人与别国人的不同，在于他们共同拥有光荣的历史和息息相关的命运，因而爱自己的国家和同胞，愿意为国家兴旺而奋斗。"做现代中国人"体现了"活教育"目的中的时代精神。近代中国遭受帝国主义压迫和侵略，传统文化濒于崩溃，经济文化落后，救国图强和科学民主启蒙需要现代中国人来承担。为此，陈鹤琴赋予"现代中国人"五方面要求：第一，要有健全的身体；第二，要有建设的能力；第三，要有创造的能力；第四，要能够合作；第五，要服务。"活教育"的目的论从普遍而抽象的人类情感和认识理性出发，逐层赋予民族意识、国家观念、时代精神和现实需求等含义，使教育目标逐步具体，表达了陈鹤琴对人的发展、教育与社会变革的追求。

"活教育"教例："对日和约"问题的时事讨论

参加者：女师附小五、六年级 64 位同学。

研讨子题：

(1) 日本为什么要侵略中国？

(2) 抗日战争中我国所受的损失怎样？

(3) 美国对于日本的管制怎样？我们完全赞同吗？

(4) "对日和约"是怎样签订的？

研讨过程：将 64 位同学分为四组，每组认定一个子题；通过剪贴报纸、收集杂志、访

---

① 北京教育科学研究所：《陈鹤琴全集（第四卷）》，356~357 页，南京，江苏教育出版社，1991。

问《大公报》资料室、请专家讲演等方式搜集有关资料；分组讨论，整理讨论结果；四组同学集中座谈，各组由主席主持，依次以报告、讨论的形式发表看法；归纳形成总结论。

"活教育"的课程论概括为"大自然、大社会都是活教材"。传统的课堂教学将书本作为唯一的教育资料，学生谓之读"书"，教师谓之教"书"，把读书和教书当成了学校教育活动的全部内容。于是，人的观念被书本严重地束缚住了，学校成为"知识的牢狱"，唯有到大自然、大社会中去寻找"活教材"，才能摒弃这种弊端。所谓"活教材"是指取自自然和社会的"直接的书"，即让儿童在与自然和社会的接触中获取经验及知识，这样的知识不仅真实、亲切，且能激发儿童学习兴趣和研究精神。虽然"活的""直接的"知识要大大优于书本知识，但只要不把书本当成唯一教材，书本就是有用的。既然课程内容来源于自然、社会和儿童生活，其组织形式也必须符合儿童的活动和生活方式，符合儿童与自然和社会的交往方式。儿童生活是整个的，课程组织须采用活动中心和活动单元的形式，也就是"五指活动"形式，即健康活动（卫生、体育、营养等）、社会活动（史地、公民、时事等）、科学活动（生、数、理、化、地等）、艺术活动（音、美、手工等）、文学活动（读、写、说、译等）。

"活教育"教学方法的基本要求是"做中教，做中学，做中求进步"。"做"是学生学习的基础，也是"活教育"教学论的出发点。陈鹤琴提出17条"活教育"教学原则：凡是儿童自己能够做的，就应当教儿童自己做；凡是儿童自己能够想的，应当让他自己想；你要儿童怎样做，就应当教儿童怎样学；鼓励儿童去发现他自己的世界；积极的鼓励胜于消极的制裁；大自然、大社会是我们的活教材；比较教学法；用比赛的方法来增进学习的效率；积极的暗示胜于消极的命令；替代教学法；注意环境，利用环境；分组学习，共同研究；教学游戏化；教学故事化；教师教教师；儿童教儿童；精密观察。他强调应当确立学生在教学活动中的主体性，鼓励他们去做、去想、去发现。同时，他也看到儿童的"做"往往带有盲目性，因此在鼓励学生积极去"做"时，要求教师进行有效指导。

陈鹤琴还归纳出"活教育"教学的四个步骤，即实验观察、阅读思考、创作发表和批评研讨。实验观察是教学过程的第一步也是最重要的步骤，是获得知识的基本方法，也是儿童未来进行科学发明的钥匙；阅读思考则可以弥补实验观察的不足；儿童从实验观察和阅读思考中获取直接、间接的知识经验需要通过加工整理，以故事、报告、讲演的形式表达出来，这有助于培养和体现儿童的主动性和创造力；儿童在学习中得到的结论不可能完全正确，需要通过集体和小组讨论，共同研究，以便互相启发和鼓励，臻于完善。这四个步骤是教学过程的一般程序，不是机械的、割裂的。它们同样体现了以"做"为基础的学生主动学习。

如同陶行知"生活教育"理论一样，"活教育"理论也是一种对前人有吸收、有改造、有创新的教育思想，其精神至今都未过时，不少观点对当今的教育改革仍然富有启发。

第三节
新民主主义教育的产生与发展

🎯 学习目标

1. 了解新民主主义教育的发展历程，尤其是在干部教育和群众教育方面的特色。
2. 掌握马克思主义教育理论家的核心观点。

中国共产党早在诞生之初，就开始了新民主主义理论和实践的探索。第一次国共合作破裂以后，中国共产党建立了自己的武装和根据地，有了实践教育理想的条件，建立了与国民政府根本不同的教育方针和教育制度，新民主主义教育进入实践阶段。抗战爆发后，在共产党领导下的抗日民主根据地，干部教育和群众教育成绩显著，创造了非制度化教育的丰富经验，新民主主义教育趋于成熟。解放战争时期，随着大片地区和许多大中型城市的解放，解放区教育开始由战时教育向正规教育转变，为即将到来的新中国教育事业奠定了基础。

一、新民主主义教育方针的形成

新民主主义教育是在新民主主义革命时期，由中国共产党领导的以马克思主义为指导的反对帝国主义、封建主义和官僚资本主义的教育，也即民族的、科学的和大众的教育，其发展成熟是一个循序渐进的过程。

1922 年，中共二大就提出了女子享有平等教育权利和"改良教育制度，实行教育普及"的纲领性主张。大革命时期，中国共产党开展了工人教育（如安源路矿）、农民教育（如广州海陆丰）和干部教育（如湖南自修大学、上海大学、农民运动讲习所等），展开别开生面的实践。1927 年 11 月，革命根据地建立过程中，《江西省苏维埃临时政纲》就提出普及义务教育和职业教育、注重工农成年实习教育、发展农村教育、发展社会教育等任务。苏维埃革命根据地建立后，提出教育为工农大众、为革命战争、为建立和巩固红色政权服务的方针，提出以保证工农劳苦民众有受教育权利为目的，努力开始实施完全免费的义务教育。1934 年，毛泽东在第二次全国苏维埃代表大会工作报告中提出，苏区教育的总方针"在于以共产主义的精神来教育广大的劳苦民众，在于使文化教育为革命战争与阶级斗争服务，在于使教育与劳动联系起来，在于使广大中国民众都成为享受文明幸福的人"。其中心任务是"厉行全部的义务教育，是发展广泛的社会教育，是努力扫除文盲，是创造大批领导斗争的高级干部"。虽然提倡"共产主义"教育超越了时代条件，但是要求教育服务于战争和联系生产劳动，倡导工农大众的教育普及和教育权利，为此后根据地教育事业发展奠定了理论基础。

抗战爆发后，毛泽东和中共中央根据形势发展需要，相继提出了"干部教育第一，国民教育第二""实施生产劳动"等教育方针政策。1940年1月，为总结新民主主义文化运动20年历程，澄清当时人们对社会性质、革命性质和文化教育性质的模糊认识，毛泽东发表了《新民主主义论》，指出："现阶段上中国新的国民文化内容，既不是资产阶级的文化专制主义，又不是单纯的无产阶级的社会主义，而是以无产阶级社会主义文化思想为领导的人民大众反帝反封建的新民主主义"[1]，即"民族的、科学的、大众的文化"。这是文化的方针，也是教育的方针。"民族的"是指反对帝国主义压迫、主张中华民族独立尊严和有民族特性的教育，既不盲目排外，也不全盘西化，而是取其精华，弃其糟粕，是民族的形式、特点与新民主主义内容相结合；"科学的"是指反对封建迷信，主张实事求是，主张客观真理，主张理论与实践结合，对传统教育剔除其封建糟粕，吸取民主精华；"大众的"是指教育为全民族百分之九十以上的工农劳苦民众服务，逐渐成为他们的教育。新民主主义教育方针对此后新民主主义革命时期的教育实践产生了实际影响。

二、马克思主义教育理论的提出

新文化运动兴起及十月革命的成功，为马克思主义在中国的广泛传播奠定了基础。1921年，中国共产党成立后，中国共产党早期领导人和理论家，如李大钊、恽代英等人，也十分关注教育问题，在教育本质、工农教育、青年教育等问题上旗帜鲜明地提出和阐述了自己的立场，为时人全面认识社会和教育问题提供了指导。到20世纪末，以杨贤江为代表的马克思主义教育理论家，在一系列论战性文章和理论著作中，如《新教育大纲》等，运用辩证唯物主义和历史唯物主义，阐述了马克思主义教育观，形成中国特色的马克思主义教育理论，成为中国现代教育流派中的重要一支，对社会民众产生了影响。

🔊 教育家语录

要破坏，需要社会科学；要建设，仍需要社会科学。假定社会是一个工厂，社会科学是工厂的管理法……没有管理工厂的人，只有机械，只有像机械样的工人、技术家，工厂永远做不出成绩来……我们并不反对人学技术科学，但是我们以为单靠技术科学来救国，只是不知事情的昏话。

——恽代英《学术与救国》

---

[1] 毛泽东：《毛泽东选集（第二卷）》，706页，北京，人民出版社，1991。

1. 中国共产党早期领导人的教育阐述

针对当时人们对教育问题的模糊认识,马克思主义理论家出于强烈的使命感,注意分析教育与社会的关系,力图正确揭示教育的本质。早在新文化运动时期,李大钊在《我的马克思主义观》中指出,人类思想和生活变动的根源是经济,"经济生活是一切生活的根本条件",经济现象是社会现象中最基本的现象,作为"表面构造"的文化教育,不仅受制于经济基础,且受制于政治,"须知政治不好,提倡教育是空谈的"。因此,改造中国社会光靠教育本身的努力不行,只有先作"一个根本的解决",而经济问题就是这个根本的解决。恽代英也承认"教育确是改造社会的有力的工具"①,但教育这一作用的发挥取决于社会改造。当前中国"最急最要"的事是政治的变革和经济的发展,而中国不良的经济制度迫切需要通过政治革命予以改造。否则,谈办教育、救国家就是一场笑话。所以,非把社会问题改造好,教育问题是不会得到解决的。

出于今后的世界必将"变成劳工的世界"这一基本立场,李大钊对平民教育内涵的理解是真正工农劳苦大众的教育。他认为,在资产阶级那里是不可能有真正的平民主义的,真正的平民主义是破除一切特权阶级,国家机器不是统治人民而是为了人民、属于人民并由人民执行,教育上的权利才能由平民真正获得。然而,根据现状,又必须面对现实,去争取劳工受教育机会,为劳工办理各种补助教育机关,争取缩短工时以获取更多学习时间,将做工与读书结合。② 劳工教育中的重要方面是农民教育。李大钊指出,中国劳工阶级中的绝大部分是农民,农民不解放则国民全体不解放。他号召有志青年到农村去,帮助农民学文化。当共产党领导下的农民运动如火如荼时,他又提出农民有提高文化和觉悟的任务,尤应进行反帝反封建教育和工农联盟教育。

中国共产党早期领导人关于教育的论述,为中国的马克思主义教育理论的形成、为工农教育的兴起作了理论准备。

2. 杨贤江的教育理论

杨贤江(1895—1931年),字英父(英甫),又名李浩吾,浙江余姚人。1917年夏,以优异的成绩毕业于浙江省立第一师范学校。同年秋,经该校校长经亨颐推荐,杨贤江到南京高等师范学校陶行知为主任的教育科和学监处任职,深得学生好评。后任商务印书馆《学生杂志》编辑长达6年,被誉为"青年一代最好的指导者"。1928年,第一次运用历史唯物主义分析世界教育历史,撰成《教育史ABC》。1930年,撰成第一部运用马克思主义基本原理论述教育问题的专著——《新教育大纲》,奠定了马克思主义教育理论家的地位。

运用历史唯物主义阐明教育的本质,是杨贤江教育思想的重要内容,也是他对中国当代教育理论的贡献。在《新教育大纲》中他回答了"教育是什么"这个关乎教育本质的教育

---

① 恽代英:《革命运动中的教育问题》,载《新建设》,1924。
② 李大钊:《李大钊文集(下)》,172页,北京,人民出版社,1984。

基本问题，"教育为'观念形态的劳动领域之一'，即社会的上层建筑之一"，它与法律、政治、宗教、艺术、哲学等观念形态的领域一样，取决于经济基础，又反作用于经济基础。但教育又有其特殊性，一方面它以其他精神生产的内容为内容，另一方面它又是劳动力再生产的社会劳动领域，因此作为上层建筑与作为劳动力再生产手段的教育就具有两重性。考察历史，教育起源于人们的实际生活需要，原始教育与生产劳动不分家，男女都平等享有教育权利和义务；私有制产生后，教育"变质"为社会上层建筑之一，具体表现为体力劳动与脑力劳动分离、教育与生产劳动分家，教育权从属于生产资料所有权，成为阶级统治的工具，男女教育权利不平等，到了资本主义社会，教育更成为"商品"；在未来社会主义社会，私有制消灭，阶级消亡，教育将在更高形态上回归其本来意义，表现为教育与劳动结合、教育普及和真正平等的教育，成为"社会所需要的劳动领域之一"。依据对教育的历史考察而得出的关于教育本质的结论，杨贤江批判了当时流行的"教育万能""教育救国""先教育后革命"三论和"教育神圣""教育清高""教育中正""教育独立"四说，以期澄清人们的模糊认识，并指出教育的作用是有前提的，不可脱离社会经济基础谈教育，必须用正确的观点引导民众去争取真正民主和科学的教育。

马克思主义理论家对教育本质问题的论述，意在帮助人们正确认识教育，认识当时中国所面临的主要问题和基本任务，影响很大。在以后很长时期里，一直到改革开放的新时期，上述论述始终作为关于教育本质问题的经典论断。

🔊 教育家语录

说教育史"叙述"或"阐明"所谓教育事实及教育理论的发达变迁，固然不算错误。然而……教育史决不单是追溯教育上诸英雄诸伟人的行状者，教育史也决不单是记录教育思想的派别者。……教育史所具有更根本更重大的任务，可以说有以下几点：（甲）教育之意义与目的怎样变迁？（乙）教育思想变迁的真义与教育制度变迁的根据何在？（丙）支配阶级与被支配阶级在教育上之关系如何？

——杨贤江《教育史 ABC》

杨贤江的大量教育研究是关于青年问题的，曾撰写了大量专论文章、书信回复和答问，对青年的理想、修养、健康、求学、择友、社交、婚恋等方面都给予了热心指导，他把对青年的这种全方位教育称为"全人生指导"。早在新文化运动时期，陈独秀、李大钊、恽代英等中国早期马克思主义理论家就十分关注青年和青年教育问题。李大钊指出，中国的命运是以青年的命运为命运，"青年不死，即中华不亡"，青春中华能否创造，系于青年能否觉醒。中国共产党成立后，更加明确地要求青年成为社会革命的先锋。对青年问题的论述，杨贤江最具代表性。

杨贤江认为,青年期是关键期,或向上,或堕落,人生由此初步定型。青年期身心变化急剧,造成心理的复杂、易变和失衡。青年的心理矛盾与冲突有热心与冷淡、愉快高兴与沉郁悲观、自信与自卑、利他与利己、交往与孤独、激进与颓废、感情与理智等。青年的身心特点极易导致青年问题。尤其是青年问题还是社会问题最集中、最尖锐的反映。所谓青年问题是指青年在"生活上所发生的困难或变态",主要有人生观问题、政治见解问题、求学问题、家庭问题、经济问题、婚姻问题、生理问题、常识问题等。这些问题都是教育者的责任。然而历来的学校教育大都偏重课堂与书本,对青年学生生活中的问题并不过问,又如何能完成指导其人生发展的职责?因此要对青年全面关心、教育、引导和疏导,使之在德、智、体诸方面都得到健康成长。针对当时青年中存在随波逐流、消极悲观、有上进心却无正确方向等人生观问题,他向青年提出通过对人类有所贡献来谋取个人幸福的人生观。要求青年积极干预政治,投身革命,如想做科学家、音乐家或作诗、谈恋爱,必须先做一个战士。青年还须学习新兴的社会科学,掌握理论武器,并向社会学习,深入工农,与之共同奋斗。青年的生活包括健康生活、劳动生活、公民生活、文化生活等,因此要给予体育锻炼和卫生指导、劳动和职业指导、社交和婚恋指导、求学和文化生活指导,形成活动、奋斗、多趣、认真的青年生活特征。

杨贤江的青年教育思想丰富了马克思主义的青年思想和青年教育思想,也是当时青年理论的重要组成部分,不仅影响了当时一代青年,还为新中国的青年教育、学生教育奠定了理论基础。

三、干部教育的创新

中国共产党在革命斗争的岁月中始终清醒地认识到,在复杂艰苦的斗争中,强有力的干部队伍是取得胜利的重要保障,因此,中国共产党非常重视干部教育,为革命战争的胜利培养了大批骨干,也积累了丰富的经验。

中国共产党成立后,为了有效组织、领导和发展工农运动,传播马克思主义,尝试办了一批干部学校,对课程设置、教学方法等方面都作了有益探索。例如,湖南自修大学的"自己看书,自己思索","共同讨论,共同研究";上海大学关注社会现实问题的"切实社会科学研究";广州农民运动讲习所的专题授课、自学、集体讨论、实习和调查研究相结合等。在建立自己的政权后,中国共产党更认识到人民革命斗争要取得胜利,必须要有强有力的干部来领导。1938年,党的六届六中全会上毛泽东明确指出:"政治路线确定之后,干部就是决定的因素。"在整个根据地和解放区斗争时期,始终把干部教育放在各项教育工作首位。

苏区建立早期,由于严酷的斗争环境,干部教育主要以在职培训的教导队、短训班形式进行。随着政权逐渐稳固，1931 年后，又发展出干部学校，其成为主要的干部教育方式。苏区有影响的干部学校有马克思共产主义大学、苏维埃大学、红军大学等高级干部学校，中央农业学校、中央列宁师范学校、高尔基戏剧学校等中级干部学校，分属党、政、军、社会团体和教育部门，培养军政干部和各种业务干部。这些学校目标明确，学制灵活，形式多样，成效明显。

🔊 教育家语录

十大教授法：（1）启发式（废止注入式）；（2）由近及远；（3）由浅入深；（4）说话通俗化（新名词要释俗）；（5）说话要明白；（6）说话要有趣味；（7）以姿势助说话；（8）后次复习前次的概念；（9）要提纲；（10）干部班要用讨论式。

——毛泽东《古田会议决议》

反对注入式教学法，连资产阶级教育家在五四时期早已提出来了，我们为什么不反？教改问题，主要是教员问题。

——《毛泽东教育活动纪事·毛泽东 1964 年 7 月 5 日与毛远新的谈话》

抗日民主根据地时期，干部教育更是获得长足发展，形成了比较完整的干部教育体系，即高级干部教育（高等学校）、中级干部教育（中等学校及各种训练班）和初级干部教育（高等小学）。高级干部学校大多集中在延安，仅中央直属学校就有 17 所，学员达数万人。著名者有：中共中央党校、中国人民抗日军事政治大学（简称"抗大"）、陕北公学、鲁迅艺术学院、延安大学等。在一些根据地也有一些高级干部学校，如华北根据地的抗战建国学院、华北联合大学、太行抗战建国学院等；华中根据地的华中党校、苏中公学、鲁迅艺术学院华中分院等。其中有些学校是从苏区一些干部学校演变而来，如中共中央党校前身是马克思共产主义大学，抗大前身是红军大学等。抗战时期，延安成为全国甚至海外爱国有志青年所向往的地方，与这些新型大学的办学风采有很大关系。

中国人民抗日军事政治大学是干部学校的代表，始于在陕西瓦窑堡成立的西北抗日红军大学，1937 年改名抗大，迁往延安，学校先后创办 8 期，同时创办 12 所分校，培养了 20 多万军政干部，成为根据地干部学校的典型。林彪、刘伯承、罗瑞卿、滕代远、徐向前等人先后担任校领导。毛泽东等中央领导多次去讲学。抗大有明确的教育方针："坚定不移的政治方向，艰苦奋斗的工作作风，机动灵活的战略战术"，并以"团结、紧张、严肃、活泼"为校训。这表明抗大是中国共产党领导下的八路军干部学校；提倡生活朴素、工作刻苦、理论联系实际、密切联系群众；掌握运用游击队方法开展持久战。抗大注重培养学生的政治信仰，将大批青年培养成坚定的人民战士。抗大学员中，尤其是第二期以后，来自全国各地的青年和海外华侨青年增多，学校将思想政治教育放在首位，让他们学习马克思列宁主义，通过整风运动和群众性自我教育，形成了学员严格的组织纪律和重视基层、服务工农的意识。抗大的教学遵循研究历史、研究现状、注重马列主义的应用原则，坚持"军事、政治、文化并重"和"少而精"原则，形成了启发式、研究式、实验式和活的考试等切实有效、生动活泼的形式与方法。

干部教育是新民主主义教育中最富于创造性、最成功的实践，中国共产党人依靠有效的干部教育造就了一支骨干队伍，既赢得了民主革命的胜利，也为新中国准备了干部，还总结了一份独特的教育实践经验。

四、群众教育的开展

发动工人和农民参加革命是中国共产党的一贯方针。早在大革命时期，各地的工人和农民夜校成为团结工农、启发工农、号召工农起来革命的重要场所，成为工人和农民运动的重要组成部分。苏维埃政权建立后，苏区教育的任务是使广大工农劳苦大众成为文化教育的主人。群众教育逐渐分为成人教育和儿童教育两大部分。苏区把成人教育看作提高红军战斗力和政府工作效率的重要工作。早在 1928 年，毛泽东在《井冈山的斗争》一文中，就提出为加强红军的政治素质、军事素质，扫除军队中的文盲，必须在红军中开展以政治、文化和军事技术为内容的群众教育，开苏区成人教育之先。1932 年 5 月，江西省第一次工农兵代表大会明确提出："群众教育不独与儿童教育并重，以目前革命需要发展斗争的形势而论，应视为首务。"①

苏区成人教育可分为军队和地方两种。为适应军队活动特点和群众日常生活需要，成人教育不拘一格、形式多样。军队中以连队为单位组织识字班，按程度分为甲、乙、丙组，连队文书为甲组教员，甲组学员为乙组教员，乙组学员为丙组教员，有文化的首长为总教员，利用作战间隙读书识字。地方上以自然村落为单位，以夜校、补习学校、识字班、俱乐部为组织形式，以识字牌、剧团、板报、宣传栏等教育形式，将土地革命、马克思列宁主义的宣传同普遍的群众性识字学文化运动结合起来，利用生产闲暇时间，开展教育活动。坚持社会教育和普通教育相互配合，坚持文化教育、政治教育和生产劳动教育、初步的实用科学知识教育相结合。各地区编写了不同类型的成人读本，如《工农兵三字经》等，用群众喜闻乐见的形式学习简单的文字，并将识字与思想政治教育结合起来。

---

① 中央教育科学研究所：《老解放区教育资料（一）》，79 页，北京，教育科学出版社，1981。

工农兵三字经

天地间，人最灵，创造者，工农兵。男和女，都是人，一不平，大家鸣。工人们，劳不停，苦工作，晨到昏；得工钱，数百文，稍不是，棍棒临；好凄惨，不作声，若反抗，死得成；赚红利，厂主吞，工人们，毫无分。农人苦，写不清，租税重，难生存；炎光晒，暑气蒸，血汗尽，皮包身。一年苦，望秋成，租和债，还不清；少一粒，就不行，没办法，求饶情。地主们，豺狼心，情无饶，压迫增；衙役到，要捉人，畏苛刑，卖子孙，苦一年，只剩身，饥寒迫，无处行，血汗钱，剥削尽。没出路，去当兵，初入伍，班长咛。给洋枪，嘱小心，官长令，须听遵，若违抗，要杀身，打仗时，要前进，若退后，军纪绳。这些例，理所定，无论谁，当承认。可是的，官长们，把饷项，一概吞。打麻将，抱娼眠，买田地，起官厅。把士兵，不当人，稍不是，打骂并。打仗时，炮轰身，打败仗，罪归兵；打胜仗，官长功；权到手，要裁兵，遣兵费，两毫银，路途远，归不成，雪加霜，饥寒并，要讨吃，身难行，僵卧地，泪满襟。早知道，军阀心，悔当初，莫当兵，如今好，红军兴，官兵夫，互相亲，穿吃用，一样同。官长们，不打兵，苏维埃，代养亲，回家后，有田分。这样军，去当兵，虽牺牲，也甘心。有钱的，压迫人，不做事，吃现成，此等事，最不平。无可忍，团结心，入共党，组红军，打土豪，除劣绅，毙军阀，莫容情，阶级敌，一扫清，世界上，一样人，人类中，永无争，大同现，享安宁。此等事，非现成，全靠的，工农兵，努力干，齐起劲。工友们，成工会，减时间，增工银，农友们，立农会，打土豪，把田分；士兵们，团结起，拖起枪，到红军。工农兵，携手行，革命事，功业成，享安乐，颂太平。

1931 年，苏维埃政府成立，苏区的普通教育有了发展。按规定，苏区实施五年制义务教育，苏区实施儿童教育的机构为列宁小学，分为初级三年、高级二年两段，全日制、半日制两种。列宁小学的教育目的是训练参加革命斗争的新后代和将来共产主义的建设者，其教育教学强调与政治斗争、与生产劳动相联系。虽然条件极端困难，但由于因地制宜，采取多种形式为群众办学，1934 年，江西兴国县学龄儿童 20 969 人，入列宁小学的 12 806 人，占 60%多。

抗日民主根据地时期，陕甘宁边区原来的教育基础极其薄弱。1937 年后，在党中央和边区政府推进下，无论是成人教育还是普通教育都取得显著发展。成人教育的组织形式有冬学、民众学校、夜校、半日校、识字班、读报组和剧团、俱乐部、救亡室等，又以利用冬季农闲进行的冬学为最受欢迎、最广泛的教育形式。通过组织编写的《日用杂字》《庄稼杂字》《卫生课本》《反法西斯课本》等教材，开展富有成效的扫盲和初步的文化知识教育。

抗日民主根据地的普通学校教育包括了小学（初小和高小），而中等学校实际上以培养干部为主。小学教育延续了苏区的制度而更趋成熟。小学学制五年，分为初小三年、高小二年，而以初小为主。延安整风运动前，小学教育曾经出现过追求"正规化"的偏向，不顾实际地强迫 8~14 岁儿童一律入学和提出"取消普小、集中办完小"的口号，后在延安整风时得到纠正。在一些极端困难的地区，根据地仍旧坚持办学。例如，在游击区和邻近敌占区，采用"游击小学"的办学和教学形式，即"敌来我走，敌去我学"，或分散隐蔽，或乔装掩护。在敌占区和有敌人据点的地区，则有"两面小学"，即表面上是敌寇的"新民小学"，暗地里却是读自己的课本。在偏僻地区有几个村联合办的"联合小学"，交通不便的地区则办起"流动小学"和"巡回小学"，特殊困难的地区将男女老少合在一起办"一揽子小学"。根据群众的生产和生活需要，采取民办公助形式，因地制宜、因陋就简地办学成为根据地重要的教育经验，其办学思想、办学形式、教育内容等方面都对后来新中国的教育产生了实际影响。

中国共产党领导下的教育是中国现代教育发展的另一重要线索，有着特殊的贡献。不仅在青年教育、干部教育方面成效显著，在成人教育和儿童教育的普及方面也取得成绩。尤其是迫于严酷的战争环境和经济文化极其落后的地区条件而形成的非制度化教育和办学经验，值得记取。

本章小结

中国现代教育的探索主要表现为 20 世纪 20 年代后所呈现出的三种不同的教育路径。对于南京国民政府来说， 20 世纪 20 年代的十年是中国教育的一个稳定发展时期，成效颇多。作为法定政府，国民政府通过立法形式确定了适应不同时期需要的教育方针和政策，例如，制定和调整了义务教育的目标和实施步骤，尤其是制定了战时教育方针和相应的政策措施，在极其困难的情况下保护并发展了国家和民族的教育命脉。与此相应，对国家办学依据的学制作了适应实际发展要求的合理调整，采取了诸多有关学校、学生和行政管理的举措，不乏值得反思的经验、教训；根据政治、经济需要来发展教育，推进了从幼儿园到大学的各级各类学校建设，使小学得到发展，中学得到加强，大学得到规范，尤其是形成了相对成熟的中国现代大学体系。经历抗日战争艰巨考验，中国教育取得了发展。

从 20 世纪 20 年代到夺取全国政权的 20 多年中，中国共产党领导下的教育走过了从小到大的历程。从理论上阐明马克思主义的教育观念和思想，并开展初步的教育实践。尤其是中国共产党通过武装斗争建立农村革命根据地后，提出并实施新民主主义的教育方针政策，在不同历史阶段作出有针对性的调整。苏区时期，提出保障工农大众教育权利的方针，并相应提出工农群众受教育的美好蓝图。抗日民主根据地时期，在干部教育和民众教育方面取得了成绩和经验，尤其是干部教育成效卓著，为战胜帝国主义、取得民族革命战争胜利准备了干部条件。解放战争时期，开始了中小学校正规化和高等教育建设的转型，为即将到来的新中国教育作了准备。

对于诸多民主教育家来说，他们从社会教育、学校教育、乡村教育等方面，更多地探索了教育的理论和实践问题，体现了专业化的教育实践，极大地推进了中国教育学习西方并实现中国化的过程。以晏阳初、梁漱溟、黄炎培、陈鹤琴、陶行知为代表的中国现代教育家，从不同的领域、以各自的方式，矢志以改造中国社会、寻找中国出路为最终目的的教育求索，分别在乡村教育和乡村建设模式、职业教育的思想体系和实践模式、传统学校教育教学改革和儿童培养的科学化等方面作出了重要贡献，创造了具有中国本土特色的教育理论和实践形态，共同促进了中国教育现代化的进程，为后世留下了宝贵的教育财富。

总结 >

Aa 关键术语

| 平民教育运动 | 乡村教育运动 | 教育独立 | 训育 |
| 生活教育 | 活教育 | 冬学 | 苏维埃文化教育总方针 |

章节链接

在这一章，你读到……	在其他章节中，你将发现相关的讨论……
第一节　国民政府教育宗旨和教育方针的论述	第二章第一节　"中体西用"思想，第二章第二节　清末教育宗旨，第二章第三节　民国初年教育方针，第三章第三节　新民主主义教育方针
第二节　黄炎培职业教育、陶行知"生活教育"思想	第四章第一节　"教育大革命"，"两种教育制度，两种劳动制度"
第二节　乡村教育实验	第三章第三节　红色根据地的群众教育
第三节　新民主主义教育	第四章第一节　社会主义教育建设的开展

应用 >

批判性思考

1. 民国教育发展经历了哪几个重要阶段，它们形成的原因是什么？当时国共两党相应的教育调整政策有哪些？

2. 今天我们提倡教育家办学，民国时期著名教育家的教育思想和办学经历对我们有哪些启示？

3. 通过对民国时期著名教育家经历的学习，你认为教育家的产生需要哪些基本的条件？

✎ 体验练习 ┈┈┈┈┈┈┈┈┈┈┈┈┈┈┈┈┈┈┈┈┈┈┈┈┈┈┈┈┈┈┈┈┈┈

以下一些自测题可以帮助你了解自己对本章一些内容的掌握情况。

一、下列每题给出的选项中，只有一个选项是符合试题要求的。

1. 抗日民主根据地实行的教育工作政策是（　　）。

　　A. 国民教育第一　　　　　　　　B. 群众教育第一

　　C. 干部教育第一　　　　　　　　D. 儿童教育第一

2. 立足于文化传统来思考中国乡村改造和乡村教育的教育家是（　　）。

　　A. 晏阳初　　　B. 梁漱溟　　　C. 黄炎培　　　D. 陶行知

3. 在陶行知看来，教育与生活两者的关系是（　　）。

　　A. 生活可以取代教育　　　　　　B. 教育是生活的中心

　　C. 教育难以改造生活　　　　　　D. 生活是教育的中心

4. 抗日战争时期，为强化学校训育，国民政府规定在中等以上学校中推行（　　）。

　　A. 专任制　　　B. 导生制　　　C. 导师制　　　D. 辅导制

5. 在教育本质的问题上，杨贤江认为教育是（　　）。

　　A. 社会的经济基础　　　　　　　B. 劳动力再生产手段

　　C. 社会生产力　　　　　　　　　D. 观念形态的劳动领域之一

二、要求判断正误，并说明理由。

1. 陶行知的"生活教育"理论与陈鹤琴的"活教育"理论是两种毫不关联的教育理论。

2. 梁漱溟的乡村建设理论和实践在思想深度上胜过晏阳初的乡村教育理论。

拓展 >

☕ 补充读物 ┈┈┈┈┈┈┈┈┈┈┈┈┈┈┈┈┈┈┈┈┈┈┈┈┈┈┈┈┈┈┈┈┈┈┈

1　孙培青、杜成宪：《中国教育史（第四版）》，上海，华东师范大学出版社，2019。
　　　本书详细地介绍了民国时期国共两党最重要的教育实践和著名教育家的教育思想。

2　李国钧、王炳照：《中国教育制度通史（第七卷）》，济南，山东教育出版社，2000。
　　　本书全面研究民国时期教育制度的形成、变革和发展过程。

3　王炳照、阎国华：《中国教育思想通史（第七卷）》，长沙，湖南教育出版社，1994。
　　　本书阐述了民国时期教育思想的发展、变化，重点研究著名教育家和教育流派的教育思想。

第四章

中国当代教育改革

本章概述

　　本章主要论述 1949 年中华人民共和国成立后至 21 世纪初的教育发展史，即当代中国教育史。我们根据中国教育自身发展的逻辑，将其划分为四个不同的历史阶段：1949—1965 年，学习苏联教育经验，探索社会主义教育建设之路；1966—1976 年，"文化大革命"时期对前 17 年教育进行否定；1977—1999 年，建设有中国特色的社会主义教育事业；2000 年至今，社会主义教育改革的全面深化。可以说，当代中国教育史就是一部教育不断改革发展的历史。

结构图

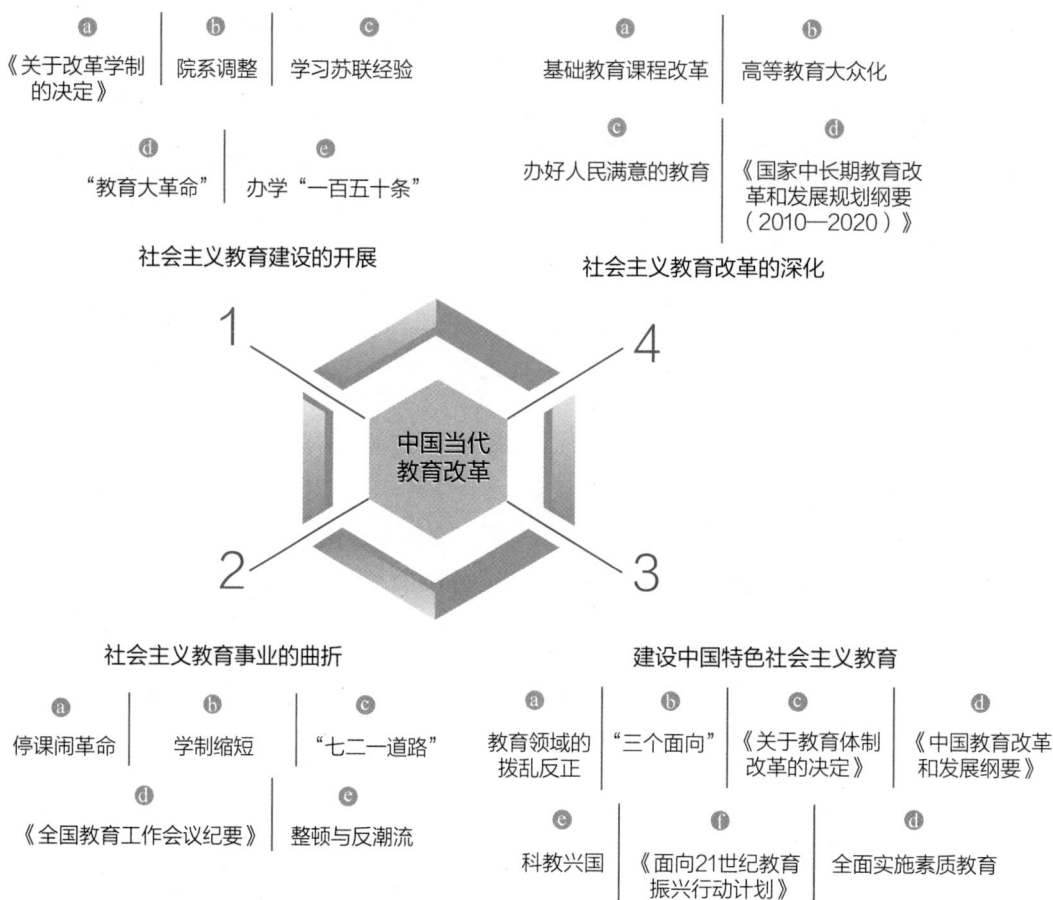

ⓐ《关于改革学制的决定》　ⓑ 院系调整　ⓒ 学习苏联经验
ⓓ "教育大革命"　ⓔ 办学"一百五十条"

社会主义教育建设的开展

ⓐ 基础教育课程改革　ⓑ 高等教育大众化
ⓒ 办好人民满意的教育　ⓓ《国家中长期教育改革和发展规划纲要（2010—2020）》

社会主义教育改革的深化

社会主义教育事业的曲折

ⓐ 停课闹革命　ⓑ 学制缩短　ⓒ "七二一道路"
ⓓ《全国教育工作会议纪要》　ⓔ 整顿与反潮流

建设中国特色社会主义教育

ⓐ 教育领域的拨乱反正　ⓑ "三个面向"　ⓒ《关于教育体制改革的决定》　ⓓ《中国教育改革和发展纲要》
ⓔ 科教兴国　ⓕ《面向21世纪教育振兴行动计划》　ⓓ 全面实施素质教育

1 2 3 4 中国当代教育改革

学习目标

学完本章，你应该能够做到：

1. 了解院系调整对中国高等教育事业的影响，学习苏联教育经验的得与失，了解中国社会主义教育的探索。

2. 思考十年"文化大革命"教育的警示。

3. 了解 20 世纪八九十年代教育体制改革的基本内容，了解全面实施素质教育的背景与基本精神。

4. 了解 21 世纪基础教育课程改革的主要内容，认识高等教育大众化的进程与影响，展望中国教育改革与发展的未来道路。

读前
反思

　　将一部中国教育史写到 21 世纪，这是一件很有风险的事，因为实践还在延续，事业还在发展，当事人多还健在，对这样的历史作出评价就存在一定困难。但如果舍弃对这一个甲子的教育史事的展现，不免是个缺憾。你生活在当下的时代，经历过这个时代的教育，根据这种教育所留给你的印象，你认为当代教育的历史该如何书写？

1. 对 "17 年" 的教育，"文化大革命" 中是否定的；"文化大革命" 结束后，则主要予以肯定。你会如何看待 "17 年" 的教育？

2. 你是最近二三十年中国教育的亲历者，既从中深深受益，也真切感受其某些弊端。你又会如何去把握这段教育历史的发展基调？

3. 当代中国教育已走过 70 多年历史，如果将它置于整个中国教育的历史长河中加以考察，你会有什么样的评价？如果将它置于整个当代世界教育的范围中加以考察，你又会有什么样的评价？

共和国教育 60 年的历史人繁事富。当面对纷繁的教育历史时，以什么样的线索去把握它，这是我们首先遇到的问题。……我们可以把共和国 60 年的教育历史，看成是中国探索本民族教育发展道路，建设中国现代教育的历史……

共和国教育 60 年的历史，无论成就还是教训都堪记取。当代史去时未远，是非尚难明晰；当代事还在延续，结局尚难明朗。因此，不论凭借什么样的历史观进入共和国教育的历史过程，对任何人都是严峻的挑战。从总体的设想而言，我们希望对这 60 年的教育历程，既不简单地做政治说解、政策诠释和成就颂扬，也避免情绪化的控诉和批判，而是持冷静的立场，以客观的审视，力图真实地再现历史，表现其兴废过程，展示其成败得失，揭示其经验教训。

——杜成宪《〈共和国教育 60 年〉序》

第一节
社会主义教育建设的开展

🎯 **学习目标**

1. 了解院系调整对中国高等教育事业的影响。

2. 学习苏联教育经验的得与失。

3. 了解中国社会主义教育的探索。

中华人民共和国成立后，教育上面临三种遗产：一是国民政府遗留下来的公立学校系统，二是中国人自办的私立学校系统，三是外国人办的教会学校系统。在政权更迭过程中，新政府最早接管的是公立学校系统，对教会学校和私立学校暂时采取保留政策。20 世纪 50 年代初政权稳固以后，对教会学校和私立学校全部进行了接管改造。由于特定历史环境，新中国成立初期教育发展借鉴了苏联经验。在全面建设社会主义时期，毛泽东于 1957 年提出了新中国的教育方针。鉴于国际形势变化，领导层在国家建设上力图摆脱苏联影响，探索中国自己的社会主义道路。1958 年下半年开始，教育和其他各项建设事业一样，进行"大跃进"。20 世纪 60 年代初，教育事业经过调整，逐渐走上正常轨道。

一、《关于改革学制的决定》

1949 年 9 月 29 日，人民政协第一届全体会议通过的《中国人民政治协商会议共同纲领》提出："中华人民共和国的文化教育为新民主主义的，即民族的、科学的、大众的文化教育。人民政府的文化教育工作，应以提高人民文化水平，培养国家建设人才，肃清封建的、买办的、法西斯主义的思想，发展为人民服务的思想为主要任务。""有计划有步骤地实行普及教育，加强中等教育和高等教育，注重技术教育，加强劳动者的业余教育和在职干部教育，给青年知识分子和旧知识分子以革命的政治教育，以应革命工作和国家建设工作的广泛需要。"在以无产阶级领导的人民当家作主的新社会，工农群众及其子女的受教育权应该得到充分保障。为此，政务院于 1951 年 10 月 1 日发布《关于改革学制的决定》，废除旧学制，颁行新学制。

新学制规定：幼儿教育由幼儿园实施，招收 3~7 岁幼儿，使其身心在入学前获得健全发展。初等教育由小学实施，儿童 7 岁入学，修业 5 年。中等教育由普通中学、工农速成中学、业余中学和中等专业学校实施。普通中学分初、高两级，各 3 年，初中 12 岁入学，高中 15 岁入学；工农速成中学招收参加革命斗争和生产工作达到规定年限，且具有相当于小学毕业程度的工农干部和产业工人，施以相当于普通中学程度的教育。业余中学分初、高两级，各 3~4 年。中等专业学校分技术学校、师范学校、医药及其他中专，招收初中毕业生和小学毕业生或同等学力者，修业 2~4 年。高等教育包括大学、专门学院和专科学校，招收高中毕业生和具有同等学力者，大学和学院修业 3~5 年，专科学校 2~3 年。①

新学制有三个显著特点：初等教育取消初小和高小分级，实行五年一贯制，缩短小学修业年限，让劳动人民子弟能够受到完整的初等教育；将各种形式的干部学校、成人文化补习学校和工农速成学校置于重要地位，让工农出身的革命干部接受系统的学校教育；中等专业教育和高等教育多样化，以满足国家建设对各类人才的急切需求。

为了让学校工作与学制改革协调并进，教育部前后出台了一系列规范中小学教育的重要文件，如 1951 年的《幼儿园小学暂行规程（草案）》和 1952 年的《中学暂行规程（草案）》《小学暂行规程（草案）》。

小学实行五年一贯制本意是使小学教育易于普及，但学制压缩并不顺利，由于要求没有降低，许多地方因师资、教材等条件感到困难重重，政务院便于 1953 年 11 月决定停止五年一贯制，恢复六年制、四二分级。

要保障工农及其子女的受教育权，就必须快速扩大各级学校教育规模。在农村，一方面

---

① 中华人民共和国教育部办公厅：《教育文献法令汇编（1949—1952）》，29~32 页，1958。

由地方政府新建大量小学和初中；另一方面由于国家财政困难，采取民办公助形式办学，鼓励农村基层组织（村集体）兴建校舍、提供经费，师资部分由国家公派，称公办教师，部分由村集体聘请，称民办教师。在城市，政府部门在工人新村新建了大量普通中小学，解决工人子女就学问题。一些大中城市人口基数大，校舍和教师都不够用，便实行二部制教学，将学生分成上午、下午两批，交替上学。高等教育也向工农大众敞开大门，并作为政治任务加以强调。许多工农和基层干部经3~4年速成中学学习后，即升入大学深造。1956年，全国高校学生中工农子弟已占34.29%。由于建设人才严重不足，新中国对高等教育采取了积极发展战略，大学招生数大大提高（表4.1）。"一五"期间（1953—1957年），教育界出现了一个怪现象：普通高中毕业生数量不足，而高等教育规模扩充极快，导致高中毕业生的数量不能满足高校招生需要，国家不得不动员非中学生报考，以完成招生任务。

表4.1　1949~1957年全国各级学校在校学生数①　　　　　　　　单位：万人

年份	小学	中等学校	普通高等学校
1949	2 439.1	126.8	11.7
1950	2 892.4	156.6	13.7
1951	4 315.4	196.4	15.3
1952	5 110.0	314.5	19.1
1953	5 166.4	362.9	21.2
1954	5 121.8	424.6	25.3
1955	5 312.6	447.3	28.8
1956	6 346.6	600.9	40.3
1957	6 428.3	708.1	44.1

二、院系调整

院系调整是新中国成立初在高等教育领域进行的一系列"伤筋动骨"的大动作。新中国各项建设事业都急需大量专业技术人才和管理干部，而原有的高校体系不能满足需要。院系调整的基本原则：（1）基本取消原有系科庞杂、不能适应培养国家建设干部需要的旧制大学，把它们改造成培养目标明确的新制大学；（2）集中国家建设迫切需要的系科专业，或独立建立新的专门学院，使之在师资、设备上更好地发挥潜力，在培养干部的质量上更符合国家建设需要；（3）将原来设置过多、过散的摊子适当集中，以利整顿；（4）条件太差，

① 中华人民共和国教育部计划财务司：《中国教育成就统计资料（1949—1983）》，22~23页，北京，人民教育出版社，1984。

一时难以加强，不宜继续办下去的学校，予以撤销或归并。①

解放初，各地就已开始进行小规模院系调整。例如，1949 年 8 月，上海国立幼稚师范专科学校、市立师范专科学校、市立体育专科学校与南京大学师范学院合并。1949 年年底，北大、清华、华北大学三校的农学院合并成立北京农业大学，北大和南开的教育系并入北师大。1951 年 6 月，交通大学纺织系、上海纺织工业专科学校纺织科、上海纺织工学院合并组建华东纺织工学院（现东华大学）。同年 10 月，以私立光华大学和大夏大学为基础，加上复旦大学教育系、同济大学动物系和植物系、沪江大学音乐系及东亚体育专科学校，成立华东师范大学。

1951 年 11 月，教育部召开全国工学院院长会议，以华北、华东、中南地区为重点，拟定工学院调整方案，拉开大规模院系调整序幕。1952 年下半年，教育部根据"以培养工业建设人才和师资为重点，发展专门学院，整顿和加强综合性大学"的方针，以华北、东北、华东为重点进行院系调整，新建钢铁、地质、矿冶、水利等专门学院。1953 年，院系调整以中南地区为重点，加强和增设高等工业学校。1953 年年底，院系调整基本完成，调整后高等学校总数为 182 所，即综合大学 14 所、高等工业学校 39 所、高等师范学校 31 所、高等农林学校 29 所、高等医药学校 29 所、高等政法学校 4 所、高等财经学校 6 所、高等语文学校 8 所、高等艺术学校 15 所、高等体育学校 5 所、少数民族高等学校 2 所。② 以后又陆续做了一些小规模调整。

在高等教育结构上，院系调整削弱文科，强化工科，拆散综合性大学，建立大量单独的工学院，如钢铁、地质、矿冶、水利等专门学院。清华大学建设为工科大学代表，上海交通大学、浙江大学、天津大学、重庆大学等则成为地方工科大学代表，还产生了以北京"八大学院"③ 为代表的一系列单科性工业院校。文理综合性大学基本上每个大行政区只保留两所到三所，如北京大学、复旦大学、武汉大学、四川大学、中山大学、厦门大学、山东大学等。

在高校的区域分布上，院系调整是以大行政区为单位进行的，打破原有学校分布格局，加强华北、西北和华中地区，削弱华东和西南地区，使学校分布配合工业基地区域格局。并对各类学校明确分工，避免重复办学。例如，上海高校数为全国之最，1949 年底有 37 所，1950 年降至 35 所，1951 年降至 27 所，1952 年降至 17 所，1953 年再降至 15 所。一些高校响应政府号召，迁往内地，例如，同济大学医学院迁往武汉，交通大学分设为上海交通大学和西安交通大学。

---

① 上海市高等教育研究所：《上海高等教育年鉴（1949—1983）》，11 页，上海，上海外语教育出版社，1989。
② 《全国高等学校院系调整基本完成》，载《人民日报》，1952-09-24。
③ 即北京航空学院、北京钢铁工业学院、北京矿业学院、北京石油学院、北京地质学院、北京农业机械化学院、北京林学院和北京医学院。

院系调整还打破原有高校的内部结构，进行重组。私立大学和教会大学院系在调整中全部被拆散，以系科为单位并入相应的高校。调整中断了一些高校的办学风格和学术传统，对大学文脉传承有一定负面影响。

🔊 教育家语录

学习苏联经验进行院系调整在总的方面是对的，这使我国高等教育更加适应社会主义建设的需要，但当时没有更多地考虑到不要破坏我国原有的基础和传统，对于我国过去学习英美资产阶级的方法办了几十年教育，其中某些有用的经验也没有采取批判的态度来吸收，而有一概否定的倾向。工科和理科是有密切联系的，当代最新的技术科学都需要坚实的理论基础，美国著名的麻省理工学院就是把工科和理科办在一起的，如果个别学校如清华大学参考他们的经验，兼办理科与工科，未尝没有好处。

——蒋南翔《蒋南翔文集（下卷）》

三、学习苏联经验

新中国成立前夕，毛泽东提出"倒向苏联"政策。新中国成立后，刘少奇也提出国家建设要"以俄为师"。新中国各项建设事业定下了学习苏联经验的基调。1949 年 12 月，第一次全国教育工作会议提出，"建设新教育要以老解放区新教育经验为基础，吸收旧教育某些有用的经验，借助苏联教育的先进经验"。1952 年 11 月，为迎接"中苏友好月"《人民教育》发表社论说：学习苏联教育经验，首先是教育制度，包括学制、行政领导制度、学生管理制度、校长负责制、教师负责制；其次是课程教材，除本国语文、历史、地理等，凡是苏联已有的教材，都要尽可能以之为蓝本，尽可能结合中国实际加以改编；最后是教学方法，要以理论结合实际为基本原则。社论还特别提出："我们学习苏联，必须根据中国的实际需要，绝不是简单的模仿，而是创造性的学习。要吸收苏联的经验当作我们的养料，务必加以消化，务期达到中国化。"①

教育界学习苏联经验主要包括两部分：一是学习苏联教育学理论，以凯洛夫《教育学》为代表；二是参照苏联模式进行教学改革。

凯洛夫的《教育学》是在苏共中央强调系统学习科学知识、提高教学质量的背景下产生的，力图以马列主义方法论来分析教育教学问题，重视基础知识、基本技能（即"双基"），重视课堂教学，重视教师对教学活动的组织和引导，提出了一整套意在规范教师课堂教学行为的教学原则和教学程序。其结构为四部分：（1）总论：教育的本质、学校的目

---

① 《进一步学习苏联的先进教育经验——迎接中苏友好月》，载《人民教育》，1952（11）。

的和任务，儿童成长和发展的基本阶段及教育、国民教育体系；（2）教学论：教学过程、内容、原则、方法等；（3）教育理论：德育、体育和美育的任务、内容、方法，课外和校外活动、学校与家庭合作；（4）学校行政和领导。

凯洛夫的《教育学》广为流传。1949 年 11 月 14 日、1950 年 3 月 28 日和 4 月 3 日，《人民日报》分三次发表凯洛夫《教育学》（1948 年俄文版）部分章节的节译。[①] 1950 年 12 月，凯洛夫的《教育学》上册由新华书店出版，1951 年出版下册，后修订合成一册，改由人民教育出版社出版。1957 年 1 月，凯洛夫还专程来华，宣传其学说，介绍苏联教育经验。1957 年 3 月，陈侠、朱智贤等译的凯洛夫《教育学》由人民教育出版社出版。

在苏联教育理论和教育制度影响下，全国各级各类学校开始推行较为集中统一的教学计划、教学大纲、教材教法，强调每门学科的基本知识与基本技能，对于规范教学工作、提高教学质量起到了一定作用。高等学校以学科为单位设立教研室，所有教师都按照自己的专业被分配到相应教研室，共同备课，讨论本专业学术问题，翻译或编写教材。中小学以课程门类为单位设立教研组，教师以所授学科分别进入相应教研组，共同备课，互相听课，集体参加学校各种活动。这种基层教学组织，有利于发挥教师集体作用，保证教学质量，特别是能发挥老教师指导帮助青年教师的作用，但也存在过于划一的不足。普通中小学还将"教学五环节"作为苏联先进教学经验加以推广，每堂课的教学过程分五个步骤：组织教学、检查复习、讲授新课、巩固新课、布置作业。有经验的老师甚至会将每个阶段所使用的时间、怎样检查、怎样讲解、怎样提问、教具准备等都安排周详，使一堂课进行得像生产流水线。

在当时的历史条件下，中国要建设社会主义新教育，只有苏联模式可以借鉴。尤其是经过思想改造和批判资产阶级教育思想之后，彻底断绝了学习西方资本主义国家教育理论和教育发展经验的可能性。但在学习苏联经验的过程中，过分强调讲课内容统一、进度一致，使教师教学成了一种集体活动，限制了自由阐发的空间；学生被置于接受知识的地位，忽视了调动其积极性、主动性，出现了学习负担过重现象。1957 年，人们开始对学习苏联进行反思，提出了批评。傅任敢概括学习苏联教育经验存在四个缺点：浅尝即止、以偏代全、脱离实际、牵强附会。[②]

🔊 **教育家语录**

近代资本主义国家的教育理论和经验，它的有关政治性部分的内容，没有疑问，应该予以否定。但是对于有关知识、技能、方法等内容，就需要细致地加以检验，吸收它们有用的

---

① 瞿葆奎：《中国教育学百年（中）》，载《教育研究》，1999（1）。
② 傅任敢：《对学习苏联教育经验的体会》，载《文汇报》，1957-02-28。

部分来丰富我们的教育科学，改进我们的教育工作……我们积极学习苏联并没有什么不妥当。问题是我们必须用中国的语言和实例来阐释这些教育原理原则，这样教育学就会显得生动活泼而亲切，中国教育工作者就更容易接受。

——孟宪承《为繁荣教育科学创造有利条件——上海南京高等师范院校部分教授对教育科学研究工作的意见》

四、"教育大革命"

1956 年，在基本完成对农业、手工业和资本主义工商业的社会主义改造后，社会主义建设事业形势一片大好。中苏关系在 20 世纪 50 年代后期出现裂痕，领导层决定摆脱苏联模式的影响，探索中国自己的社会主义建设模式。1958 年 5 月 5—23 日，中共八大二次会议召开，制定了"鼓足干劲，力争上游，多快好省地建设社会主义"的总路线，拉开了"大跃进"序幕。教育"大跃进"也被称为"教育大革命"，以贯彻教育无产阶级政治服务、与生产劳动相结合为指针，以全民办学为手段，以改革学制、普及文化、扫除文盲为表征，伴随其他激进措施。

"大跃进"在各项建设事业中大搞群众路线，鼓励打破常规的思维模式和行动方案："不怕做不到，只怕想不到。"1958 年 3 月，教育部召开第四次全国教育行政会议，提出五个任务：（1）大力开展识字运动，扫除青壮年文盲，积极发展工农业余中小学；（2）大力普及小学教育；（3）大力举办农业中学、工业中学和手工业中学；（4）积极发展和改进各级师范学校；（5）改革教育制度、教学内容和教育方法。一些省、市、区开始围绕"一年变成文化省""今年内普及小学""今年内扫除文盲"等口号，掀起全民办学、全民上学热潮。1958 年 8 月，中共中央、国务院颁发《关于教育事业管理权力下放问题的规定》，指出各地可根据需要，自行对国务院或教育部颁发的教育规章制度，决定存、废、修订或者另外制定，亦可自行新建高校。9 月，中共中央和国务院签发《关于教育工作的指示》，提出"党的教育工作方针，是教育为无产阶级的政治服务，教育与生产劳动相结合。教育的目的，是培养有社会主义觉悟的有文化的劳动者"。要求在 3~5 年内基本扫除文盲，普及小学教育；以 15 年左右的时间普及高等教育，使"全国青年和成年，凡是有条件的和自愿的，都可以受到高等教育"。10 月 1 日《光明日报》发表社论《全民办学，全民上学，加速社会主义建设》。

由此掀起了一股全民办学热潮，各种正规和非正规学校爆炸式增长。河南省率先提出"先着重普及，紧接着提高，从数量中求质量"，1958 年 3 月，河南省宣称全省有 20 个县

（市）普及初中和小学教育的成绩。① 开封县陈留镇于 1958 年 7 月 1~2 日两个昼夜就宣告办起了农业大学、干部红专大学、共青大学等 11 所大学，共 211 个系，学员 5 465 人，"普及了大学教育"②，其他地区紧随其后。1958 年 11 月，全国有高校 1 408 所，学生 79 万人；中等学校 118 000 所，学生 1 500 万人；小学校 95 万所，学生 9 200 万人（不包括业余学校）。与 1957 年比较，高等学校增长了 515%，学生增长了 80%；中等学校增长了 846%，学生增长了 112%；小学学校增长了 73%，学生增长了 43%。③ 教育泡沫越吹越大，例如，上海市三个郊区和上海、宝山、嘉定三个县 7 天内就办了 420 所中学，相当于上海市原有中等学校总数的 80%，报名入学人数达到 12 000 人。④ 不到一年时间，全市宣称已经普及了小学教育，基本上普及了初中教育。⑤

　　为了多快好省地培养建设人才，1958 年 9 月全国各地开始进行缩短中小学学制试验。1959 年 5 月，中共中央、国务院发布《关于试验改革学制的规定》，要求各省市区指定一些中小学，进行有领导、有计划地改革学制试验。1960 年 4 月，陆定一在《教学必须改革》中提出全日制中小学要适当缩短年限，适当提高程度，适当控制学时，适当增加劳动。并设想把中小学 12 年缩短为 10 年，程度提高到大学一年级水平。全国各地纷纷进行学制改革，例如，小学五年制，中学四年制、五年一贯制、三二制、四二制，中小学七年一贯制、九年一贯制、十年一贯制等。据 27 个省市区统计，进行学制改革试验的小学达 92 000 所，中学达 3 400 所，分别占这些地区小学总数的 14.8% 和中学总数的 18.7%，个别地区中小学全部实行新学制。⑥ 为了配合学制改革，1958 年 7 月，教育部发出《关于高等学校 1958 年招考新生的规定》，取消全国统一高考，由各省、市、区自行组织考试，实行各校单独招生或联合招生。1959 年 6 月，教育部又决定当年"高招"恢复全国统一命题、考试。

　　1957 年 11 月 8 日，《参考资料》刊载《美国大学生有 2/3 半工半读》，引起国家副主席刘少奇的关注。1958 年 5 月，刘少奇在中央政治局扩大会议上指出："我们国家应该有两种主要的学校教育制度和工厂农村的劳动制度。一种是现在的全日制的学校教育制度和现在工厂里面、机关里面八小时工作的劳动制度，这是主要的。此外，是不是还可以采用一种制度，跟这种制度相并行，也成为主要制度之一，就是半工半读的学校教育制度和半工半读的劳动制度。就是说，不论在学校中、工厂中、机关中、农村中，都比较广泛地采用半工半读的办法。"⑦ 刘少奇半工半读的思想与毛泽东所强调的教育与生产劳动相结合有共通之处。

---

① 《河南 20 县市普及初中小学教育》，载《文汇报》，1958-03-26。
② 《开封陈留镇革命干劲冲天，两天普及大学教育》，载《文汇报》，1958-07-08。
③ 《党的教育方针的凯歌》，载《人民日报》，1958-11-01。
④ 《上海郊区办起 420 所中学》，载《文汇报》，1958-04-04。
⑤ 《上海普通教育空前发展》，载《文汇报》，1958-10-03。
⑥ 中国教育年鉴编辑部：《中国教育年鉴（1949—1981）》，942 页，北京，中国大百科全书出版社，1984。
⑦ 刘少奇：《刘少奇选集（下）》，324 页，北京，人民出版社，1985。

1958 年 8 月 13 日，毛泽东视察天津大学时提出"学校办工厂，工厂办学校"。① 9 月 12 日在视察武汉大学时又说："学生自觉地要求实行半工半读，这是好事情，是学校大办工厂的必然趋势。"② 19 日，中共中央发布《关于教育工作的指示》，提出全国将有三类主要的学校，即全日制学校、半工半读学校和各种形式的业余学校，并强调要大量发展后两者。半工半读先是在全日制学校（高等学校、中等专业学校、技工学校）内试行，后来产生了专门的半工半读学校，招收升不了学、失学青年及一些在职工人、干部入学。由此，学校办工厂、工厂办学校蔚然成风，据 1958 年 20 个省市区对 21 000 多所中等以上学校的调查统计，共办起 15 万多座各式各样的工厂。③ 工厂办学则基本是"厂厂办学校"，甚至还出现车间办学。

农村则为半农半读，亦称半耕半读，其主要形式是大量开办农业中学和耕读小学，也有一些农业院校到农村实行半农半读。农业中学发展最早、最快的是江苏省。1958 年 3 月初，江苏邗江县施桥乡、海安县双楼乡率先开办了 3 所农业中学。到 4 月初，江苏全省创办农业中学 3 000 余所，为原有中学数量的 3 倍。④ 1960 年 3 月 16 日，《人民日报》发表社论《又多又好地办农业中学》，农业中学在全国遍地开花。据不完全统计，1960 年初，全国各地办起的农业中学已有 2 万多所，教师 6 万多人，在校学生人数超过 219 万。⑤

🔊 教育家语录

当教师除了教学而外，还负有教育的任务。教育是怎么一回事，专家学者可以写成很厚的书，我只能说最浅近的。我想，所谓教育，无非是从各方各面给学生好的影响，使学生在修养品德、锻炼思想、充实知识、提高能力、加强健康各方各面养成好的习惯。假如我的想法不错，那么小学教师就得在给予学生影响和养成学生习惯这两点上，特别下功夫。

——叶圣陶《叶圣陶教育名篇》

五、办学"一百五十条"

1960 年底，中共中央开始反思"大跃进"。1961 年 1 月，中共八届九中全会正式确定"调整、巩固、充实、提高"八字方针。1961 年 7 月初，教育部召开全国高等学校及中等学

---

① 中央教育科学研究所：《中华人民共和国教育大事记（1949—1982）》，229 页，北京，教育科学出版社，1984。

② 中央教育科学研究所：《中华人民共和国教育大事记（1949—1982）》，231 页，北京，教育科学出版社，1984。

③ 《教育革命成就辉煌》，载《文汇报》，1959-01-03。

④ 金一鸣：《中国社会主义教育的轨迹》，222 页，上海，华东师范大学出版社，2000。

⑤ 《农业中学显示出旺盛的生命力》，载《人民日报》，1960-02-02。

校调整工作会议。7月26日，教育部公布直属高校1961年职工精简方案，主要精简1958年1月后参加工作的来自农村的新职工。1962年5月，中央批发教育部党组《关于进一步调整教育事业和精简学校教职工的报告》，决定对"大跃进"中盲目上马的学校，有步骤地下马，提出高校由845所减少到400所，减少学生12万人，中学以上各级学校精简教职工34万人。

为摆脱"教育大革命"的混乱局面，规范学校教育，教育部认真总结新中国成立以来教育发展的经验教训，草拟并公布了《教育部直属高等学校暂行工作条例（草案）》（1961年，简称"高校六十条"）和《全日制中学暂行工作条例（草案）》（1963年，简称"中学五十条"）、《全日制小学暂行工作条例（草案）》（1963年，简称"小学四十条"）。这三个条例（简称"一百五十条"）对20世纪60年代初提高教育质量起到相当大的作用。

"高校六十条"系统总结了高等教育自新中国成立以来，特别是1958年以来的主要经验，重在解决提高教育教学质量、执行党的知识分子政策、提高学术水平、完善领导体制等方面问题。提出高校的基本任务是贯彻教育为无产阶级政治服务，教育与生产劳动相结合的方针，培养社会主义建设所需要的各种专门人才。保证以教学为主，每年应有8个月以上的时间用于教学。实行党委领导下的、以校长为首的校务委员会负责制。党委是学校工作的领导核心，对学校实行统一领导；校长是国家任命的学校行政负责人，对外代表学校，对内主持校务委员会和学校的工作；系主任在校长领导下主持系务委员会和系的工作，系总支做好思想政治工作和党的建设工作。

"中学五十条"规定中学教育的任务是"为社会主义建设事业培养劳动后备力量，和为高一级学校培养合格的新生"。提出全日制中学必须根据教育部统一规定的教学计划、教学大纲和教科书进行教学；必须以教学为主，加强基础知识的教学和基本技能的训练，为学生毕业后就业和升学打好必要的文化基础；必须保证全年有九个月教学时间、一个月劳动、两个月的寒暑假；全日制初中设置语文、数学、外国语、政治、历史、地理、生物、物理、化学、生产知识、体育、音乐、图画、劳动等课程；全日制高中设置语文、数学、外国语、政治、物理、化学、生物、历史、地理、体育、劳动等课程。

"小学四十条"提出，全日制小学必须根据教育部统一规定的教学计划、教学大纲和教科书进行教学；必须贯彻以教学为主的原则，保证全年有九个半月的教学时间、两个半月的寒暑假；全日制小学设置语文、算术、自然、历史、地理、生产常识、体育、音乐、图画、手工、劳动等课程，语文课应该着重识字、写字、作文，算术课应该注意培养学生的计算、推理能力和解答应用问题的能力；校长是学校行政负责人，在当地党委和主管教育行政部门领导下，负责领导全校的工作。

"一百五十条"对稳定和规范学校教育起到了重要作用。高等教育方面，强调专业学习，改进教学方法，形成了良好的学风和教风。20世纪60年代初，为适应提高人才培养质量的需要，全国高校开展了一次大规模的教材编选工作。这批教材的主编均为各个学科最具影响力的专家学者。以部分文科教材为例，刘佛年主编《教育学》，孟宪承主编《中国古代教育史》和《中国古代教育文选》。中小学教育方面，实施新的教学计划，积极探索"少而精、启发式"教学方法，要求教师上课突出重点，讲深、讲透主要内容，使学生集中精力学好主要学科，不加重学习负担。1963 年 1 月，教育部在上海召开中学办学经验座谈会，育才中学的做法引起重视。1964 年上半年，《人民日报》和《人民教育》发表了一系列经验介绍和评论，向全国推广育才十六字经验——"紧扣教材、边讲边练、新旧联系、因材施教"。

半工半读学校在调整中大量被撤并，少量改为全日制学校，保留下来的寥寥无几。1964年 1 月教育部召开会议，再次提出要贯彻"两条腿走路"方针。8 月，刘少奇又多次重提"半工半读，亦工亦农""两种教育制度，两种劳动制度"。11 月，中共中央发出《关于发展半工（农）半读教育制度问题的批示》，正式肯定"两种教育制度"。半工半读学校又陆续在全国试办，迅速发展。"文化大革命"开始后，半工半读被批为"资产阶级的职业学校"，"两种教育制度"就是资本主义国家"天才教育"和"劳动者教育"的"双轨制"的翻版，从此不再有"两种教育制度"提法。

第二节
社会主义教育事业的曲折

🎯 **学习目标**

思考十年"文化大革命"教育的警示。

1966 年 5 月，中国发生了"无产阶级文化大革命"，学校教育是"文化大革命"的突破口和主阵地之一。

一、停课闹革命

1966 年 5 月 16 日，中共中央政治局扩大会议通过《中国共产党中央委员会通知》（简称"五一六通知"），"五一六通知"的发布，标志着"文化大革命"正式开始。

8 月 8 日，中共八届十一中全会通过《中国共产党中央委员会关于无产阶级文化大革命的决定》（简称"十六条"），提出必须彻底改变资产阶级知识分子统治我们学校的现象。学制要缩短。课程设置要精简。有的教材要删繁就简。学生以学为主，兼学别样。也就是不但要学文，也要学工、学农、学军，也要随时参加批判资产阶级的文化革命的斗争。

二、学制缩短

"文化大革命"前的学制是小学 6 年、中学 6 年、大学 4~5 年。根据"学制要缩短"指示，全国各地都进行了学制改革，认为原先的学制过长，不利于劳动人民的子女受教育。"文化大革命"时基本是将小学改为 5 年，初中改为 2 年，高中改为 2 年，高校招收工农兵学员后，学制一般为 2~3 年。课程方面大幅度精简，中小学主要设置毛泽东思想、革命文艺、算术、生产斗争、军事体育五门课程。学制缩短、课程精简降低了文化知识要求，影响了人才培养质量。

三、"七二一"道路

1968 年 7 月 22 日，《人民日报》头版发表调查报告《从上海机床厂看培养工程技术人员的道路》，该报告认为从工人中选拔技术人员，是一条培养无产阶级工程技术人员的道路。同时刊发了毛泽东为此写的一段话："大学还是要办的，我这里主要说的是理工科大学还要办，但学制要缩短，教育要革命，要无产阶级政治挂帅，走上海机床厂从工人中培养技术人员的道路。要从有实践经验的工人农民中间选拔学生，到学校学几年以后，又回到生产实践中去。"此即"七二一指示"。

"七二一大学"的具体办法是：学员由本厂车间推荐，厂"革委会"批准，学制 2 年左右，请有实践经验的工人担任教师，自编教材，按生产程序进行教学，边干边教、边学边教，学员参加工厂的政治运动，定期回车间劳动，毕业后仍回到生产实践中去。

1975 年 6 月，教育部和第一机械工业部联合在上海召开"七二一工人大学"教育革命经验交流会，会上提出：普通大学的教育革命，要沿着"七二一"道路前进。

四、《全国教育工作会议纪要》

"文化大革命"对新中国成立后 17 年的教育采取全盘否定态度。

1971 年 4 月 15 日至 7 月 31 日，国务院召开全国教育工作会议，会后形成《全国教育工作会议纪要》（以下简称《纪要》）。《纪要》对"17 年教育"予以否定。

"文化大革命"开始后，1966 年起，全国高校停止按计划招生，无法如期升学的高中和初中毕业生大规模地"上山下乡",接受贫下中农"再教育"。到 20 世纪 60 年代末,在校大学生陆续离校,高等学校接近名存实亡。1970 年 6 月,中央批转北大、清华两校《关于招生(试点)的请示报告》,规定"实行群众推荐、领导批准和学校复审相结合的办法"招收工农兵学员,这实际上是普通高校走"七二一"道路。10 月,国务院通知各地高校开始按此办法招收工农兵学员。1971 年春,各校迎来首批工农兵大学生,他们名义上是学生,但除了上大学,还被赋予管大学和改造大学的使命。

五、整顿与反潮流

随着 20 世纪 70 年代初国民经济逐渐好转和国际关系极大改善,教育领域在 1972 年落实知识分子政策中出现了复苏迹象,基础理论和文化课教学重新受到重视。1972 年 4 月 24 日,《人民日报》发表社论《惩前毖后,治病救人》,指出新老干部都是党的宝贵财富,对一切犯错误的同志要以教育为主。大批干部教师陆续从"五七干校"或其他地方调回学校,恢复工作。7 月,周恩来会见杨振宁时说:"提倡一下基础理论。"

第三节
建设中国特色社会主义教育

学习目标

1. 了解 20 世纪八九十年代教育体制改革的基本内容。

2. 了解全面实施素质教育的背景与基本精神。

"文化大革命"结束后,在恢复 20 世纪 60 年代初一些合理做法的基础上,中国教育逐步走上正常发展的轨道。1978 年 12 月,十一届三中全会制定了改革开放政策,党和国家的中心工作转移到社会主义现代化建设上来。1982 年 9 月,中国共产党第十二次全国代表大会提出了"建设有中国特色的社会主义"思想。1985 年 5 月,中共中央发布《关于教育体制改革的决定》,之后教育改革的力度不断加强,成就不断扩大。

一、教育领域的拨乱反正

"四人帮"倒台后,教育行政部门和大、中、小学纷纷成立批判组,批判"四人帮"。1976 年 11 月 23 日,《光明日报》发表《毛主席的教育方针岂容篡改——批判张春桥的一个谬论》。30 日，《人民日报》发表《一个反革命的政治骗局》，揭发"四人帮"利用张铁生的答卷制造政治骗局的真相。1977 年 2 月 23 日，《光明日报》发表《戳穿江青批"师道尊严"的阴谋》，揭露黄帅事件的真相。

1977 年 7 月，党的第十届三中全会决定恢复邓小平中共中央委员、中央政治局委员、中央政治局常委、中共中央副主席、中共中央军委副主席、国务院副总理、中国人民解放军总参谋长的职务；通过了《关于王洪文、张春桥、江青、姚文元反党集团的决议》，决定将他们永远开除党籍，撤销党内外一切职务。但受"两个凡是"① 影响，会议要求在政治思想上继续批"右"而不是批"左"。

邓小平复出后，自告奋勇抓科学和教育。1977 年 8 月，他在科学和教育工作座谈会上说，17 年的教育"主导方向是红线"；绝大多数知识分子，不管是科学工作者还是教育工作者，辛勤劳动，努力工作，取得了很大成绩；各条战线的骨干力量，大都是新中国成立以后我们自己培养的，特别是前十几年培养出来的。11 月 18 日，《人民日报》发表教育部大批判组文章《教育战线的一场大论战——批判"四人帮"炮制的"两个估计"》。1979 年 3 月，中共中央转发《教育部党组关于建议中央撤销两个文件的报告》，决定撤销《全国教育工作会议纪要》，"两个估计"被彻底否定。

1977 年 9 月 19 日，邓小平同教育部主要负责人谈话，说："毛泽东同志的'七二一指示'要正确地去理解。'七二一大学'、共产主义劳动大学，各省自己去搞，办法由他们自己定，毕业生不属国家统一分配范围。但是清华大学、北京大学恐怕不能这样办，并不是所有大学都要走上海机床厂的道路。毛泽东同志一贯强调要提高科学文化水平，从来没有讲过大学不要保证教育质量，不要提高科学文化水平，不要出人才。""工宣队问题要解决，他们留在学校也不安心。军队支左的，无例外地都要撤出来。"② 邓小平还谈到重点大学、师范大学、高校招生、恢复职称等重要问题。

1977 年 10 月，国务院批转教育部《关于 1977 年高等学校招生工作的意见》，规定高校招生实行自愿报名、统一考试。考试于 1977 年 11—12 月在各省市自治区举行，由各省市自治区自行命题，共有 570 万人参加考试，有 27.3 万人被录取，于 1978 年春季入学。以恢复高考为标志，教育事业开始全面复苏。1978 年 9 月，教育部颁发《全日制中学暂行工作条例（试行草案）》和《全日制小学暂行工作条例（试行草案）》，这两个条例就是在 20 世纪 60 年代初"中学五十条"和"小学四十条"基础上修改而成的。

1978 年 5 月，全国开展真理标准大讨论，迎来新时期第一次思想大解放，从根本上动

---

① 即"凡是毛主席作出的决策，我们都坚决维护；凡是毛主席的指示，我们要始终不渝地遵循"。"两个凡是"最早是在 1977 年 2 月 7 日两报一刊（《人民日报》《解放军报》《红旗》杂志）的社论《学好文件抓住纲》中提出的。

② 邓小平：《邓小平文选（第二卷）》，66~71 页，北京，人民出版社，1994。

摇了"两个凡是"。1981年6月，十一届六中全会审议通过了《关于建国以来党的若干历史问题的决议》，从根本上否定了"无产阶级专政下继续革命"的理论。

二、"三个面向"

1983年秋，北京景山学校师生给邓小平写信，汇报教学改革情况，并请邓小平为该校题词。10月1日，邓小平写下了"教育要面向现代化，面向世界，面向未来"的题词。20世纪70年代末80年代初，中国教育面临两大挑战：世界科技革命浪潮使得经济活动的技术含量越来越高，"四个现代化"建设急需教育为之培养掌握现代科学技术和管理经验的新型人才。"三个面向"正是在这种时代背景下提出来的，是邓小平对中国教育改革和发展方向的高度概括。

"面向现代化"是"三个面向"的核心，是教育改革的出发点和归宿，但现代化是指社会主义现代化，即要立足社会主义，面向现代化。教育面向现代化，就是要用现代化教育教学手段，用反映世界科技文化新成果的教材，为我国社会主义现代化建设培养一支科研大军和劳动大军。邓小平说："教材要反映出现代科学文化的先进水平，同时要符合我国的实际情况。"[1] "我们要在科学技术上赶超世界先进水平，不但要提高高等教育的质量，而且首先要提高中小学教育的质量，按照中小学生所能接受的程度，用先进的科学知识来充实中小学的教育内容。"[2]

"面向世界"，要立足中国，认清国情，然后敞开国门，走向世界。邓小平说："我们的现代化建设，必须从中国的实际出发。无论是革命还是建设，都要注意学习和借鉴外国经验。但是，照抄照搬别国经验、别国模式，从来不能得到成功。……中国的事情要按中国的情况来办，要依靠中国人自己的力量来办。"[3] 教育面向世界主要有两个内涵：善于学习和汲取国外先进教育思想、教育制度、教育内容、教育方法、教育管理经验等，取人之长，补己之短，做到"洋为中用"；了解和认清国际形势，把握世界教育发展方向，以全球的眼光看待中国教育改革，加强与世界各国教育文化的交流合作。当今世界是一个开放的世界，自我封闭只会导致落后，中国在这方面有着极为深刻的经验教训。邓小平说："建国以后，人家封锁我们，在某种程度上我们也还是闭关自守，这给我们带了一些困难。三十几年的经验教训告诉我们，关起门来搞建设是不行的，发展不起来。"[4]

"面向未来"，要立足现实。邓小平说："社会主义本身是共产主义的初级阶段，而我们

---

[1] 邓小平：《邓小平文选（第二卷）》，55页，北京，人民出版社，1994。
[2] 邓小平：《邓小平文选（第二卷）》，104页，北京，人民出版社，1994。
[3] 邓小平：《邓小平文选（第三卷）》，2~3页，北京，人民出版社，1993。
[4] 邓小平：《邓小平文选（第三卷）》，64页，北京，人民出版社，1993。

中国又处在社会主义的初级阶段，就是不发达的阶段。一切都要从这个实际出发，根据这个实际来制订规划。"① 教育面向未来，主要是教育发展要高瞻远瞩，考虑并满足未来社会发展和人的发展需要。今天的教育直接决定了明天的科技水平和人才素质，关系到中国社会主义建设的成败，关系到我国在未来世界中的地位。邓小平说："我们国家，国力的强弱，经济发展后劲的大小，越来越取决于劳动者的素质，取决于知识分子的数量和质量。……现在小学一年级的娃娃，经过十几年的学校教育，将成为开创二十一世纪大业的生力军。"②

"三个面向"是一个有机整体，是对中国教育指导思想、战略目标和基本任务的高度概括，为20世纪80年代中国教育改革奠定了基调，并指引着90年代乃至新世纪中国教育的发展方向。"三个面向"是根据社会主义现代化建设的现实需要和长期需要而提出来的，是中国教育改革历史经验的结晶。在教育改革进程中，"三个面向"被不断赋予新的时代内涵。

教育家语录

学习不等于读书。认为读书就是学习，这个观点要打破。把进学校说成"读书"，是一种普通的说法，通俗的说法，不要把"读书"两个字看得太死。学生看得太死，学生自己吃亏；教师看得太死，不能教好学生；家长看得太死，对不起自己的子女。严格说起来，进小学、中学、大学都不是去读书，而是去受教育。受教育的目的不是为了应付考试，是为了做社会的合格成员、国家的合格公民。

——叶圣陶《叶圣陶教育名篇》

必须实事求是，因人制宜，因地制宜，因时制宜，因势利导，因材施教……在"因"字上动脑筋，在"制"字上下功夫，"因人""因地""因时""因势""因材"就是"实事"，"制宜""利导""施教"就是"求是"。

——段力佩《段力佩教育文集》

三、《关于教育体制改革的决定》

1982年9月，党的十二大提出了"建设有中国特色的社会主义"的思想，改革开放步伐加快。1984年10月，党的十二届三中全会通过并发布《关于经济体制改革的决定》。改革开放对教育事业发展提出了伟大而又艰巨的任务，1985年5月，中共中央正式发布《关于教育体制改革的决定》，指出社会主义现代化建设的宏伟任务，要求我们不但必须放手使

① 邓小平：《邓小平文选（第三卷）》，252页，北京，人民出版社，1993。
② 邓小平：《邓小平文选（第三卷）》，120页，北京，人民出版社，1993。

用和努力提高现有人才，而且必须以"三个面向"为宗旨，为 20 世纪 90 年代以至 21 世纪初叶我国经济和社会发展准备大量能够坚持社会主义方向、有理想、有道德、有文化、有纪律，追求新知、独立思考、勇于创造的各级各类合格人才。

20 世纪 80 年代教育体制改革的主要内容如下。

首先，把发展基础教育的责任交给地方，有步骤地普及九年义务教育。实行基础教育由地方负责、分级管理的原则。将全国分三类地区：人口数量占全国人口 1/4 的城市、沿海经济发达地区和内地少数发达地区，在 1990 年前后完成普及初中；占全国人口一半的中等发达程度的镇和农村，在 1995 年前后普及初中阶段教育；占全国人口 1/4 的经济落后地区，应积极进行不同程度的普及基础教育工作。

1986 年 4 月第六届人大四次会议通过《中华人民共和国义务教育法》，至 1996 年 4 月义务教育法颁布 10 年，全国仅有 36% 的人口普及九年义务教育（简称"普九"）。2011 年，所有省（自治区、直辖市）通过"普九"验收，我国才真正全面实现"普九"。值得注意的是：基础教育地方化，虽然有利于调动地方政府办学积极性，因地制宜地发展教育事业，但由于各地经济文化发展不平衡，也扩大了基础教育的地区差异，加重了地区间教育发展不平衡。

其次，调整中等教育结构，大力发展职业技术教育。学生从义务教育阶段后开始分流：初中毕业生部分升入普通高中，部分升入职业高中；高中毕业生部分升入普通高校，部分升入高职院校。开展职业技术教育，以中等职业技术教育为重点，发挥中专学校骨干作用，逐步建立从初级到高级、行业配套、结构合理又能与普通教育沟通的职业技术教育体系。

20 世纪 80 年代中后期，国家积极探索高考制度改革。一是试行会考制度，将高中毕业考试和高等学校入学考试分离。1985 年，国家教委批准上海率先推行高中毕业会考；1988 年，浙江试行；1989 年，海南、湖南、云南试行；1990 年，全国实行高中毕业会考制度。二是在推行会考基础上，高考突破统一考试模式，改为分省命题。分省命题 1985 年率先在上海试行，到 21 世纪初全国实行自主命题的省、自治区、直辖市已经过半，改变了全国统一高考模式。

最后，改革高等学校招生计划和毕业生分配制度，扩大高等学校办学自主权。改革国家统一招生，实行三种办法：国家计划招生，用人单位委托招生，招收少数自费生。委培生和自费生适当降低录取分数，但要交纳培养费，分担部分办学成本，以增加办学规模。20 世纪 90 年代中期，高校招生进行并轨改革，全部实行收费制度。

《关于教育体制改革的决定》还提到"地方要鼓励和指导国营企业、社会团体和个人办学"，这为新时期民办教育的发展提供了政策依据。1987 年 7 月，国家教委发布《关于社会力量办学的若干暂行规定》，标志民办教育被正式纳入国家教育体制。

四、《中国教育改革和发展纲要》

1992 年春，邓小平发表南方谈话，提出："改革开放胆子要大一些，敢于试验……计划多一点还是市场多一点，不是社会主义与资本主义的本质区别。计划经济不等于社会主义，资本主义也有计划；市场经济不等于资本主义，社会主义也有市场。计划和市场都是经济手段。……经济发展得快一点，必须依靠科技和教育。我说科学技术是第一生产力。"[①] 10 月，中共十四大召开，明确提出建立社会主义市场经济体制。

在改革开放新形势下，教育发展明显滞后，面临的问题有：教育的战略地位没有完全落实；教育投入不足，教师待遇偏低，办学条件较差；教育体制和运行机制不适应日益深化的经济、政治、科技体制改革的需要等。1993 年 2 月，中共中央、国务院颁发的《中国教育改革和发展纲要》（以下简称《纲要》）成为 20 世纪 90 年代中国教育改革的纲领性文件。

关于中小学教育，《纲要》提出：全国基本普及九年义务教育，大城市和沿海发达地区积极普及高中教育。中小学要由"应试教育"转向全面提高国民素质的轨道。中等以下教育继续完善分级办学、分级管理的体制。

关于高等教育，《纲要》提出：要集中力量办好一批重点大学和重点学科，坚持走内涵式发展道路，努力提高办学效益。初步建立起与社会主义市场经济体制、政治体制、科技体制改革相适应的教育体制。改革大学生上大学由国家包下来的做法，逐步实行收费制度。改革高校毕业生就业制度，实行少数由国家安排就业，多数由学生自主择业的就业制度。

《纲要》对高等教育发展意义重大。20 世纪 90 年代中后期，国家实施"211 工程"即是落实《纲要》精神。高等教育还出现两大发展趋势：一是大规模并校潮流，许多以前的单科性学院向综合性高校发展，一定程度上是对 20 世纪 50 年代院系调整的修正。二是原属中央管辖的部属院校大量实行中央和地方共建，共同投资、共同管理，以减轻国家负担，促进高校和地方社会经济的互动发展。

《纲要》提出发展民办教育的政策：改变政府包揽办学的格局，逐步建立以政府办学为主体、社会各界共同办学的体制；国家对社会团体和公民个人依法办学，采取积极鼓励、大力支持、正确引导、加强管理的方针。这些新举措提高了社会力量办学的积极性，推动了民办学校发展，到 1997 年底，全国各级各类民办教育机构约 5 万余所，在校学生约 1066 万人，教职工约 52 万人。

《纲要》提出加快教育法制建设。20 世纪 90 年代国家出台一系列教育法令法规：1993年 10 月《中华人民共和国教师法》出台，以法律的形式来维护教师的合法权益，保障教师

---

① 邓小平：《邓小平文选（第三卷）》，370~383 页，北京，人民出版社，1993。

待遇和社会地位的不断提高；同时加强教师队伍的规范化管理，确保教师队伍整体素质不断优化和提高。1995 年 3 月《中华人民共和国教育法》通过，对我国教育方针作了新的表述："教育必须为社会主义现代化建设服务，必须与生产劳动相结合，培养德、智、体等方面全面发展的社会主义事业的建设者和接班人。"1996 年 5 月《中华人民共和国职业教育法》颁布，推进大力发展职业教育，提高劳动者素质，促进社会主义现代化建设。1997 年 7 月《社会力量办学条例》发布，鼓励社会力量办学，维护举办者、学校及其他教育机构、教师及其他教育工作者、受教育者的合法权益，促进社会力量办学事业健康发展。1998 年 8 月《中华人民共和国高等教育法》公布，提出高等教育的任务是培养具有创新精神和实践能力的高级专门人才，发展科学技术文化，促进社会主义现代化建设。教育法治化的不断加强，既是社会主义法治建设的成果，又表明教育活动的相对独立性得到了充分的肯定和尊重。

🔊 教育家语录

吕叔湘先生说了个比喻，他说教育的性质类似农业，而绝对不像工业。工业是把原料按照规定的工序，制造成为符合设计的产品。农业可不是这样。农业是把种子种到地里，给它充分的合适的条件，如水、阳光、空气、肥料等，让它自己发芽生长、自己开花结果，来满足人们的需要。吕先生这个比喻说得好极了，办教育的确跟种庄稼相仿。受教育的人的确跟种子一样，全都是有生命的，能自己发育自己成长的；给他们充分的合适的条件，他们就能成为有用之才。所谓办教育，最主要的就是给受教育者提供充分的合适条件。但是比喻究竟是比喻，把办教育跟种庄稼相比，有相同也有不相同。相同的是工作的对象都有生命，都能自己成长，都有自己成长的规律。不同的是办教育比种庄稼复杂得多。种庄稼只要满足庄稼生理上生长的需要就成，办教育还得给受教育者提供陶冶品德、启迪智慧、锻炼能力的种种条件，让他们能动地利用这些条件，在德智体各方面逐步发展成长，成为合格的建设社会主义的人才。

——叶圣陶《叶圣陶教育名篇》

五、科教兴国

20 世纪 90 年代，以信息科学和技术为主要标志的世界科技革命形成新高潮，"知识经济"初现端倪，科学技术给社会生产和生活方式带来深刻变化。面对国际经济、科技竞争的严峻挑战和中国的国情，加速国民经济增长从外延型向效益型的转变已迫在眉睫，而实现这一转变必须依靠科技进步。1995 年 5 月，中共中央、国务院颁布《关于加速科学技术进步的决定》，提出实施科教兴国战略，坚持教育为本，把科技和教育摆在经济、社会发展的重要位置，增强国家的科技实力及向现实生产力转化的能力，提高全民族的科技文化素质，把经济建设转移到依靠科技进步和提高劳动者素质的轨道上来，加速实现国家的繁荣强盛。

　　"科教兴国"的理论基础是邓小平同志关于科学技术是第一生产力的思想，而科学技术人才的培养，基础在教育。为全面落实科教兴国战略，许多省、自治区、直辖市及各地（市）、县（市）也制定了科教兴省、科教兴市、科教兴县的发展战略和发展方针。1997年9月，中共十五大报告重提实施科教兴国战略，深化科技和教育体制改革，促进科技、教育同经济的结合，建立一整套有利于人才培养和使用的激励机制。

　　科教兴国战略的实施，既推动了技术创新和科技成果产业化，提高了科技进步对经济增长的贡献率，有助于实现"两个根本性转变"（经济体制由计划经济向市场经济转变，经济增长方式由粗放型向集约型转变），又推动了高校新兴学科和交叉学科的发展，如空间技术、生命科学、计算机科学、通信技术等领域发展迅速，提升了国家的科技创新能力。

六、《面向 21 世纪教育振兴行动计划》

　　1998年12月，教育部制定《面向21世纪教育振兴行动计划》（以下简称《行动计划》），意在"把生机勃勃的中国教育带入21世纪"，提出了两个阶段性目标：2000年，基本普及九年义务教育，大力推进素质教育，高等教育入学率达到11%左右；2010年，城市和经济发达地区有步骤地普及高中阶段教育，高等教育入学率接近15%，若干所高校和一批重点学科进入或接近世界一流水平。

　　《行动计划》共分12大任务，其中6个冠以"工程"名称，分别是："跨世纪素质教育工程""跨世纪园丁工程""高层次创造性人才工程""211工程""现代远程教育工程""高校高新技术产业化工程"。此外，积极发展职业教育和成人教育，深化办学体制改革，依法保证教育经费实现"三个增长"（即各级政府教育财政拨款的增长要高于同级财政经常性收入的增长，在校学生人均教育经费逐步增长，教师工资和学生人均公用经费逐步增长），在加强高校党建和思想政治工作等方面提出了具体要求。

　　大力发展高等教育是《行动计划》的重中之重，在12大任务中占了5个，分别是：实施"高层次创造性人才工程"；继续并加快进行"211工程"建设；创建若干所具有世界先进水平的一流大学和一批一流学科；实施"高校高新技术产业化工程"；加快高等教育改革步伐，提高教育质量和办学效益；加强高等学校党的建设和思想政治工作，把高等学校建设成为社会主义精神文明建设的重要阵地。

　　为了造就一批高层次创造性人才，国家在世纪之交实施了各种名目的人才支持计划，如"长江学者奖励计划""百千万人才工程""高等学校优秀青年教师教学科研奖励计划""跨世纪优秀人才培养计划"等。地方政府和各高等学校也纷纷出台相应的人才支持计划，大幅度提高优秀人才的薪酬待遇和科研经费。

为争取若干所大学和一批重点学科进入世界一流水平，《行动计划》提出在"211 工程"基础上，再"集中国家有限财力，调动多方面积极性，从重点学科建设入手，加大投入力度，对于若干所高等学校和已经接近并有条件达到国际先进水平的学科进行重点建设"。此项战略决策是根据江泽民 1998 年 5 月在北京大学百年校庆大会上的讲话——"为了实现现代化，我国要有若干所具有世界先进水平的一流大学"① 而作出的，后被简称为"985 工程"。最初只有北京大学和清华大学被确认为要建设"世界一流大学"，并获巨额拨款，后增加复旦大学、南京大学、上海交通大学、中国科学技术大学、西安交通大学、浙江大学、哈尔滨工业大学，到 2006 年"985 工程"高校最终增加至 39 所。

为快速提高高等教育入学率，从 1999 年起，全国高等学校实行大规模扩招。《行动计划》于 1999 年 1 月由国务院批转后，原计划当年扩招 23 万人。6 月，第三次全国教育工作会议决定扩大招生规模。会后，国家发展计划委员会和教育部联合发出紧急通知，宣布高等教育在年初计划扩招 23 万人的基础上，再扩大招生 33.1 万人，而此时距离高考举行不到一个月。当年普通高校共录取新生 154 万余人，较 1998 年增加 46 万人，增幅为 42.6%。2000 年普通高校再度扩招，招生规模计划为 180 万人，比 1999 年增长 12.5%，实际招生人数达 220 万余人，增幅为 42.5%。而 1998 年全国普通高校招生规模只有 108 万余人，短短两年就翻了一番。

七、全面实施素质教育

"素质教育"一词兴起于 20 世纪 80 年代，当时各地中小学进行了一系列改革教育教学方式、方法的试验，提出许多新名词，如素质教育、愉快教育、成功教育、尝试教学等。素质教育是针对应试教育而提出来的，在理论和实践中引起了广泛而持久的讨论，没有公认、权威的解释。直到《中国教育改革和发展纲要》（1993 年）提出"中小学要由'应试教育'转向全面提高国民素质的轨道"，素质教育才逐渐上升到国家政策层面。

20 世纪 90 年代中期，国家开始致力于中小学素质教育实验推广工作，并于 1996 年、1997 年分别推出湖南汨罗和山东烟台两个典型。1997 年 10 月，国家教委印发《关于当前积极推进中小学实施素质教育的若干意见》，素质教育正式在全国铺开。为配合素质教育的实施，国家教委曾对高考科目设置进行了重大改革，主要是精简或合并考试科目，减轻学生负担，部分省市实行"3+2"方案，后来发展为"3+X"。

---

① 江泽民还说："这样的大学，应该是培养和造就高素质的创造性人才的摇篮，应该是认识未知世界、探求客观真理、为人类解决面临的重大课题提供科学依据的前沿，应该是知识创新、推动科学技术成果向现实生产力转化的重要力量，应该是民族优秀文化与世界先进文明成果交流借鉴的桥梁。"参见江泽民：《在庆祝北京大学建校一百周年大会上的讲话》，载《人民日报》，1998-05-05。

　　1999 年 6 月，《中共中央国务院关于深化教育改革，全面推进素质教育的决定》（以下简称《决定》）提出："实施素质教育，就是全面贯彻党的教育方针，以提高国民素质为根本宗旨，以培养学生的创新精神和实践能力为重点，造就'有理想、有道德、有文化、有纪律'的、德智体美等全面发展的社会主义事业建设者和接班人。"简言之，素质教育是以德育为核心、以创新精神和实践能力为重点。素质教育最初从中小学开始探索，《决定》将之推及整个教育事业："实施素质教育应当贯穿于幼儿教育、中小学教育、职业教育、成人教育、高等教育等各级各类教育，应当贯穿于学校教育、家庭教育和社会教育等各个方面，在不同阶段和不同方面应当有不同的内容和重点，相互配合，全面推进。"

　　在素质教育观下，《决定》对德、智、体、美各育都提出了新要求：德育工作要求确定不同学龄阶段的内容和要求，在培养学生思想品德和行为规范方面要形成一定的目标递进层次。改进德育工作方式方法，寓德育于学科教学之中，加强学校德育与学生生活和社会实践的联系，讲究实际效果。智育工作要转变观念，改革人才培养模式，积极实行启发式和讨论式教学，激发学生独立思考和创新意识，切实提高教学质量。体育工作要使学生掌握基本的运动技能，养成坚持锻炼身体的良好习惯，要树立健康第一的指导思想，确保学生体育课程和课外体育活动时间，不准挤占体育活动时间和场所。美育不仅能陶冶情操、提高素养，而且有助于开发智力。中小学要加强音乐、美术课堂教学，高等学校应要求学生选修一定学时的、包括艺术在内的人文学科课程，开展丰富多彩的课外文化艺术活动。

　　2006 年 6 月，第十届全国人大常委会第二十二次会议通过新修订的《中华人民共和国义务教育法》，第三条规定，"义务教育必须贯彻国家的教育方针，实施素质教育，提高教育质量"，素质教育成为国家教育法律条文。

📢 教育家语录

　　把孩子们从分数的精神枷锁里解脱出来。教学过程，是对知识的一个探索过程，平时的教学和练习，是孩子们探索知识的重要方面；而考试、测验，只起到检查和复习的效果。所以学生学习成绩的好坏，主要决定于平时的教学。因此，我建议广大教师和家长，应当关心孩子学习的整个过程，而不是只关心孩子的分数；要引导孩子成为学习的主人，不要做分数的奴隶，更不能把分数变成惩罚孩子的手段。

——段力佩《段力佩文集》

第四节
社会主义教育改革的深化

🎯 **学习目标**

1. 了解 21 世纪基础教育课程改革的主要内容。

2. 认识高等教育大众化的进程与影响。

3. 展望中国教育改革与发展的未来道路。

21 世纪中国教育最显著的变化是，以普及义务教育和高等教育大众化为基础，各级各类学校教育的发展规模已能基本满足人民群众的教育需求，人民教育事业逐渐从外延式发展过渡到内涵式发展阶段，其标志性的提法是"办好人民满意的教育"。2010 年 7 月，《国家中长期教育改革和发展规划纲要（2010—2020 年）》出台，推动教育事业从新的历史起点上发展，加快从教育大国迈向教育强国。

一、基础教育课程改革

1998 年年底，教育部在《面向 21 世纪教育振兴行动计划》中提出："2000 年初步形成现代化基础教育课程框架和课程标准，改革教育内容和教学方法，推行新的评价制度，开展教师培训，启动新课程的实验。"1999 年 6 月，《中共中央国务院关于深化教育改革，全面推进素质教育的决定》提出："调整和改革课程体系、结构、内容，建立新的基础教育课程体系，试行国家课程、地方课程和学校课程。改变课程过分强调学科体系、脱离时代和社会发展以及学生实际的状况。抓紧建立更新教学内容的机制，加强课程的综合性和实践性，重视实验课教学，培养学生实际操作能力。"20 世纪末，国家已经决定进行基础教育课程改革。

2001 年 6 月，教育部正式下发《基础教育课程改革纲要（试行）》，启动新一轮基础教育课程改革。这是改革开放以来全方位、最大规模的中小学课程改革，目的是调整和改革基础教育的课程体系、结构、内容，构建符合素质教育要求的新的基础教育课程体系。

《基础教育课程改革纲要（试行）》提出新课程改革有六大具体目标：（1）改变课程过于注重知识传授的倾向，强调形成积极主动的学习态度，使获得基础知识与基本技能的过程同时成为学会学习和形成正确价值观的过程。（2）改变课程结构过于强调学科本位、科目过多和缺乏整合的现状，整体设置九年一贯的课程门类和课时比例，并设置综合课程，以适应不同地区和学生发展的需求，体现课程结构的均衡性、综合性和选择性。（3）改变课程内容"难、繁、偏、旧"和过于注重书本知识的现状，加强课程内容与学生生活以及现代社会和科技发展的联系，关注学生的学习兴趣和经验，精选终身学习必备的基础知识和技能。（4）改变课程实施过于强调接受学习、死记硬背、机械训练的现状，倡导学生主动参与、乐于探究、勤于动手，培养学生收集和处理信息的能力、获取新知识的能力、分析和解决问题的能力以及交流与合作的能力。（5）改变课程评价过分强调甄别与选拔的功能，发挥评价促进学生发展、教师提高和改进教学实践的功能。（6）改变课程管理过于集中的状况，实行国家、地方、学校三级课程管理，增强课程对地方、学校及学生的适应性。

基础教育新课程改革以全面落实素质教育为出发点，从教育教学观念、课程结构安排、知识内容选择、教学方式方法、课程评价与管理等方面都大大地突破了新中国成立以来所形成的固有模式，适当吸收了现代西方教育理论，从知识的授受转而注重知识的生成，并强调课程内容的时代化、生活化。

新课程在结构上，小学以综合课程为主，初中采取综合课程与分科课程相结合，高中以分科课程为主。国家制定每门课程的课程标准，不再对教材作硬性规定，地方基层教育部门甚至学校可以自主选用教材，鼓励师生对教材补充、延伸、拓宽、重组。允许地方和学校在执行国家课程的基础上，开发适合自身特点的地方课程和校本课程。在评价上，构建发展性课程评价体系，由注重结果评价转向结果评价、过程评价、个性评价相结合。

新课程改革于 2001 年秋季学期在义务教育阶段开始试验，次年逐步在全国推广试行，2005 年秋季，全国所有小学和初中起始年级的学生全部实施了新课程。普通高中阶段于 2004 年开始新课程改革实验，由各省市自主选择推行。2006 年，有 10 个省加入普通高中新课程实验。2010 年秋，推广到全国高中。

新课程改革在实施中曾引起一些争论，主要焦点是如何对待知识学习、新课改的理论基础等问题。再加上中国教育改革形势的不断变化和课程改革自身的发展需要，教育部于 2007 年对新课程改革做了一次大规模的调研，随后组织人员对义务教育阶段课程标准进行修订，并于 2011 年颁发了修订后的新课程标准。课程标准修订后的主要变化是：落实德育为先，各学科有机渗透；突出能力为重，注重知行结合；反映时代精神，反映新成就、新思想、新成果；控制课程容量和难度，减轻学生课业负担；强调教学内容的纵向和横向联系，即小学和初中、初中和高中的教学衔接，各学科之间知识点的内在联系。

🔊 教育家语录

我认为历史上的家教有一点是值得借鉴的，就是教育孩子着眼于成人，而不是着眼于成才。现在有一种相当普遍的观念，就是家庭教育也好，学校教育也好，首先着眼于智力开发，这是最近几年的事，搞早期教育越早越好，一直提前到胎教。也就是说教育孩子主要着眼于成才。当然我们希望孩子成才。国家也好，民族也好，都希望人才越多越好。早期进行智力开发这是对的。但成人教育更不能忽视。因为我觉得成人与成才有时候是不一致的，有可能这个人是成人了，但没有成才或才不多，也有可能这个人是成才了，但没有成人，不像人，不是人。

——吕型伟《为了未来：我的教育观》

二、高等教育大众化

21 世纪初高等教育的发展承接了 20 世纪末的大众化主题，1999 年 6 月，《中共中央国务院关于深化教育改革，全面推进素质教育的决定》中提出："到 2010 年，我国同龄人口的高等教育入学率要从现在的 9% 提高到 15% 左右。"15% 的毛入学率正是世界公认的高等教育大众化的标准。然而高等教育扩招的速度比预计的要快得多，2003 年，我国高等教育的毛入学率已达到了 17%，原定 10 年左右完成的任务，只用了 4 年时间就超额完成了，即所谓高等教育"跨越式发展"。2006 年全国普通高校招生 540 万人，是 1998 年 108 万人的 5 倍；高等学校在学人数 2 500 万人，毛入学率为 22%。中国高等教育规模先后超过俄罗斯、印度和美国，成为世界第一。经过短短数年的努力，实现了从精英教育到高等教育大众化的转变，走完了其他国家需要三五十年甚至更长时间才走完的道路。2006 年之后，高校招生的增速逐渐放缓（见表 4.2），到 2013 年高等教育毛入学率为 34.5%。扩招对研究生教育规模产生挤出效应，2000 年全国研究生招生 12.85 万人，2001 年 16.52 万人，2002 年 20.26 万人，2003 年 26.89 万人，2004 年 32.63 万人，2005 年 36.48 万人，2006 年 39.79 万人，6 年间招生人数增长了两倍。之后逐渐放缓增速，2013 年全国研究生招生 61.14 万人。2019 年高等教育毛入学率达 51.6%，正式迈入普及化阶段，当年普通本专科招生 914.90 万人，研究生招生 91.65 万人。

表 4.2　1998—2020 年中国普通高等教育发展规模[①]

年份	高校数 /所	招生数 /万人	在校生数 /万人	毕业生数 /万人	专任教师数 /万人
1998	1 022	108.36	340.87	82.98	40.72
1999	1 071	159.68	413.42	84.76	42.57
2000	1 041	220.61	556.09	94.98	46.28
2001	1 225	268.28	719.07	103.63	53.19
2002	1 396	320.50	903.36	133.73	61.84
2003	1 552	382.17	1 108.56	187.75	72.47
2004	1 731	447.34	1 333.50	239.12	85.84

① 数据参见 1998~2020 年全国教育事业发展统计公报。

续表

年份	高校数/所	招生数/万人	在校生数/万人	毕业生数/万人	专任教师数/万人
2005	1 792	504.46	1 561.78	306.80	96.58
2006	1 867	546.05	1 738.84	377.47	107.6
2007	1 908	565.92	1 884.90	447.79	116.83
2008	2 263	607.66	2 021.02	511.95	123.75
2009	2 305	639.49	2 144.66	531.10	129.52
2010	2 358	661.76	2 231.79	575.42	134.31
2011	2 409	681.50	2 308.51	608.16	139.27
2012	2 442	688.83	2 391.32	624.73	144.03
2013	2 491	699.83	2 468.07	638.72	149.69
2014	2 529	721.40	2 547.70	659.37	153.45
2015	2 560	737.85	2 625.30	680.89	157.26
2016	2 596	748.61	2 695.84	704.18	160.20
2017	2 631	761.49	2 753.59	735.83	163.32
2018	2 663	790.99	2 831.03	753.31	167.28
2019	2 688	914.90	3 031.53	758.53	174.01
2020	2 738	967.45	3 285.29	797.20	183.30

高等教育大众化让大量青年学子迈进大学校门，给高等教育带来了空前发展机遇。为了扩大供给，大量中专升为大专院校、大专升为本科院校，一些成人高校转为普通高校。在这场学校升格热潮中，高等教育结构发生了根本变化，由以中专、大专、本科院校的层级结构转为高职高专、本科院校。尤其是师范教育体制，由以前的中师、师专、师大（师院）转为师范院校唱主角，许多地区还将具有成人教育性质的教育学院并入师范院校。高校学生数量猛增，校园拥挤不堪，亟须扩建，于是各地重新规划大学布局，掀起大规模大学城建设。

🔊 教育家语录

每个大学生都要在大学里培养一个习惯——自学，这个本领一定要学会，不能光依靠老师。当然，开始时要依靠一些，但这主要是依靠老师对你的指点，而不是依靠老师把消化后的东西吐给你。一个人在大学四年里，能不能养成自学的习惯，学会自学的本领，不但在很大程度上决定了他能否学好大学的课程，把知识真正学通、学活，而且影响到他大学毕业以后，能否不断地吸收新的知识，进行创造性的工作，为国家作出更大的贡献。

——钱伟长《钱伟长文选》

三、办好人民满意的教育

进入21世纪后中国教育逐步完成了数量普及任务，人民教育事业规模盛况空前。2006年全国小学学龄儿童净入学率达到99.27%，初中毛入学率达到97%，高中阶段教育毛入学率达到59.8%，高等教育毛入学率达到22%。[①] 当年全国共有2.6亿学生，1 400多万名教职员工，62万多所学校，国民人均受教育年限达到8.5年，新增劳动力平均受教育年限提高到10年以上。全国总人口中有大学以上文化程度的已达7 000多万人，从业人员中有高等教育学历的人数已位居世界前列。[②] 中国的教育事业已能基本保障人民群众享有受教育的机会，教育发展在完成数量普及后进入一个新阶段，即由满足人民群众需求转向让人民群众满意。

2007年10月，十七大报告中提出："办好人民满意的教育。"2008年3月，温家宝在政府工作报告中明确提出："没有全民教育的普及和提高，便没有国家现代化的未来。要让孩子们上好学，办好人民满意的教育，提高全民族的素质。"

办好人民满意的教育。

第一是关注教育公平问题。教育公平是社会公平的重要基础，中国社会独特的城乡二元结构、发达地区与落后地区悬殊的经济差距，是教育不公平的主因。经过多年努力，2008年起，全国各地基本解决了进城务工人员子女随迁就读、平等接受义务教育的大问题，免除学杂费，不收借读费。同时，政府在教育资源配置上重点向农村、边远、贫困、民族地区倾斜，大力扶持贫困地区、民族地区教育。随着认识的不断深入，人们对教育公平的理解从宏观的入学机会、教育条件扩展到微观的教育过程、教育评价。

第二是坚持教育公益性质，加大财政对教育投入，反对教育产业化，规范教育收费，健全学生资助制度。2005年，国家对农村义务教育阶段贫困家庭学生实行"两免一补"政策，即免杂费、免书本费、补助寄宿生生活费。2006年，国家对义务教育法进行了修订，规定实行免费（不收学费、杂费）义务教育，将所需经费全面纳入公共财政保障范围。从2006年开始，国家率先免除西部地区农村义务教育阶段学生学杂费；2007年，扩大到中部和东部地区；2008年，免除城市义务教育阶段学生学杂费。在非义务教育尤其是高等教育阶段实行适度的成本分担机制，完善针对家庭困难学生的资助和贷款制度，21世纪初盛行一时的教育产业化和市场化遭到了坚决反对。

第三是各类学校的招生实行"全程公开、信息透明、接受监督"的工作机制，保证招生过程的公开、公平、公正。近几年来，国家实施高校招生"阳光工程"，加强了对高考、

---

① 数据参见2006年全国教育事业发展统计公报。

② 王建国：《建设高等教育强国的若干思考》，载《中国高等教育》，2008（2）。

高校招生过程中出现的各种违规违法案件的查处力度，有效地遏制了一些长期存在的突出问题，如群众反映强烈的"高考移民"、舞弊、招生腐败等。义务教育阶段学生根据户籍所在地，实行就近入学，不少大中城市则实行划片入学。

第四是关注校园安全和学生健康，为青少年成长提供良好的环境。以人为本、健康第一等教育观念深入人心，许多学校开展了创建平安校园、文明校园、健康校园的活动，加强了安全管理和安全教育，落实安全责任制。尤其是中小学的校车安全问题，引起了全社会的广泛关注，2012年3月，国务院特别为此出台了《校车安全管理条例》。

🔊 教育家语录

校长要成为教育家，须有丰富的智力生活，须是文化人，文明人，身上有书卷气，思维十分活跃。所谓"活跃"，不是花样翻新，表面文章，形式主义，而是审时度势，因时辨势，遵循教育规律，独立思考，努力创新。既要有历史的眼光，又要有捕捉时代信息的能力，思想敏锐，脚踏实地。

一名校长，就是一所学校，反映学校的面貌，学校的内涵，学校的精神，学校的办学质量。因此，他的思想、品德、气质、言行应为教师的楷模，学生的榜样。他应是学校的脊梁，顶住学校一片天，以人格塑造人格，以精神激励精神，春风化雨，恩泽师生。

——于漪《岁月如歌》

四、《国家中长期教育改革和发展规划纲要（2010—2020年）》

20世纪80年代始，中国基本上每隔10年左右颁布一次教育改革发展的指导性文件。21世纪第一个十年基本是贯彻执行《面向21世纪教育振兴行动计划》，2008年8月，教育部启动21世纪第二个十年规划的研制工作。2010年7月，中共中央、国务院印发《国家中长期改革教育和发展规划纲要（2010—2020年）》（以下简称《规划纲要》），各省市区依据国家规划，结合地方特点，相继制定了本地区的教育发展规划纲要。

改革开放以来，我国社会主义教育事业取得了举世瞩目的成就，建成了世界最大规模的教育体系，基本解决了"有学上"的问题，保障了亿万人民群众受教育的权利。21世纪头十年，中国改革开放已处于转型期，进入深水区，正谋求转变经济增长方式、建设创新型国家、增进人民幸福，如期全面建成小康社会，而教育的发展还不能适应国家现代化建设新阶段、新形势提出的更高要求，不能满足人民群众"上好学"的新期盼。因此，必须优先发展教育，长远谋划教育改革发展蓝图。

《规划纲要》主要涉及的内容包括以下几个方面。

关于普及教育，提出在普及九年制义务教育的基础上，向两端延伸，实现更高水平的普及教育。一端是学前教育，长期以来，学前教育因为不属于严格意义的学校教育系统，没有得到大面积普及，"入园难"问题比较突出，2009年，我国学前三年毛入学率仅为50.9%，学前一年毛入园率也只有74%。2020年，学前三年毛入学率要达到70%，学前一年毛入园率达到90%。2011年，全国学前三年毛入园率达到62.3%，比2009年提高了11.4个百分点①，2014年全国学前教育毛入园率已达70.5%②，十年规划目标提前实现。另一端是高中阶段教育，合理确定普通高中和职业高中招生比例，提升新增劳动力的受教育水平。2009年，高中阶段毛入学率为79.2%，计划2020年达到90%。2019年高中阶段毛入学率已达89.5%③，2020年为91.2%④，这一目标亦得以实现。

关于高等教育，提出进一步提高高等教育大众化水平，高等教育毛入学率2009年为24.2%，2020年将提高到40%，有高等教育文化程度的人数将比2009年翻一番⑤。优化高等教育结构，加快创建世界一流大学和高水平大学步伐。充分发挥高校在国家创新体系中的重要作用，鼓励高校在知识创新、技术创新、国防科技创新和区域创新中作出贡献。2011年4月24日，胡锦涛在清华大学百年校庆上讲话提出："要积极推动协同创新，通过体制机制创新和政策项目引导，鼓励高校同科研机构、企业开展深度合作，建立协同创新的战略联盟，促进资源共享，联合开展重大科研项目攻关，在关键领域取得实质性成果。"2012年5月，国家启动"高等学校创新能力提升计划"（简称"2011计划"），这是继"985工程""211工程"之后，高等教育系统启动的第三项国家工程。2012年3月，教育部还印发《关于全面提高高等教育质量的若干意见》，提出"稳定规模、优化结构、强化特色、注重创新，走以质量提升为核心的内涵式发展道路"。

关于教育公平，提出推进义务教育均衡发展和扶持困难群体。义务教育阶段不得设置重点学校和重点班，教育资源配置向农村地区、边远贫困地区和民族地区倾斜，着力提高师资水平，切实缩小校际差距，逐步实现基本公共教育服务均等化。切实解决进城务工人员子女平等接受义务教育问题，并制定义务教育后在当地参加升学考试的办法，实现异地高考。2012年9月，《国务院关于深入推进义务教育均衡发展的意见》提出，积极推进义务教育学校标准化建设，力求每一所学校都符合国家办学标准，办学经费得到保障。2012年8月，《国务院办公厅转发教育部等部门关于做好进城务工人员随迁子女接受义务教育后在当地参加升学考试工作意见的通知》，要求各地在年底前出台解决办法。2014年，许多省市区已按要求不同程度地实现了异地高考。

关于办学体制，提出推进政校分开、管办分离，建设现代学校制度。探索建立符合学校

---

① 数据参见国务院新闻办举行新闻发布会，袁贵仁答中外记者问。
② 数据参见2014年全国教育事业发展统计公报。
③ 数据参见2019年全国教育事业发展统计公报。
④ 数据参见2020年全国教育事业发展统计公报。
⑤ 实际上，2020年高等教育毛入学率为54.4%，见注④。

特点的管理制度和配套政策，逐步取消实际存在的行政级别和行政化管理模式。减少和规范对学校的行政审批事项，依法保障学校充分行使办学自主权。《规划纲要》特别提到："创造有利条件，鼓励教师和校长在实践中大胆探索，创新教育思想、教育模式和教育方法，形成教学特色和办学风格，造就一批教育家，倡导教育家办学。"

关于人才培养，提出创新人才培养体制，改革教学内容、方法、手段，注重学思结合、知行统一、因材施教。改革教育质量评价和人才评价制度，树立人人成才观念，尊重个人选择，鼓励个性发展。

《规划纲要》设计了近期启动实施的 10 个重大项目和 10 个改革试点。10 个重大项目包括义务教育学校标准化、推进农村学前教育、职业教育基础能力建设、提升高等教育质量、教育信息化、教育国际交流合作等。10 个改革试点包括推进素质教育、义务教育均衡发展、职业教育办学模式、拔尖创新人才培养、考试招生制度、现代大学制度等。

2019 年 2 月，中共中央、国务院印发了《中国教育现代化 2035》，提出到 2035 年，总体实现教育现代化，迈入教育强国行列，推动我国成为学习大国、人力资源强国和人才强国。主要发展目标是：建成服务全国终身学习的现代教育体系、普及有质量的学前教育、实现优质均衡的义务教育、全面普及高中阶段教育、职业教育服务能力显著提升、高等教育竞争力明显提升等。

🔍 案例讨论

共和国教育方针的演变

1. 1957 年 6 月，毛泽东在《关于正确处理人民内部矛盾的问题》中指出："我们的教育方针，应该使受教育者在德育、智育、体育几方面都得到发展，成为有社会主义觉悟的有文化的劳动者。"

2. 1958 年 9 月，中共中央、国务院下发《关于教育工作的指示》："党的教育工作方针，是教育为无产阶级的政治服务，教育与生产劳动相结合。教育的目的，是培养有社会主义觉悟的有文化的劳动者。"

3. 1966 年 8 月，中共中央下发《中国共产党中央委员会关于无产阶级文化大革命的决定》："在各类学校中，必须贯彻执行毛泽东同志提出的教育为无产阶级政治服务、教育与生产劳动相结合的方针，使受教育者在德育、智育、体育几方面都得到发展，成为有社会主义觉悟的有文化的劳动者。"

4. 1981 年 6 月，中共中央下发《关于建国以来党的若干历史问题的决议》："坚持德智体全面发展、又红又专、知识分子与工人农民相结合、脑力劳动与体力劳动相结合的教育方针。"

5. 1986 年 4 月，《中华人民共和国义务教育法》："义务教育必须贯彻国家的教育方针，努力提高教育质量，使儿童、少年在品德、智力、体质等方面全面发展，为提高全民族的素质，培养有理想、有道德、有文化、有纪律的社会主义人才奠定基础。"

6. 1995 年 3 月，《中华人民共和国教育法》："教育必须为社会主义现代化建设服务，必须与生产劳动相结合，培养德、智、体等方面全面发展的社会主义事业的建设者和接班人。"

7. 2002 年 11 月，中共十六大报告对党的教育方针进行了进一步的丰富和发展，将之扩展为："坚持教育为社会主义现代化建设服务，为人民服务，与生产劳动和社会实践相结合，培养德智体美全面发展的社会主义建设者和接班人。"

8. 2017 年 10 月 8 日，党的十九大报告中提出："要全面贯彻党的教育方针，落实立德树人根本任务，发展素质教育，推进教育公平，培养德智体美劳全面发展的社会主义建设者和接班人。"

9. 2022 年 10 月 16 日，党的二十大报告提出："育人的根本在于立德。全面贯彻党的教育方针，落实立德树人根本任务，培养德智体美劳全面发展的社会主义建设者和接班人。"

以上是不同时期关于共和国教育方针的表述。请分析以下问题。

(1) 这些表述对新中国的教育作出了哪些规定？

(2) 这些表述中哪些内容是不变的？哪些内容是变化的？

本章小结

当代中国教育发展表现出非常强烈的历史阶段性，以及一定的反复性（"钟摆现象"）。改革开放前，教育发展道路与国家的政治形势一样充满曲折，但在曲折中完成了社会主义教育事业的奠基，人民大众受教育权得到了基本保障。改革开放后，教育发展趋于平稳，主要着力于内部的体制改革和课程教学改革，注重内涵式发展。教育与社会的关系也表现为两种不同的形态：改革开放前，教育受到国家政治形势和经济建设的直接干预，甚至成为政治运动的主战场，如十年"文化大革命"时期。改革开放后，教育的相对独立性受到尊重，通过人才培养、科学研究来为社会政治经济发展提供所需的人才支持和技术支持；同时，教育内部的各项改革既关注国家建设需要，也照顾教育自身的发展特点。几十年来，中国教育体制改革随着经济和社会发展不断深化。宏观方面，从集权体制过渡到集权与分权相结合，建立分级管理模式，扩大学校办学自主权，例如，基础教育实行地方负责制，高考模式从统一考试到分省考试，部属重点大学实行中央与地方共建等；微观方面，重视各级各类学校的课程与教学改革，从注重知识的授受过渡到注重知识的生成，培养创造性人才，例如，实施素质教育，开展基础教育课程改革，提升高校教育质量等。新中国成立 70 多年来，经过几代人的艰苦努力，中国教育已完成了普及九年义务教育和高等教育大众化等重大历史使命，解决了"有学上"的问题。放眼未来，将更加关注办学质量，力促教育公平，切实办好人民满意的教育，解决"上好学"的问题。

总结 >

Ⓐ 关键术语

院系调整	学习苏联经验	"教育大革命"	"三个面向"
院系调整	学习苏联经验	"教育大革命"	"三个面向"
"普九"	科教兴国	素质教育	高等教育大众化

🔗 章节链接

在这一章，你读到……	在其他章节中，你将发现相关的讨论……
社会主义教育建设的开展	第三章第三节 新民主主义教育的论述
"文化大革命"时期的教育	第三章第一节 国民政府的教育建设
建设中国特色社会主义教育和社会主义教育改革的深化	第二章第一节 洋务学堂兴办、第二节 维新派的教育实践和近代学制建立、第三节 民主教育体制的形成

应用 >

⚡ 批判性思考

1. 当代中国教育发展可以分为哪几个历史阶段，各有什么阶段性的特点？
2. 如何评价苏联教育理论和教育经验对中国教育发展的影响？
3. 学术界对 21 世纪基础教育课程改革争论的焦点有哪些？你怎么看？

✏️ 体验练习

以下一些自测题可以帮助你了解自己对本章一些内容的掌握情况。

一、下列每题给出的选项中，只有一个选项是符合试题要求的。

1. 新中国成立初期设立的工农速成中学，其性质属于（　　）。

　　A. 普通教育　　B. 职业教育　　C. 专业教育　　D. 终身教育

2. 1951 年开始的高等学校院系调整，其重要目的在于加强工科教育和（　　）。

　　A. 理科教育　　B. 文科教育　　C. 师范教育　　D. 通识教育

3. 20 世纪 50 年代后期和 60 年代前期，刘少奇提出"两种教育制度，两种劳动制度"，是为了（　　）。

　　A. 提高专业教育水平　　　　B. 有效推广勤工俭学

　　C. 大力开展职业教育　　　　D. 加快教育普及步伐

4. 1985 年《关于教育体制改革的决定》中提出有步骤地普及九年义务教育的目标，其中关于发展基础教育的责任，提出的原则是（　　）。

　　A. 中央负责、地方落实　　　B. 地方负责、中央配合

　　C. 中央负责、分级管理　　　D. 地方负责、分级管理

5. 在 1999 年《中共中央国务院关于深化教育改革，全面推进素质教育的决定》中，要求将素质教育从中小学教育延伸到（　　）。

　　A. 高等教育　　B. 职业教育　　C. 社区教育　　D. 全部教育

二、要求判断正误，并说明理由。

1. "实现无产阶级教育革命，必须有工人阶级领导。"

2. "不能让我们的孩子输在起跑线上！"

拓展 >

补充读物

1　杜成宪：《共和国教育 60 年》，广州，广东教育出版社，2009。

　　本书分四个历史阶段（1949—1965 年，1966—1976 年，1977—1991 年，1992—2009 年），详述当代中国教育的发展演变，图文并茂，深入浅出。

2　徐小洲：《中国教育 60 年》丛书，杭州：浙江大学出版社，2009。

　　本丛书分四个专题（初等教育、中等教育、高等教育、职业教育），详述当代中国教育事业的发展，可与前书进行互补性阅读。

3　李国钧、王炳照：《中国教育制度通史（第八卷）》，济南，山东教育出版社，2000。

　　本书全面研究中华人民共和国教育制度的形成、变革、发展。

4　中华人民共和国教育部：《新中国教育五十年》，北京，人民教育出版社，1999。

　　本书叙事宏大，以大量珍贵的图片展现了新中国教育 50 年的历程与成就。

5　王炳照、阎国华：《中国教育思想通史（第八卷）》，长沙，湖南教育出版社，1994。

　　本书阐述了新中国马克思主义教育思想的发展、变化，重点研究党和国家领导人的教育思想。

参考文献

1. 陈学恂：《中国近代教育文选》，北京，人民教育出版社，1983。

2. 郭庆藩：《庄子集释》，北京，中华书局，1982。

3. 华东师范大学教育系：《中国现代教育文选》，北京，人民教育出版社，1989。

4. 李国钧、王炳照：《中国教育制度通史（第七卷）》，济南，山东教育出版社，2000。

5. 梁启雄：《韩子浅解》，北京，中华书局，1960。

6. 梁启雄：《荀子简释》，北京，中华书局，1983。

7. 孟宪承：《中国古代教育史资料·孟宪承文集（卷十）》，上海，华东师范大学出版社，2010。

8. 孟宪承：《中国古代教育文选·孟宪承文集（卷十一）》，上海，华东师范大学出版社，2010。

9. 任继愈：《老子新译（修订本）》，上海：上海古籍出版社，1985。

10. 孙培青、李国钧：《中国教育思想史》，上海，华东师范大学出版社，1995。

11. 孙培青：《中国教育史（第三版）》，上海，华东师范大学出版社，2009。

12. 孙诒让：《墨子间诂》，上海，上海书店，1986。

13. 王炳照、阎国华：《中国教育思想通史（第七卷）》，长沙，湖南教育出版社，1994。

14. 杨伯峻：《论语译注》，北京，中华书局，1980。

15. 杨伯峻：《孟子译注》，北京，中华书局，1960。

16. 中国古代教育论著丛书，北京，人民教育出版社，1986—1997。

17. 中国近代教育论著丛书，北京，人民教育出版社，1991—2000。

18. 中国近代教育史资料汇编（全十卷），上海，上海教育出版社，2007。

19. 朱有瓛：《中国近代学制史料》，上海，华东师范大学出版社，1983。

关键术语表

学在官府	学在官府是夏、商、西周文化教育的基本特征。主要表现是政教合一、官师合一、学术世承。客观上受传播媒介所限,"唯官有书而民无书,唯官有器而民无器,唯官有学而民无学。贵族垄断教育权利,庶人和平民难有受教育的权利和机会。至春秋时期,贵族统治崩坏,"天子失官,学在四夷",学术下移,私学兴起,学术和教育垄断状况被打破。
六艺	六艺是西周学校的教育内容,也以之考察贤能,起源于夏、商。即指礼(礼仪制度、道德规范)、乐(音乐、诗歌、舞蹈)、射(射箭)、御(驾车)、书(文字读写)、数(算法)六种科目,各有明确的学习、训练要求。也有以礼、乐、射、御为"大艺",书、数为"小艺"。汉以后指"六经"。
大学	大学是中国古代高等级学校。殷商甲骨文中已有"大学"的记载。有关西周大学,传世文献和西周青铜铭文中的记载更多,并有多种名称。《礼记·王制》:"大学在郊。天子曰辟雍,诸侯曰泮宫。"战国时期齐国稷下学宫也可称是具有大学性质的高等学府。自汉武帝以后历代设立的太学、国子学、国子监等都属于官办大学,而大部分的书院也属大学性质。
小学	小学是中国古代初等级学校。甲骨文已有大学的记载,即可知当有小学。西周时已多有小学的记载。《礼记·王制》:"天子命之教,然后为学。小学在公宫南之左。"其后备代继续设立,并有发展,且名称不一,官学有四门小学、内小学等;私学有书馆、蒙馆、家塾、义塾等。近代小学始设于清末。而古代小学的代表私塾消亡于 20 世纪 50 年代初。
性相近也,习相远也	性相近也,习相远也是孔子有关人性与教育作用问题的主张。语出《论语·阳货》:"子曰:性相近也,习相远也。"意谓人的生性(先天素质)差距不大,而后天习染(教育、环境影响等造成人的发展)却有很大差异。对贵族天生比平民高贵的传统观念是重要突破,成为人人都应当受教育、人人都可能受教育思想的理论基础。
有教无类	有教无类是孔子的教育主张。语出《论语·卫灵公》:"子曰:有教无类。"东汉马融注:"言人所在见教,无有种类。"意即不分贵贱、贫富、贤愚、地区、种族等,任何人都可成为教育对象。孔子的学生中极少是贵族,大部分是平民,且成分复杂。教育对象较前扩大,体现其"举贤"的社会改革主张,客观上适应了文化下移的时代趋势。

学而优则仕	学而优则仕是孔子师生关于教育目标的主张。语出《论语·子张》，"子夏曰：仕而优则学，学而优则仕"，"优，有余力也。仕与学，理同而事异。故当其事者，必先有以尽其事，而后可及其余。然仕而学，则所以资其仕者益深；学而仕，则所以验其学者益广"。其基本含义是主张将入仕与求学联系起来，甚至以求学为入仕条件。与孔子"举贤才"的政治主张、培养"修己以安百姓"的"君子儒"的教育目标相一致。孔子办学主要为培养从政人才，即体现了这一主张。对不学而仕的世袭制度是一大冲击，对此后中国两千多年的学校教育、察举制度尤其是科举制度，以及民众价值观，有深远影响。
举一反三	举一反三是孔子有关启发教学的主张。语出《论语·述而》："不愤不启，不悱不发。举一隅不以三隅反，则不复也。"朱熹注："物之有四隅者，举一可知其三。反者，还以相证之义。"后以"举一反三"指善于推理，能由此知彼。
因材施教	因材施教是孔子的教学方法。即针对学生不同特点和实际情形，施行教育和培养。《论语·先进》记孔子赞许弟子中各有成就者十人，"德行：颜渊、闵子骞、冉伯牛、仲弓。言语：宰我、子贡。政事：冉有、季路。文学：子游、子夏"。朱熹注："弟子因孔子之言，记此十人，而并目其所长，分为四科。孔子教人，各因其材，于此可见。"《先进》篇又记子路、冉求请教同样问题："听说一个好主意，立即就去做吗？"孔子对子路的回答是："有父兄在，为何要着急去做？"对冉求的回答是："当然应该立即去做！"公西华对此不解。孔子解释道：冉求遇事退缩，所以要鼓励；子路遇事鲁莽，所以要抑制一下，使之审慎。这被视为因材施教典型教例。
性善说	性善说是中国古代一种关于人性与教育作用的主张，由孟子首先提出。认为所谓人性即"人所以异于禽兽"的本质属性，具体是指"恻隐之心""羞恶之心""辞让之心"和"是非之心"四种心理，它们是仁、义、礼、智四种道德的根由，"非由外铄我也，我固有之也，弗思耳矣"。(《孟子·告子上》)这种善性又可称为"不学而能"的"良能"，"不虑而知"的"良知"（《孟子·尽心上》），是为人类所共有，人性因此而平等。教育的作用就在于扩充人的善端以成就人的道德，进而推及于天下。据此说，"人皆可以为尧舜"。由此开创教育内发说。而其肯定人性中具有为善的心理依据的观点，为后世大多数儒家学者所接受，并有所发展，如"二程"、朱熹、王守仁等，成为中国古代人性与教育作用论的基本倾向。

性恶说	性恶说是中国古代一种关于人性与教育作用的主张，为荀子首先提出。此说批评孟子的性善说得不到社会生活的验证，难以成立。主张讨论人性必须先区别人的先天生性和后天社会影响。认为，"不可学、不可事而在人者，谓之性；可学而能、可事而成之在人者，谓之伪"。又认为，"无性则伪之无所加，无伪则性不能自美。性伪合，然后成圣人之名，一天下之功于是就也。……性伪合而天下治"。（《荀子·礼论》）据此提出"化性起伪"主张，即通过外界影响，从改变自然本性开始，而臻于道德境界。也认为人性平等，据以提出"涂之人可以为禹"的理想。由此开创注重对人塑造的教育外铄说。以情欲为恶思想亦为后世一些学者所吸取，如汉唐"性善情恶"说，宋代理学家"气质之性"说等。
"性三品"说	"性三品"说是中国古代的一种人性学说，倡导于汉唐时期，董仲舒、王充、韩愈是其代表。孔子曾认为："惟上智与下愚不移。"（《论语·阳货》）董仲舒把人性分为上、下、中（善、恶、中）三等，即"圣人之性""斗筲之性"和"中民之性"。上等之性无须教育，下等之性教而无益，教育专指中等之性。王充认为，孟子言人性善者是指中人以上者，荀子言人性恶者是指中人以下者，扬雄言人性善恶混者是指中人，但人的善恶在于教，不独在性。到韩愈更提出一种严格的"性三品"说，并把"性"和"情"对立起来，各分上、中、下三等，"性"的内容为"仁、义、礼、智、信"，是"与生俱生"的；"情"的内容为"喜、怒、哀、惧、爱、恶、欲"，是"皆于物而生"的。上品之性者"就学而愈明"，下品之性者"畏威而寡罪"，据此论，"上者可教而下者可制也"（《原性》）。
长善救失	长善救失是中国古代教学原则。即指发扬长处，补救缺失。语出《礼记·学记》："学者有四失，教者必知之。人之学也，或失则多，或失则寡，或失则易，或失则止。此四者，心之莫同也。知其心，然后能救其失也。教也者，长善而救其失者也。"要求根据学习者的认知特点，扬长避短。王夫之《礼记章句》："多、寡、易、止，虽各有失，而多者便于博，寡者易于专，易者勇于行，止者安其序，亦各有善焉，救其失，则善长矣。"指出学习者认知方面的优点与缺失是共存的，教学宜救其失而长其善。
《学记》	《学记》是《礼记》中一篇，是中国最早的关于教育、教学活动的论著。约成篇于战国后期，作者传为孟轲的学生乐正克，主要是对先秦儒家教育经验的理论总结。内容涉及教育作用、教育目的、教育制度、教育内容、教学原则、教学方法等方面。不乏独到认识和深刻见解，亦颇多警句。所述教学相长、循序渐进、启发诱导、长善救失等原则和对教育作用的认识、对教师问题的论述，至今仍有重要意义。
教学相长	教学相长是古代论述教与学关系的主张。语出《礼记·学记》："虽有嘉肴，弗食不知其旨也；虽有至道，弗学不知其善也。是故学然后知不足，教然后知困。知不足，然后能自反也；知困，然后能自强也。故曰教学相长也。"本意谓教师通过自身的"教"与"学"可以相互促进。现也引申指师生之间相互学习，共同提高。

官学	官学是中国古代历代官府举办和管辖的各级各类学校，由朝廷直接举办和管辖的为中央官学，如西周的国学，汉代的太学、宫邸学、鸿都门学，唐代的国子学、太学、四门学、书学、算学、律学、广文馆及弘文馆、崇文馆，宋代的武学、画学，元明清的国子监等；由地方政府管辖的为地方官学，如西周的乡学，汉代的郡国学、唐代的府州县学、元代以后的社学等。
私学	私学是中国历代私人开办的学校，与官学相对而言。春秋时官学衰废，开始私人讲学之风，孔子所办私学规模与影响皆可称最大。战国时私学之风大盛，出现儒、墨、道、法等诸多私学学派和大师。汉代私学有启蒙性质的书馆与传授经学的经馆、精合（又称精庐），又有以一业（技）为专攻的世传家学。魏晋南北朝时期，出现以佛、道为内容的私学。隋唐以后，家塾、义学、私塾、村塾、冬学等以读书、习字和基本道德、文化知识教育为任务的私学大量涌现。唐末出现的书院，也属私学性质，后逐渐向官学演变。汉代以后，基础教育多由私学承担，而学术传承亦主要依赖书院和其他私人传授。私学客观上成为学校制度的重要组成部分。近代学制改革，始由政府颁布《私立学校规程》，私人办学遂纳入国家办学体系。
私塾	私塾是中国旧时私人办理的学校，渊源于汉代的书馆，约兴起于唐宋时期，是中国古代启蒙教育的主要承担机构。有塾师自设的学馆，有官宦、地主、商人设立的家塾，有村民联合延请塾师执教的村塾，也有以祠堂、庙宇的地租收入或私人捐款举办的义塾（免缴学费，甚至提供笔墨纸砚）。一般一塾一师，采用个别教学，强调记诵，学生程度、教材及学习年限不定。20世纪50年代初政府大力兴办公办学校，私塾全部取消。
书院	书院是中国古代的教育机构，创始于唐代。大顺（890—891年）中，江州陈氏东佳书堂，也称义门书院，供子弟修学，或为最具教学意义之唐代书院。唐贞元中，李渤隐居读书于庐山白鹿洞，南唐时就遗址建学馆以授生徒，号"庐山国学"。后改称白鹿洞书院，为早期书院代表。宋代还有石鼓、嵩阳、应天府、岳麓、丽泽、象山等著名书院。其创办者或为私人，或为官府；吸取佛教禅林制度，多选山林名胜之地为院址；置山长（洞主）主持，学校管理主张自决；不少知名学者讲学其中，研习儒家经籍，形成不同学派争鸣，并成为学派活动基地；重视自学，提倡独立钻研；师生关系较为融洽。元代书院在官府控制下，渐流为科举预习场所。明代书院屡遭禁毁，最著名者为东林书院。清代书院多以应举为目的。唯阮元所创诂经精合、学海堂不课举业。近代西学东渐，产生兼课中、西学的新型书院。清末，废科举，改书院为学堂。抗日战争时期，又有梁漱溟在重庆创办的勉仁书院、马一浮在乐山创办的复性书院等，以研习国学为宗旨，意在复归旧时书院精神。

续表

《白鹿洞书院揭示》	《白鹿洞书院揭示》是又称"白鹿洞书院学规"或"白鹿洞书院教条"。淳熙七年（1180年），朱熹知南康军时为白鹿洞书院所拟学规。含"五教之目"："父子有亲，君臣有义，夫妇有别，长幼有序，朋友有信"；"为学之序"："博学之，审问之，慎思之，明辨之，笃行之"；"修身之要"："言忠信，行笃敬，惩忿窒欲，迁善改过"；"处事之要"："正其谊不谋其利，明其道不计其功"；"接物之要"："己所不欲，勿施于人。行有不得，反求诸己"。并对其宗旨、作用、特点等作出简要说明。淳祐元年（1241年），宋理宗视察太学，亲笔书之以赐学生，作为国子监学规，并颁行天下学校。也成为后世官私学校指导性规程，还传播至朝鲜、日本。
国子监	国子监是中国古代的最高学府和教育行政机构。西晋武帝咸宁二年（276年）设国子学，北齐改为国子寺。隋炀帝改国子寺为国子监，始成专门的中央学校管理机构。唐代初亦名国子寺，贞观初复称国子监，总辖国子学、太学、四门学、律学、书学、算学及广文馆，始设祭酒、司业为正副主管职官。后世沿设。明清时兼为行政管理机构与最高学府。光绪三十一年（1905年）建学部，遂废止。
太学	太学是中国古代的大学，设在京师，其名始于西周。《大戴礼记·保傅》："帝入太学，承师问道"。汉武帝时，董仲舒在对策中建议，"兴太学，置明师，以养天下之士。"元朔五年（公元前124年），武帝采纳丞相公孙弘建议，为五经博士置弟子50人，博士弟子即为太学生，是为西汉太学建立之始。后规模不断扩大。东汉大发展，质帝时太学生达3万人。魏晋到明清，或设太学，或设国子学（国子监），或两者同设，均为传授儒家经典的最高学府。
罢黜百家，独尊儒术	罢黜百家，独尊儒术是西汉为巩固大一统的专制制度而实行的文教政策。汉初以黄老之学治国，汉武帝即位后，采丞相卫绾之议，所举贤良方正，凡治申、商、韩非、苏秦、张仪之言者皆罢去；又采纳董仲舒在"天人三策"中提出的"推明孔氏，抑黜百家"，"兴太学以养士"，选用贤能等三条建议，其核心为独尊儒术。建元五年（公元前136年）置五经博士，传记、诸子博士则历久不置；元朔五年下令为五经博士置弟子，太学正式建立；察举制度化，并以儒术取士。儒学成为学校教学内容和人才选拔依据，儒术独尊确立。
庆历兴学	庆历兴学是宋仁宗庆历年间的兴学运动。旨在克服重科举、轻学校之弊。庆历四年（1044年）范仲淹主持进行。主要举措有：要求诸路府州军及县（有士人200人以上）皆设学，士人须在学习业300日方可应试，强调在学期限；改革科举考试，三场先策、次论、次诗赋，罢帖经、墨义，强调应用；重建太学，招生200名，延聘名儒石介、孙复等执教，并将胡瑗所创苏湖教法（分斋教学）实行于太学，以改革最高学府，培养有用人才。因范仲淹罢相而终止。

熙宁兴学	熙宁兴学是宋神宗熙宁、元丰年间的兴学运动。旨在改革科举制度，改革和加强学校教育，以培养实用人才。熙宁四年（1071 年）王安石主持进行。主要举措有：改革科举考试，罢明经诸科，进士科考试罢诗赋、帖经、墨义而试经义、论、策，设明法科；改革太学，增广学舍，充实师资，创立外舍、内舍、上舍"三舍选察升补之法"，建立严格的考试升等制度，将学生平时行艺与考试成绩结合考察，并允许上舍生优秀者免贡举直接授官或参加殿试；恢复与发展州县学校；整顿和新建武学、律学、医学等专门学校；编撰统一教材，设经义局训释《诗》《尚书》《周礼》，编成《三经新义》，成为学校教学和科举考试的标准教材。对当时和后世的太学教学和管理及科举制度发展影响深远。
三舍法	三舍法是太学三舍选察升补之法的简称。宋代王安石所倡熙宁新政之一，是太学改革重要举措。熙宁四年（1071 年）定三舍法，后经元丰二年（1079 年）李定等修订而更为完备。其制：分太学为上舍、内舍、外舍三个依次递升的等级。始入学者为外舍生，每月进行月试，每年进行公试（升舍试），考在一二等者再参酌平时行艺升入内舍。内舍每二年进行升舍考试，成绩为优、平两等者再参酌平时行艺升入上舍。上舍每二年进行考试，方法与省试同，所试结合平时行艺，两项俱优为上等，免殿试直接授官；一优一平为中等，免礼部试直接参加殿试；全平或一优一否为下等，免贡举直接参加礼部试。通过在太学内部建立严格的升等考试制度，对学生的考察选拔力图将考试成绩与平时表现相结合，将学行优劣与任职使用相结合，以达激励学业、造就实才之效，并期望最终取科举考试而代之。绍圣中一度废科举而专以三舍法取士。元符二年（1099 年）逐步推广于武学、律学、医学、算学、书学、画学等各类学校和地方官学。宣和三年（1121 年）罢州县学三舍法。南宋太学沿行。逐级考察递升之法对后世国子监教学和管理制度有深远影响。
存天理，灭人欲	存天理，灭人欲是宋明理学家关于教育目的的纲领性命题，尤其贯穿于道德修养过程。《礼记·乐记》最先将"天理"与"人欲"对举。程、朱将"天理"与"人欲"对立，以道德纲常为"天理"，认为"不是天理，便是人欲"（《二程遗书》卷一五），"圣贤千言万语，只是教人明天理，灭人欲"（《朱子语类》卷一二），"学者须是革尽人欲，复尽天理，方始是学"。朱熹肯定正当的生活需求，但不允许逾越界限："问饮食之间，孰为天理孰为人欲?曰：饮食者，天理也；要求美味，人欲也。"（《朱子语类》卷一三）陆九渊不赞同"天理""人欲"之辩，却也肯定"明理"和"惩忿窒欲"。王守仁将"致良知"理解成存天理、灭人欲过程，"静时念念去欲存理，动时念念去欲存理"，"圣人之所以为圣，只是此心纯乎天理而无人欲之杂"。（《传习录》上）明清多有学者主张理欲未必冲突，甚至理存乎欲。王夫之认为："私欲之中，天理所寓。"（《四书训义》卷二）戴震更认为，"理者，存乎欲者也"。（《孟子字义疏证》）驳斥存理灭欲乃是"后儒以理杀人"（《与某书》）。

致良知	致良知是明王守仁思想的核心命题之一，是其教育达到的目标，也是道德修养方法。"致"有推及、恢复、达致之意。原出《大学》"致知"与孟子"良知"说。王守仁认为"良知"即天理，又是每个人"自家底准则"，要求除去私欲蒙蔽，使人的一切意念合乎传统道德伦理，让心中的"良知"得以明白。进而将"良知"推行于事事物物。
科举制度	科举制度是隋以后中国历代王朝考试选拔官员的制度，因分科取士而得名。其特点为投牒自进，分科考试，逐级考选，依成绩高下决定弃取与授官。隋炀帝大业二年（606年），"始建进士科"（《通鉴纲目》卷三六）。唐因隋制，有秀才、明经、进士、俊士、明法、明字、明算、开元礼、道举、童子及诸经、诸史、礼科、传科等常科，并有皇帝特诏临时举行的诸多制科，而进士科渐为人所重；考试之法，有帖经、口义、墨义、策论、杂文（诗赋）等；武则天时亲行殿试，长安二年（702年）并设武举。宋初实行糊名、誊录等考场防弊措施。王安石兴学校，改科举，罢诸科，唯留进士；罢帖经、墨义、诗赋而重经义、论、策。元代考试实行民族区别政策，并规定经义考试从"四书"中出题，答题以朱熹《四书章句集注》为准。明清考试形成童生试、乡试、会试（殿试）三级制度，三年一行，只进士一科；乡、会试有经义、诗赋、策论三场；明成化时规定经义考试文体为八股文。光绪二十七年（1901年）废八股，开经济特科。光绪三十一年（1905年）诏"立停科举以广学校"。
京师同文馆	京师同文馆是中国近代第一所新式学堂。清同治元年（1862年）奕䜣等奏设于京师。最初的目的是培养熟谙外文的洋务人才。初设英文馆，第二年添设法文馆和俄文馆，各馆学生从八旗子弟中挑选。后认识西洋格致之学的价值，1866年又设天文算学馆。1869年美国传教士丁韪良受聘总教习。1871年添设德文馆。光绪二年（1876年），按八年制和五年制拟成两个课程计划，教学管理始归统一。学生除外语外，还要求学习数学、格物、化学、测算、机器、万国公法、各国历史、地理、富国策等相互衔接的课程。并设天文、医学、生理学讲座。已成一所以外语为主，兼习各科西学的综合性学校。同年，建立最早的化学实验室和博物馆。1888年添设翻译处、天文台、格致馆。1895年年设东文（日文）馆。教师分为总教习、教习、副教习；教习多外国人；中国教习负责汉文、算学课程，外国教习主讲西学课程；副教习由优秀高年级学生充任。学生除来自八旗外，也有由上海、广东同文馆选送和报考者。1902年1月并入京师大学堂，翌年改成译学馆。是洋务学堂和中国近代新教育的开端。
京师大学堂	京师大学堂是中国近代最早的国立大学。光绪二十四年（1898年）创立于北京，为戊戌变法的"新政"措施之一。首任管学大臣孙家鼐。以"广育人才、讲求时务"为宗旨。初议设道学、政学、农学、工学、商学等十科，实际仅办诗、书、易、礼四堂及春秋两堂。1900年，帝国主义武装侵占北京，被迫停办。1902年复校，张百熙为管学大臣。设预备科（政科、艺科）及速成科（仕学馆、师范馆）。次年增设进士馆、译学馆及医学实业馆。1910年发展为经、法、文、格致、农、工、商七科。1912年改称北京大学。

洋务教育	洋务教育是清末洋务派办的教育，出于求强、求富、巩固帝制统治目的，始于同治元年（1862年）京师同文馆创立，终于中日甲午战争期间。倡导人物有曾国藩、左宗棠、李鸿章、张之洞、盛宣怀等。以"中学为体，西学为用"为教育方针，在坚持传统道德纲常教育的同时，开始学习外语和资本主义先进国家的科学、军事技术，先后设立方言学堂、水师学堂、武备学堂和实业学堂，通称"洋务学堂"，并派遣学生出国留学。引入了西方学科知识和班级授课制度，对清末学制和教学内容、教学组织的改革有较大促进，是中国近代教育的肇始阶段。
中学为体，西学为用	中学为体，西学为用是简称"中体西用"，是中国近代改良派思想家和洋务派代表人物提出的改革指导思想。即在不改变中国专制体制和纲常名教前提下，学习和吸取西方语言文字、近代科学技术乃至政法文教制度，以求强国。初见于19世纪60年代初冯桂芬《校邠庐抗议·采西学议》："以中国之伦常名教为根本，辅以诸国富强之术。"后郑观应《盛世危言·西学》也提出："中学其本也，西学其末也；主以中学，辅以西学。" 1896年孙家鼐在《议复开办京师大学堂折》中明确说："自应以中学为主，西学为辅；中学为体，西学为用"。沈寿康在《匡时策》中也认为，"中西学问本自互有得失，宜以中学为体，西学为用"。 1898年张之洞《劝学篇》作了系统的理论阐述。这一思想成为清末实行教育"新政"的指导思想，亦对近代中国政治经济、思想文化改革产生实际影响，却深受维新派人士批判。
维新教育	维新教育是清末维新运动时期的教育，倡导人物有康有为、梁启超、严复等。维新派认为世界各国的竞争已经由"力"转而为"智"，遂主张改革科举制度，效法资本主义国家建立近代学制，普及教育，以求开发"民智"，培养"新民"；倡导兴办学堂，组织学会，创办报刊，译介西书；在戊戌变法中达到高潮；提出兴办师范教育、女子教育，按儿童身心发展规律设计学校教育阶段。所倡所行多为洋务教育所不及者。所办教育事业受挫于变法失败，创办于1898年的京师大学堂是仅存的硕果。其教育主张对清末近代教育制度的建立有实际影响。
儿童留美	儿童留美是中国近代最早由政府派遣的赴美留学计划。同治十年（1871年）曾国藩、李鸿章据容闳提议，联名奏准派遣儿童赴美留学。拟选派年龄在10~16岁儿童120名，分四批逐年派遣，每年30名，留学期限15年。 1872年第一批儿童赴美，至1875年第四批成行。到美后，先入小学，后入中学、大学。因内部意见纷争， 1881年清政府下令撤回在美学生，除中途辍学和病故者，其余94名学生分三批回国，尚在中学读书32人，大学读书60人，大学毕业2人。其中多人后来成为中国近代海军、采矿、铁路、机器、教育等事业的骨干，如铁路工程师詹天佑、民初国务总理唐绍仪等。

改书院，兴学堂	改书院，兴学堂是清末兴办新式学校的举措。光绪二十四年（1898 年）五月光绪帝颁《改书院兴学校谕》，诏令筹办高、中、小各级学校，各地旧有大小书院一律改为兼习中学和西学的学校。"以省会之大书院为高等学，郡城书院为中等学，州县书院为小学。"后因政变，慈禧太后命各书院照旧办理，停废学堂。光绪二十七年（1901 年）行"新政"再颁此谕，令各省府州县书院改为各级学堂。各省相继实行。书院改学堂的大量实现是在光绪三十一年诏令废科举之后。
废科举，兴学堂	废科举，兴学堂是近代中国重大教育改革事件。光绪三十一年（1905 年）八月，准袁世凯等《请立停科举以广学校并妥筹办法折》，光绪帝上谕指科举不停，阻碍学校推广："著即自丙午科（1906 年）为始，所有乡会试一律停止，各省岁科考试亦即停止。其以前之举贡生员分别量予出路。"之前，光绪十四年（1888 年）准设算学科取士；"百日维新"中拟设经济特科，取消八股考试；光绪二十九年张之洞、袁世凯等上疏请废科举，拟分三科递减乡会试取额以至停罢。其间《钦定学堂章程》（1902 年）和《奏定学堂章程》（1904 年）先后颁布，加速科举停废进程。科举停废扫除了兴办新学的障碍，出现办学热潮。至1909 年各级各类新式学堂已达 5 万多所，京外在校学生 160 万人。
"六三三"学制	"六三三"学制是小学六年、初级中学和高级中学各三年的学制，是 20 世纪初开始流行于美国的普通教育单轨制式学制， 20 世纪 40 年代在美国普遍实行。"六三三"学制成为许多国家普通教育学制的主要模式。中国 1922 年 11 月颁布"壬戌学制"，中小学部分采用此制。
平民教育运动	平民教育运动是五四运动前后的教育思潮与运动，是新文化运动中民主思潮在教育领域里的反映，受到杜威民主主义教育思想影响。具有初步共产主义思想者立于"庶民"的立场，为广大劳工阶级争取教育权利，以教育为启发民众觉悟的工具，后又逐渐演变为共产党领导下的工农教育运动。主张民主主义的知识分子以平民教育为改良社会和拯救国家的手段，重在教民众识字、学文化。1923 年，成立以朱其慧为董事长、陶行知为书记、晏阳初为干事长的中华平民教育促进总会，以"除文盲，做新民"为宗旨，在全国各地设立平民学校、平民读书处、问字处，形成平民教育高潮。 1925 年，"平教会"工作由城市向农村转移，逐渐兴起乡村教育运动并取而代之。

续表

乡村教育运动	乡村教育运动是 20 世纪二三十年代中国的教育思潮和运动，主要由平民教育运动转变而来。基本主张：中国是农业国家，中国大多数人民是农民，要解决中国教育和社会问题须从农村做起。晏阳初为中华平民教育促进总会的总干事，1926 年，在河北定县开展平民教育实验，提出系统的乡村教育理论，即认为中国农村的病症是愚、穷、弱、私，救治之法则在实行文艺、生计、卫生、公民四种教育。1940 年，在四川巴县歇马场创办乡村建设育才院，持续到全国解放。著名者有梁漱溟主持的乡农教育，1931 年他在山东邹平建立山东乡村建设研究院，从分析中国社会文化入手，主张仿古代乡规民约做法，以教育方法重整固有文化以建设乡村；提出创办村、乡两级乡农学校，学童、学众和教员协力，"以教统政"，实行管、教、养、卫结合；通过开设各校共有课程和根据自身需要的特设课程，维护传统道德和掌握新知识、新道理。黄炎培主持的中华职业教育社 1926 年在江苏昆山徐公桥创办农村改进实验区，目的是以教育力量改进农村生活，以为全社会革新基础，尝试通过建立农艺实验场、信用合作社、公共医诊所、夜校、农民教育馆，改进小学教育等。陶行知为中华教育改进社的主任干事，1926 年，他发表《改造全国乡村教育宣言》，提出"筹募一百万元基金，征集一百万位同志，提倡一百万所学校，改造一百万个乡村"，并从培养新型乡村教师入手，1927 年在南京创办晓庄乡村师范学校，培养有"农夫的身手，科学的头脑，改造社会的精神"的乡村教师。俞庆棠、赵叔愚、高阳和李蒸、孟宪承、雷沛鸿等人主持了江苏省立教育学院（原无锡民众教育学院）的无锡民众教育实验区，主张通过教育力量解决民众生活问题，充实其生活力，培养其组织力，由此发扬整个民族的自信力。全国各地开展的各种乡村教育探索不下数百，但因抗日战争爆发而沉寂。
教育独立	教育独立是民国时期的教育思潮，发端于五四运动前，兴盛于 20 世纪 20 年代。1919 年 12 月，北京备校教职员罢教，要求保障教育经费，使教育独立，免受军事政事影响；1920 年 10 月，在上海举行的全国教育会联合会年会，议决教育经费独立案；1921 年 4 月，因政府积欠经费，教育部直属八校提出交涉，并提出以关税盐税、交通邮电部分收入为教育基金，引起全国学潮。1922 年 1 月，李石岑发表《教育独立建议》，在教育经费外，更倡导教育立法和行政独立。蔡元培发表《教育独立议》，主张教育应完全交给教育家办，教育应独立于政党和教会，并提出实行大学区制的教育行政独立方案。南京国民政府成立初期还一度实施了这一制度，却未能成功。
训育	训育是主要指民国时期国民党对各级各类学校实施的管理方法。设立专门的训育人员对学生的德、智、体等方面进行管理，其中混入了国民党的党义、政策和封建道德等内容。反映了国民党对教育的独裁统治。

生活教育	生活教育是陶行知于 20 世纪 30 年代提出的教育理论。针对"洋化教育"和旧教育中脱离生活的缺陷，结合中国社会的实际，吸取和改造杜威教育学说而提出，随时代发展而有变化，伴随着其一生教育实践活动。认为"生活教育是生活所原有，生活所自营，生活所必需"。因而提出"生活即教育，社会即学校"，"教学做合一"，"在劳力上劳心"等主张。后又提出生活教育的特质为生活的、行动的、大众的、前进的、世界的、有历史联系的；要求办大众解放和民族解放的教育。积极主张教育同实际生活相联系，反对死读书，强调培养儿童的创造性和独立工作的能力。曾产生广泛的影响。
活教育	活教育是陈鹤琴的教育改革理论。 1939 年，提出教师如何"教活书，活教书，教书活"，学生如何"读活书，活读书，读书活"，变"死教育"为前进的、自动的、活泼的、有生气的"活教育"。 20 世纪 40 年代，先在江西、上海开展实验。目的论为"做人，做中国人，做现代中国人"，要求有健全的身体、建设的能力、创造的能力、能够合作、能够服务；课程论为"大自然、大社会都是活教材"，破除书本知识唯一的地位，打破学科界限，提倡儿童经验，实施健康、社会、科学、艺术、文学"五指活动"的课程和教材组织；教学论为"做中教，做中学，做中求进步"，强调以"做"为基础和教师的指导，提出实验观察、阅读思考、创作发表、批评研讨四步骤。还提出与传统"死教育"的十大区别、 17 条教学原则和 13 条训育原则等。
冬学	冬学是抗日战争时期根据地的一种重要的群众教育形式。由于农民的空余时间主要在冬季，各个抗日根据地都开展了大规模的冬学运动，有力地推动了群众识字和文化、政治学习。有些冬学甚至保留下来成为常年民校。这一形式不但提高了人民群众的文化水平，而且提高了群众对抗战的认识和热忱。这是中国共产党于困难时期在改造群众方面进行的一次成功尝试，为我国抗战的最后胜利奠定了群众基础和文化基础。
苏维埃文化教育总方针	苏维埃文化教育总方针是土地革命时期中央苏区政府宣布的文化教育方针。1931 年 11 月，中华苏维埃共和国宣告成立，在第一次全国工农兵代表大会通过的宣言中提出："工农劳苦群众，不论男子和女子，在社会、经济、政治和教育上，完全享有同等的权利和义务"，"取消一切麻醉人民的封建的、宗教的和国民党的三民主义教育"。 1934 年 1 月，毛泽东在第二次全国苏维埃代表大会的工作报告中提出苏维埃文化教育的总方针，"在于以共产主义的精神来教育广大的劳苦民众，在于使文化教育为革命战争和阶级斗争服务，在于使教育与劳动联系起来，在于使广大中国民众都成为享受文明幸福的人"。
院系调整	院系调整是 20 世纪 50 年代初，中央政府大规模调整全国高等学校的地区分布和院系设置，许多综合性大学被分拆，教会大学和私立大学被解散，大力发展独立建制的单科性院校，如工科、师范、农林、矿业、电力、医药、政法、财经等专门学院。院系调整以大行政区为单位进行，形成了中国高等教育系统的基本结构和区域格局。

学习苏联经验	学习苏联经验是中华人民共和国成立初期在教育建设中学习和借鉴苏联模式的过程。 1949 年 6 月，毛泽东表示"苏联共产党就是我们最好的先生，我们必须向他们学习"。 10 月，刘少奇发表讲话："我们要建国，同样也必须'以俄为师'，学习苏联人民的建国经验。" 12 月，教育部召开第一次全国教育工作会议，明确将"借助苏联教育的先进经验"作为中国教育建设指导方针。学习苏联教育的举措有：树立按苏联模式办学的学校典型，即中国人民大学、哈尔滨工业大学和清华大学；聘请苏联专家前来讲学、指导学科专业建设、担任教育行政部门顾问；向苏联派遣留学生，中国的留学生 90% 派往苏联；兴起学习俄文运动；进行高等学校院系调整，以培养工业建设人才和学校师资为重点，发展专门学院，整顿、加强综合大学；建立中等专业教育制度；进行全面教学改革，拟定全国统一的教学计划和大纲，翻译和采用苏联教材，推广苏联教学方法，移植苏联教学管理制度；翻译和学习以凯洛夫《教育学》为代表的苏联教育理论。这一过程对中国教育建设起了重要作用，也存在不够切合中国实际、生搬硬套的偏向。
"教育大革命"	"教育大革命"是 1958 年至 1960 年间的教育"跃进"，与"多快好省"地建设社会主义的总路线、"大跃进"和人民公社化运动相呼应，亦是"大跃进"的重要组成部分。 1958 年 2 月 2 日《人民日报》社论发出"全面大跃进"号召，提到"文教卫生也要大跃进"； 4 月至 6 月召开全国教育工作会议，指导思想是反"右倾"； 9 月，中共中央和国务院发出《关于教育工作的指示》，"教育大革命"进入高潮。 1959 年曾一度纠偏。 1960 年秋，"大跃进"造成国民经济发展问题和三年自然灾害影响显现， 12 月中共中央、国务院发出《关于保证学生、教师身体健康的紧急通知》，"教育大革命"实际结束。"教育大革命"意在突破苏联经验框架，探索中国社会主义教育发展道路，提出"两种教育制度，两种劳动制度"和"两条腿走路"方针，探索教劳结合、半工（农）半读、学制和教学改革等，强调阶级斗争，却忽视学校教育教学工作规律和以运动方式搞教育，夸大主观作用，脱离经济、社会发展实际，例如，学校办工厂、农场，师生参加大炼钢铁、兴修水利等生产劳动，严重冲击正常教学秩序。学校工作采用政治运动和群众运动方式，忽视课堂教学和教师主导作用。 1961 年起，根据"调整、巩固、充实、提高"方针进行纠偏。
"三个面向"	"三个面向"是 1983 年邓小平为北京景山学校题词："教育要面向现代化，面向世界，面向未来。""三个面向"是改革开放时期中国教育事业的发展方向和战略方针。
"普九"	"普九"即普及九年制义务教育。 1986 年，六届全国人大四次会议通过《中华人民共和国义务教育法》，规定实行九年制（小学和初中）义务教育，要求省市区根据地方经济、文化发展状况，确定推行义务教育的步骤。 2006 年，实施新修订的义务教育法，规定实行免费（不收学费、杂费）义务教育，所需经费全面纳入公共财政保障范围。 2011 年，所有省市区通过验收，普及九年制义务教畜全面实现。

科教兴国	1995 年，中共中央、国务院颁布《关于加速科学技术进步的决定》，提出实施科教兴国战略。科教兴国是指全面落实邓小平关于科学技术是第一生产力的思想，坚持教育为本，把科技和教育摆在经济、社会发展的重要位置，增强国家的科技实力，提高全民族的科技文化素质。
素质教育	素质教育是以提高国民素质为根本宗旨的教育，要求面向全体学生，立德树人，以培养创新精神和实践能力为重点，造就全面发展的社会主义事业建设者和接班人。素质教育是 20 世纪 80 年代针对中小学过分注重"应试教育"而提出的， 90 年代逐渐上升为国家教育政策，在中小学全面推行， 1999 年，《中共中央国务院关于深化教育改革，全面推进素质教育的决定》提出，"实施素质教育应当贯穿于幼儿教育、中小学教育、职业教育、成人教育、高等教育等各级各类教育"。
高等教育大众化	一般来说，高等教育毛入学率在 15% 以下属于精英教育阶段， 15%~50% 为高等教育大众化阶段， 50% 以上为高等教育普及化阶段。 1999 年，中国高校大扩招，努力从精英教育迈向大众化，以全面提升劳动者的科学文化素质，逐步满足人民群众对子女接受高等教育的需求。 2003 年，高等教育毛入学率已达 17%，只用了 4 年时间就基本实现目标。 2013 年，高等教育毛入学达到 34.5%;"十三五"前 4 年，从 40% 达到 51.6%。《中国教育现代化 2035》预定高等教育毛入学率达到 65%，"十四五"达到 60%。

教师教育融媒体教材

ZHONGWAI JIAOYU JIANSHI

中外教育简史（下）

第2版

王保星　　杜成宪◎主编

北京师范大学出版集团
BEIJING NORMAL UNIVERSITY PUBLISHING GROUP
北京师范大学出版社

图书在版编目（CIP）数据

中外教育简史（上、下）/王保星，杜成宪主编 . —2 版 . —北京：北京师范大学出版社，2023. 8（2025. 7 重印）

教师教育融媒体教材

ISBN 978-7-303-28733-8

Ⅰ.①中⋯　Ⅱ.①王⋯ ②杜⋯　Ⅲ.①教育史–世界–师范大学–教材　Ⅳ.①G519

中国国家版本馆 CIP 数据核字（2023）第 018146 号

出版发行：北京师范大学出版社 https://www.bnupg.com
　　　　　北京市西城区新街口外大街 12-3 号
　　　　　邮政编码：100088
印　　刷：保定市中画美凯印刷有限公司
经　　销：全国新华书店
开　　本：787 mm×1092 mm　1/16
印　　张：27
字　　数：570 千字
版　　次：2023 年 8 月第 2 版
印　　次：2025 年 7 月第 4 次印刷
定　　价：58. 00 元

策划编辑：王建虹　　　　　　　责任编辑：岳　蕾　刘小宁
美术编辑：焦　丽　　　　　　　装帧设计：焦　丽
责任校对：陈　民　　　　　　　责任印制：马　洁

前　言

  《中外教育简史》第 1 版于 2015 年出版，至今已逾 8 年。第 1 版教材为全国百所高校规划教材和教师教育规划精品教材，力求体现编委会所确定的"革新、系统、权威、精良、协同、立体"等教材特点。本书的编写对标《教师教育课程标准》(试行)和《中小学和幼儿园教师资格考试标准》(试行)，结合我国中小学教师职业发展实践和世界教师教育发展与改革的趋势，体现了教材使用主体的实际需求和教学课时有限的现实状况，努力以有限的篇幅和简练的文字叙述人类教育发展与变迁的整体历史，呈现人类教育思想演进与制度变迁的历史轨迹、发展主题、主要成就和基本规律。编者的努力取得了明显成效，本书出版后受到广大读者的认可和欢迎。

  为了进一步总结人类教育发展进程中"教育强国、科技强国和人才强国"的历史经验，为了构建中国式教育现代化体系，为了培养德智体美劳全面发展的社会主义建设者和接班人，为了进一步适应广大教师和学生多元化的教学与学习需求，应北京师范大学出版社约请，编者对《中外教育简史》作了相应修订。此次，《中外教育简史》(下)的主要修订内容包括：一是对 20 世纪末和 21 世纪初英、法、德、美、日本以及俄罗斯教育改革与发展的内容作了若干充实和增补，清晰呈现了欧美主要国家当代教育改革的进展状况与发展趋势。二是对本书的全部引文进行了核对和更新，力求引文更为规范和准确。三是对文字表述作了完善性和规范性的修改，力求文字表述更为简练和流畅。四是进一步提升了本书的引导性和可读性，对各章"本章概述""结构图""学习目标""读前反思""教育家语录""批判性思考""体验练习""补充读物"和全书的"参考文献""关键术语表"等进行了修改和完善，以更方便读者学习、理解和掌握本书各章的内容。

  本书可供师范院校教育学专业和教师教育专业学生以及各类教师培训使用，也可供希望了解人类教育制度与思想演变历程、发展成就的各类读者使用。

  本书是集体合作的结果，第 1 版教材的各章作者重点修订了各自所撰写的章节。王保星对《中外教育简史》(下)的修订稿进行了统稿，具体修订分工情况如下：华东师范大学王保星负责第五章的修订，河南大学王立负责第六章的修订，济南大学李福春负责第七章的修订，郑州师范学院赵敏负责第八章的修订。

  感谢北京师范大学出版社编辑王剑虹老师的关心和支持，感谢北京师范大学出版社领导对本书编写工作的支持和指导。

编者

2023 年 8 月

本书使用指南

本课程的发展历史

19世纪后半叶，伴随着"西学东渐"的浪潮，外国教育史学科被引入中国。20世纪初，我国清季的近代学制将外国教育史纳入大学堂及师范学堂的课程体系之中。日后，外国教育史课程制度正式确立。1904年，清政府颁布《奏定学堂章程》，又称"癸卯学制"，把教育学史与应用教育史作为优级学堂各专业"一概通习"科目，视作与普通教育学史并重的重要内容，其中，《奏定初级师范学堂章程》对教育的发展作出说明："先讲教育史，当讲明中国历朝教育变迁之概观，及中国教育之得失，外国著名纯正教育家之言论，择识其陈义立法之要略"，将教育史作为一门基础课程下第一学年开设，《奏定优级师范选科章程》则强调文、史、理、生四类学科的学生均开下第二、三学年修读"发用教育史"以"教育史"。

这一时期的外国教育史教材多从国外，主要是日本教育史著作翻译而来

外国教育史课程制度正式确立

尝试独立创建具有中国特色的外国教育史学科体系

自20世纪30年代末下半期至60年代中期，我国外国教育史学科开始出现摆脱苏联模式的沸流潮，尝试独立创建具有中国特色的外国教育史学科体系。1962年，曹孚以亚丁斯基著的《世界教育》和翻阅了述大等著的《教育史》为主要参考对象，编写出版了《外国教育史》，此为高等师范院校外国教育史教学之祖。同年，教育部文科教材编写办公室在北京成立以曹孚为组长的外国教育学编写小组，成员包括滕大春、马骥雄和史诵庵，后来又制定了《外国教育史编写细节》，并勾出了部分章节的初稿。

本课程的发展历史：开始学习本课程之前，先了解了下它的发展历程。

本课程的学习方法

外国教育史学科特定的研究对象和研究任务，决定了历史分析法和比较分析法成为外国教育史课程学习与研究的基本方法。

历史分析法是运用历史唯物主义原则分析研究教育历史现象的方法。该方法在运用时要求学习与研究具体的教育历史问题，必须从教育历史的实际出发，在社会矛盾相互联系与发展中进行分析。具体表现为：一是把特定的教育历史人物与现象放到一定的历史范围内去进行分析研究；二是从全面、发展、变化的观点来看待教育历史；三是通过历史发展的相互联系和实践纵横研究的发展演变，揭示其来之从事之历历、事本而必、详考之要要、客观事件出发，把握人类教育发展与之前的历史主流和历史规律；四是在学习与研究教育历史问题的过程中，善于抓住典型，从典型事例出发，把握人类教育发展与之前的历史主流和历史规律。

比较分析法的运用一般表现为两种情况：一是着重观察不同国家和地区在同一历史时期教育发展的历史成就进行横向比较，或者对同一国家或地区在不同历史分阶段的教育发展进行纵向比较，以凸显不同国家或不同历史阶段教育发展的特殊性，有利于国家与地区之间在教育发展规律内的学习与借鉴；二是通过比较两个以上以民族国家或其他类型教育单元的教育历史现象，寻求决定教育历史重要的共同因素，把握人类教育发展历史的一般规律，探索超越国界的教育发展的统一性，进而为具体的观察教育提供某种历史启示或借鉴。

本课程的学习方法：如何学习本课程，并进一步展开研究，方法至关重要。

简要目录

简要目录：一个层级的简要目录让你一眼览尽全书的章目要点。

详细目录

详细目录：三个层级的详细目录为你提供更具体的页码索引，并展现作者阐释每个章节的角度。

关键术语表[①]

青年礼	initiation	青年礼，又称"成丁礼"或"青年礼"，是人类社会早期原始部落考验青少年身心发展状况，从而确定其成人社会地位的仪式。
文士学校	scribe school	文士学校又称"书吏学校"，是古埃及专事培养掌握阅读、书写及计算技能的文士的学校，其目的主要在于培养为国家及王室服务的文士在自己家庭开办。
泥板书舍	tablet house	泥板书舍是古代两河流域的苏美尔人开设的学校，以泥板书为教材，以泥板独为主要教学工具，旨在向学生传授文字及符号知识的学校。
智者	sophists	智者是指古希腊罗马时代具有某种精神方面的能力和技巧的人，公元前5世纪中左右，智者专指否那擅长和以传授演讲术和其他科学知识为职业的学者，属西方最早的职业教师。
产婆术	catechetics	产婆术又称"苏格拉底法""苏格拉底方法"或"精神助产术"，是苏格拉底提出的一种教学方法，主张教师与学生在谈话的过程中，不断地把知识传授给学生，而是通过讨论引导答案互相讨论的方式揭露对方认识中的矛盾，逐步引导学生自己获得知识。
体育馆	gymnasium	体育馆是古代供希腊青年用于训练体育运动的重要，举办公共活动和开展哲学辩论的公共机构或场所，又是男童接受全面教育的场所。
五项竞技	pentathlon	五项竞技又称"五项运动"，是古代希腊体操学校和体育训练的重要内容，也是古代希腊奥运会上主要比赛项目，包括赛跑、跳远、掷铁饼、投标枪、摔跤等综合形式的特征。
"三艺"	trivium	"三艺"是西方教育史上对文法、修辞学和辩证法的总称，是"七项自由艺术"的前三种，是古代和中世纪初期欧中等学校教育的重要内容。
"四艺"	quadrivium	"四艺"是西方教育史上对算术、几何学、天文学、音乐的总称，是"七项自由艺术"的后四种，是古代和中世纪欧洲中等教育的重要内容。
"七艺"	seven liberal arts	"七艺"全称是"七项自由艺术"，是欧洲古希腊、古罗马和中世纪时期对百科知识的一种分类方法。中世纪学校中"自由七艺"的内容包括文法、修辞学、辩证法、算术、几何学、天文学和音乐。

关键术语表：书后会对全书的关键术语做一个整体呈现，并配上解释。

① 本表关键术语表来源摘自以下书籍。
教育学名词审定委员会：《教育学名词》2013；北京，高等教育出版社，2013。
王炳照：《简明教育学词典》1995；北京，北京师范大学出版社，1995。
顾明远：《教育大辞典（增订合编本，下）》；上海，上海教育出版社，1998。

章前栏目

第五章
外国古代教育传统

本章在探讨人类教育起源及史前教育概况的基础上，重点梳理了古巴比伦、古埃及、古印度和古希伯来等古代东方国家和地区的文化发展与教育演进历程，展示了古希腊、古罗马的教育实践成就及教育思想成就，总结了中世纪前欧基督教教育、宫廷学校教育、城市学徒教育、骑士教育和中世纪大学的实施状况，分析了拜占庭帝国和阿拉伯的教育体系及历史遗产。

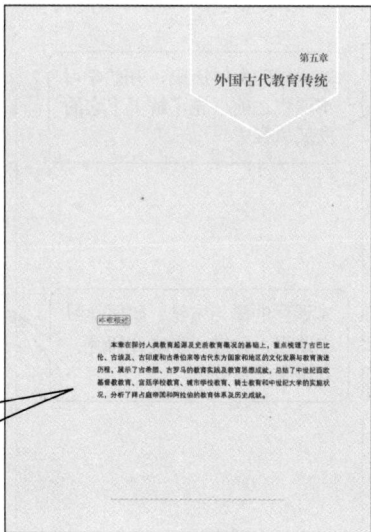

本章概述：学习每章之前，先了解一下它的内容概要。

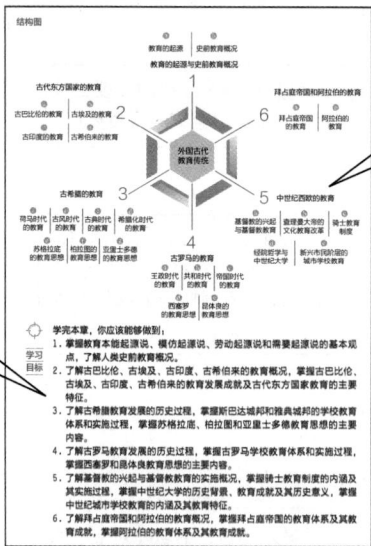

结构图

章结构图：这张"地图"将助你在第一时间把握本章知识结构。

学完本章，你应该能够做到：

1. 掌握教育本能起源说、模仿起源说和需要起源说的基本观点，了解人类史前的教育概况。
2. 了解古巴比伦、古埃及、古印度、古希伯来的教育概况，掌握古巴比伦、古埃及、古印度、古希伯来的教育发展成就及古代东方国家教育的主要特征。
3. 了解古希腊教育发展的历史过程，掌握斯巴达城邦和雅典城邦的学校教育体系和实施过程，掌握苏格拉底、柏拉图和亚里士多德教育思想的主要内容。
4. 了解古罗马教育发展的历史过程，掌握古罗马学校教育体系和实施过程，掌握西塞罗和昆体良教育思想的主要内容。
5. 了解基督教的兴起与基督教育的实施概况，掌握骑士教育制度的内涵及其实施过程，掌握中世纪大学的历史背景、教育成就及其历史意义，掌握中世纪城市学校教育的内涵及其教育特征。
6. 了解拜占庭帝国和阿拉伯的教育概况，掌握拜占庭帝国的教育体系及其教育成就，掌握阿拉伯的教育体系及其教育成就。

章学习目标：清楚学习目标，学习才能更高效。

人类教育经历了漫长的发展历程，在人类社会发展早期，教育逐步从一般性的社会活动中独立出来，学校教育体系逐步完善，关于教育实践的思考也逐步深入。在阅读本章之前，请反思自身关于教育实践与教育理论的认识过程。

1. 想想人类教育曾经历了怎样的历史变迁才发展成为现代教育？
2. 古代教育的基本特征是什么？古代东西方国家教育在教育实践和教育理论上为人类教育的发展提供了怎样的历史基础？
3. 古希腊与古罗马教育之间存在着什么样的历史关系？各自的特征是什么？对此后西方的教育产生了什么影响？
4. 如何理解中世纪基督教教育与世俗教育的关系？中世纪大学的类型与基本制度是什么？

读前反思：反思的问题将带你步入新的知识探索之旅。

章内栏目

节学习目标：完成每节学习目标，才能实现每章学习目标，直至掌握全书内容。

流动的定义：突出呈现的定义方便你一眼看到它。

教育家语录：这里有教育家、哲学家、思想家……听一听他们的真知灼见吧。

---

19 世纪末和 20 世纪初期，一些欧美国家社会经济获得快速发展，社会财富的积累和普遍的社会乐观心态的出现，将教育视为社会重建和进步的有效手段。这一时期，实验科学的发展进一步促进了实验心理学的发展，为开展儿童研究和教育实验提供了理论基础。新的教育思潮不断出现，并逐步形成了创建"科学的教育学"热潮。欧美国家出于对教育长期僵化和保守的旧教育，主张建立一种与现实生活和社会生活联系密切的新教育，在积极探讨构建一种新教育理论体系的同时，纷纷开设开办新式实验学校，组建新学校的联络中心和交流机构，创办教育刊物，交流教育研究成果，积极推进欧美国家的教育实践，分别在欧洲和美国形成了"新教育运动"和"进步主义教育运动"。

第一节
欧洲新教育运动与美国进步主义教育运动

学习目标

1. 了解欧洲新教育运动的历史进程，掌握欧洲主要新学校实验的内容及办学特色。

2. 了解美国进步主义教育运动的历史进程，掌握美国进步主义学校实验的内容及办学特色。

一、欧洲新教育运动

欧洲新教育运动（New Educational Movement）是欧洲继文艺复兴运动、启蒙运动之后的又一次教育革新运动，历时半个多世纪，不仅影响了整个欧洲，而且影响了世界。欧洲新教育运动崇尚全人类的价值观，高扬人的能动性，注重儿童独立性、创造性的培养，为近代欧洲教育的制度化和现代化奠定了坚实的基础，并对世界教育产生了深远的影响。

（一）欧洲新教育运动的兴起

19 世纪末 20 世纪初，新教育运动之所以在欧洲兴起，是因为其有着深刻而复杂的社会历史背景，欧洲新教育运动是随着欧洲国家工业化发展，以及激斯进一步激励出现在欧洲的一种对传统教育的理论和方法，是在教育实践中对传统教育（传统学校）的挑战和否定，并与北美进步主义教育运动形成遥相呼应之势。

新教育运动
新教育运动是 19 世纪 80 年代至 20 世纪初，欧洲出现的一场教育革新运动，与美国的进步主义教育遥相呼应，它们共同构成了这一时期世界教育革新的潮流。

（二）欧洲新学校实验

欧洲新教育运动是 19 世纪末 20 世纪初在欧洲兴起的一场旨在反对传统教育，提倡发展儿童自由个性的教育改革运动。新教育运动的倡导者反对过度的主智主义教育，认为应儿童自教育管理。新教育运动的倡导者广泛采用新的教育形式、内容和方法，旨在革新传统教育。这一教育运动在实践上表现为新学校的兴起和发展。

欧洲新教育运动期间创设的新学校主要有：雷迪（C. Reddie）创办的阿博茨霍尔姆学校（1889 年），巴德利（H. J. Badley）创办的贝达尔斯学校（1893 年），德莫林（E. Demolins）创办的罗歇斯学校（1899 年），麦克米伦姐妹（Rachel McMillan, Margaret McMillan）创办的保育学校（1910 年），尼尔（Alexan der Sutherl and Neil）创办的萨默希尔学校（1921 年），罗素（Bertr and Arthur William Russell）创办的皮肯希尔学校（1927—1934 年）。英国的教育家怀海、德、怀特海（Alfred North Whitehead）虽然没直接创办实验学校，但是他们在推崇美国的教育实践，特别是对别人创办的新学校进行了考察考、研究，通过著书立说等形式对新学校实验确高到理论高度，为新教育运动的进一步发展奠定理论基础。新教育运动的理论上体现出浓厚的自由主义色彩，力图使学校教育适应新社会发展形势，它的理论与实践在后来对世界上许多国家，特别是欧美国家的教育理论与实践的发展产生了深远的影响。

1889 年，英国教育家雷迪创办了阿博茨霍尔姆乡村寄宿学校。为欧洲新教育运动的发端。雷迪虽然肯定英国公学，但对当时的公学并不满意，指出当时的公学无法适应科学时代所提出的要求，是为过去培养人，而不是为现代人培养人，雷迪揭橥建立科学型公学以上述问题有所改善。雷迪创建的新型学校，招收 11～18 岁的男孩；在课程设置上，雷迪重体力和手工活动，艺术和想象力课程，文学、数理、社会教育和宗教、道德教育课程；在智力训分配上，上午以学习功课为主，下午进行体育锻炼和户外活动，晚上从事娱乐和艺术活动；在教育目的上，旨在把他们培养成领袖导领导阶层人士。雷迪所推崇的新教育实践活动日渐产生影响，还有人专门下拓展性工作。巴德利本来是雷迪学校的一名教师，在留迪学校工作的经历，使他产生了办学的冲动。巴德利于 1893 年创建了贝达尔斯学校。在招生对象上，这所学校不仅收男生，而且收女生；在培养目的上，这所学校把雷心向外界创造者；在学校

逐步引导学生，最后得出正确结论。

苏格拉底方法一般分为四个步骤：第一步为反讽，就对方的发言不断提出追问，让对方陷入自相矛盾。迫使其放弃原有定论的结论，承认自己无知，即"自知其无知"。第二步为产婆术，即在否定已有成的基础上，引导学生独立思考，形成新概念，帮助学生自己得到问题的答案。正如助产士帮助孕妇接生一样，教师的职责在于帮助学生发现知识的真理。故苏格拉底方法又名"产婆术"。第三步为归纳，即从各类具体事物的探讨中发现事物的共性，获得普遍的正确概念，完成从个别到一般的认识过程。第四步为定义，即将个别事物纳入一般概念，获得关于事物的普遍概念。

作为一种教师和学生共同讨论的方法，合作寻求正确答案的方法，苏格拉底底方法遵循从具体到抽象、从个别到一般，从已知到未知的顺序，注重发挥学生思考的积极性和主动性，注重由自发学生自己完成从已知到未知，再从未知到已知的认识过程，体现了学生作为认识主体的特殊性，这为后来西方启发式教学理论与实践提供了历史启迪。

苏格拉底由于主张涉及教育价值、教育目的、教学方式等普遍性等普遍性的教育理论问题，其思考成果直接影响到柏拉图和亚里士多德教育理论的形成，并对西方近现代教育产生了一定的影响。

教育家语录

欧（根据弗雷顿）：老兄学坏！不坏。我弟得害头转够了，简直弄得我搞不过说的是什么了。不管怎么说嘛，我终归以为那些原本，害者做人总是正义的。

苏（苏格拉底）：你所谓的朋友是指那些给上去好的人呢，还是指那些实际上真正好的人呢？你所谓的敌人是指那些看上去坏的人呢，还是指那些实际上真正是坏的人呢？

欧：那还用说吗？一个人总是爱他认为好的人，恨他那些他认为坏的人。

苏：那么，一般人不会弄错，把认为坏人当成好人，又把好人当成坏人吗？

欧：是会有这些事的呀。

苏：那不是要把好人当成敌人，害坏人当成朋友了吗？

欧：无疑会的。

苏：这么一来，帮助坏人，为害好人，也可是正义的了？

欧：好像是的。

苏：可是好人是正义的，是不干不正义的事的呀。

欧：是的。

苏：依你这么说，害者不做不正义的人倒是正义的了？

章后栏目

本章小结：这里概述了每章的重要知识点，方便进行复习和回顾。

本章小结

没有思想，教育史就没有灵魂。没有实践，教育史就没有血肉。20世纪前半期，世界教育舞台可谓异彩纷呈，教育思想与教育实践并行，改革与发展同步，与其说思想与教育实践的发展作出了应有贡献，这一时期，教育在由"旧"到"新"的演进过程中获得验的生机。欧洲新教育运动与美国进步主义教育运动是教育实践中的亮点。在欧洲主要国家和日本、苏联，国家参与教育的意识、管理教育的方法，进行教育改革的力度也总体上呈增强之势。与曼彻斯的实践展现的教育诸事项，20世纪上半期的教育思想看不显色，有目共睹的是，在此颇教育国家或教育实践出行有声有色的国家，其教育思想也都本体现出该国的特色，在美国杜威的教育思想，在意大利有蒙台梭利的教育思想，在苏联有克鲁普斯卡亚、马卡连柯的教育思想。值得一提的是，与这些教育思想相伴的是它们各具特色的教育实践。

总结 >

关键术语：每章后为你提供了本章的关键术语。

Aa 关键术语

新教育运动	初级学院	进步主义教育运动
New Educational Movement	junior college	Progressivism Education Movement
做中学	八年研究	实用主义教育
learning by doing	eight-year study	pragmatism in education
统一劳动学校		
единая трудовая школа		

章节链接：知识之间是有联系的，章节链接为你提供了这种指引，它能让你的知识融会贯通。

章节链接

| 在这一节，你读到了…… | 在其他章节中、你将发现相关的讨论…… |
| 美国进步主义教育运动 | 第八章第四节 当代激愤教育思潮 |

应用 >

批判性思考：这里通过提问的方式引导你进一步思考。

批判性思考

在人类教育发展的历程中，既有实践的表白，又有绵续的足迹，通过对20世纪上半期异彩教育变史的学习，您认为教育思想和教育实践两者之间有什么关系？

体验练习：练习能深化你对知识的学习，并助你查漏补缺。

体验练习

以下一格自测题可以帮助你了解自己对本章一卷内容的掌握情况。
一、下列每题只出的选项中，只有一个选项是符合试题要求的。
1. 在俄国教育史上，享有"技术教育的先驱"之称的教育家是（　）。
　A.《阿里婆拉法案》　　　B.《富尔法案》
　C.《费法法案》　　　　　D.《教育改革法》
2. 1907年，意大利幼儿教育家蒙台梭利在罗马贫民区所创办的幼儿学校名称是（　）。
　A. 快乐之家　　　　　B. 儿童之家
　C. 工作之家　　　　　D. 游戏之家
3. 提出从做中学，从经验中学，以活动性、经验性课程取代传统的书本式教材的教育家是（　）。
　A. 约翰·杜威　　　　B. 亨利·凯纳娜
　C. 赤青明·富兰克林　　D. 裴拉斯·曼
4. 在德意志帝国时期，下列学校中地位最渐的是（　）。
　A. 国民学校　　　　　B. 中间学校
　C. 文科中学　　　　　D. 实科中学
5. 马卡连柯平行教育思想，重视实施集体主义教育的苏联教育家是（　）。
　A. 马卡连柯　　　　　B. 克鲁普斯卡娅
　C. 苏霍姆林斯基　　　D. 乌申斯基
二、要求判断正误，并说明理由。
1. 蒙台梭利认为，相对于游戏，儿童更喜欢工作。
2. 杜威主张教育无目的论。

薄区别是（　）。
　A. 重视军事教育　　　　　B. 重视女子教育
　C. 做身心和谐发展的教育　D. 加强国家对教育的控制
3. 在古代斯巴达，城邦为满18岁的公民子弟接受正规邻事训练而设立的教育机构是（　）。
　A. 体育馆　　B. 欧弗比　　C. 体操学校　　D. 角力学校
4. 古罗马教育家西塞罗论述教育的主要著作是（　）。
　A.《雄辩术原理》B.《演辩师家》　C.《忏悔录》　D.《论灵魂》
5. 中世纪西欧的骑士教育是一种特殊形式的（　）。
　A. 学校教育　　B. 家庭教育　　C. 社会教育　　D. 教会教育
三、要求判断正误，并说明理由。
1. 骑性质而言，骑士教育是一种较为成熟的学校教育类型。
2. 除注重军事与体育教育外，斯巴达教育还十分重视青少年儿童的文化知识教育。

拓展 >

补充读物：这里为你的学习提供了更广阔的阅读空间。

补充读物

1 [英] 博伊顿，金：《西方教育史》，任宝祥、吴元训译，北京，人民教育出版社，1985。
　本书着重描述西欧各国的教育的历史渊源，修订版规述了自希腊教育到当前西方大学出现的对待教育史概括有涉猎。
2 [蒙尔兰] 奥拉林格：《最伟大的教育家：从苏格拉底到杜威》，产应海，安徽岭译，上海，华东师范大学出版社，2009。
　本书对哥信息，轮详述，显见本多彩，形解，风体系，展示新下7数人的教育思想作了值得借鉴的诸阅。
3 曹孚：《外国古代教育史》，北京，人民教育出版社，1981。
　本书系新介绍了斯到教育多学科者的有那把著者诸语介的作者诸语，主要明确且解说某多方面展观。
4 张法琨：《古希腊教育论著选》，北京，人民教育出版社，1994。
　本书依据了古希腊"三杰"关于教育的论述。
5 [古罗马] 昆体良：《昆体良教育论著选》，任钟印译，北京，人民教育出版社，1989。
　本书主要收录了昆体良的《雄辩术原理》及博塞罗等诸有的相关作品。

本课程的学习方法

外国教育史学科特定的研究对象和研究任务，决定了历史分析法和比较分析法成为外国教育史课程学习与研究的基本方法。

历史分析法是运用历史主义原则分析和研究教育历史现象的方法。该方法在运用时要求学习与研究具体的教育历史问题，必须从教育历史的实际出发，在社会矛盾相互联系与发展中进行分析。具体表现为：一是把特定的教育历史人物与现象放到一定的历史范围内进行分析研究；二是用全面、发展、变化的观点来看待教育历史；三是通过历史发展的相互联系和实践结果研究教育历史问题，实事求是地分析教育历史问题；四是在学习与研究教育历史问题的过程中，善于抓住典型，从典型事例出发，把握人类教育发展与变迁的历史主流和历史规律。

比较分析法的运用一般表现为两种情况：一是着重就不同国家和地区在同一历史时期教育发展的历史成就进行横向比较，或者对同一国家或地区在不同历史阶段的教育发展进行纵向比较，以凸显不同国家或不同历史时期教育发展的特殊性，有利于国家与地区之间在教育发展领域内的学习与借鉴；二是通过比较两个或两个以上民族国家或其他类型教育单元的教育历史现象，寻求决定教育历史现象的共同因素，把握人类教育发展历史的一般规律，探索超越国界的教育发展的统一性，进而为具体的现实教育提供某种历史启示或镜鉴。

本课程的发展历史

　　19世纪后半叶，伴随着"西学东渐"的浪潮，外国教育史学科被引入中国。20世纪初，我国颁布的近代学制将外国教育史纳入大学堂及师范学堂的课程体系之中，自此，外国教育史课程制度正式确立。1904年，清政府颁布《奏定学堂章程》，又称"癸卯学制"，把教育理论与应用教育史作为优级学堂各专业"一概通习"科目，相当于现在的基础科目。其中，《奏定初级师范学堂章程》对教育类课程作出说明："先讲教育史，当讲明中国外国教育史之源流，及中国教育家之绪论，外国著名纯正教育家之传记，使识其取义立法之要略。"将教育史作为一门基础课程于第一学年开设。《奏定优级师范学堂章程》则强调文、史、理、生四类学科的学生均须于第二、第三学年修读"应用教育史"与"教育史"。

　　这一时期的外国教育史教材多从国外、主要是日本教育史著作翻译而

外国教育史课程的发展历史

1 外国教育史课程制度正式确立

尝试独立创建具有中国特色的外国教育史学科体系 3

　　自20世纪50年代下半期至60年代中期，我国外国教育史学科开始出现摆脱苏联模式影响的迹象，尝试独立创建具有中国特色的外国教育史学科体系。1962年，曹孚以麦丁斯基著的《世界教育史》和康斯坦丁诺夫等著的《教育史》为主要参考对象，编写出版了《外国教育史》教材，以为高等师范院校外国教育史教学之用。同年，教育部文科教材编写办公室指示成立以曹孚为组长的外国教育史编写小组，成员包括滕大春、马骥雄和吴式颖。后来又制定了《外国教育史编写纲要》，并写出了部分章节的初稿。

来。日本原亮三郎编著、沈纮翻译的《内外教育小史》是我国最早翻译的教育史教材。该书分内篇和外篇，内篇主要讲中日教育发展史，外篇谈外国古代、中古、近世教育史及近代主要教育家思想，基本确定了教育史学科的主要框架。

《奏定学堂章程》颁布之后，一批官立师范学堂设立。如武昌师范学堂、保定师范学堂、成都师范学堂、贵州师范学堂、全闽师范学堂等。在兴办官立师范学堂的同时，中国第一所民办师范学堂——通州师范学堂也随之设立。在上述官办或民办师范学堂中，教育史课程始有开设，如通州师范学堂寻常师范科所设课程包括：教育史（包括中外教育沿革、中外教育家传记及思想）、教育学、学校管理和教育实习；速成师范科所设课程包括：第一学期为教育史，第二学期为教育学，第三学期为教授管理法，第四学期为教育管理与实习。自此至20世纪50年代末，教育史一直作为师范院校教育专业的重要课程而存在。

外国教育史学科的恢复与重建时期

4

20世纪70年代末到80年代中后期，外国教育史学科迎来了恢复与重建的时期。随着一批师范院校教育系的恢复或创建，外国教育史重新被纳入师范院校课程体系，各级师范院校又重新开设外国教育史课程，一些师范院校相继设立了教育史教研室或教研组。这个时期高等师范院校的教育系主要承担为中等师范学校培养教育学、心理学师资的职能，外国教育史作为师范专业的基础课目具有十分突出的学科地位，通常开设一个学年（含两个学期），每周3~4学时，与教育学、中国教育史一同构成了教育学专业的骨干课程。

新中国成立初期，我国外国教育史课程建设的主要内容是翻译和介绍苏联教育史著作和教育理论，各级师范院校全面采用苏联教育史学者编著的教育史教材。

1950年生活·读书·新知三联书店出版了苏联教育史学家麦丁斯基的《世界教育史》。1953年，麦丁斯基的《世界教育史》经修订重新出版，人民教育出版社又相继组织翻译出版了一批苏联教育史著作，如康斯坦丁诺夫主编的三卷本《世界教育史纲》（1954年）、沙巴耶娃为苏联师范学院学前教育专业编写的《教育史》（1955年）、康斯坦丁诺夫、麦丁斯基、沙巴耶娃合著的《教育史》（1957年）。这些著作均成为当时我国师范院校的教材和教科书，外国教育史课程也成为教育学专业的必修课和师范类院校的公共必修课。

2

· · · ·

翻译和介绍苏联教育史著作和教育理论

· · · ·

20世纪90年代以来，为适应并满足我国教育现代化事业发展和积极吸纳人类优秀文化教育成果的需求，外国教育史课程与教学逐步进入发展盛期，一批有影响的外国教育史课程教材先后出版，主要包括：滕大春主编的《外国教育通史》（6卷，山东教育出版社1989–1994年出版），马骥雄著《外国教育史略》（人民教育出版社1991年版），赵祥麟主编的《外国教育家评传》，吴式颖主编的《外国教育史教程》（人民教育出版社1999年版），吴式颖、任钟印主编的《外国教育思想通史》（10卷，湖南教育出版社2002年版），张斌贤主编的《外国教育史》（教育科学出版社2008年版），王保星主编的《外国教育史》（北京师范大学出版社2008年版），周采编著的《外国教育史》（华东师范大学出版社2008年版），贺国庆等主编的《外国教育史》（高等教育出版社2009年版），杨捷主编的《外国教育史》（河南大学出版社2010年版）。这些教材融教学用书和学术著作为一体，将最新研究成果和教育史观贯彻体现于教材之中，积极打造具有中国特色的外国教育史课程与教材体系，体现了我国外国教育史课程与教学发展的新特色与新方向。

简要目录

详细目录

外国古代教育传统

本章概述

　　本章在探讨人类教育起源及史前教育概况的基础上，重点梳理了古巴比伦、古埃及、古印度和古希伯来等古代东方国家和地区的文化发展与教育演进历程，展示了古希腊、古罗马的教育实践及教育思想成就，总结了中世纪西欧基督教教育、宫廷学校教育、城市学校教育、骑士教育和中世纪大学的实施状况，分析了拜占庭帝国和阿拉伯的教育体系及历史成就。

结构图

ⓐ 教育的起源　ⓑ 史前教育概况
教育的起源与史前教育概况

1

古代东方国家的教育

ⓐ 古巴比伦的教育　ⓑ 古埃及的教育

2

ⓒ 古印度的教育　ⓓ 古希伯来的教育

拜占庭帝国和阿拉伯的教育

6

ⓐ 拜占庭帝国的教育　ⓑ 阿拉伯的教育

外国古代教育传统

古希腊的教育

3

ⓐ 荷马时代的教育　ⓑ 古风时代的教育　ⓒ 古典时代的教育　ⓓ 希腊化时代的教育

ⓔ 苏格拉底的教育思想　ⓕ 柏拉图的教育思想　ⓖ 亚里士多德的教育思想

中世纪西欧的教育

5

ⓐ 基督教的兴起与基督教教育　ⓑ 查理曼大帝的文化教育改革　ⓒ 骑士教育制度

ⓓ 经院哲学与中世纪大学　新兴市民阶层的城市学校教育

古罗马的教育

4

ⓐ 王政时代的教育　ⓑ 共和时代的教育　ⓒ 帝国时代的教育

ⓓ 西塞罗的教育思想　ⓔ 昆体良的教育思想

学习目标

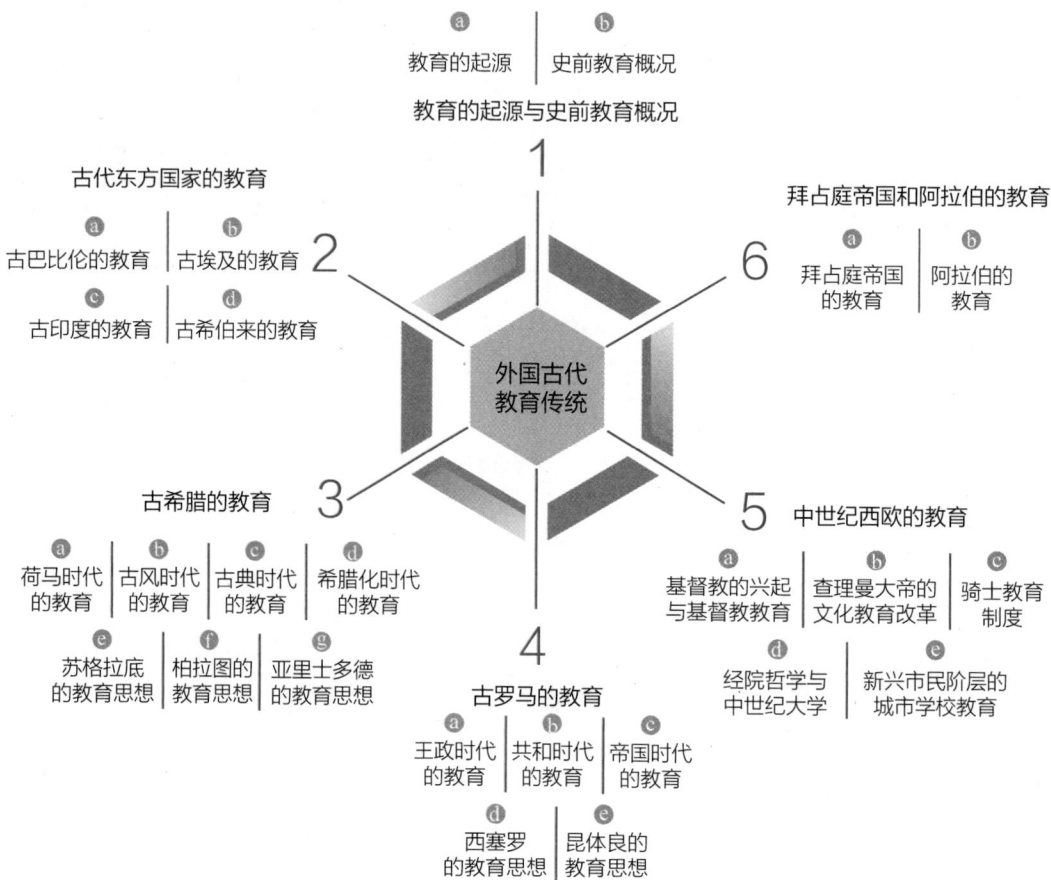

学完本章，你应该能够做到：

1. 掌握教育本能起源说、模仿起源说、劳动起源说和需要起源说的基本观点，了解人类史前教育概况。

2. 了解古巴比伦、古埃及、古印度、古希伯来的教育概况，掌握古巴比伦、古埃及、古印度、古希伯来的教育发展成就及古代东方国家教育的主要特征。

3. 了解古希腊教育发展的历史过程，掌握斯巴达城邦和雅典城邦的学校教育体系和实施过程，掌握苏格拉底、柏拉图和亚里士多德教育思想的主要内容。

4. 了解古罗马教育发展的历史过程，掌握古罗马学校教育体系和实施过程，掌握西塞罗和昆体良教育思想的主要内容。

5. 了解基督教的兴起与基督教教育的实施概况，掌握骑士教育制度的内涵及其实施过程，掌握中世纪大学的历史背景、教育成就及其历史意义，掌握中世纪城市学校教育的内涵及其教育特征。

6. 了解拜占庭帝国和阿拉伯的教育概况，掌握拜占庭帝国的教育体系及其教育成就，掌握阿拉伯的教育体系及其教育成就。

　　人类教育经历了漫长的发展历程，在人类社会发展早期，教育逐步从一般性的社会活动中独立出来，学校教育体系逐步完善，关于教育实践的思考也逐步深入。在阅读本章之前，请反思自身关于教育实践与教育理论的认识过程。

1. 想想人类教育曾经历了怎样的历史变迁才发展成为现代教育？

2. 古代教育的基本特征是什么？古代东西方国家教育在教育实践和教育理论上为人类教育的发展提供了怎样的历史基础？

3. 古希腊与古罗马教育之间存在着什么样的历史关系？各自的特征是什么？对此后西方的教育产生了什么影响？

4. 如何理解中世纪基督教教育与世俗教育的关系？中世纪大学的类型与基本制度是什么？

作为人类历史发展的第一阶段，史前社会又称原始社会。在适应并促进史前社会人类生产力与生产关系发展的过程中，作为特殊社会实践活动的教育诞生了，由此开启了人类教育发展的序幕。人类史前教育主要分为前氏族、母系氏族、父系氏族和军事民主制社会四个阶段，与不同阶段的社会组织、经济发展与婚姻关系等社会状况相适应，教育表现出无阶级性特点，儿童公有共育，教育内容与生产劳动和社会生活联系密切，主要向学生传授生活知识、生产劳动技能、军事技能、氏族和部落传统、风俗习惯和宗教礼仪等。教学方法则主要以模仿和讲述为主。

第一节
教育的起源与史前教育概况

🎯 **学习目标**

1. 掌握教育本能起源说、模仿起源说、劳动起源说和需要起源说的基本观点。

2. 了解人类史前教育概况。

一、教育的起源

作为教育史和教育学研究的一个基本理论命题，人类教育的起源需要解答教育诞生的历史阶段、社会基础、基本内涵以及与社会其他子系统之间的关系等问题，更为重要的是，该问题的解答又以对人类起源问题作出回答为前提。关于人类起源问题解答的不确定性，在很大程度上决定了人类教育起源问题解答的多样性。其中代表性观点主要有以下四种。

（一）教育的本能起源说

"教育的本能起源说"最早由法国哲学家、社会学家利托尔诺（Charles Letourneau，1831—1902 年）提出，英国教育家沛西·能（Thomas Perey Nunn，1870—1944 年）亦持此说。利托尔诺在《各人种的教育演化》中主张，教育起源早于人类诞生，人类教育只是动物教育的延续和发展，动物界普遍存在的基于生存竞争的本能是教育的基础。动物界也存在教育现象，例如，大猫教小猫捕鼠和大鸭教小鸭凫水等都属于教育行为。沛西·能在 1923 年不列颠协会教育科学组的大会上，作了以《人民的教育》为题的主题演讲，其间讲道："教育从它的起源来说，是一个生物学的过程，不仅一切人类社会有教育，不管这个社会如何原始，甚至在高等动物中也有低级形式的教育。我之所以把教育称为生物学的过程，意思就是说，教育是与种族需要相应的、种族生活天生的，而不是获得的表现形式；教育既无待周密的考虑使它产生，也无需科学予以指导，它是扎根于本能的不可避免的行为。"①

（二）教育的模仿起源说

"教育的模仿起源说"由美国教育史学家孟禄（Paul Monroe，1869—1947 年）提出。孟禄在《教育史教科书》第一章"原始的教育"中强调，原始社会个体和社会意义上的教育，均始于"单纯的、无意识的模仿"。人类早期的教育，在其目的、手段、实践或理论层面，均具有模仿的性质。模仿既是教育的最初形式和手段，也是教育的本质。此外，英国教育家沛西·能在《教育原理》第十一章"模仿"中也认为，作为人类天性的两个根深蒂固的趋势之一（另一趋势为本能），"模仿趋势"即"一个人对接受别人的行动、情感和思想的方式所表现的一般趋势"。②

（三）教育的劳动起源说

"教育的劳动起源说"最早由苏联教育学者于 20 世纪 30 年代提出。苏联教育学者援引恩格斯在《家庭、私有制和国家的起源》和《劳动在从猿到人转变中的作用》等著作中所提出的"劳动创造人类本身"这一基本观点，主张人类教育起源于劳动。

社会生产劳动为教育的产生提供了条件与可能性。劳动创造了人，人猿揖别，人类社会的出现，为教育的产生准备了主体；劳动创造了语言，为人类通过教育传播生产经验、劳动技能、社会习俗和宗教礼仪提供了手段；劳动实践所积累的经验，为教育的产生准备了内容。

社会生产劳动对教育的产生提出了要求与必要性。低下的生产力水平和极高的劳动强度，导致人类初民的生存条件极为恶劣。参与集体劳动，成为集体中的一员，成为个体社会成员生存的保障。因而，个体社会成员必须借助于有效的知识、经验和技能的学习及训练，才能在抗拒大自然可怕威力的过程中降低生存风险，提高生存的希望，教育的产生也最终成为必然。

自 20 世纪 50 年代初，我国教育界普遍接受了教育劳动起源说的基本主张。20 世纪 80 年代以来，教育起源问题的讨论得以延续，先后出现"教育起源于古猿的教育"③，"教育起源于人类在劳动过程中形成的超生物经验的传递和交流"④ 等观点。这些观点进一步拓宽了有关教育起源问题的研究领域。

---

① ［英］沛西·能：《教育原理》，王承绪、赵瑞瑛译，36 页，北京，人民教育出版社，2005。
② ［英］沛西·能：《教育原理》，王承绪、赵瑞瑛译，156 页，北京，人民教育出版社，2005。
③ 孔智华：《人类教育并非起源于劳动》，载《华东师范大学学报（教育科学版）》，1984（4）。
④ 桑新民：《呼唤新世纪的教育哲学——人类自身生产探秘》，115 页，北京，教育科学出版社，1993。

(四)教育的需要起源说

"教育的需要起源说"最早由中国马克思主义教育理论家杨贤江于20世纪30年代提出，主张教育起源于社会生活实际的多方面需要。杨贤江在《新教育大纲》中提出："教育只是一件'日用品'，是与社会的生活过程、物质的生产关系有密切联系的；而且是以这种现实的社会经济生活为基础的……教育的发生就只根于当时当地的人民实际生活的需要；它是帮助人营社会生活的一种手段……自有人生，便有教育。因为自有人生，便有实际生活的需要。"①

关于教育起源的不同主张，间接反映了关于教育本质的不同理解。教育的本能起源说注意到人与动物的联系和人的生物学基础，这是合理的，但将教育视为一种无意识的本能性活动，忽视了人类教育的社会性和目的性，混淆了人类教育与动物养育之间的本质差别。教育的模仿起源说关注模仿在人类教育中的作用，试图寻求人类教育的心理学基础，是有理论意义的，但却将模仿这一人类本能等同于人类社会活动，忽视了成人指导在儿童教育中的作用。教育的劳动起源说和需要起源说在教育起源的具体表述上存在差异，教育的需要起源说不同意将劳动经验视为人类社会生活的全部内容，人类早期的氏族或部落习惯、意识风俗等需要借助于教育传授给下一代，但此类内容不宜完全归入劳动的范畴。尽管如此，但二者均将教育视为人类社会特有的、有意识、有目的的活动，认为教育是与人类的社会生活与生产劳动存在密切联系的。教育的根本目的在于借助社会生产和生活经验的传递、社会习惯和宗教礼仪的习得来帮助个体实现社会化。这些认识从整体上是符合马克思主义基本原理的，从而为进一步揭示教育的起源问题指明了方向。

二、史前教育概况

史前即原始社会，是人类社会发展的第一个漫长的历史时期。科学发现，人猿揖别约完成于四百四十万年前，而人类拥有文字的历史只有5000余年。

在此漫长的历史时期，人类使用的工具多为石制，因而原始社会又称为"石器时代"。根据原始社会人类所使用石制工具制造方式的不同，原始社会被分为"旧石器时代"（使用工具主要为"打制"，历时二三百万年）和"新石器时代"（使用工具主要为"磨制"，食物来源大半甚至全部靠栽培植物和蓄养动物，约始于八九千年前）。在旧石器时代，人类学会说话、制造工具和使用火，标志着与动物界的脱离，但其仍像其他动物那样，属于"食物采集者"："他们仍像猎食其他动物的野兽那样，靠捕捉小动物为生；仍像完全依靠大自

---

① 杨贤江：《新教育大纲》，6~7页，北京，人民教育出版社，1961。

然施舍的无数生物那样，靠采集食物谋生。"① 在新石器时代，人类完成了从食物采集者向食物生产者的转变，并具体经历了前氏族社会、母系氏族社会、父系氏族社会和军事民主制社会四个发展阶段。史前教育也在各个阶段表现出不同的发展内容和特点。

（一）前氏族社会的教育

前氏族社会又称原始公社时期，距今约四百万年至一万五千年，历经早期猿人、晚期猿人、早期智人和晚期智人四个阶段的发展，属于"完全形成的人"。人类维系的纽带在于血缘，同辈通婚，异辈禁婚。全体成员共同劳动，使用简陋的石制砍砸工具。依据年龄和身体状况实施劳动分工，成年男女参与集体劳动，年老体弱者和儿童则从事一些次要劳动。

在教育方面，儿童属于社会全体，实行公有共育，儿童在跟随年长成员学习简单的劳动和生活知识、技能的同时，了解掌握部落习俗、群体生活习惯、行为准则和道德礼仪等。该时期教育的主要特点是，儿童教育表现出原始的平等性，少年儿童平等地在共同劳动中接受教育。

（二）母系氏族社会的教育

母系氏族社会属于氏族公社的第一个阶段，距今约一万五千年至六七千年，大体相当于考古学上的旧石器时代晚期至新石器时代。原始农业和畜牧业的出现，使得妇女成为劳动的主力。人们按血缘关系组成氏族公社，存在姻亲关系的氏族组成部落。族外婚（群婚）制度的实施，使得人们只识其母，不知其父，世系以母系计算，氏族公社被分为若干母系大家庭。男女氏族成员的劳动出现分工，男子主要从事猎捕活动，妇女则主要从事编织、制陶、种植和畜牧活动。

在教育方面，儿童八九岁之前的教育主要由母亲承担。八九岁之后，以儿童性别的不同而分别实施：男童跟随男性成人或老人学习狩猎或采集的知识和技能，同时参加氏族的社会活动，掌握氏族的风俗习惯和原始的宗教礼仪；女童则在妇女引领下，学习编织、制陶、种植和畜牧活动的经验、技能与知识，同时熟悉氏族的风俗和礼仪。该时期教育的主要特点是，教育依据男女儿童性别差异分别实施，教育的主要方式是劳动教育，儿童为氏族公社所有，平等地接受生产、生活技能与习惯的教育。

（三）父系氏族社会的教育

父系氏族公社为氏族公社的第二个阶段，距今约六七千年，大致相当于考古学上的青铜

---

① ［美］斯塔夫里阿诺斯：《全球通史：从史前史到21世纪（第7版）（上册）》，吴象婴等译，23页，北京，北京大学出版社，2005。

器时代和早期铁器时代。此时母系氏族晚期出现的、不稳固的对偶婚制，已被较为稳定的一夫一妻制所取代。世系以父系计算，财产以父系继承。生产中除使用木制和石制工具外，还开始使用铁制和青铜工具，生产力水平显著提高，生产关系也发生相应变化，贫富分化和私有财产出现。父系大家庭成为社会的基本单位，男性成为家族的领导者和组织者。

在教育方面，伴随着生产技术的提高和社会生活的复杂化，教育内容日渐丰富，在社会生活知识和劳动技能之外，伦理道德开始成为独立的教育内容；各部落间为争夺土地与财产而冲突不断，战争成为经常的事情，军事技术和体育日益发展。一种特殊的考核青少年学习成长情况的仪式——青年礼（又称成年礼）日益成熟，并发挥了深远影响。

> **青年礼**
>
> 原始氏族社会中考核青少年身心成长状况和确认其氏族成员地位的仪式和教育过程。考核内容包括体力、精神、道德品质、劳动能力、军事技术等，合格者可参加由氏族中最有威望的长者主持的隆重典礼。仪式结束后，青年男女被接纳为氏族的正式成员，享有相应的权利，履行应尽的职责。

生产劳动教育的实施按性别的不同而分别实施，男童主要学习农业、畜牧业方面的劳动知识和技能，女童则主要学习家务劳动和管理方面的经验。此外，男女儿童还被成人授予氏族部落历史传统、英雄故事、风俗习惯、行为礼仪等知识和规范，并在实际参与各种仪式的过程中接受熏陶。

该时期教育发展的主要特点是：教育内容进一步丰富，道德教育和军体教育受到重视，教育实施过程体现出性别差异，但男女儿童被平等视为氏族未来成员而接受相应教育。

（四）军事民主制社会的教育

军事民主制社会时期处于原始公社制度的解体时期，距今五六千年，当时生产的进一步发展导致剩余产品的出现，社会生活日益复杂，社会结构日益完善。氏族事务实施氏族民主制管理，酋长（负责部落生产和社会生活事务管理）制、议事会（部落成员选举酋长的组织）和民众大会（部落全体成员商议部落事务机构）等日益完备。同时，为适应部落之间战争频繁的需要，组织战争成为部落首领的正常职能，氏族实施军事民主制，由全体氏族成员选出部落军事首领。

在教育方面，为适应军事民主制社会的特点，在教育内容上，军事和体育教育受到重视，未来的氏族成员不仅要接受军事和体育技能的训练，掌握作战技能，还要熟悉本氏族、本部落的历史传统和英雄事迹，形成部落和氏族的荣誉感与责任感；在教育方式上，教育与生产劳动表现出脱离的趋势，教育

> **军事民主制**
>
> 美国民族学家摩尔根首用此术语，指古希腊荷马时代（英雄时代）部落及其联合（联盟）的组织机构。包括：议事会，由氏族长老组成；民众大会，由氏族成年男子组成，具有一定民主性质；军事首领称"巴赛勒斯"（常译为"王"），并不享有阶级社会中国王的权力。古罗马人、日耳曼人、西徐亚人等，一般均存在此制。历史学上有时也用以指原始社会向阶级社会过渡的一个阶段。

开始成为军事首领、酋长和僧侣等特权阶级维持并提高自身权力、威信、地位的手段，阶级教育的萌芽出现。

整体来说，史前时期教育发展表现出如下特征。

在教育性质上，与史前时期低下的生产力水平和简单的社会结构相适应，教育无阶级性、无等级性，儿童公有共育。只是到了军事民主制时期，教育的性质发生了变化，阶级教育萌芽开始出现。

在教育内容上，教育与生产劳动和社会生活联系密切，生活知识、生产劳动、军事技能、氏族和部落传统、风俗习惯、宗教礼仪等成为该时期的主要教育内容。

在教育形式和教学方法上，该时期教育尚属于广义的教育范畴，没有专门的学校、教师、教材和文字，教育没有成为专门的社会活动。主要教学方式包括模仿、讲述、仪式和奖惩。

第二节
古代东方国家的教育

学习目标

1. 了解古巴比伦、古埃及、古印度、古希伯来的教育概况。
2. 掌握古巴比伦、古埃及、古印度、古希伯来的教育发展成就及古代东方国家教育的主要特征。

在人类文明史上，古代东方国家是世界上最早进入阶级社会的地区。公元前4000年至公元前3000年期间，位于西亚幼发拉底河和底格里斯河流域的古巴比伦、埃及尼罗河流域的古埃及、南亚印度河流域的古印度、西亚巴勒斯坦地区的古希伯来和黄河流域的中国，先于世界其他地区步入阶级社会的门槛，建立了奴隶制国家，史称"古代东方国家"。

与古代东方国家创造的灿烂文明、实现从原始社会向奴隶社会转变相适应，东方国家的教育开始发展成为一项专门的社会活动，出现了专事教育活动的教师和学校，教师在社会中拥有较高的地位，学校体系进一步完善，教学内容进一步丰富，教学形式也逐步多样化。

一、古巴比伦的教育

古巴比伦地处两河流域（幼发拉底河和底格里斯河流域），在古希腊文献中又名"美索不达米亚"，意为"两河之间的地方"。因而，两河流域文明又称为"美索不达米亚文明"。

古巴比伦大致可分为南北两部分。南部以巴比伦城为中心，称为"巴比伦尼亚"，巴比伦尼亚又分为南部靠近波斯湾口的"苏美尔"和北部的"阿卡德";北部以古亚述城为中心,称为"亚述"。

两河流域南部,公元前 5000 至前 4000 年苏美尔人聚居于此,创建了城市国家,形成了苏美尔文明。公元前 2371 至前 2230 年,两河流域统一的奴隶制国家阿卡德王国缔造了阿卡德文明。其后,两河流域南部的大部分地域被纳入乌尔第三王朝(公元前 22 世纪末—前 2006 年)的版图。公元前 1894 年,两河流域南部的巴比伦尼亚兴起古巴比伦王国,该王国第六代国王汉谟拉比(Hammurapi,公元前 1792—前 1750 年在位)统一整个巴比伦尼亚。汉谟拉比去世后,古巴比伦王国饱受外敌入侵之苦,由盛而衰,绵延千年之久,至尼布甲尼撒二世(Nebuchadnezzar,公元前 605—前 562 年)时期的新巴比伦王国,曾再现短暂辉煌。公元前 538 年,古巴比伦王国亡于波斯帝国,古巴比伦文明随之衰落不兴。

两河流域北部,则先后经历了"滥觞时期的亚述"(公元前 3000 年末—前 2000 年初)、"提格拉·比利萨一世时期的中亚述"(公元前 1115—前 1077 年)和"巴尼帕时期的亚述帝国"(公元前 7 世纪中叶)等发展时期。

(一) 古巴比伦的文明

据考古学发现,约公元前 4000 年苏美尔人发明了迄今最为古老的文字。最初为图画文字,后演变为楔形文字。该文字的书写工具为尖头芦苇、尖头木棒或骨棒,当使用书写工具在以当地丰富的黏土资源制成的未干的泥板上书写时,落笔处印痕宽深,收笔处较为细浅,形似木楔,故名"楔形文字"。楔形文字后被腓尼基人发展成为由 22 个字母构成的文字,后经古希腊人改造成为西方的字母文字。苏美尔人还将写有楔形文字的泥板晒制或烧制成泥板书,以供学习之用。

除文字外,古巴比伦还在天文学和数学领域取得杰出成就。在天文学领域,古巴比伦天文学家早在公元前 2000 年初即将五大行星和恒星区分开来;制定历法,将一年分为 12 个月,根据月球盈亏,定每月为 29 天或 30 天,全年为 354 天,还发明了计时用的日晷,建造了观测天体的观象台。在数学领域,古巴比伦人采用十进位制和六十进位制计数,能进行四则运算,还能开平方和开立方,掌握直角三角形两条直角边的平方和等于斜边

> **楔形文字**
>
> 该文字的书写工具为尖头芦苇、尖头木棒或骨棒,当使用书写工具在以当地丰富的黏土资源制成的未干的泥板上书写时,落笔处印痕宽深,收笔处较为细浅,形似木楔,故名"楔形文字"。

> **泥板书**
>
> 古代西亚地区一种文字记录。因书写在黏土板上,故名。初为两河流域苏美尔人采用,后扩展到伊朗高原以西广大区域。为古苏美尔、阿卡德、巴比伦、亚述、赫梯和波斯等地文字遗产。制作方法是先将楔形文字刻在黏湿土板上,再晒干或烘干,成坚硬之书板。所书内容广泛,包括法典、条文、外交文书、经济文件、债务条约、历史纪录、文学作品、天文资料及宗教典籍,还包括教育教学用的原始型字典及训练物品等。

的平方。此外，古巴比伦人在建筑、医学等领域也取得了突出成就。

（二）古巴比伦的教育

1. 专门学校的出现

在两河流域，知识被视为神赐之物，苏美尔文字最早即由祭司发明，也只有祭司和僧侣等神职人员才有资格掌握知识，传授知识自然成为他们的特权。基于满足管理寺庙财产事务、培养书写人才（一般称为"书吏"）的需要，最晚在公元前 2100 前，世界上最早的专门学校出现于古巴比伦寺庙所在地。由于当时学校使用的教材为"泥板书"，学生所使用的主要学习工具为"泥板"，所以学校又被称为"泥板书舍"（tablet house）。书舍的负责人称为"校父"，教师称为"专家"，助手称为"大兄长"，学生称为"校子"。

宫殿为古代巴比伦学校诞生的另一处所。20 世纪 30 年代，一位名为安卓·帕若特（Andre Parrot）的法国考古学家，在幼发拉底河南部一个名叫马里城的宫殿中，发现一处约公元前 2100 年的学校遗址。宫殿通常还设有藏书之地，为学校的创设提供了条件。

2. 教学内容

在苏美尔文明时期，书写是学校的一项基础教学内容。在当时，掌握文字书写是一项艰难的任务，学习者需要掌握上千个楔形文字的字形，做到准确运用，确非易事，非经长年累月的练习不可掌握。同时，文法著作、字典也是学习内容。此外，书吏还要接受数学、天文、灌溉、丈量、算术、法律和宗教等多方面的知识教育。

在古巴比伦文明时期，古巴比伦的社会经济、文化与军事发展到一个新的高峰，学校教育也获得相应的发展，开始出现分级教育。当时的寺庙学校教育分为两级，在教育内容上也表现出差别：初级寺庙学校主要教授学生阅读与文字书写；高级寺庙学校则在阅读与文字书写之外，向学生传授文法、苏美尔文学、祈祷文等知识。

3. 教学方法

古巴比伦学校教育的教学方法较为简单，主要是师徒传授，教师首先做出示范或演示，然后由学生临摹、抄写和背诵。学生正是在抄写、背诵大量散文、诗歌、法律文本和政令文件的实践中，才得以逐步掌握文字书写技能。学校纪律严格，常对完不成学习任务或表现出不良行为的学生施以惩罚。当时的一块泥板书曾有这样的记载："我不能迟到，否则会遭到老师的鞭笞。"

在古巴比伦，教育表现出鲜明的阶级性，能够接受学校教育的仅为少数人，奴隶被排除在学校教育的大门之外，能够掌握楔形文字书写技能者仅限于官吏、僧侣和少数文艺家。古巴比伦的教育发展，尤其是其专门学校教育的出现，标志着人类教育发展步入新的历史时期。古巴比伦的教育成为"人类最初的学校教育的摇篮，也是人类正式教育的起点"。[①]

[①] 滕大春：《外国教育史和外国教育》，16 页，保定，河北大学出版社，1998。

二、古埃及的教育

古埃及地处非洲东北部的尼罗河下游地区，东濒红海和阿拉伯沙漠，西接利比亚沙漠，南邻努比亚（今苏丹），北临地中海。古埃及于公元前 3100 年左右建立奴隶制国家，公元前 332 年被马其顿国王亚历山大征服，其间主要经历了早王国（约公元前 3100—前 2686 年）、古王国（约公元前 2686—前 2181 年）、中王国（约公元前 2040—前 1786 年）、新王国（约公元前 1567—前 1085 年）、后期王朝（约公元前 1085—前 332 年）等历史时期。古代埃及人民在各个历史时期创造了灿烂的文明和文化。

（一）古埃及的文明

古埃及文明与文化的形成得益于尼罗河的浇灌与滋养。尼罗河水位的定期涨落不但为古埃及农业文明发展提供了肥沃的土地和便利的灌溉条件，而且还催生了古埃及发达的天文学、数学、几何学。古埃及人能够区分行星和恒星，制定出相当精确的太阳历（一年为 365 天）；采用十进位制，能够计算出长方形、三角形、梯形和圆形的面积，推算出圆周率为 3.16，掌握计算正方形截锥体体积的方法。此外，古埃及在医学、建筑等领域也取得令后人惊叹的成就，木乃伊、金字塔和狮身人面像充分展示了古埃及人高超的医学成就和建筑水平。

文字是古埃及文明的重要载体与体现，产生于公元前 3200 年左右的古埃及象形文字，经过长期发展与改进，至古王国时期埃及出现 24 个辅音字母，这是世界上最早出现的字母文字。古埃及人将文字写于用"纸草"（paperus）制成的纸上。纸草为一种长茎草本类植物，生长于尼罗河边的沼泽地带。为将纸草制成适于书写的材料，埃及人首先将纸草的茎剖为薄片，后将薄片连接起来，使之成为正方形，再将两张正方形的薄片循着纤维的垂直方向叠加重合，敲打使之坚固，最后压平晒干，即成为可以书写的纸。书写用纸的出现，为古埃及文明的发展提供了重要的工具，显示了古埃及人的聪明才智。

古埃及的字母文字为后来腓尼基字母的出现提供了基础，并间接影响了希腊字母的出现。"这些字母，由古埃及人传给腓尼基人，由腓尼基人带到地中海，最后，由希腊罗马传遍西方。字母可算是东方人留给西方世界的最大文化遗产。"①

（二）古埃及的教育

根据考古材料，古埃及已形成较为完善的学校体系，学校种类多样，教学设施也较为

---

① ［美］威尔·杜兰：《世界文明史：东方的遗产》，幼狮文化公司译，188 页，北京，东方出版社，1999。

完善。

1. 宫廷学校

宫廷学校（court school）是埃及国王为王室、贵族及朝臣子弟提供教育服务而在宫廷中设立的学校。早在古王国时期，古埃及宫廷即已设立宫廷学校。王室贵胄及贵族子弟在此接受读、写、算等基础知识教育，并学习政治、法学等知识，接受相应历练。学生毕业后即被委任为各级官吏。宫廷学校管理严格，对行为不当学生实施鞭笞，以示惩戒。古埃及手稿中曾有如此记载："不要把时光玩掉了，否则你就要挨揍，因为男孩子的耳朵是长在背上的，打他他才听。"[1]"我要捆起你的腿，如果你再去街上游荡，你还会遭到河马皮鞭的抽打。"[2]

2. 僧侣学校

僧侣学校（temple school，或译"寺庙学校"）是一类设于寺庙的学校，中王国以后始现。当时的僧侣属于专门的知识阶层，且寺庙藏有大量图书，内容涉及医学、天文学、数学、测量学、物理学、建筑学、水利学等，因而寺庙既是宗教活动场所，也是僧侣们传播祭祀、天文、水利和建筑知识的机构。经过僧侣学校学习的合格者，即成为专门的神职人员和专业人才。

3. 职官学校

职官学校（department school，或译"书吏学校"）约设于中王国时期，是为政府财政、司法、水利、军事部门开办的专门教育机构，一般设于政府机构内，招收贵族子弟，各部门官员出任教师，负责培养本部门所需管理人才，教学内容一般与日常政务联系密切。

4. 文士学校

文士学校（scribe school）是一类培养书写及计算人才的学校，文士学校的学生主要学习文字、算术和律令知识，同时也学习一些政府公文写作、商业文本拟写、天文和地理学知识。其中，书写技能的训练最受重视。文士学校的学生一般先在陶片或石板上练习写字，待熟练后再在纸上书写。在教育对象上，文士学校除招收特权阶层子弟外，还对少部分手工业者家庭子弟开放。

古埃及上述四类学校的设立，反映了古埃及社会政治、经济与文化的发展对教育提出的多样化需要。古埃及的教育发展还表现出一些鲜明的特征。

在教育性质上，古埃及学校教育属于一种阶级性或等级性教育。四类学校一般以上层社会子弟为教育对象，且教育目的主要为培养合格政务官员和专门人才，平民子弟很少有接受正规教育的可能。

在教育内容上，重视实用知识和实践技能的学习与训练。教学注重反映并满足社会现实需要，政府部门管理实务、神学、医学、天文学、数学等专门知识和书写、计算技能，构成

---

① ［苏］司徒卢威：《古代的东方》，陈文林等译，89 页，北京，人民教育出版社，1955。
② ［苏］司徒卢威：《古代的东方》，陈文林等译，90 页，北京，人民教育出版社，1955。

学校教育的主要内容。

在教学方法与手段上，强调运用观察、实习等方式培养学生的经世致用才能。语言学习主要采用背诵、临摹和抄写。同时，强调实施严酷的体罚，将体罚视为合理而有效的教育手段。

教师享有较高的社会地位。在古埃及的各类学校，教师主要由政府官吏和僧侣等出任，敬学尊师成为社会风尚，教师享有较高的社会地位。

三、古印度的教育

地理学意义上的古印度较现印度广阔得多，包括南亚次大陆上的所有地域。考古发现，公元前 3000 年左右，达罗毗荼人即以摩亨佐·达罗为中心，聚居于印度河流域，并在公元前 2000 年左右创造出辉煌的"哈拉巴文化"。公元前 1750 年，可能由于战争、瘟疫或其他不明因素，哈拉巴文化中断不彰，一直到 20 世纪 20 年代始被重新发现。约公元前 2000 年，来自中亚游牧部落的雅利安人进入古印度，在汲取当地土著文化的基础上，创造了"雅利安文明"。后历经列国时期的十六国、公元前 7 世纪的摩羯陀、公元前 4 世纪的难陀王朝，于公元前 327 年至公元前 325 年为马其顿国王亚历山大所灭。

（一）古印度的文明

在入侵古印度的过程中，雅利安人吸取当地原始宗教的成分，形成了新宗教"婆罗门教"，并发明了文字"梵文"。婆罗门教为古印度早期宗教，源于公元前 2000 年左右的"吠陀教"，信奉"梵天"，将其视为创造和掌管世界的最高神灵。婆罗门教的宗教经典为《吠陀》，包括《梨俱吠陀》《沙摩吠陀》《耶柔吠陀》和《阿闼婆吠陀》共四部，以及解释《吠陀》的《梵书》和《奥义书》。婆罗门教教义深奥，卷帙浩繁，只有婆罗门教的祭司僧侣才有能力解读。婆罗门教宣扬"轮回说"，提出吠陀天启、祭祀万能、婆罗门至上三大纲领，奉祀梵天、毗湿奴和湿婆三大主神，强调等级秩序，要求人们遵纪守法，抑恶扬善。

伴随着古印度奴隶制度的发展和婆罗门教对社会等级秩序的宣传，公元前 1000 年至前 600 年，在古印度逐步形成代表社会各阶层等级差别的"种姓制度"。依照所属种姓的高低，全体居民被分为婆罗门、刹帝利、吠舍和首陀罗四大种姓。其中婆罗门种姓为僧侣阶层，刹帝利种姓为武士阶层，吠舍种姓为农民和工商业平民阶层，首陀罗种姓则包括奴隶和处于奴隶地位的土著达罗毗荼人。在四大种姓中，婆罗门、刹帝利和吠舍属于"再生种姓"，死后可获重生；首陀罗种姓为"一生种姓"，死后不可再生。种姓之间等级森严，各种姓职业世袭固定，规定不同种姓之间不得通婚，不同种姓之间的人结合所生子女为"贱民"，被排斥在种姓之外，被视为"不可接触者"，处境悲惨。

公元前 6 世纪，古印度进入列国时期，战火绵延不息，手握军权的刹帝利阶层地位上升，婆罗门教渐趋衰微，佛教顺势而兴。相传佛教系迦毗罗卫国（今尼泊尔境内）王子悉达多·乔达摩（约公元前 566—前 486 年），即释迦牟尼所创。不同于婆罗门教，佛教虽主张因果轮回，但反对不平等的种姓制度，宣扬众生平等，颇得底层民众支持。公元前 3 世纪的摩羯陀国王阿育王（公元前 273—前 232 年在位），将佛教定为国教。此时，还在佛教教义的基础上，创立了"因明学"。公元 10 世纪之后，佛教在印度渐趋衰弱，但在东亚和东南亚地区得到进一步发展，并对这些地区的教育与文化产生了深远影响。

在自然科学方面，古印度制定了自己的历法，发明了十个数字符号和计数法，编撰了医学著作《舍罗迦本集》和《妙闻本集》。

（二）古印度的教育

1. 婆罗门教教育

佛教兴起前，古印度的教育由婆罗门教垄断，教育等级性突出，接受教育仅限于婆罗门、刹帝利和吠舍三大种姓，首陀罗和贱民则被剥夺了受教育权。在可以接受教育的三大种姓之中，婆罗门种姓接受的教育最完备、最高级，刹帝利和吠舍则逐级次之。

公元前 9 世纪以前，婆罗门教教育主要在家庭中实施，教育内容以记诵《吠陀》经为主，儿童在父母指导下反复诵读经文，因《吠陀》经被视为婆罗门教圣书，只能背诵，不可抄写，加之经文深奥晦涩，所以即便儿童学完四部《吠陀》经中的一部，也要花费数年时光。

公元前 8 世纪后，随着科学文化的发展以及婆罗门教传教活动重心的下移，出现了向更多的人讲解经文和教义的需要。一种设于家庭中的名为"古儒学校"的教育机构出现。当时的"古儒"是指专事《吠陀》经典研究、具有较高文化修养的人。古儒在自己家庭中招收学生，传授讲解《吠陀》经典。儿童入学后即居住在古儒家中，学习年限一般为 12 年，为帮助学生更好地理解《吠陀》经典，学生需首先学习语音学、韵律学、文法学、字源学、天文学和祭礼六科知识。古儒学校在教学实践中强调师道尊严，盛行体罚。古儒学校教师还常常利用年长儿童作为教学助手，由助手协助教师向其他学生传授《吠陀》经义知识，这可能是 19 世纪英国"导生制"的最早滥觞。

2. 佛教教育

公元前 6 世纪以后，古印度佛教日渐兴盛，佛教教育也日渐发展。相对于婆罗门教教育，佛教教育表现出较强的平民性和平等性，教育面向平民和女性开放。

佛教教育的主要场所为寺庵，男女分别受教，男性在寺院，女性在尼庵，主要学习内容为佛学经典和宗教仪式。男性僧徒一般自 8 岁入寺院学习，学习期限为 12 年，通过考核者即为"比丘"，意为僧人。多数离开寺院，少数人留于寺院继续学习 10 年后，出任寺院僧侣职务。女性僧徒在尼庵中学习，学习考核合格者即为"比丘尼"。无论是寺院或尼庵，教学方法除讲授和背诵外，还包括讲座、讨论、辩论、自省等方式，学术氛围浓厚。

一些较大的寺院，如久负盛名的那兰陀寺、瓦拉比寺，因收藏大量图书，且僧徒众多，经常就佛教经义展开学术讨论，这些宗教机构遂演变成为具有高等教育性质的学术活动中心，吸引了大量当地人士以及外国人慕名而至。我国唐代高僧玄奘曾在那兰陀寺讲经学习 5年，并将众多佛学经典带到中国。

就性质而言，古印度的婆罗门教教育和佛教教育均属于宗教色彩极为浓厚的教育类型，强调教育目的和人生目的之间的统一，注重精神的解脱和灵魂的救赎，内容多具有消极避世倾向，这在一定程度上迟滞了古印度社会变革和科学发展的步伐。但在具体实践中，婆罗门教教育和佛教教育也表现出明显差异：婆罗门教教育是一种等级性较强的私立教育，教师均出身于婆罗门种姓，教育对象也多为婆罗门种姓子弟，教育方法多采用言传口授；佛教教育则是创设于寺院和尼庵的一种较为平民化和平等化的教育类型，教师由寺院僧侣出任，教育面向一般民众开放，多采用讲授、讨论、辩论、自省等方法。

四、古希伯来的教育

古希伯来位于现在西亚的巴勒斯坦地区，亦为人类早期文明的发祥地之一。

（一）古希伯来的文明

古希伯来人原居于两河流域的美索不达米亚平原地区，约在公元前 2000 年后迁居巴勒斯坦地区。公元前 1900 年左右，为躲避饥荒，大量古希伯来人南迁进入埃及，定居于较为富庶的格栅地区，后沦为埃及法老的奴隶，饱受折磨。公元前 14 世纪，在酋长摩西的带领下，流落到埃及的古希伯来人重返巴勒斯坦，定居于迦南，此即《旧约圣经》所载的"出埃及记"故事。古希伯来人在巴勒斯坦组成南部的犹太部落和北部的以色列部落。公元前11 世纪，统一的以色列王国出现，在大卫王（约公元前 1000—前 960 年在位）和所罗门王（公元前 960—前 930 年在位）统治时期，曾现短暂辉煌。公元前 10 世纪，王国分裂为以色列和犹太两个国家，其中以色列国于公元前 722 年（一说公元前 721 年）为亚述帝国所灭，犹太国于公元前 586 年为新巴比伦所灭。新巴比伦国王尼布甲尼撒二世在消灭犹太国后，曾将大批犹太人掠至巴比伦，史称"巴比伦之囚"。公元前 538 年，波斯灭亡新巴比伦后，犹太人①得以返回故园。公元前 63 年，巴勒斯坦地区被罗马帝国征服，犹太人自此丧失家园。

古希伯来文化集中体现于犹太教经典《旧约全书》，经典记述了犹太人早期的苦难历

---

① 波斯王居鲁士时代，犹太人陆续返回犹太王国旧地，居住于耶路撒冷城市四周，自称"犹太人"，以与其他宗教信仰及人种不够纯正的居民相区别。后"犹太人"成为以色列人的统称。

史，收集了犹太教早期的重要经典，对古希伯来人的教育产生了长久影响。

（二）古希伯来的教育

公元前 586 年，犹太国灭亡之前，古希伯来的教育以家庭教育为主，父亲在家庭教育中发挥着重要作用。儿童在家庭中学习犹太教经典，养成宗教情感，掌握职业技能和生活常识。古希伯来家庭充满民主气息，儿童享有较高家庭地位。

"巴比伦之囚"事件发生后，被掳至巴比伦的古希伯来人在流放地设立"犹太会堂"，作为公共宗教集会之所，在安息日及其他重要宗教节日举办宗教活动。犹太会堂后发展成为讲授律法知识和《圣经》的教育机构，并直接影响了后来犹太学校教育的发展。此时在古希伯来出现了若干注疏《圣经》的著作，其中较有影响的是《米施那》（Mishna）和《基马拉》（Gemara）。公元 2 世纪，《米施那》和《基马拉》合并为《塔木德》（Talmudh），成为古希伯来儿童重要的学习内容。10~15 岁儿童主要学习《米施那》，15 岁之后则集中学习《基马拉》。

公元前 538 年，古希伯来人重返巴勒斯坦后，恢复了传统的宗教生活。在教育方面，犹太人效法古巴比伦的学校教育，在犹太会堂之外建立学校。公元前 2 世纪，学校从犹太会堂中独立出来，成为专门向儿童提供教育的场所。学校以青年人为教育对象，聘精熟教义和宗教仪式的僧侣出任学校教师。古希伯来学校的教师称为"拉比"（rabby），多为博学多才之士，享有较高的社会地位，人们甚至认为"拉比的声音就是上帝的声音"。

作为世界上最先步入文明社会的东方古国，古巴比伦、古埃及、古印度和古希伯来等国的教育在适应各自国家或地区社会政治、经济、宗教和文化发展需要的过程中，建立了各自的学校教育体系，形成了各自的教育特色，同时表现出以下一些共同的特点。

其一，各国的教育表现出不同程度的阶级性和等级性，学校教育主要面向贵族、奴隶主等社会上层子弟开放。

其二，教育内容涵盖社会现实知识、宗教教义和道德品格教育，既满足了各级官吏培养的需要，也反映了社会生产的要求，体现了人类社会多方面发展所提出的多方面教育需要。

其三，教育类型和教育机构多样化，学校教育与家庭教育并行，不同类型的学校满足了不同阶层的教育需要。

其四，教育方法和手段较为简单，实施个别教学，主要采用诵读、讨论和讲授方法开展教学，盛行体罚。

其五，教师常由僧侣和官员等出任，社会上尊师重教之风盛行，教师享有较高的社会地位。

第三节
古希腊的教育

🎯 **学习目标**

1. 了解古希腊教育发展的历史过程，掌握斯巴达城邦和雅典城邦的学校教育体系和实施过程。

2. 掌握苏格拉底、柏拉图和亚里士多德教育思想的主要内容。

作为"两希文明"之一，古希腊是现代西方文明的摇篮和西方教育的源头之一，以斯巴达和雅典为代表的城邦教育制度，以苏格拉底、柏拉图和亚里士多德为代表的古希腊教育思想家，对于欧洲乃至全人类的教育发展均产生了深远的历史影响。

古希腊地处欧洲南部，以希腊半岛为中心，包括爱琴海和爱奥尼亚海的岛屿、今土耳其西南沿岸地区、意大利南部和西西里岛东部沿岸地区。古希腊文明源于"爱琴文明"，公元前 2000 至前 1100 年，以克里特岛和伯罗奔尼撒半岛的迈锡尼城为中心的"克里特文化"和"迈锡尼文化"成就了"爱琴文明"。其后，古希腊相继经历的历史阶段包括：（1）荷马时代（公元前 1100—前 800 年）；（2）古风时代（公元前 800—前 500 年）；（3）古典时代（公元前 500—前 330 年）；（4）希腊化时代（公元前 330—前 30 年）。

一、荷马时代的教育

古希腊荷马时代的文化与教育信息的主要资料来自《荷马史诗》，故名。《荷马史诗》包括《伊利亚特》（*The Iliad*）和《奥德赛》（*The Odyssey*），相传为公元前 9 世纪盲诗人荷马（Homer）所作。《荷马史诗》主要记述了围绕特洛伊战争而发生的充满神话色彩的故事，颂扬了阿基琉斯（Achilles）和奥德修斯（Odysseus）等英雄人物的业绩。

荷马时代，古希腊社会正处于氏族制度向奴隶制过渡的时期，公民大会制、议事会制和军事首长制的存在及实施，表明荷马时代的古希腊已进入恩格斯所说的"军事民主制"时期。氏族成员贫富分化，氏族社会的原始平等观被动摇，注重个人价值的道德观念开始冲击集体主义道德观念。

就教育而言，《荷马史诗》并没有就教育问题作出直接记述，只是在叙述英雄人物的成长和活动时才涉及教育问题。据《伊利亚特》记载，阿基琉斯为海洋女神忒提丝（Thetis）和凡人英雄佩琉斯（Peleus）所生，属于半人半神的英雄。在其成长过程中，曾被教以军事技能、修辞术和演讲术。《伊利亚特》曾借阿基琉斯的老师——福尼克斯（Phoenix）之口向阿基琉斯说道："年高的策马人佩琉斯在那天从佛提亚/把你送往阿伽门农主上那里，/他把我和你一起送走，你还年少，/不懂得恶毒的战争和使人成名的大会。/为此他派我教你这些事，使你成为/会发议论的演说家，会做事情的行动者。"① 阿基琉斯的另一位老师喀戎（Chiron）以智慧闻名，曾向阿基琉斯传授掷标枪、狩猎、骑马、弹奏七弦琴等知识和技能。

奥德修斯则是《奥德赛》的主人公，足智多谋，是智慧者的代表。他代表着在培养"勇敢者"阿基琉斯这一教育目标之外，还有另一教育目标——"智慧者"的造就。

总体而言，荷马时代的教育尚未脱离实际生活过程，尚未发展成为一种制度化的教育形式。教育内容以军事作战技能训练为主，注重培养英雄人物养成作战勇敢、能言善辩、足智多谋、忠诚无私等品质。

二、古风时代的教育

古风时代的古希腊社会，实现了从氏族社会向奴隶社会的转变，建立了城邦制国家。城邦（polis），是指一个以城市为中心的"社会团体"或"政治社团"，往往以追求全体城邦公民的利益为目标。在古风时代所建立的诸多城邦中，斯巴达和雅典具有典型性。这种典型性不仅体现在它们是最为强大的城邦之一，而且在教育方面也代表了不同的教育类型。斯巴达注重军体教育，雅典则重视通过教育实现个人身心的和谐发展。

（一）斯巴达的教育

斯巴达位于伯罗奔尼撒半岛南部的拉哥尼亚平原，东西北三面环山，深处内陆，南部为沼泽，并延伸入海。斯巴达土地肥沃，适于耕作，但因无良港，对外交往不便。相对封闭的地理条件，对斯巴达的社会文化与教育产生了明显影响。

斯巴达在与毗邻城邦长期作战的过程中，将城邦居民分为三个等级：斯巴达人、皮里阿西人和希洛人。斯巴达人属于第一等级，原为多利安人的一支，于公元前11世纪进入伯罗奔尼撒半岛，作为外来者、征服者和统治者，斯巴达人人数较少，仅3万人。皮里阿西人属于第二等级，为当地的自由民，拥有土地，从事农业生产和工商业活动，不享有政治权利。希洛人属于第三等级，为原住民、被征服者和奴隶，不享有任何政治和经济权利，在各等级中人数最多，约30万人。

为适应对外与敌对城邦作战、对内镇压希洛人的反抗以及维护城邦秩序的需要，斯巴达采取一系列强硬的军事管理措施，将其建成一个等级森严的军事化城邦。斯巴达的教育也服务于这一需要。

斯巴达的教育属于一种单纯的军体教育，教育被视为重要的城邦事务，完全由国家控

---

① 罗念生：《罗念生全集（第六卷）》，222页，上海，上海人民出版社，2015。

制。教育目的在于培养忠诚于城邦、作战勇敢、体格健壮和能征善战的军人。为保证军事教育目标的实现，斯巴达建立了相对完善的学校教育制度，涵盖了从儿童出生至成长为一名合格军人的全部过程。

斯巴达实施严格的新生儿体格检查制度。公民子女出生后，由长老代表国家对其实施体检，只有身体健康的新生儿才可存活，身体羸弱或体有残疾者则被抛弃荒野。体检的目的在于保证未来战士始于强壮的新生儿。

7 岁前的儿童在各自家庭接受家庭教育。母亲的职责在于养成儿童健康的体质。

7 岁至 18 岁的儿童则进入国家教育机构，接受军体教育和政治道德教育。在军体教育方面，主要掌握赛跑、跳跃、摔跤、掷铁饼和投标枪等技能，即进行"五项竞技"的训练。在政治道德教育方面，主要向学生讲授城邦法律、风俗习惯、英雄业绩、宗教仪式等。为养成儿童吃苦耐劳、坚毅刚强、机警

> **五项竞技**
>
> 在军体教育方面，主要掌握赛跑、跳跃、摔跤、掷铁饼和投标枪等技能，即进行五项竞技的训练。

灵活等品质，规定儿童四季赤脚，粗衣疏食。经常以鞭打作为训练方法，以承受鞭打而毫无惧色为勇敢，以呻吟哀号为怯懦；以鼓励儿童盗窃作为训练其机智的手段，以能成功盗得财物为机智，以盗窃失败被捉为蠢笨。

18 岁之后，公民子弟进入一种名为"青年军事训练团"（ephebia，又称"埃弗比团"）的教育机构学习。在进入之前，青年们需以承受相应数量和时间的鞭打作为获取入团资格的条件。在青年军事训练团，青年们的主要任务在于接受正规军事训练，包括武器使用、战术训练、搜捕侦查等内容。其中还有一项"秘密服役"的演习性军事活动：青年受命前往希洛人聚居地，疯狂杀戮希洛人，以培养青年残暴嗜血的习性。

年满 20 岁的公民子弟向国家宣誓，开始前往兵营服役，或驻守边境，接受实战训练。

通过所有教育训练且年满 30 岁的公民子弟，则正式成为国家公民，参与城邦政治事务或军事活动。

对于造就合格战士而言，斯巴达教育无疑是成功的。斯巴达军人对城邦忠诚，集体荣誉感强，在希波战争和伯罗奔尼撒战争中作战勇敢，视死如归，被誉为世界上最优秀的战士，其团体作战能力更是世所罕见。当然，忽视文化知识的学习，音乐和体操的训练被引向单纯的军事教育目的，也是斯巴达教育存在的明显不足。

（二）雅典的教育

雅典位于希腊半岛东南的阿提卡半岛，境内多山，土壤贫瘠，适宜种植葡萄、橄榄等经济作物。雅典三面临海，坐拥天然良港，适于开展海外殖民和贸易活动。

公元前 683 年，雅典结束王政统治，进入奴隶制社会，后经"梭伦改革"（公元前

594—前593年）、"克里斯提尼改革"（公元前509—前508年）和"伯利克里改革"（公元前443—前429年），雅典民主政治制度得以确立。所有雅典公民一律平等，有权参与国家事务，并享有通过抽签方式出任国家官员的权力。

雅典城邦高度重视教育事务。依照梭伦改革的相关规定，让子女接受适当的教育是父亲的职责。培养未来公民具备从事公共事务的理性、智慧和公正等品质，属于国家的职责；而个人品质和性格的养成，则全赖家庭和个人。

不同于斯巴达，16岁之前雅典儿童的教育主要由家庭和各类私立学校承担，国家主要负责16岁至20岁青少年的教育。

雅典公民出生后，由其父亲对其进行体格检查，并为儿童成长提供针对性的养护服务。7岁前的儿童，主要在家中接受父母养育，教育内容一般包括唱歌、讲故事、游戏及各类礼貌行为训练。

7岁至十二三岁的儿童，男童开始进入私立、收费的文法学校和弦琴学校学习。文法学校主要向儿童传授读、写、算知识，重在知识掌握；弦琴学校则教以唱歌、演奏和诵读，重在怡情养性，养成良好道德修养。文法学校和弦琴学校的教师一般由享有政治权利的自由民担任，部分则由有文化的赎身奴隶或战俘出任。儿童上学由"教仆"（pedagogue）相伴，以避免儿童受到街头不良影响。

十二三岁的青少年在继续接受文法学校和弦琴学校教育的同时，开始进入体操学校接受各类体育训练，除接受五项竞技的训练外，还练习游泳和舞蹈。体育训练往往与音乐活动相结合，以养成健美体魄和优雅举止。

十五六岁的青年，除少数显贵子弟进入国家开办的体育馆（gymnasium）继续学习外，大部分选择就业。体育馆仍以五项竞技为主要训练内容，同时向学生传授文法、修辞学、辩证法、政治学和法律知识。

年满18岁的青年则进入青年军事训练团，接受军事教育。两年之后，年满20岁的青年在接受并通过相应的考核后，被授予公民称号，享受公民所拥有的一切政治权利，并可担任一定的国家官职。

相对于斯巴达的教育来说。雅典的教育借助于不同的学校类型，重视把儿童培养成为身心和谐发展的人，重视文化知识、音乐陶冶与身体训练的结合。在发挥城邦教育责任的基础上，雅典注重发挥家庭与私人兴办教育的积极性，表现出较高的制度化教育特征。

三、古典时代的教育

古典时代的古希腊社会，奴隶制经济进一步发展。公元前500年至前449年的希波战争促成了雅典的强盛和海上霸权的建立，经过实施"五百人会议"、以抽签方式产生议员和政府官员、扩大陪审法庭陪审员数量、政府公职付酬等系列改革，民主政治制度得到最终确立，雅典发展步入全盛时期。在雅典联盟和斯巴达联盟之间发生的伯罗奔尼撒战争从公元前431 年持续至公元前 404 年，战争以雅典联盟的战败而告终。自此，雅典民主政治由盛而衰，经济发展也日趋衰落。公元前 411 年，一场贵族政变彻底终结了雅典的民主政权。在经历"三十僭主"的统治之后，雅典又于公元前 404 年恢复民主政治。公元前 338 年，雅典为马其顿王国征服。

古典时代的古希腊教育发展与智者派的出现是联系在一起的。"智者"（sophists），又称"诡辩家"，在当时是一个颇有贬义的称谓。在荷马时代，智者是指拥有某项专门能力和技巧的人。公元前 5 世纪的时候，智者逐渐被用来指称"以收费授徒作为专门职业的巡回教师"。智者们巡游于各城邦之间，积极参与城邦公共事务，以授徒讲学、传播知识、教人辩论所得报酬为生，最终成就了一个在哲学、文化和教育发展领域极为活跃的智者阶层的出现，智者派也就此成为西方教育史上的第一批职业教师。普罗泰格拉（Protagoras，约公元前 481—前 411 年）、高尔吉亚（Gorgias）、普罗狄克斯（Prodicus）等是当时智者派的主要代表。

虽然智者派尚未发展成为一个成熟的学者共同体，其哲学主张和政治立场也存在明显差异，但在一些问题的理解上，智者们却表现出一致性：如坚信知识是相对的，是相对于知识的感知者而言的，世界上不存在客观真理；主张个人主义价值观，提出"人是万物的尺度"，将个人作为判别事物是否存在的唯一标准。

在教育内容方面，智者们主张实用知识的学习才是最有价值的。不同于此前的哲学家将主要精力放在世界本原问题的探讨上，智者们认为现实的个人生活和社会生活才是最重要的，判断知识价值高低的依据在于其对实际生活提供指导和帮助的程度。对青年人而言，演讲、辩论才能才是最有用的社会生活技能。至此，青少年的教育开始演变成为以演讲、辩论、修辞学为主要学习内容的政治家预备教育。智者们向追随者传授数学、天文学、文法、修辞学、演讲术及辩论技巧，确定了"三艺"课程（文法、修辞学和辩证法），对西方教育产生了意义深远的影响。

在教学方法方面，智者们在公共场所举办演讲，或就公众关心的问题进行辩论，注重推理论证，追求语言表达的准确性和感染力，有效地提高了学习者的实际演讲才能和辩论能力。

在教育对象的确定方面，智者们不再以门第和社会阶层作为招收学生的标准，缴纳学费成为学习的唯一条件。智者们授徒讲学，有教无类，进一步扩大了教育对象的范围，促进了社会文化的传播和不同社会阶层之间的流动。

四、希腊化时代的教育

公元前 334 年，新崛起的马其顿国王亚历山大大帝（公元前 356—前 323 年）挥师东进，先后征服古希腊、小亚细亚、叙利亚、埃及和印度等地区，最终建立一个地跨欧、亚、非三大洲的庞大军事帝国。亚历山大大帝病逝后，帝国分裂为安提柯王朝、托勒密王朝和塞琉古王朝等若干王国。这些王国后又相继被罗马所灭。

亚历山大大帝的军事征服与扩张，客观上为古希腊文化与教育的传播提供了有利条件，但同时，古希腊诸城邦的消亡也动摇了古希腊教育发展的社会基础，影响了古希腊教育的发展，希腊化时代教育的发展表现出新的特点。

第一，在亚历山大帝国扩张所掀起的东西方文化交流大潮的冲击下，古希腊的教育理念和学校教育制度传播到小亚细亚、波斯、埃及和两河流域地区，促进了当地教育的发展。例如，希腊化时代埃及的亚历山大里亚建成规模宏大的图书馆、博物馆、植物园、动物园和气象台，成为当时重要的教育中心和东西方文化交流中心。

第二，古希腊的学校教育体系，尤其是初等学校和中等学校体系受到冲击，部分教育职能发生变化，例如，初等学校的美育和体育职能被削弱或取消，中等学校的美育和体育被忽视，只注重读、写、算等知识性科目的教学。古希腊教育注重个人全面发展的传统未能有效延续。此外，学者们在整理古典文献、研究文法、修辞学和逻辑学的过程中，创立了较为科学的文法学体系。出现了一批专门从事文法研究与教学的"语法学家"，他们开办具有中等教育性质的文法学校，除文法知识外，还向学生传授几何学、算术、诗歌、戏剧等知识。

第三，具有高等教育性质的专门学校的发展是希腊化时代教育发展的主要表现。此前，柏拉图于公元前 387 年在雅典近郊体育馆创办的阿卡德米（Academic），亚里士多德于公元前 336 年（一说公元前 335 年）创办的吕克昂（Lyceum）学园，伊索克拉底的修辞学校，公元前 308 年芝诺（Zenon Kitieus，公元前 336—前 264 年）创办的斯多葛学派哲学学校，公元前 306 年伊壁鸠鲁（Epicurus，公元前 341—前 270 年）创办的伊壁鸠鲁学派哲学学校，都获得较好发展。约公元前 200 年，上述专门学校合并组建为雅典大学，后发展成为著名的学术研究中心和高等教育中心，并一直存续至公元 529 年。

第四，希腊化时代的教育发展还呈现出教育交流机会扩大的特点，一种新的强调地域联系的世界主义教育视野开始取代古希腊盛行的城邦意识，只有城邦公民才能受教育的局面被打破，更多的人获得受教育的机会。

希腊化时代是古希腊文明发展的最后阶段，见证了作为古希腊文明集大成者的雅典的衰落，城邦式教育制度也走到尽头。但是，在整个西方教育史上，希腊化时代教育发展的意义在于，古希腊教育遗产借助于亚历山大帝国扩张以及此后罗马人的传播，被扩散至世界其他地区，其追求身心和谐发展的教育理想和多样化的学校教育制度，对欧洲乃至人类的教育发展均产生了重大影响。

五、苏格拉底的教育思想

苏格拉底（Socrates，公元前469—前399年），古希腊著名哲学家和教育家，出生于雅典手工业者家庭，父亲是雕刻匠，母亲是助产士，其成长过程恰处于雅典繁荣时期。他长期从事教育活动，授徒讲学，有教无类，曾言："我从不自命为任何人的老师，但如果有人，不论是青年人还是老年人，渴望听我谈话，听我讲述如何履行个人义务，我也绝不使他失望，我不会由于同他交谈而索取报酬，也不会由于没有报酬而拒绝交谈。我愿同样回答富人和穷人提出的问题，任何人只要愿意听我谈话和回答我的问题，我都乐于奉陪。"[①] 在长期的哲学思考与教育实践中，形成了自己对教育问题的独特理解。苏格拉底述而不作，其教育思想主要体现于学生柏拉图的早期哲学对话录和历史学家色诺芬（Xenophon，公元前431—前352年）的《回忆录》等著作中。

（一）论教育价值与意义

苏格拉底首先高度肯定教育的价值和意义。在苏格拉底看来，教育的价值和意义在于发展个人才能，在于陶冶情操和养成道德品质，在于引导人逐步实现"认识你自己"，在于帮助人们自省、培养善的观念、成为正义社会中的公民。苏格拉底反复强调，"无论是天资比较聪明的人还是天资比较鲁钝的人"都应该受教育，而且越是天资较好的人越需要受教育，因为只有通过教育，才能使其摈弃经验性的感性知识，成为认识真理、具备美德、趋于至善的人。

🔊 教育家语录

我这个人，打个不恰当的比喻说，是一只牛虻，是神赐给这个国家的；这个国家好比一匹硕大的骏马，可是由于太大，行动迂缓不灵，需要一只牛虻叮叮它，使它的精神焕发起来。我就是神赐给这个国家的牛虻，随时随地紧跟着你们，鼓励你们，说服你们，责备你们。

——苏格拉底

---

① ［古希腊］柏拉图：《苏格拉底的最后日子——柏拉图对话集》，余灵灵、罗林平译，55 页，上海，上海三联书店，1997。

（二）论教育目的

苏格拉底主张教育的目的在于培养通晓专业政治知识、掌握政治技能、具备高尚品德的政治家。对于雅典民主政治实践中以抽签的方式选任官员的做法，苏格拉底提出批评，认为政治家首先应是一位专家，且要德才兼备、学识渊博，这需要接受长期的专门教育才可造就。国家事务应由掌握专业知识的人决定，多数人的意见不一定就是真理。苏格拉底主张通过教育培养治国之才，告诫青年一代只有刻苦学习，获得广博知识，养成美德，才能成为治国之才。

（三）论美德与知识

教育的首要任务在于形成人的美德，美德的形成则需要以知识为基础，美德即知识。个人只有通过接受良好的教育，获得正确的知识，形成智慧，才能最终形成高尚的道德品质。"正义和一切其他德行都是智慧。因为正义的事和一切道德的行为都是美而好的；凡认识这些事的人绝不会愿意选择别的事情；凡不认识这些事的人也绝不可能把它们付诸实践；即使他们试着去做，也是要失败的。所以，智慧的人总是做美而好的事情，愚昧的人则不可能做美而好的事，即使他们试着去做，也是要失败的。"[①]

从美德即知识出发，苏格拉底提出了"美德可教"的主张。苏格拉底反对智者派知识观问题上的相对主义立场，受自然哲学家探索世界本原问题的启发，主张探求道德问题的"一般"基础。道德的"一般"基础源于人所共有的理性本质，美德即知识，知识可教，美德亦可教。"美德可教"主张的教育意义在于，知识教育是道德教育的主要途径，借助于知识的传授和智慧的发展，即可造就有道德的人。苏格拉底致力于民众教育，引导个人发现发挥自身理性，以伦理或道德原则改造雅典人的思维方式和精神生活，教育人们努力成为有德行的人。

"美德即知识"和"美德可教"主张是苏格拉底伦理学和教育哲学的重要命题，其意义在于以对理性知识在道德教育实践中价值的充分肯定，强调了教育在个人成长中的作用和影响。

（四）苏格拉底方法

"苏格拉底方法"的特点在于，在与学生讨论的过程中，教师并不直接向学生说明概念定义或问题答案，而在于通过交谈和辩论，揭露对方认识中的矛盾，消除错误或模糊的认识，

> **苏格拉底方法**
> 苏格拉底认为，知识与真理的获得无须外求，反求诸己则可。苏格拉底在长期的哲学讨论与教学实践中，形成了一种对话式教学方法，即苏格拉底方法。

---

① ［古希腊］色诺芬：《回忆苏格拉底》，吴永泉译，118 页，北京，商务印书馆，2017。

逐步引导学生，最后得出正确结论。

苏格拉底方法一般分为四个步骤：第一步为反讽，就对方的发言不断提出追问。让对方陷入自相矛盾。迫使其放弃曾经肯定过的结论，承认自己无知，即"自知其无知"。第二步为产婆术，即在否定已有观点的基础上，引导学生独立思考，形成新概念，帮助学生自己得到问题的答案。正如助产士帮助孕妇接生一样，教师的职责在于帮助学生发现知识和真理。故苏格拉底方法又名"产婆术"。第三步为归纳，即从各类具体事物的探讨中发现事物的共性，获得普遍的正确概念，完成从个别到一般的认识过程。第四步为定义，即将个别事物纳入一般概念，获得关于事物的普遍概念。

作为一种教师和学生共同讨论、合作寻求正确答案的方法，苏格拉底方法遵循从具体到抽象、从个别到一般、从已知到未知的顺序，注重发挥学生思考的积极性和主动性，注重启发学生自己完成从已知到未知、再从未知到已知的认识过程，体现了学生作为认识主体的特殊性，为后来西方启发式教学理论与实践提供了历史启迪。

苏格拉底的教育主张涉及教育价值、教育目的、教学方式等普遍性的教育理论问题，其思考成果直接影响到柏拉图和亚里士多德教育理论的形成，并对西方近现代教育产生了一定的影响。

🔊 教育家语录

玻（玻勒马霍斯）：老天爷啊！不是。我弄得晕头转向了，简直不晓得我刚才说的是什么了。不管怎么说罢，我终归认为帮助朋友，伤害敌人是正义的。

苏（苏格拉底）：你所谓的朋友是指那些看上去好的人呢，还是指那些实际上真正好的人呢？你所谓的敌人是指那些看上去坏的人呢，还是指那些看上去不坏，其实是真的坏人呢？

玻：那还用说吗？一个人总是爱他认为好的人，而恨那些他认为坏的人。

苏：那么，一般人不会弄错，把坏人当成好人，又把好人当成坏人吗？

玻：是会有这种事的。

苏：那岂不是要把好人当成敌人，拿坏人当成朋友了吗？

玻：无疑会的。

苏：这么一来，帮助坏人，为害好人，岂不是正义了？

玻：好像是的了。

苏：可是好人是正义的，是不干不正义事的呀。

玻：是的。

苏：依你这么说，伤害不做不正义事的人倒是正义的了？

玻：不！不！苏格拉底，这个说法不可能对头。

苏：那么伤害不正义的人，帮助正义的人，能不能算正义？

玻：这个说法似乎比刚才的说法来得好。

苏：玻勒马霍斯，对于那些不识好歹的人来说，伤害他们的朋友，帮助他们的敌人反而是正义的——因为他们的若干朋友是坏人，若干敌人是好人。所以，我们得到的结论就刚好跟西蒙尼得的意思相反了。

玻：真的！结果就变成这样了。还是让我们重新讨论吧。这恐怕是因为我们没有把"朋友"和"敌人"的定义下好。

【资料来源】［古希腊］柏拉图：《理想国》，郭斌和、张竹明译，12~13 页，北京，商务印书馆，2019。

六、柏拉图的教育思想

柏拉图（Plato，公元前 427—公元前 347 年），古希腊著名哲学家和教育家，出身贵族家庭，幼年接受良好教育，20 岁时师从苏格拉底学习哲学。公元前 399 年，苏格拉底死后，柏拉图逃离雅典，漫游埃及、麦加拉、西西里岛和南意大利等地，了解考察各地的政治体制、法律制度和社会生活，并研究哲学、天文学、数学和音乐。

公元前 387 年，返回雅典的柏拉图创设以古希腊传奇英雄阿卡德米（Academis）名字命名的学园，并在此以讲演、对话、诘问的形式授徒讲学，前后历经 40 年，直至去世。后学园延续 900 余年，直到 529 年被东罗马皇帝查士丁尼一世下令关闭。柏拉图的教育思想主要体现在《理想国》一书以及晚年撰写的《法律篇》中。在西方教育史上，《理想国》与卢梭的《爱弥儿 论教育》、杜威的《民主主义与教育》齐名，被奉为西方三部具有里程碑意义的教育名著。

（一）论教育目的

柏拉图主张，最理想的国家主要由三个阶层组成：统治者、护卫者和生产者。其灵魂的成分也互有差别，统治者以理性灵魂成分为主，理性灵魂统帅激情和欲望，具有智慧的美德；护卫者以激情灵魂成分为主，表现为争强好胜和忠诚，具有勇敢的美德；生产者以欲望灵魂成分为主，表现为随心所欲，具有节制美德。国家正义体现在三个阶层各安其位，各司其职，而非互相僭越。个人正义体现在个人的理性、激情和欲望各灵魂成分互不干涉，和谐有序。理想的国家需要建立在智慧、勇敢、节制和正义四种美德之上。这一国家理想只有在哲学家出任统治者之后才有可能变为现实。"除非哲学家成为我们这些国家的国王，或者我们目前称之为国王和统治者的那些人物，能严肃认真地追求智慧，使政治权力与聪明才智合二为一；那些得此失彼，不能兼有的庸庸碌碌之徒，必须排除出去。否则的话，我亲爱的格劳孔，对国家甚至我想对全人类都将祸害无穷，永无宁日。"① 因此，教育和培养哲学家成为柏拉图教育的最高目标。

（二）论教育任务

为实现哲学家培养这一最高目的，柏拉图还讨论了教育的具体任务——实现个人的"灵魂转向"。对个人而言，教育的具体任务在于实现个人的灵魂从现象世界转向理念世界，从可见世界转向可知世界，这一转向伴随着个人灵魂从想象状态逐步上升到信念、理智和理性状态，并最终转向"善的理念"本身。柏拉图主张，这一灵魂转向的过程，并不伴随外界对个人知识的传输，而是个人逐步实现对灵魂中已有知识的回忆，即"学习即回忆"。

（三）论学校教育阶段

1. 学前教育阶段

在西方教育史上，柏拉图首先提出重视学前教育事业，认为人生早年经验会在儿童心灵上留下深刻印象。儿童出生至 3 岁，在家中接受父母和精心挑选的女仆的教育和养护。3 岁至 6 岁的儿童则被送往设于神庙的儿童游戏场，在国家委派的女公民监督下接受教育。教育内容主要包括讲故事、做游戏、学习音乐和舞蹈等活动。柏拉图重视游戏在教育中的作用，提出"寓学习于游戏"，主张在慎重选择的游戏活动中了解孩子的天性。

2. 普通教育阶段

7 岁至 18 岁的儿童则进入国家创办的文法学校、弦琴学校和体操学校学习，学习内容包括初步的读、写、算、音乐和体育活动。柏拉图将这一阶段的教育概括为："这种教育就是用体操来训练身体，用音乐来陶冶心灵。"②

18 岁至 20 岁为军体教育阶段，青年们在名为青年军事训练团（埃弗比团）接受为期两年的军体训练，学习内容主要包括作战技能、战术训练、算术、几何、天文学等初步的科学知识。

3. 智慧教育阶段

20 岁时以后，大多数贵族青年结束学业，承担起卫国戍边的护卫者职责，少数禀赋优异的青年则继续接受高一级的教育，直至 30 岁。学习内容主要包括算术、几何、天文和音乐，合称"四艺"。不过，四艺的学习已摆脱了实用目的，而是重在发挥四艺在训练思维、发展理性、丰富想象力和培养记忆力等方面的作用，例如，算术的学习旨在唤起思维能力，天文学的学习旨在引导学习者思考浩瀚无际的宇宙。

---

① ［古希腊］柏拉图：《理想国》，郭斌和、张竹明译，217 页，北京，商务印书馆，2019。
② ［古希腊］柏拉图：《理想国》，郭斌和、张竹明译，70 页，北京，商务印书馆，2019。

4. 理性教育阶段

30 岁的青年经过严格挑选，极少数天赋独特、出类拔萃的青年被留下来，专门学习"辩证法"，直到 35 岁，而后出任国家高级官吏至 50 岁。到 50 岁时，那些实际工作成绩突出、知识学习成就卓越，特别是在哲学上表现出高深造诣的人最终脱颖而出，成为柏拉图教育理想中的哲学家兼政治家——"哲学王"。

在汲取斯巴达和雅典城邦教育实践经验的基础上，依据自身理念论哲学观和社会政治观，柏拉图构建起以培养哲学王为最终目的的较为完整的教育思想体系，标志着古希腊教育思想的初步系统化和理论化成果的诞生。

七、亚里士多德的教育思想

亚里士多德（Aristotle，公元前 384—前 322 年），古希腊哲学家、思想家和教育家，百科全书式学者。公元前 367 年，17 岁的亚里士多德入柏拉图学园，师从柏拉图学习哲学 20 年。公元前 343 年，应马其顿国王腓力之邀，出任马其顿王子亚历山大的老师，向其传输尊重理性和专家治国的理念。公元前 336 年（一说公元前 335 年），亚里士多德在雅典创办吕克昂学园，授徒、讲学、著述、研究共 13 年，其哲学观、社会观和政治观日趋成熟。其教育思想见于《尼各马可伦理学》《政治学》和《论灵魂》等著作中。

（一）论城邦的教育职责

亚里士多德认为，在城邦诸多事务中，教育居于十分重要的地位。在一个全体公民享有参政议政权利的城邦中，公民的道德品德和文化素养与城邦的安定和兴衰休戚相关，所以，建立统一的学校教育制度，发展教育事业，培养年轻人具有文化和品德，应成为城邦的重要职责。"城邦应该是许多分子的集合，惟有教育才能使它成为团体而达成统一。"[1]

教育家语录

谁也不会有异议，立法者最应关心的事情是青少年的教育，因为那些没有这样做的城邦的政体都深受其害。应该教育公民适应他生活于其中的政体，因为每一政体一开始就形成了其固有的习俗，起着保存该政体自身的作用。

——亚里士多德

---

[1] ［古希腊］亚里士多德：《政治学》，吴寿彭译，57 页，北京，商务印书馆，1965。

（二）论灵魂与教育

在《尼各马可伦理学》和《论灵魂》中，亚里士多德认为人由躯体和灵魂组成，人的灵魂包括两大部分：理性灵魂和非理性灵魂。非理性灵魂又分为营养的灵魂和感觉的灵魂，所以个人灵魂共包括营养的灵魂、感觉的灵魂和理性的灵魂三部分，分别对应于植物的灵魂、动物的灵魂和理性的灵魂。只拥有营养的灵魂的存在为植物，同时拥有营养的灵魂和感觉的灵魂的存在为动物，同时拥有营养的灵魂、感觉的灵魂和理性的灵魂的存在则是人。

个人发展首先是植物的灵魂的发展，表现为儿童身体的发育；其次是动物的灵魂的发展，表现为儿童本能和情感的出现；最后是理性的灵魂的发展，表现为儿童理智、理解力和判断力的产生。因此，人的教育应先由身体开始，继而激发情感，最后获得理性。与此发展顺序相适应，人的教育顺序是体育、德育、智育和美育。只有依序发展体育、德育、智育和美育，注重个人身体、情感和理性能力的协调发展，个人发展才可能是全面的，才可能是和谐的，个人才能实现身心和谐的发展。

（三）论教育年龄分期与教育阶段

为实现体育、德育、智育和美育的循序发展，实践和谐教育，实现儿童身心协调发展，亚里士多德提出根据儿童的自然发展顺序，以七年为一个年龄段，将儿童教育分为家庭教育阶段（0~7岁）、初等教育阶段（7~14岁）和中高等教育阶段（14~21岁）三个阶段。

1. 家庭教育阶段

该阶段以身体养护和发展为主，发展个人身上所具有的营养的灵魂以及相对应的植物的灵魂，体育是该阶段教育重点。在具体实施中又分为两段：出生到5岁的幼儿，以身体发育为主，父母的职责在于保证幼儿良好的营养和进行适当的锻炼，活动方式以游戏为主，不进行课业学习。5~7岁的儿童，教育的主要任务以养成良好的生活习惯和学习习惯为主，可开展适当的课业学习活动，但不宜过重，以免影响儿童的身体发育，并保证充分的体育锻炼时间，活动内容以游戏和听讲故事为主。

2. 初等教育阶段

该阶段以发展人的非理性灵魂为主，教育的主要任务在于开展情感道德教育，实施学校教育，具体教育内容为阅读、书写、体育锻炼、音乐和绘画，目的在于促成儿童身心的和谐发展，为将来参与理性生活和享受闲暇做准备。

🔊 **教育家语录**

快乐使得我们去做卑贱的事，痛苦使得我们逃避做高尚［高贵］的事。所以柏拉图说，重要的是从小培养起对该快乐的事物的快乐感情和对该痛苦的事物的痛苦感情，正确的教育就是这样。

——亚里士多德

3. 中高等教育阶段

该阶段的任务在于发展人理性的灵魂，以理性教育为主，注重培养个人理智，实施学校教育。由于亚里士多德关于本时期教育的论述失传，人们只能从吕克昂学园的课程加以推断：学习内容以哲学为主，同时学习"四艺"（算术、几何、天文、音乐）、物理学、文法、文学和伦理学。在教学方法上，注重教学与研究的结合、教师讲授与师生自由讨论的结合。

以斯巴达和雅典为代表的城邦教育实践和以苏格拉底、柏拉图和亚里士多德教育思想为代表的古代希腊教育思想，成就了古希腊教育在人类教育史上的重要地位和重大贡献。在城邦教育实践中，注重发挥城邦政府发展教育的责任，建立起较为完善的学校教育体系，注重自由学科（由文法、修辞学和辩证法组成的"三艺"，由算术、几何、天文和音乐组成的"四艺"）的学习，注重发挥讨论和对话的教育价值。在教育思想中，古希腊教育思想注重将个人理性和智慧发展作为教育的主要任务和目的，人本化和理性化特征突出，同时将具体教育问题的探讨建立在哲学观、社会观和政治观的基础上，哲理思辨和社会现实特征彰显，这些对未来人类的教育实践发展和教育理论进步均产生了显著影响。

第四节
古罗马的教育

🎯 **学习目标**

1. 了解古罗马教育发展的历史过程，掌握古罗马学校教育体系和实施过程。

2. 掌握西塞罗和昆体良教育思想的主要内容。

在西方教育史上，古罗马教育的历史贡献不仅在于其成功借鉴并传播了古希腊的教育智慧，还在于其缔造了以现实主义著称的古罗马教育体系。

就地理学意义而言，古罗马并非一个确定的概念，因为罗马一直处于扩张的过程，从最初罗马建城到最后发展成为一个地跨欧、亚、非三大洲的庞大帝国，罗马一直处于帝国的中心。其间，公元 330 年，罗马皇帝君士坦丁（Constantine，306—337 年在位）在古希腊移民城市拜占庭设立新都，取名君士坦丁堡。基于政治和宗教原因，公元 395 年，罗马帝国一分为二，西部仍定都罗马城，为西罗马帝国，公元 476 年被南下的日耳曼人灭亡，西欧遂步入千年漫长的"中世纪"；东部定都君士坦丁堡，为东罗马帝国，又称拜占庭帝国，帝国在存续千年之后，于 1453 年被奥斯曼帝国所灭亡。

就历史学意义而言，古罗马共经历了三大历史时期：王政时代（公元前 8 世纪—前 6 世纪），共和时代（公元前 6 世纪—前 1 世纪），帝国时代（公元前 27—公元 476 年）。

一、王政时代的教育

王政时期的罗马尚未有正式的教育机构出现，儿童教育主要在家庭中完成。

婴儿出生之后，父母在征得五位邻居的认定和同意后，有权杀死体格虚弱或身体残疾的新生儿。健康的婴儿将获得到母亲和乳母的精心照料，其教育则由父亲和母亲共同承担。母亲主要负责儿童身体的养护，并在日常生活中开展道德教育。在度过最初的成长阶段之后，男童的教育则转由父亲承担，父亲教授儿童基本的读、写、算等知识和技能，并以身示范，向儿童讲授如何在未来履行一个公民的职责。女孩则在母亲引领下，学会处理家务，学会如何在未来履行贤妻良母的家庭责任。

在道德教育上，儿童要养成简朴、忠诚、勇敢、虔敬和庄严等品质，这是为适应当时农耕生活和战争频繁的现实所做的最好的道德准备。

在教育方法上，严格的体罚是家长们经常采用的家庭教育方式，也是当时常用的教育方法。此外，"罗马家教的主要内容不在于文化学习而是强调品德培养。家长的训诫、宗教的约束以及一些简单的格言、事例，加上家长法权的威严和公民社会生活的实践，成为引导青年发展为有用之材的基本手段"[①]。

二、共和时代的教育

古罗马于公元前 6 世纪初实现了从王政时代向共和时代的转变。共和初期的罗马，在政治上，原来的平民与贵族同为罗马公民，享有平等的政治权利；在经济上，小农经济仍为主导型经济形式；在教育上，延续了王政时代的家庭教育形式，接受家庭教育的儿童在 16 岁时成为古罗马公民，并服兵役。

公元前 450 年，古罗马颁布的《十二铜表法》显示出了更多的教育价值，成为古罗马儿童的必读材料，不仅为儿童阅读、背诵提供了材料，而且还对几个世纪的古罗马人养成坚定果敢、遵守秩序、爱国守法等道德品质作出了重要贡献。"十二铜表法与早期罗马人的关系，亦犹摩西律法与希伯来人的关系、莱库古立法与斯巴达的关系、梭伦立法和荷马史诗与阿提卡的关系……在数个世纪中，这些法律条文成为教授读写的基本读物，要求每个男孩

---

① 朱龙华：《罗马文化与古典传统》，28 页，杭州，浙江人民出版社，1993。

能够知道，并能解释它们的意义。它们表达了罗马旧时代的生活和教育的精神和理想。"①

公元前 3 世纪开始，随着古罗马的扩张和版图的扩大，社会各阶层之间的矛盾日益尖锐，商业贵族、元老院贵族和军事首领之间的权力倾轧日益激烈，教育表现出不同于共和前期的特征。

一方面是对古希腊文化教育的吸收和借鉴。公元前 3 世纪，古罗马在占领意大利南部古希腊的殖民城市后，开启了吸收古希腊文化教育的进程。这一进程在公元前 146 年古罗马征服古希腊本土后加速。一批批古希腊教师来到古罗马兴办学校，传授古希腊文化知识，以古希腊语为教学语言，以古希腊文学为教学内容的古希腊式学校出现在古罗马的土地上。

另一方面是古罗马学校体系的建立与完善。除古希腊学校外，包括小学、文法学校和雄辩术学校在内的拉丁学校体系得以建立和完善，标志着共和时代古罗马教育发展的最新成就。

7 岁之前的儿童接受家庭教育。7 岁至 12 岁的儿童则入读私立、收费制初等学校，学习基本的读、写、算知识，其中包括学习道德格言和《十二铜表法》。

12 岁至 16 岁的富家子弟和贵族家庭子女则入读文法学校，接受中等教育，系统学习文法和语言。文法学校包括传授古希腊语言和古希腊文学的古希腊文法学校，以及创设于公元前 100 年前后的拉丁文法学校。拉丁文法学校讲授拉丁文法和拉丁文学知识，引领学生阅读西塞罗等拉丁作家的作品。这两类学校还注重向学生传授一定的自然科学、数学、历史和地理学知识。教学方法主要是讲解、背诵和听写。

满 16 岁的青年则进入修辞学校或雄辩术学校继续自己的学业，为将来担任政府公职做准备。雄辩术学校效仿伊索克拉底的修辞学校而设，主要目的在于培养雄辩家，开设课程包括文学、修辞学、辩证法、法律、数学、几何学、天文学、伦理学和音乐等。完成修辞学校或雄辩术学校的学业后，具有继续深造愿望的青年则前往雅典、罗德岛和亚历山大里亚城深造。

三、帝国时代的教育

古罗马在完成意大利的统一后，相继征服了迦太基和马其顿，逐步取得地中海的绝对霸权。长期的军事征服和对外扩张进一步扩大了古罗马的版图，需要古罗马改变政体以适应统治一个更为辽阔的地域。公元前 27 年，独揽古罗马统治大权的屋大维（Octavianus，公元前 63—前 14 年）获授"奥古斯都"称号，成为古罗马帝国的皇帝，古罗马进入帝国时代。

为适应帝国时代古罗马社会政治、经济和文化发展的需要，古罗马教育也在发生着明显

① ［美］克伯雷：《西方教育经典文献（上卷）》，任钟印译，31 页，北京，人民教育出版社，2016。

的变化，主要体现在以下方面。

在教育管理权上，加强帝国政府对教育的管理。公元 78 年，帝国设立国立修辞学讲座。公元 425 年，帝国政府颁布法令，规定学校开办权由政府掌握，任何私人办学行为视同叛国，私立学校改为国立，建立相对完善的学校教育制度，强化教育服务于帝国统治的需要。

在教育目的上，将培养善于辩论、具有参与政事才能的雄辩家，改变为培养效忠帝国利益的各级官员，造就忠顺服从的帝国子民，以适应帝国政治体制的需要。

在教师事务管理上，帝国政府首先控制了教师委派权，改变共和时代教师职业的自由选择权。公元 333 年，君士坦丁一世（Constantinus I，280—337 年）下令由帝国直接任命教师。同时，提高教师待遇。公元 1 世纪，古罗马皇帝韦帕芗（Vespasianus，9—79 年）开始向文法学科和修辞学科教师发放薪水，同时规定语法家及其他自由文科教授，连同其妻子子女，免缴一切赋税，免除一切公共义务。

在学校教育体系上，初等学校主要招收平民子弟入学，主要学习内容包括基础性读、写、算和道德教育，文法分析教学受到重视，学生需要记诵文法定义和规则。中等学校教育的变化主要体现在，较古希腊文法与文学教学而言，拉丁文法与罗马文学的教学受到更多重视；文法学校的教学表现出强烈的形式主义色彩，文学形式、文法规则的教学超出对文学内容的教学，教学完全按照固定的程式进行。形式主义教学在高等学校也有突出表现，教材以西塞罗的演讲录和维吉尔的诗歌为主，教师与学生关注的是辞藻的运用技巧和华丽的表达形式。此外，帝国时代还出现了包括法律学校、医学学校和哲学学校在内的专门学校。设于古罗马、雅典、亚历山大里亚和迦太基的法律学校吸引了众多青年到校学习，法律学校一般修业 5 年，主要学习法理概论、法律学说、法典和罗马法等，为古罗马帝国培养了一批法律专门人才。医学学校教师一般由名医出任，注重医学理论知识的学习与临床实践的结合，学生在阅读医学著作的同时，还拥有较多的医疗实习机会。在雅典和当时帝国的一些大城市中还设立了哲学学校，青年人围绕在哲学家的周围讨论哲学问题，提高自己的哲学修养，以便将来能更好地开展哲学研究或从事帝国公共事务。

四、西塞罗的教育思想

西塞罗（Marcus Tullius Cicero，公元前 106—前 43 年），古罗马著名雄辩家和教育家。幼时接受良好教育，后凭借卓越的雄辩能力和渊博的知识而在古罗马社会生活中脱颖而出，公元前 64 年出任古罗马执政官，因支持共和政体，遭到罗马共和后期"后三头同盟"的捕杀。西塞罗有关雄辩家教育的思想集中体现在《论雄辩家》（公元前 55 年）一书中。

（一）优秀雄辩家培养的意义

西塞罗认为，教育的任务在于培养社会所需要的人才，在于赋予个人参与社会生活的才能。而在古罗马的社会生活中，演讲术或雄辩术已成为公民从事社会政治活动，或在法庭上辩论以捍卫自身权益的一项重要才能。因而，教育的主要任务在于向青年人传授关于雄辩的知识和技能，以培养出优秀的雄辩家。

（二）论优秀雄辩家的素质

在西塞罗看来，一位优秀的雄辩家要能够就给定的问题，运用逻辑清晰而富有感染力的语言，姿态优雅、大方得体地进行演说。一位优秀的雄辩家还应该"是一个有着敏锐的理智、强烈的求知欲、出色的学问、无与伦比的记忆力的天才"。①

具体来说，一位优秀的雄辩家应具有下述素质。

第一，良好的天赋。西塞罗认为，作为一个雄辩家必须具有良好的天赋，如反应敏捷、记忆力强、口若悬河、声调清脆、体态匀称等。在充分利用这些天赋的基础上，加以专门培养，才能造就一位优秀的雄辩家。

第二，广博的知识。西塞罗认为，雄辩家欲练成就任何问题开展演讲的才能，掌握广博的学识至关重要。"需要有极大量的事务的知识，没有这种知识，言语的流利就是空洞、可笑的。"② 西塞罗建议，一个有志于成为雄辩家的人应通晓自由艺术，即掌握文法、修辞学、辩证法、算术、几何、天文学和音乐等学科知识；应掌握有关社会的重要知识，如政治、法律、军事和哲学等知识；应掌握关于人生与人的行为的知识，如伦理学和道德等知识。

第三，高超的语言表达艺术。西塞罗认为，优秀的雄辩家还需要具备高超的语言表达艺术，具体表现为表达准确、通俗易懂、优美生动和紧扣主题。

第四，高尚的道德品质。在成为一位优秀雄辩家的各项素质中，高尚的道德品质至关重要，甚至可以说"雄辩即德行"。一个真正的雄辩家必须以具有并践行人类所有优秀的道德品质为前提，真诚的演讲术可以拯救国家，而欺骗性的演讲术则将国家带向毁灭。

在西塞罗看来，真正优秀的雄辩家应该是集良好的个人天赋、广博的学识、高超的语言艺术和高尚的道德品质于一体的人，是将渊博学识、高超演讲技艺与高尚德行完美结合在一起的人。

（三）论雄辩家培养的方法

在雄辩家的教育实践中，西塞罗强调"练习"方法的运用，将练习视为把有关雄辩知识和辩论技巧转化为富有感染力的演讲效果的必要环节和重要方法。练习包括口头的模拟演说和书面的写作，模拟演说可以训练演讲者熟悉现场、驾驭演讲问题的能力，写作则可以提高演讲者的思维能力和表达能力。

---

① [古罗马] 西塞罗：《西塞罗全集·修辞学》，王晓朝译，313页，北京，人民出版社，2007。
② [美] 克伯雷：《西方教育经典文献（上卷）》，任钟印译，47页，北京，人民教育出版社，2016。

西塞罗的教育思想集中反映了古罗马社会变革中的教育目标，其关于优秀雄辩家素质的阐释和关于雄辩家培养内容和方法的论述，对古罗马教育实践以及此后西方自由文科教育体系的确立，都产生了较大影响。

五、昆体良的教育思想

昆体良（Marcus Fabius Quintilianus，约35—95年），古罗马帝国时期著名的教育家。幼年在罗马文法学校接受教育。公元70年，主持古罗马国立修辞学校校务达20年。昆体良著12卷本《雄辩术原理》，以雄辩家培养为主题，全面总结了自己的教育教学工作经验，集中讨论了有关教学理论的问题，是西方教育史上第一本教学理论著作。

（一）论教育目的

昆体良认为，帝国时代古罗马教育的目的在于培养具有良好修养的雄辩家。优秀的雄辩家在各方面都堪称完美，昆体良强调自己要培养的不是法庭上的迂夫庸人，不是为金钱而受雇的代言人，而"是具有天赋才能、在全部高等文理学科（liberal arts）上都受过良好教育的人，是天神派遣下凡来为世界争光的人，是前无古人的人，是各方面都超群出众、完善无缺的人，是思想和言论都崇高圣洁的人"。[①]

（二）论教育形式

在教育形式问题上，昆体良明确提出"学校教育优于家庭教育"，要求7岁后的儿童必须进入学校接受教育。一方面，学校教育环境有助于学生形成良好的道德品质，养成参与社会生活的习惯；另一方面，学校儿童之间的相互激励和合理竞争，还会提高儿童学习的积极性，提高儿童掌握知识的效率。

此外，昆体良还主张为幼儿提供必要的学前教育，要对7岁前的幼儿施以必要的道德教育和知识教育。在道德教育方面，昆体良主张要培养幼儿具有善良、勇敢、正义等道德品质。在知识教育上，昆体良认为要为幼儿提供字母认读和书写教育，同时学习希腊语和拉丁语。在教学方法选用上，以不让儿童厌恶学习为基本原则，注重幼儿良好学习习惯的培养。

（三）论教育内容

昆体良主张，一个优秀雄辩家的培养，应该接受三方面内容的教育：高尚的道德教育、广博的知识教育和精湛的雄辩技巧教育。

---

① ［古罗马］昆体良：《昆体良教育论著选》，任钟印选译，159页，北京，人民教育出版社，2001。

关于高尚的道德教育，昆体良坚信雄辩家的主要任务在于借助于自己的演讲和辩论，弘扬正义，宣扬善良，因而雄辩家自身应首先拥有正义、善良、节制、刚毅、明辨是非等道德品质。

🔊 **教育家语录**

谁如果没有获得一切重要学科和艺术的知识，谁就不能成为完备地具有一切优点的雄辩家。因为雄辩术正是要依靠知识以达到优美和丰满，除非具备了雄辩家应牢固掌握、深刻理解的各种知识，他的讲话就一定有许多空洞的、几乎是幼稚的内容。

——昆体良

关于广博的知识教育，昆体良提出的雄辩家教育课程计划包括：希腊语、拉丁语、文法、修辞学、辩证法、几何、天文学、物理学、伦理学等。在语言学习顺序上，昆体良主张先学习希腊语，继而学习拉丁语。

关于精湛的雄辩技巧教育，昆体良主张雄辩术及相关辩论技能技巧的教育与练习，需要充分结合学习者的天赋、个人倾向与才能具体实施，并体现与遵循儿童的年龄特点。

（四）论教学实施

在教学实施上，昆体良在总结自己长期教学实践经验和古罗马学校教育实践的基础上，提出了一系列重要见解。

第一，分班授课设想。不同于当时流行的个别教学，昆体良认为，教师可以把学生分成班级，大多数的教学可以用同样大小的声音传递给全班学生，可以同时向全班学生传授知识、演示技能，以节省教师和学生的时间和精力。实施分班授课，学生之间还可以互相讨论，互为榜样，彼此学习。

第二，教学原则。昆体良主张教学应遵循因材施教原则。为适应儿童个别差异，教师需要先辨清每位学生的天性倾向和个体能力差异，据此安排课程内容，确定教学进度，选择教学方法，真正做到因材施教，有的放矢。

第三，反对体罚。昆体良反对古罗马学校教育实践中所存在的体罚现象，认为体罚有悖于教育的目的，体罚不但残忍，还是对善良人性的摧残，导致学生心情压抑、情绪沮丧，不仅不利于雄辩家人格的健康成长，也不利于调动学生学习的积极性和自觉性。学校和教师应戒绝体罚，更多采用鼓励、奖励和赞扬的方式，激发学生学习的主动性，实现身体和心理的健康发展。

（五）论教师素质

昆体良十分重视教师的作用，认为做好教学工作的前提和保障在于教师，因而对教师提出了较高要求。教师首先是一个品行高尚、知识渊博的人；教师不但应熟练掌握所教学科的内容，还应灵活运用教学方法，具有高超的教学技巧；教师应热爱学生，对学生怀有父母般的情感，既宽严相济，又耐心施教；教师应注意观察并把握学生在资质、能力和心性方面存在的差异，实施因材施教。

昆体良的教育思想既是对自己长期教学实践的全面总结和提升，又是对古希腊古罗马教育实践的系统思考和归纳。昆体良在《雄辩术原理》中有关教育目的、教育形式、教育内容、教学实施和教师素质等问题的思考和见解，为文艺复兴时期西方教育思想和教学理论的形成奠定了基础，产生了广泛影响。

与古希腊相比，古罗马人在社会文化与民族性格中表现出更多务实的特质，在军事、行政和司法领域中，追求秩序、规则和实效，成效显著。在教育实践和教育思想领域中，古罗马也取得富有历史意义的成就：第一，在不同历史阶段，注重依照社会政体的变化修订教育目标，重视研究实际的教育教学问题，在有关教学过程、教学方法、教学组织形式和教师教学问题上提出很多有价值的见解。第二，在雄辩家的培养与个人发展中，重视道德教育，认为道德既是获取知识的目的，又是获取正确知识的重要条件。第三，在教育实践与教育理论的探究上，实现了继承与创新的统一。古代罗马教育实践与教育思想的发展是在借鉴、传播古希腊教育实践与教育思想基础上进一步发展的结果。古罗马教育结合本民族文化特点和社会发展的实际需要，创建了拉丁学校教育体系，实现了以思辨和理性为特征的古希腊教育思想与以实用和实践为特征的古罗马教育观念的融合，形成了独具特色的古罗马教育制度与教育思想体系。

第五节
中世纪西欧的教育

🎯 **学习目标**

1. 了解基督教的兴起与基督教教育的实施概况。

2. 掌握骑士教育制度的

作为一个特定的欧洲历史概念，中世纪始于公元 476 年西罗马帝国的灭亡，终于 14 世纪末欧洲文艺复兴运动的启动，时跨千余年。中世纪欧洲社会发展的"底子"是古罗马帝国灭亡后所留下的废墟，战争的毁坏，加之久习游牧生活的南下民族文化水平低下，使古希腊、罗马的文化成就难以继承。而内涵及其实施过程。

3. 掌握中世纪大学的历史背景、教育成就及其历史意义。

4. 掌握中世纪城市学校教育的内涵及其教育特征。

兴起于公元 1 世纪的基督教在原古罗马帝国的早期传播，基于发展信徒、宣传教义和提高教会社会影响的需要，基督教会十分重视文化教育事业的发展，填补了中世纪早期欧洲文化教育发展的"空白"。中世纪西欧的教育自此呈现出强烈的基督教神学色彩。"中世纪是从粗野的原始状态发展而来的。它把古代文明、古代哲学、政治和法律一扫而光，以便一切都从头做起。它从没落了的古代世界承受下来的唯一事物就是基督教和一些残破不全而且失掉文明的城市。其结果正如一切原始发展阶段中的情形一样，僧侣们获得了知识教育的垄断地位，因而教育本身也渗透了神学的性质"①。

一、基督教的兴起与基督教教育

（一）基督教的兴起

基督教产生于公元 1 世纪前后，时值古罗马帝国发展盛期。古希伯来人原为居住在西亚两河流域美索不达米亚平原一带的游牧民族，曾因躲避洪水迁往埃及，在历经"走出埃及"及"巴比伦之囚"的艰辛和灾难后，巴勒斯坦地区在公元前 63 年又被处于强盛时期的古罗马帝国征服，先是成为古罗马帝国的属国，后沦为古罗马帝国的一个行省。

🔊 教育家语录

假如耶稣从来没有走过古代巴勒斯坦尘土飞扬的道路，没有受死，没有从死里复活，在他身边没有聚集这样一小群门徒去向外邦传扬他的福音，西方将不会达到如此高水平的文明，并且赋予它如此深厚的、至今仍引以为荣的人文内涵。

——施密特

长时期被征服的屈辱经历，使得犹太民族精神的维系在保持民族统一性方面发挥着巨大作用。被古罗马帝国征服后，犹太人与外界的交流得以加强，得以接触到古罗马的文化精神。犹太人的宗教——犹太教也在长时期的发展中分裂为四大派别：撒都该派，主要成员为犹太教世袭祭司家族和犹太社会政治贵族，在政治与宗教事务上持保守态度，否认人死后复活和个人永生；法利赛派，主要成员包括犹太中产阶级和神职人员，具有强烈的民族主义倾向和虔诚的犹太宗教信仰，为《圣经·旧约》的坚定信奉者；爱塞尼派，主要由犹太平民

---

① 华东师范大学教育系：《马克思恩格斯论教育》，116 页，北京，人民教育出版社，1996。

组成，该派在偏僻地区建立自己神秘的宗教组织，实行财产公有，严格禁欲；奋锐党，主要成员为犹太下层民族主义者，主张运用暴力手段摆脱罗马统治，积极宣扬并期盼弥赛亚到来。

基督教的创始人耶稣来自当时犹太教的一个支派——拿撒勒派，拿撒勒派为早期基督教派别，公元1—2世纪出现于巴勒斯坦地区的拿撒勒，因此得名。耶稣选择加入一位名为约翰的先知领导的新运动，并号召自己的追随者与上述犹太教团体保持距离。按照《圣经·新约》的记述，基督教的创始人耶稣约在公元前7—前4年间出生于巴勒斯坦的伯利恒，幼年曾接受一个名为约翰的犹太先知的洗礼，并在约翰宣称自己就是上帝派来的弥赛亚之后开始布道活动，在布道的过程中收纳了包括西门彼得、安德烈、西庇太之子雅各布、约翰、腓力、巴多罗买、多马、马太、亚勒腓之子雅各布、达太、奋锐党的西门与加略人犹大在内的十二门徒。公元30年，耶稣来到耶路撒冷，斥责当地的祭司把圣殿变成了"贼窝"，后在此布道。当地的祭司勾结地方官府，并收买了加略人犹大，逮捕了耶稣，驻扎在安东尼亚堡的罗马执政官本丢·彼拉多下令采用传统的刑法，将耶稣钉死在耶路撒冷城外各各他山岗上的十字架上，十字架上牢牢地钉挂着一块牌子，上写"拿撒勒的耶稣，犹太人的王"。

耶稣蒙难后，他的门徒们认为耶稣是一位神遣的先知，是人们盼望已久的救世主。门徒保罗则在罗马全境宣扬无论是犹太人或是异教徒都是有罪之人，耶稣以自己的死为人类赎罪，耶稣的使命就在于拯救全人类。此后，耶稣的门徒离开巴勒斯坦，开始向西，将基督教传至罗马帝国等异教地区，基督教的关怀开始超越犹太人而面向所有人类，成为一种普世性的宗教。

基督教以上帝为唯一值得崇拜的对象，主张"一神论"，宣扬众生平等，人人皆兄弟姐妹，教徒之间互济互爱，上帝之子耶稣将在世界末日来临时降临人间，实施最后审判，虔诚的基督教信徒将获得救赎，进入极乐世界。这些教义深得底层民众和受压迫者的支持，基督教得到快速发展。基督教在传播与发展过程中，曾先后遭到原犹太教和古罗马帝国的双重压制。后帝国政府发现基督教注重来世获救、强调灵魂解放、爱一切人等主张可以用来加强帝国统治，遂接纳基督教，将其转化为实施精神统治的工具。313年，古罗马帝国皇帝君士坦丁一世颁布"米兰敕令"（Edict of Milan），认可基督教的合法地位。392年，古罗马帝国皇帝狄奥多西一世（Theodosius Ⅰ）将基督教定为古罗马帝国国教，基督教的地位得到正式确立。395年，随着古罗马帝国的分裂，基督教也分为天主教和东正教，东罗马帝国的基督教为东正教，或称希腊正教；西罗马帝国的基督教为罗马天主教。

（二）修道制度的确立及其文化教育职能

作为一种对人的肉体和灵魂实施训练的宗教制度，修道制度的理论基础源于古希腊时期个人肉体与灵魂相分离的理论，后经基督教教父神学家奥古斯丁的改造，个人肉体和灵魂的关系实现了最终的对立：肉体是灵魂的监狱，情欲是人类堕落的表征，个人只有通过克制自身欲望，乃至最终消灭肉体欲望，才能获得精神的拯救。

修道制度最初现于埃及，圣安东尼（St. Anthony，约 251—355 年）成为修道制度的最早探索者。约 286 年至 325 年，圣安东尼在尼罗河畔的皮斯皮尔山中修行，成为修道制度的先驱。早期的隐修士均为独自一人，离群隐居修行。英语中的"修道士"（monk）源于希腊语 monos，意为"单独的人""单独地走向天堂"。320 年，圣帕克米乌斯（St. Pachomius，约 287—346 年）等人则主张各隐修士共同生活，彼此加强交流，并在尼罗河流域建立了最早的修道院。404 年，修道院制度由约翰·卡西安（John Cassian，约 360—435 年）引至西欧。

圣本尼迪克（St. Benedict of Nursia，约 480—550 年）被誉为"西方修道制度之父"，素以严厉的自我克制和圣洁闻名。圣本尼迪克于 523 年制定了一个包括序言和 73 项条例的修道院规程。按此规定，修道院发展成为一个受统一规程约束，在院长领导下的，有组织、有纪律、自治性的宗教团体。进入修道院者先要发下三愿：许身愿、服从愿、守贫愿。修士们每日的活动包括祈祷、劳动和诵读。

西欧修道院在建立之初就是重要的基督教文化教育机构，院规规定修士的工作不仅是祈祷，还要抄写和阅读圣经及其他教父的著作。在西欧此后很长的时间里，只有修士和教士才是文化的掌握者，是社会契约和法律条文的记录者、历史的撰述者和文化的传播者。[①] 在基督教文化与教育制度确立的过程中，修道院发挥了重要作用。"如果没有修道院那高墙之内的修士们抄写文本的努力，没有修道院学校所施行的教育，没有修士们的积极传教，古典文化的成分也就难以延续和保存下来，基督教的文化也便难以传播和确立。"[②]

（三）基督教教育机构

作为一种宗教信仰，基督教自出现之日起即把传播教义和争取信徒作为重要目标。当基督教成为中世纪的主导性宗教后，基督教神学体系逐步完善、宗教组织结构日益健全，建立专门的宗教教育机构，取代有悖于基督教教义的古希腊罗马教育机构，宣传基督教信仰，就成为基督教教会的重要事务。修道院学校、主教学校和堂区学校就是在此背景下出现的。

第一，修道院学校。修道院学校是随着修道制度的发展而出现的一种教育机构。修道院为自幼入院的修行者提供识字、读经和写字方面的教育，在此基础上形成了修道院学校。至 9 世纪时，修道院学校已经发展成为欧洲一种较为普遍的教育机构。

修道院学校分为"外学"与"内学"：未来准备担任僧职的贵族和僧侣子弟，自幼入院

---

① 王亚平：《修道院的变迁》，33~34 页，北京，东方出版社，1998。
② 田薇：《信仰与理性：中世纪基督教文化的兴衰》，54 页，保定，河北大学出版社，2001。

并住宿于修道院内学习，称为"内学"，学生称为"内修生"；不准备担任僧职而不住院学习，称为"外学"，学生称为"外修生"。内学与外学或各自独立设置，或合并设立。招收10岁儿童入学，学习期限为8~10年。教师由教士担任，教学方法主要是口头讲解，学习内容主要是神学经典、宗教信条、圣歌、赞美诗和"七艺"等。中世纪后期，修道院学校吸纳古希腊、罗马时代的教育内容，"七艺"进入修道院学校。但"七艺"教学需服务于宗教目的，例如，学习文法和拉丁语是为了阅读《圣经》，学习修辞学是为了分析经书的文体，学习辩证法则是为了给教会的宗教信条进行辩护。教学方法主要为问答、口授、抄写和背诵。修道院学校实施严格管理，体罚盛行。

图书馆是修道院学校的重要教育设施，"一个没有图书馆的修道院就像一座没有军械库的城堡"。① 修士们在修道院抄写书籍、阅读书籍和收藏书籍。抄写书籍被视为一项有价值的劳动，11世纪的一位修士曾写道："每一封信、每一行字和每一个标点，都意味着一项原罪获得了宽恕。"②

第二，主教学校。主教学校一般设于主教所在地，系教会举办的面向一般民众的普通学校。主教学校组织与修道院学校类似，教学设备和教学条件较好，教学质量较高，但数量有限。

第三，堂区学校。堂区学校一般由教士或其指定教会人员设于教堂门房或自己家中，对一般居民子弟实施初级教育。教士向入学者收取一定费用，以拉丁文教授学生识字、书写和阅读祈祷文。较主教学校办学条件要差一些，教育水平也要低一些。

二、查理曼大帝的文化教育改革

西罗马帝国在日耳曼人的攻击下灭亡，476年，奥多亚克（Odoacer，罗马雇佣兵领袖、日耳曼人）废黜西罗马帝国最后一位皇帝罗慕路斯·奥古斯都，自封意大利国王，并将西罗马帝国的皇冠和皇袍送交位于君士坦丁堡的东罗马帝国皇帝后，西罗马帝国遂寿终正寝。

在西罗马帝国的版图上，不同的日耳曼民族建立了各自的小王国，如建立于486年的法兰克王国、东哥特王国（493—555年）、西哥特王国（419—711年）、勃艮第王国（457—532年）和阿兰·汪达尔王国（439—534年）。公元八九世纪时，逐渐强大的法兰克王国使西欧实现了短暂的统一。在法兰克王国几代统治者的努力下，日耳曼各蛮族王国统一于法兰克王国。这不但表现了一个接近昔日西罗马帝国的国家的出现，而且古典的、基督教的、日耳曼的文化实现了第一次综合。这种综合在较大程度上阻止了中世纪早期以来的文化衰退趋势，并进而引发了欧洲第一次文化和教育的双重觉醒。

---

① ［美］哈斯金新：《十二世纪文艺复兴》，张澜、刘疆译，46页，上海，上海三联书店，2008。
② ［美］哈斯金新：《十二世纪文艺复兴》，张澜、刘疆译，47页，上海，上海三联书店，2008。

768 年，法兰克国王矮子丕平（Pepin the Short，714—768 年）死后，王国由他的儿子查理曼（Charlemagne，742—814 年）和卡罗曼继承，771 年卡罗曼去世后，查理曼统一整个法兰克王国。在历经 50 余次的对外征战后，查理曼成功地将王国版图扩充至西起大西洋沿岸，东北抵易北河和多瑙河，北濒北海和波罗的海，南到意大利。800 年，罗马教皇利奥三世亲自为查理曼加冕，授予其皇帝和"奥古斯都"的称号，称为"罗马人的皇帝"，史称查理曼大帝，法兰克王国自此步入查理曼帝国时期。这一事件不仅标志着在西罗马帝国灭亡 300 余年后帝国传统的恢复和再现，而且更意味着新出现的罗马帝国被赋予了一种神圣而高贵的品质——神圣罗马帝国，更为重要的是，教皇亲自为查理曼加冕意味着查理曼赋有传播和捍卫基督教的精神责任，罗马世俗的世界主义与基督教的普世主义实现了融合，意味着日耳曼传统、基督教传统和罗马传统的融合。这一系列的融合为欧洲第一次文化和教育的觉醒提供了基础。843 年，查理曼帝国一分为三，即西法兰克王国、中法兰克王国和东法兰克王国，后形成欧洲的三个大国：法兰西、意大利和德意志。

作为一位具有非凡军事才能和政治才干的领袖，查理曼大帝十分注重文化教育事业的发展。为改变法兰克人文化水平低下的状况，查理曼大帝致力于教育改革，要求教士和官员提高自己的文化修养，具体改革内容如下。

首先，查理曼大帝依靠比萨的文法学家彼得（Peter）和教士保罗·蒂亚克努斯（Paulus Diaconus）改正当时《圣经》和祈祷书中的拼写错误，并在 787 年颁布文告，要求帝国所有修道院院长和主教加强学习，以准确理解和传播《圣经》和教义。789 年，再向僧侣发布敕令，要求每个寺院或修道院必须拥有自己的学校，在学校中教儿童唱歌、算术和文法。

其次，查理曼大帝延聘英格兰学者阿尔琴（Alcuin，735—804 年），发展宫廷教育，提高王室与贵族子弟的文化水平。782 年，查理曼邀请英格兰教士阿尔琴到王宫主持宫廷学校，就学者包括查理曼本人、皇后、皇子及其他王室成员。宫廷学校的学习科目主要有文法、修辞学、辩证法、算术、天文学、神学等，教学方法因人而异，讨论和问答法为主要的教学方法。

最后，查理曼大帝十分注重整理保存古代文化典籍，关注社会民众的教育事业，在其 789 年发布的一项通令中，提出"要设立学校以教育儿童识字。在每个修道院中或主教区中，都要将赞美诗、字模、诗歌、日历、文法与天主教的书籍细加校正"。[①] 而在 812 年发布的一项公告中，则规定"每人必须把自己的儿子送到学校去学文法。儿童必须留在学校里勤奋地学习，直到他能学知识为止"。[②]

除加强知识的传授和教育外，查理曼大帝还注重在有学问的学者和修士中间营造一种宽松自由的学术氛围，形成一种学术争论的风气。

---

① 夏之莲：《外国教育发展史料选粹（上册）》，145 页，北京，北京师范大学出版社，1999。
② ［英］博伊德、金：《西方教育史》，任宝祥、吴元训等译，120 页，北京，人民教育出版社，1985。

查理曼大帝的文化教育改革将教育事业从长期被忽略的状态中解放出来，促成了加洛林文艺复兴局面的出现，为欧洲 12 世纪文艺复兴的出现做了初步准备，预示着欧洲文化教育新时代的到来。

三、骑士教育制度

骑士教育制度是西欧封建社会的一种特殊形式的家庭教育，是与西欧采邑制相适应，并在骑士制度的基础上发展形成的。1096—1270 年的十字军东侵极大地促进了骑士教育制度的完善和盛行。

（一）采邑制

骑士教育制度形成的社会基础是采邑制。采邑制初现于加洛林王朝时期，10 世纪后日趋成熟，为西欧社会经济组织的主要形式。所谓采邑制，简单来说，是指国王有条件地将土地（采邑）分封给贵族的制度。分封制自上而下，逐级分封，涵盖自国王至骑士（最低等级的贵族）的所有阶层。获得分封的各级贵族需要向领主（封主）履行相应的经济与军事义务。

（二）十字军东侵

十字军东侵是指发生在 1096—1270 年期间的西欧封建主阶级以从异教徒穆斯林手中夺回基督教"圣地"耶路撒冷为名，而对东地中海各国进行的持续近两百年的侵略战争。参与战争的欧洲部队，因胸前或臂部佩戴"十字"标记，故名"十字军"。十字军东侵有着复杂的经济原因和宗教原因。

在经济方面，11 世纪的西欧，随着城市的兴起以及商品货币关系的日益发展，封建贵族对城市商品和东方奢侈品的需求大量增加。西欧实行长子继承制，封建领地由长子继承，其余诸子常常成为无地骑士，只能依靠服兵役和劫掠商家为生。中小封建主渴望向外，特别是向东方进发以获取更多的财富。西欧城市商人，希望从阿拉伯和拜占庭手中夺取地中海东部地区的贸易港口和市场。农民饱受封建主残酷剥削与持续不断的荒年歉收之苦，梦想摆脱封建枷锁和发财致富，成为他们参与十字军东侵的主要动机。

在宗教方面，西欧天主教会在十字军东侵中发挥着精神支柱和鼓动者的作用。罗马教皇企图借助于十字军东侵进一步夺取封建霸权，进一步凌驾于西欧各国君主之上，重建统一的基督教世界，并把基督教的影响延伸到伊斯兰世界。

自 1096 年 11 月第一次十字军东侵开始，到 1270 年第八次十字军东侵结束，前后历时近 200 年。十字军所到之处，烧杀抢掠，破坏教堂、圣像、建筑和雕像，在给耶路撒冷圣地及当地民众带来深重灾难的同时，十字军在攻陷耶路撒冷和君士坦丁堡后的种种践踏基督教信仰的暴行，也极大地削弱了罗马教皇的威望。

同时，十字军东侵也在客观上结束了中世纪以来东西方的隔绝状态，基督教文明、拜占庭文明与伊斯兰文明得以近距离接触，为西方社会了解古希腊罗马文化提供了渠道，西欧封建主带回很多在西方早已失传的古代文化典籍，如亚里士多德的《逻辑学》《形而上学》《物理学》和《动物学》著作，柏拉图的哲学著作，欧几里得的《几何原本》，托勒密的天文学著作，希波克拉底和盖仑的医学著作。一些伊斯兰文化的杰出代表，也被这一时期的欧洲人所了解，如阿维森纳的医学和哲学著作，阿威罗伊的哲学著作，以及各种代数学、化学、天文学、医学方面的著作。

（三）骑士教育

在西欧封建社会，年轻的世家子弟除继承爵位、到修道院接受神学教育出任神职外，还有一条出路——出任骑士。出任骑士需要接受专门的"骑士教育"。骑士教育诞生于中世纪早期，伴随着十字军东侵的兴起与发展而盛行于 12 世纪。

骑士教育的实施分为三个阶段。

第一，家庭教育阶段（0~7/8 岁）。七八岁前的幼儿在自己家中接受家庭教育，主要接受宗教知识和日常生活道德教育。要求注重身体的养护与锻炼，培养儿童忠顺服从、尊重父母和虔信上帝的品质，并养成健康的身体。

> **骑士教育**
>
> 骑士教育是世俗封建主的主要教育形式，兼有宗教教育和武士教育特征，是一种特殊形式的家庭教育，其根本目标在于培养未来骑士具备勇猛豪侠、忠君敬主、尊重女性的骑士精神和高超作战技能。

第二，礼文教育阶段（7/8~14/15 岁）。儿童满七八岁之后，按照自己的家庭出身等级，依次被送至比自己的父亲高一个等级的封建主家中充当侍童。日常生活追随侍奉在领主夫人左右，学习上流社会的礼节、习惯和为人处世之术，养成骑士的封建意识与道德言行。同时，在领主的引导下修习"骑士七技"：骑马、游泳、投枪、击剑、打猎、弈棋和吟诗，以更好地效忠于领主及领主夫人，并最终成为身强力壮、能征惯战的武士。此外，还要学习唱歌及乐器弹奏。

👁 信息窗

骑士七技

骑士七技，亦称"骑士七艺"。西欧中世纪骑士教育的主要内容。包括骑马、游泳、投枪、击剑、打猎、弈棋和吟诗。前 5 项为训练一个身体强壮、能征善战的武夫所必需；下棋是为发展机智、沉着、判断情况和布置攻防的能力；吟诗则为培养歌颂武功、效忠领主和谄媚贵妇的才能。

【资料来源】顾明远：《教育大辞典（增订合编本，下）》，1203 页，上海，上海教育出版社，1998。

第三，侍从教育阶段（14/15~21 岁）。十四五岁之后，未来的骑士进入侍从教育阶段。未来骑士的主要活动在于侍奉领主。平时为领主照料战马和武器，陪其打猎和散步；战时则随领主出征，保护领主。到 21 岁时，在举行授予骑士称号的隆重仪式后，骑士被授予骑士的象征物——一把长剑，骑士教育宣告结束。

骑士教育各个阶段的主要目的，均在于向未来的骑士灌输服从与效忠封建领主的观念，训练其勇猛作战的本领，并不重视文化知识的学习。

四、经院哲学与中世纪大学

中世纪大学的出现是诸多历史因素综合作用的结果。中世纪晚期，伴随着自治城市经济的发展，社会对专业的管理者、律师、文书、医生和牧师表现出较为直接的需求。十字军东侵后欧洲与穆斯林和拜占庭帝国之间日益频繁的联系与交流，使得欧洲的文化和知识水平得以提高，欧洲世界重新发现了古希腊与古罗马的文明，柏拉图和亚里士多德的著作成为人们了解古典文明的重要载体。古代经典著作的发现和罗马法研究的复兴，使得真正的知识激增。源于 2 世纪的教父哲学，在 11—12 世纪发展成为经院哲学。经院哲学以经院（教会所办学校）为发展环境，以亚里士多德的辩证法为操作原则，将早期朴素的基督教神学理论提升到更完整、更严密、更抽象的基督教神学理论阶段。在经院哲学家们围绕一般概念与个别事物、共相与个别、普遍性与特殊性的孰先孰后、孰轻孰重等问题开展激烈辩论的过程中，形成了哲学史上著名的唯名论与唯实论之争。以安瑟尔谟（Anselmus，1033—1109 年）为代表的实在论者主张一般先于个别而存在，一般是唯一的实在，个别事物只是一种幻象；以洛色林（Racelinus，1050—1124 年）和阿伯拉尔（Pierre Abelard，1079—1142 年）为代表的唯名论者则主张，个别是唯一的实在，一般或共相只是名称。经院哲学家在彼此辩论的过程中，普遍运用三段论和辩证法增强论辩的说服力，锻炼并提升了人们的逻辑分析能力，这为中世纪大学的出现提供了智力上的基础。

（一）中世纪大学的称谓

"'大学'这一概念包含着两层含义：一是指大学的构成人员（教师与学生），二是指他们生活和学习的活动场所或设施。在中世纪的欧洲，这两层含义是用不同的词来表达的。在指从事教学活动的人员集团时，通常使用'行会'（universitas）这个词。在指场所时，通常使用'学苑'或'studium'这个词。"① 最初的中世纪大学是指一种自治性的教授和学习中心，是一种学者行会。

中世纪表示大学的词汇主要包括："studium generale" "studium paticulare"和"universitas"。"studium generale"为中世纪时期表示大学的较为正规术语，"studium"是指由一个或一些有组织的学习团体构成的教授和学习中心，"generale"是指该中心具备从超越本地区的更大范围内招收学生的权限。

> **中世纪大学**
> 最初的中世纪大学是指一种自治性的教授和学习中心，是一种学者行会。

"studium generale"是指一个从较为广阔的地域内招收学生的自治性教授和学习中心。此外，"studium generale"一般至少需要设立法律（教会法、民法或二者兼而有之）、神学或医学中的一科。为保证课程中所有学科的连续性，中心要拥有一定数量的能够胜任教学的优秀教师。"studium paticulare"是指一个从一个城市或一个有限的区域内招收学生就读的教授和学习中心。12—14世纪，"universitas"常用于指代"corporation（公会、自治团体）"，与行会"guild（gild）"同义，表示一些合作性的团体，如手艺人行会、自治团体、教师或学生行会。只是在13世纪以后，universitas才开始专门指称"学者行会"，表明大学在总体上是复杂的，而不仅仅是一个行会组织。

👁 信息窗

按"大学"一词的原意，只不过是为了互助和保护的目的，仿照手艺人行会（gilds）的方式组成的教师或学生的团体（或协会）。

【资料来源】［英］博伊德、金：《西方教育史》，任宝祥、吴元训等译，137页，北京，人民教育出版社，1985。

（二）中世纪大学的类型

就早期中世纪大学的类型而言，一般将出现于12世纪的博洛尼亚大学和巴黎大学分别作为学生型大学和教师型大学的典型。在博洛尼亚大学，大学事务管理权掌握在学生行会手中。在巴黎大学，大学事务管理权则在教师行会手中，学生相当于商业领域中的学徒。

一般认为，博洛尼亚大学在1150年已获得大学身份。在满足意大利北部城市经济贸易发展对法学人才需要的过程中，博洛尼亚大学发展起较高水平的法学教育。早期，著名的古罗马法学者伊尔内里乌斯（Irnerius）和教会法学者格拉提安（Gratian）先后执教于此。"在博洛尼亚，就像在巴黎，有一位伟大的教师伫立在大学发展的开端之上。这位给予博洛尼亚

---

① 张磊：《欧洲中世纪大学》，11页，北京，商务印书馆，2010。

声誉的教师名叫伊尔内里乌斯（Irnerius），他或许是中世纪众多伟大法学家中最负盛名的一位。"① 伊尔内里乌斯的主要贡献在于对《民法大全》作了详细注释，使其既适合职业需要，又适合作为高等教育的一门专门学科进行学术研究。格拉提安于 1140 年撰写《教令集》（Decretum），后成为标准教会法教科书。为保护自身权益，博洛尼亚的学生组建了自己的行会组织，行使大学事务管理权。

在学生型大学管理事务中，学生行会一般掌握并履行教师遴选、学费数额确定、学习时限、教师教学职责确定及监督、教师请假、教师教学责任履行与考核等具体权限。学生型大学模式后被引入 1222 年设立的帕多瓦大学，并在 14—15 世纪扩展至法国大学和意大利大学，学生型大学模式还被输入到南美地区，一直存在到 20 世纪。

作为教师型大学的典型，巴黎大学学者（教师）行会成立于 1150—1175 年。按照教学或研究领域的不同，教师分别组成神学部、法学部、医学部和文学部，学生则按照原籍和语言形成四个民族团：法兰西民族团、诺曼底民族团、庇卡底民族团和英德民族团。各民族团推举本民族团首领，具体承担本民族团成员利益保护的责任，大学校长则由四个民族团选举产生。

在教师型大学管理事务中，教师行会一般掌管学校事务，课程与学习科目设定、学习方式、学习年限、学业考核等事务，均由教师行会组织决定。当时英格兰大学、苏格兰大学和瑞典等地的大学多采用此管理模式。

（三）中世纪大学的特权

为保护自身权益，自治性地开展大学教学活动，中世纪大学还从教皇、国王以及城市政府手中争取到一系列特权，具体包括大学师生免缴赋税、免服兵役和劳役、自由迁徙、集体罢课、司法自治与独立、学位授予等特权。例如，依照司法自治与独立权，大学有权设立特别法庭，处理大学师生与校外人士之间发生的诉讼，大学教师和学生面临诉讼事务时，可以在接受当地主教审判和接受大学法庭审判之间作出选择。自由迁徙权则指在面临城市当局或市民对大学教学或其活动构成损害，或对大学教师安全构成威胁的时候，大学有权将大学整体迁徙到其他城市或地区。学位授予权是大学的一项重要权力，在课程学习、学生学位授予资格审查与评价等事务中，大学拥有最后的决断权。

大学特权的拥有保障了大学的权益。1230 年，博洛尼亚城市当局承认外地学生享有与本城居民同等权利，以换取学生保证不迁校的承诺。巴黎大学 1229—1231 年的大罢课，迫使教皇出面调停并颁发新的章程，巴黎大学最终从主教的控制中解脱出来，并拥有结盟权和罢课权，具有授予学士、硕士和博士学位的专一权等。随后，国王圣路易确认巴黎大学具有

① ［美］哈斯金斯：《大学的兴起》，王建妮译，6~7 页，上海，上海人民出版社，2007。

法人资格，巴黎大学作为一个独立的团体正式成立。

👁 信息窗

中世纪大学特权

欧洲中世纪大学师生享有的特权。主要有：（1）设立法庭，内部自治。1158 年，腓特烈一世发布旨谕，维护波洛尼亚大学师生的利益，包括大学人员和信使可自由通行，不受阻碍；教授有裁判权；凡外人与大学生发生诉讼，均由大学审理。（2）大学生可免除赋税及服兵役的义务。1385 年，海德堡大学成立时，洛伯特一世授予师生在其境内免于"任何义务、征集、贡物和其他任何苛税"。（3）颁发特许证。凡领到特许证者即有执业或教所修专业的资格，可到处开业或教学而不被阻拦。（4）大学有罢教和迁校自由。师生不满所在地的城市或教会权威时，或在教学研究自由遭到无理干预时，可罢课罢教或迁校以示抗议。

【资料来源】顾明远：《教育大辞典（增订合编本，下）》，2088~2089 页，上海，上海教育出版社，1998。

（四）中世纪大学的课程教学

在课程设置上，早期中世纪大学的课程设置较为一致，文学部课程包括"七艺"及亚里士多德的逻辑学；法学部课程包括民法（罗马法）与教会法，民法以《民法类编》为法定课本，教会法以《教会法汇编》为正式课本；医学部课程内容主要包括古希腊人及阿拉伯人的医学著作；神学部课程包括《圣经》及经院哲学家的神学著作。大学课程的统一设置为当时欧洲各大学学术交往和人员流动提供了条件。

在教学方法上，中世纪大学常用的教学方法包括演讲、辩论和练习。教师运用演讲法对选定的材料进行评论，其程序一般为：教师向班级朗读古典作家著作的某些段落，接着对朗读内容进行解析与说明，进而评论自己特别感兴趣的段落，最后提出问题进行讨论。辩论法的运用，主要在于为学生提供运用辩论法的机会，在辩论过程中需严格遵循亚里士多德《工具论》所确定的逻辑规则，教师需要对学生辩论的问题作出回应，辩论主题灵活多样。练习法则指学生根据教师的演讲和自己的阅读收获，就一些具体问题展开辩论或其他形式的活动。

（五）中世纪大学的学位制度

不同于现代大学学位制度，中世纪大学的学位直接指向的是一种任教许可或执教资格，学生在参与并通过相应的考试后，即获得"硕士""博士"或"教授"等学位，意味着学位获得者已经加入教师同业行会，自此拥有从事教师职业的资格。最初的硕士、博士与教授等并不存在等级上的差别。随着中世纪大学的发展，学位等级日益明晰。学生在结束文学部课程的学习后，参加一个庆祝仪式或辩论活动，即获得了学士学位。相对于硕士和博士学位，学士学位出现的时间要晚，且使用并不正式，初期的学士是指那些介于学生与教师身份之间、在大学学习之余兼任辅助教学事务的人。13 世纪初期，巴黎大学的学生开始使用"学士学位"这一称呼，13 世纪中期后为各地大学所接受。

完成文学部学习的学士学位持有者，在跟随一名导师学习两年之后，可被授予"教师资格"，再经过一段时间的学习或演讲经历，开始被教师同业行会所接纳，并最终以在"学位授予典礼"仪式上被认可为正式教师的方式获得硕士学位，同时具备在文学部执教的资格。

文学部执教资格的获得者，继续进入神学部、法学部或医学部学习若干年限，医学与法学学习年限一般为 6 年，神学学习年限较长，可达 15～16 年。学业完成并经考核合格后则被授予在法学部、医学部和神学部执教的资格。在这三个高级的学部，教师被称为"博士"或"教授"。

（六）中世纪大学的学院制度

对中世纪大学而言，学院最初作为一种住宿场所，是由私人或宗教团体基于慈善目的而为贫寒子弟提供的住宿机构，后发展成为正式的大学教学和生活中心。一般将 1180 年设立于巴黎的迪特—惠特学院（Collège de Dit-Huit）视为欧洲最早的学院，学院的设立目的在于为 18 名贫穷学生提供住处。后来在巴黎和其他地方又出现了许多学院。学院的基本结构包括：住宿部、餐厅、礼拜堂和图书馆。

> **学院**
>
> 学院最初作为一种住宿场所，是私人或宗教团体基于慈善目的而为贫寒子弟提供的住宿机构，后发展成为正式的大学教学和生活中心。

13 世纪后，随着学院的发展，原来居住在学院承担监管学生责任的年轻教师开始为学生提供一些讲授服务，主要是一些补充性或复习性的讲授。在一些大学，学院的教学责任日益明确，并最终垄断了大学的文科教学。如巴黎大学的索邦神学院，学院最初是为那些继续学习神学的文学部毕业生所建，后巴黎大学神学部与索邦神学院合并，索邦神学院甚至成为巴黎大学的代名词。

作为中世纪留给现代社会的最有价值和最丰富的遗产之一，中世纪大学在称谓、类型、特权、学位制度、学院制度等层面上为现代大学的发展提供了直接的历史基础。中世纪大学的诞生与早期发展，活跃了当时的思想文化活动，促进了城市的发展和繁荣，在一定意义上为文艺复兴和宗教改革做了准备，更为重要的是为人类知识传承与创新提供了一个前所未有的教育组织和机构，为推动人类文明的持续进步提供了一种有效的制度保障。

五、新兴市民阶层的城市学校教育

11—12 世纪，伴随着欧洲经济的复苏和东西方贸易活动的开展，商品生产和交换活动日益频繁，早期被破坏的城市得以复兴，一些新的城市不断出现，以城市手工业者和商人为主要成员的新兴市民阶层产生。新兴市民阶层为追求自身的政治利益和经济利益，对教育提出了新的需求，一种新的学校教育类型——城市学校教育的产生与发展便是适应并满足这一新的教育需要的结果。

事实上，城市学校并非一所具体学校的名称，而是基于满足新兴市民阶层的教育需要而开办的学校体系的泛称。城市学校包括不同种类和不同规模的学校，如手工业行会开设的行会学校，商人联合会设立的基尔特学校，专为商人子弟开办的拉丁文法学校，为一般民众设立的读写学校等。

各类城市学校在办学规模、课程设置、学习年限和教师成分方面存在差异，但与教会学校和宫廷学校相比，城市学校又表现出如下一些基本特征。

> **城市学校**
> 城市学校并非一所具体学校的名称，而是基于满足新兴市民阶层的教育需要而开办的学校体系的泛称。

在培养目标上，城市学校注重结合城市经济发展的需要，为城市手工业和商业贸易活动培养职业技术人才。

在教育内容上，城市学校重视世俗知识的教育，重视向学生传授与商业和手工业活动相关的各类实用知识和实用技术，注重实施基本的阅读、写作与计算训练，教学语言一般使用民族语言。

在学校管理上，城市学校初期一般由各行会和商会开办，后随着中世纪城市的发展，学校管理权逐渐转移到市政当局手中，城市政府在学费标准确定、教师选聘、工资支付、儿童入学资格确定等事务上拥有管理权和决定权。

城市学校的出现与发展，适应了新兴市民阶层的教育需要，打破了教会对学校教育的垄断，扩大了教育对象的范围，增强了教育世俗化的色彩，较好地满足了处于萌芽时期的欧洲资本主义生产对职业技术人才的需求。

第六节
拜占庭帝国和阿拉伯的教育

学习目标

1. 了解拜占庭帝国和阿拉伯的教育概况。

2. 掌握拜占庭帝国的教育体系及其教育成就。

3. 掌握阿拉伯的教育体系及其教育成就。

公元 330 年，古罗马帝国皇帝君士坦丁（Constantine，306—337 年在位）在古希腊移民城市拜占庭旧址建立新都，名为君士坦丁堡，作为古罗马帝国的政治中心。395 年，古罗马帝国皇帝狄奥多西一世在驾崩前将帝国东半部留给儿子和诺留，帝国西半部留给另一位儿子阿卡弟，自此古罗马帝国一分为二，即东罗马帝国和西罗马帝国。因东罗马帝国都城君士坦丁堡地处拜占庭旧址，史称"拜占庭帝国"。

古罗马帝国分裂后，西罗马帝国在奴隶起义和外族入侵的内外夹击下，于 476 年败亡。拜占庭帝国则继续发展，7—9 世纪封建制度在拜占庭帝国初步确立，11 世纪最终形成，在十字军东侵和奥斯曼帝国的双重打击下，1453 年，拜占庭帝国为奥斯曼帝国所灭。

盛期的拜占庭帝国疆域辽阔，巴尔干半岛、小亚细亚、叙利亚、巴勒斯坦、埃及、美索不达米亚和南高加索的一部分，均纳入拜占庭帝国版图。

一、拜占庭帝国的教育

相对于基督教势力强大的西罗马帝国而言，拜占庭帝国的世俗政权一直处于强势地位，教会始终处于从属于世俗政权的地位。拜占庭帝国拥有从古代继承下来的繁荣城市、发达的城市手工业、繁荣的商品生产与贸易，承继于古希腊和古罗马时代并得到发展的文化科学知识。这些政治、经济、文化与教会发展的特点，对拜占庭帝国的教育发展产生了直接影响。

（一）拜占庭帝国的世俗教育

为适应拜占庭帝国国家政治事务对熟悉政府运转程序、掌握法律知识的高素质官员的需要，满足发达的手工业、商业和海外贸易事务对通晓地理、天文与数理知识人才的需要，促进继承于古希腊罗马的世俗文化知识、古希腊语言和教育事业的发展，拜占庭帝国建立起包括初等学校、中等学校与高等学校在内的较为成熟的世俗教育体系。

1. 初等学校

拜占庭帝国的初等学校多为私立学校，私立初等教育发达，私人讲学之风盛行。6~12 岁的儿童在私立初等学校学习正字法、文法基础、算术，并且阅读《荷马史诗》和《圣诗集》等作品。在教学方法上，主要是记诵。教师要求学生整段背诵《荷马史诗》。部分初等学校也把有关《圣经》和基督教教义的知识作为学习内容。

2. 中等学校

拜占庭帝国的中等学校类型主要是文法学校，主要向入学者传授文法知识和教读古典作品。

3. 高等学校

拜占庭帝国的高等学校类型多样，既包括君士坦丁堡大学，也包括各类专业学校，如雅典哲学学校、亚历山大里亚的医学和哲学学校、贝鲁特的法律学校和散布在各地的修辞学校等。

帝国政府为造就一批胜任帝国管理事务的政治人才，于 425 年创设君士坦丁堡大学。政府为君士坦丁堡大学聘任教授，并支付薪俸。7 世纪以前，君士坦丁堡大学开设修辞学、哲学、算术、几何、天文和音乐等课程。教学方法多采用讨论法，教学语言为希腊语。七八世纪，君士坦丁堡大学因帝国饱受外患和内乱而数度停办。9 世纪中期，君士坦丁堡大学得以重建，当时的哲学家利奥出任大学校长，并执掌哲学讲座。利奥的一些学生也在重建后的君士坦丁堡大学执教。大学开设数学、语法、音乐、法律和医学讲座，除拜占庭帝国的青年外，还吸引了阿拉伯和西欧的学子到此求学，学校声誉日隆。11 世纪中叶，君士坦丁堡大学分为法学和哲学两个学院。法学院学生主要学习拉丁语的《查士丁尼法典》，毕业生主要供职于法律界。哲学院则复兴了对柏拉图和亚里士多德哲学的研究，课程分为初级学科、语法学科和哲学学科三级，哲学院注重通过哲学知识的学习，培养学生洞察世界的能力。

君士坦丁堡、贝鲁特以及各地方设立的法律学校广泛开展了法学教育。法学教育在查士丁尼一世（Justinian Ⅰ，527—565 年在位）在位期间达到全盛。查士丁尼皇帝把推广普及法律知识视为巩固统治的重要手段，在 528 年曾组建一个由法学专家组成的十人委员会，编纂《查士丁尼法典》《法理汇要》《法学总纲》和《法令新编》，为法学教育提供了学习材料。

拜占庭帝国的医学教育也曾经达到较高的水平。4 世纪，医学家奥雷巴西在整理古代医学资料的基础上，结合自己的医学实践，撰写完成百科全书式医学著作——《医学大全》。拜占庭帝国还开设医学学校，并开展医学教育，一直持续到 14 世纪。

（二）拜占庭帝国的教会教育

虽然从未像西罗马帝国的基督教会那样拥有超越世俗政府的权力，但是拜占庭帝国的基督教会也基于宗教目的，重视通过开设学校发展教育的方式扩大教会影响，传授基督教教义，培养虔敬的基督教徒。7 世纪时的拜占庭教会曾在发布的发展学校教育的通谕中，要求教士们将自己的子侄和其他亲属送进主教学校和修道院学校学习，要求设于农村和较小城镇的学校向学生提供文法教育。

拜占庭帝国的教会学校主要包括两种：修道院学校和主教学校。修道院学校附设于修道院，教育内容表现出较强的宗教性，管理严格，主要培养虔诚的神职人员。作为拜占庭教会学校的主要类型，主教学校除注重神学内容的学习外，还向入读者传授古代哲学知识和文化知识。在主教学校中，君士坦丁堡大主教学校的地位最高。君士坦丁堡大主教学校集中了全帝国的神学权威，既是教会学校的最高神学学府，又是极富权威的神学思想中心。君士坦丁堡大主教学校主要向学生提供神学教育、"七艺"和科学教育，同时讲授古代哲学家著作和基督教经典，以造就维护基督教神学权威、能言善辩的高级神职人员。

二、阿拉伯的教育

公元六七世纪，居住在阿拉伯半岛上的大部分游牧部落尚处在原始社会解体阶段。7世纪初，穆罕默德（570—632年）以天神"安拉"之名，以《古兰经》为教义创立一神教——伊斯兰教，并于7世纪20年代在麦地纳建成政教合一的神权国家，统一阿拉伯半岛。8世纪中期，穆罕默德的继任者建成横跨欧、亚、非的大帝国，史称萨拉森帝国，即我国史书上所称的"大食"。萨拉森帝国自632年诞生，1258年被西征的蒙古大军灭亡，其间共经历三大时期：第一时期为"四大哈里发"时期（632—661年），实施民主选举，神权共和。第二时期为"倭马亚王朝"（661—750年）时期，旗帜尚白，即"白衣大食"。第三时期为"阿拔斯王朝"时期（750—1258年），旗帜尚黑，即"黑衣大食"。其中909—1171年存在的法蒂玛王朝，统治着北非和西亚地区，旗帜尚绿，即"绿衣大食"。白衣大食定都大马士革，黑衣大食定都巴格达，绿衣大食定都开罗。

（一）萨拉森帝国和各大食国的教育

伊斯兰教创立前，阿拉伯的教育处于初步发展阶段。统一的伊斯兰政教合一神权国家建立后，各类文化教育渐渐发展起来。

1. 初等学校

初等学校主要是"昆它布"（Kuttab）。早在伊斯兰政权建立前，叙利亚、小亚细亚、君士坦丁堡和北非地区的基督教徒和犹太教徒就创办了昆它布。统一的伊斯兰国家成立后，政府或教会将昆它布改造成为实施初等教育的机构。伊斯兰教徒在各地设立清真寺后，昆它布一般附设于清真寺。昆它布主要教儿童诵读《古兰经》，并传授有关先知故事、语法、诗歌、算术等内容，教学方式以诵读为主。

7世纪末8世纪初逐渐形成的宫廷学校，主要向皇室子弟提供诗歌和文法知识的初等教育。贵族们则主要聘请家庭教师，以"府邸教育"的形式教育自己的后代。

2. 中等学校

阿拉伯的中等学校主要是指一种名为学馆的机构，学馆是一种私人教育场所，一般由成名学者在自己的家中讲学，吸引求知的人到家中受教。此外，清真寺也部分承担了中等教育的职能，主要面向已有一定文化基础的穆斯林信徒传授较高程度的知识。

> **学馆**
>
> 学馆是一种私人教育场所，一般为成名学者在自己的家中讲学，吸引求知的人到家中受教。

3. 高等学校

发挥高等教育职能的机构主要包括：大学、清真寺和图书馆。

（1）大学

萨拉森帝国和各大食国还创设了一些大学，较著名的有：9 世纪，哈里发迈蒙在巴格达建立的拜伊特·勒·赫克迈（Bait Al-Hikmah）大学（又称"智慧大学"），大学聘请东西方学者担任校长、图书馆馆长和教师，开设天文学、数学、医学、哲学等课程，重视古希腊文化等古典知识教育；10 世纪初期，白衣大食阿卜杜勒·拉赫曼三世创办科尔多瓦大学，科尔多瓦大学聘请东方学者到校任教，吸引欧、亚、非三洲的学生到此求学，从亚历山大里亚、巴格达和大马士革等地购进大批书籍，使科尔多瓦大学成为具有世界声望的大学；11 世纪，绿衣大食在开罗设立达赖·勒·伊勒姆（Dar Al-Im）大学，重视自然科学的教育。

◉ 信息窗

拜伊特·勒·赫克迈是中古和近代的第一所大学，因为博洛尼亚、巴黎、布拉格、牛津、剑桥等地还没有大学的时候，拜伊特·勒·赫克迈大学早已将学术的火炬高高地举起来了。欧洲的文艺复兴是在底格里斯河上预备的，不是在顿河、泰晤士河、莱茵河、第聂伯河预备的。迈蒙、易斯哈格、撒赖姆、花拉子密和其他阿拉伯学者开辟了一条新的路径；而佩脱拉克、但丁、伊拉斯谟等，便是沿着这条路径走去的。文艺复兴既蒙阿拉伯人的指导，则人类文化当感谢阿拉伯人的盛意。

【资料来源】［叙］托太哈：《回教教育史》，马坚译，40 页，上海，商务印书馆，1946。

（2）清真寺

在萨拉森帝国及后来的各大食国，清真寺不仅是一种宗教场所，还是一种重要的教育场所。穆罕默德主张，到清真寺接受教育的人，都是为真主而战的勇士。回历 17 年（638 年），哈里发欧麦尔发布命令：每周星期五各地民众要到清真寺听取《古兰经》诵读者的解释和宣讲，各地清真寺遂得以迅速发展。清真寺邀请著名学者到寺讲学，教者坐于廊下或者院中，听者环坐成圆形，形成所谓的教学环。在较大的清真寺所附设的学

> **教学环**
>
> 清真寺邀请著名学者到寺讲学，教者坐于廊下或者院中，听者环坐成圆形，形成所谓的教学环。

校中，神学、法学、哲学、历史知识的教授，吸引着各地的青年到清真寺学习。爱资哈尔清真寺就曾吸引了多国青年到此学习。

（3）图书馆

为了更好地保存知识和传播知识，各伊斯兰国家还十分重视图书馆事业的发展，在各大食国的首都巴格达、开罗和科尔多瓦，均建有藏书丰富、设施完善、规模宏大的图书馆。学者们在图书馆集中研讨，开展文化交流，吸引了大批青年听讲，图书馆遂发展成为一种特殊的高等教育机构。当时声誉卓著的图书馆包括巴格达的拜伊特·勒·赫克迈图书馆（又称为"赫克迈大学"）、开罗的达赖·勒·伊勒姆图书馆（一些历史学家称之为"伊勒姆大学"）和科尔多瓦的皇家图书馆。赫克迈图书馆收藏了大量希腊文、希伯来文、叙利亚文、埃及文、印度文和波斯文文献，著名数学家、天文学家穆罕默德·伊本·穆萨（即花剌子密，780—850 年）、数学家萨拉姆等人在馆内开展著述和研究工作。伊勒姆图书馆在收藏图书、翻译抄写书籍的同时，广泛开展天文学和医学教育，研究、讲学和学习氛围浓厚。

（二）塞尔柱帝国和奥斯曼帝国时期的教育

11 世纪初期，黑衣大食被塞尔柱帝国灭亡。之后，塞尔柱帝国的领土又相继被蒙古帝国和奥斯曼土耳其帝国所征服。阿拉伯的教育也随之发生了变化。

取代黑衣大食的塞尔柱帝国以巴格达为中心，筹建学校教育体系，政府拨付专项资金发展教育事业。在现伊拉克境内希利亚和埃及等地设立的初等学校中，部分学校向儿童及妇女提供免费教育。塞尔柱帝国在宰相尼采姆（Nizam Al-Mulk）主政期间，创办尼采米亚大学，实施分科教育：宗教科向学生传授逊尼派理论和神学知识，同时讲授法学知识；军政科则开展法学教育，兼授其他世俗知识。尼采米亚大学教师待遇优厚，享有较高的社会地位。公元 11 世纪，大马士革的古伯拉大学成立，开罗和亚历山大里亚、科尔多瓦、格拉纳达、塞维尔和麦加拉等地也建立了类似的学校。

1453 年，奥斯曼土耳其帝国攻陷君士坦丁堡，将其改名为"伊斯坦布尔"，并将都城迁抵此城。奥斯曼土耳其帝国仿行尼采米亚建立了宫廷学校，选聘知名学者教育宫廷子弟。16 世纪时，宫廷学校的教学分初级阶段与高级阶段，其中初级阶段为基础训练阶段，主要学习语言和基础文化知识；高级阶段实施分科教育，设土耳其语、阿拉伯语、波斯语、土耳其和波斯文学、《古兰经》及其注释、神学、法学、历史、数学和音乐，统称为"学艺十科"，同时学生在此阶段还接受体育及战术训练。宫廷学校学生毕业后主要充实到各级政府管理机构，承担行政管理职责。奥斯曼土耳其帝国时期的科尔多瓦大学和格拉纳达大学设有教义、法学、天文学、数学、医学和哲学学科，向青年提供各类专业教育。

受拜占庭帝国社会政治、经济与宗教文化的影响，拜占庭帝国的教育直接继承了古希腊和罗马的文化教育遗产，并保存和传播了古代西方文明成果；在满足世俗生活需要的过程中发展起较为完善的世俗教育体系；教会教育体系与世俗教育体系长期并行发展。拜占庭帝国的教育在沟通东西方文化交流方面均发挥了不可替代的历史作用。

在各个历史时期，阿拉伯人通过实施开明的文化和教育政策，广泛吸纳被征服地区的文化教育遗产，积极发展学校教育事业，在融合东西方文化与文明的基础上，鼓励学术研究和文化交流，形成具有自己特点的文化教育体系，且在数学、医学、天文学和哲学等领域取得了举世瞩目的成就。

本章小结

关于本能起源说、模仿起源说、劳动起源说和需要起源说等有关教育起源的几种代表性学说，对人类教育本质持有差异性的理解，在不同程度上反映了对人类教育活动不同层面的关注和主张。而劳动起源说为科学揭示教育起源问题奠定了基础。

作为世界文化的摇篮，古代东方国家拥有系统化的学校体系、丰富的教育内容和创新性的教育教学实践，教育发展表现出等级性和初步的阶级性色彩，奠定了其在人类文化与教育史上的领先地位。

基于灿烂的古希腊文明，古希腊的城邦教育实践和有关个人身心和谐发展的教育思想成果，对西方近现代教育的发展产生了意义深远的影响。在借鉴吸收古希腊教育文明成果的基础上，古罗马在不同的历史阶段建设起较为系统的学校教育体系，并在有关雄辩家教育思想探索与实践推进方面形成自身特色。

公元1世纪基督教的兴起及其借助于修道院学校、主教学校和堂区学校而开展的基督教教育，在为中世纪欧洲教会教育提供历史基础的同时，还发展壮大成为中世纪欧洲教会教育的主要支柱；查理曼大帝的文化教育改革，骑士教育制度的实施，中世纪大学的诞生和城市学校教育的兴起，标志着中世纪晚期欧洲世俗教育发展的主要内容和历史成就。

拜占庭帝国和阿拉伯则在促进东西方文化与教育交流的过程中，构建起较为完善的学校教育体系，宗教教育与世俗教育、学校教育与社会教育实现了有机结合。

总结 >

Aa 关键术语

| 青年礼 | 文士学校 | 泥板书舍 | 智者 |
| initiation | scribe school | tablet house | sophists |

产婆术 catechetics	体育馆 gymnasium	五项竞技 pentathlon	"三艺" trivium
"四艺" quadrivium	"七艺" seven liberal arts	中世纪大学 medieval universities	修道院学校 monastic school
骑士教育 chivalric education	骑士七技 chivalric seven perfections		教学环 teaching cycle

章节链接

在这一章，你读到……	在其他章节中，你将发现相关的讨论……
古希腊的教育、古罗马的教育	第六章第一节　文艺复兴时期的教育
中世纪大学	第六章第二节　英国、法国、德国、美国、俄罗斯和日本的高等教育发展
基督教的兴起与基督教教育	第六章第一节　宗教改革时期的教育

应用 >

批判性思考

1. 评析人类教育的劳动起源说。

2. 古代东方国家教育发展的特点和历史地位是什么？

3. 试用苏格拉底、柏拉图和亚里士多德教育思想的主要内容，评述古希腊教育理论的历史成就和贡献。

4. 古罗马教育实践与教育思想的主要特征是什么？

5. 试析中世纪大学在人类教育史上的地位和影响。

体验练习

以下一些自测题可以帮助你了解自己对本章一些内容的掌握情况。

一、下列每题给出的选项中，只有一个选项是符合试题要求的。

1. 古风时代雅典青少年一边继续在文法学校和弦琴学校学习，一边为了接受体育训练进入（　　）。

　　A. 斯多葛学校　　B. 体操学校　　　C. 埃弗比　　　D. 体育馆

2. 在古希腊、古罗马的教育中，雅典教育与斯巴达教育、古罗马教育的主要区别是（ ）。

    A. 重视军事教育   B. 重视女子教育

    C. 倡导身心和谐发展的教育   D. 加强国家对教育的控制

  3. 在古代斯巴达，城邦为满18岁的公民子弟接受正规军事训练而设立的教育机构是（ ）。

    A. 体育馆   B. 埃弗比   C. 体操学校   D. 角力学校

  4. 古罗马教育家西塞罗论述教育的主要著作是（ ）。

    A.《雄辩术原理》 B.《论雄辩家》   C.《忏悔录》   D.《论灵魂》

  5. 中世纪西欧的骑士教育是一种特殊形式的（ ）。

    A. 学校教育   B. 家庭教育   C. 社会教育   D. 教会教育

二、要求判断正误，并说明理由。

  1. 就性质而言，骑士教育是一种较为成熟的学校教育类型。

  2. 除注重军事与体育教育外，斯巴达教育还十分重视青少年儿童的文化知识教育。

拓展 >

☕ 补充读物 ||||||||||||||||||||||||||||||||||||||||||||||||||||||||||||||||||||||||||||||||||||||||

1 ［英］博伊德、金：《西方教育史》，任宝祥、吴元训等译，北京，人民教育出版社，1985。

      本书被普遍视为同类书籍中的经典著作，较好地阐述了自希腊教育兴起至中世纪大学之间的西方教育主题与历程。

2 ［爱尔兰］弗拉纳根：《最伟大的教育家：从苏格拉底到杜威》，卢立涛、安传达译，上海，华东师范大学出版社，2009。

      本书对苏格拉底、柏拉图、亚里士多德、耶稣、昆体良、奥古斯丁等人的教育思想作了简明而深刻的解析。

3 曹孚、滕大春等：《外国古代教育史》，北京，人民教育出版社，1981。

      本书是新中国外国教育史学科的开创者就外国古代教育所作的线索清晰、主题明确且解读充分的经典之作。

4 张法琨：《古希腊教育论著选》，北京，人民教育出版社，1994。

      本书收编了古希腊"三杰"关于教育的论述。

5 ［古罗马］昆体良：《昆体良教育论著选》，任钟印选译，北京，人民教育出版社，1989。

      本书主要收录了昆体良的《雄辩术原理》及西塞罗等撰写的相关作品。

第六章

外国近代教育转型

本章概述

　　本章重点阐述了文艺复兴时期人文主义教育的兴起和宗教改革时期各种教育势力对近代西方教育模式产生的影响；近代欧美主要国家和日本的学校教育制度的形成和教育理论的发展；近代欧美杰出教育家的教育思想与实践。

结构图

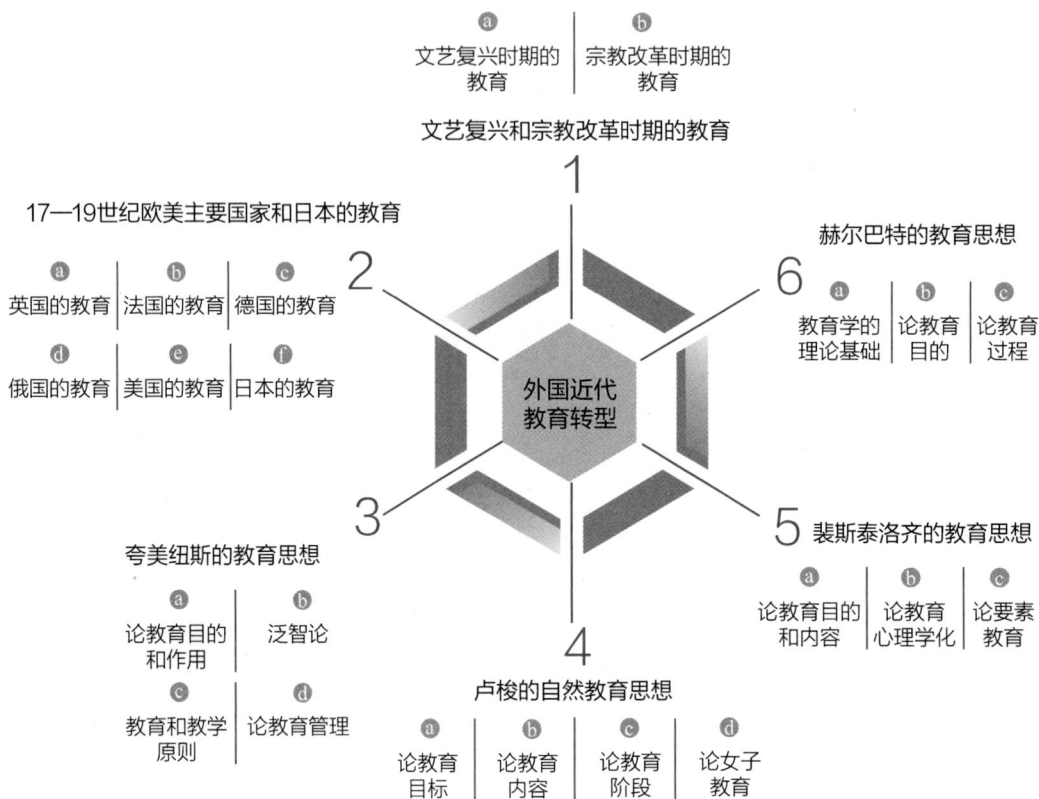

学完本章，你应该能够做到：

1. 掌握文艺复兴时期人文主义教育思想的主要内容，掌握文艺复兴时期人文主义教育的基本特征，掌握宗教改革时期各新教教派的教育活动与教育思想。

2. 了解 17—19 世纪英国的教育发展概况，掌握洛克和斯宾塞的教育思想；了解 17—19 世纪法国的教育发展概况，掌握涂尔干的教育思想；了解 17—19 世纪德国的教育发展概况，掌握第斯多惠和福禄培尔的教育思想；了解 17—19 世纪俄国的教育发展概况，掌握乌申斯基的教育思想；了解 17—19 世纪美国的教育发展概况，掌握贺拉斯·曼的教育思想。

3. 掌握夸美纽斯教育思想的主要内容。

4. 掌握卢梭自然教育思想的主要内容。

5. 掌握裴斯泰洛齐教育思想的主要内容。

6. 了解赫尔巴特教育思想的理论基础，掌握赫尔巴特教育思想的主要内容。

　　文艺复兴和宗教改革时期在实现"人的发现"和"世界的发现"的过程中，借助于古典文化的复兴和基督教教义的重新阐释，为西方教育实现近代转型提供了世俗文化（人文主义文化）和基督教神学（新教神学）的双重支持。在阅读本章之前，请思考以下问题。

1．文艺复兴时期人文主义文化对欧洲近代教育发展所产生的历史影响是什么？

2．宗教改革对西方近代国民教育制度确立具有怎样的历史意义？

3．17—19世纪欧美主要国家和日本的教育制度是如何实现向近代转型的？

4．如何理解夸美纽斯、卢梭、裴斯泰洛齐、赫尔巴特的教育思想对西方教育近代转型的实现所发挥的理论引领作用？

文艺复兴和宗教改革运动揭开了资产阶级走向历史舞台的序幕，开启了西方社会的近代化进程。1640 年，英国爆发资产阶级革命，以政治制度为标志的近代国家正式形成。随后，英国、法国、德国、俄国、美国和日本等国通过不同的途径，建立起资本主义制度。新兴的资本主义国家在发展本国经济的同时，积极推进教育改革，发展各级各类教育，建立适应资产阶级需要的教育制度。西方教育发展进入了一个新的历史阶段。各国社会条件、教育历史文化传统不同，各国教育在保持教育发展总体趋势一致的情况下，形成了各自独具特色的教育制度与教育思想。

第一节
文艺复兴和宗教改革时期的教育

🎯 学习目标

1. 掌握文艺复兴时期人文主义教育思想的主要内容。
2. 掌握文艺复兴时期人文主义教育的基本特征。
3. 掌握宗教改革时期各新教教派的教育活动与教育思想。

在中世纪基督教神学的禁锢下，古希腊和古罗马的文化被钳制了近千年。直到 14 世纪，为适应新兴资本主义的发展需要，在沉寂良久的欧洲大地上，新兴的资产阶级在思想文化领域掀起了轰轰烈烈的文艺复兴运动和宗教改革运动，彻底改变了欧洲教育面貌，奠定了西方近代教育发展的基础。

一、文艺复兴时期的教育

（一）文艺复兴概况

从 14 世纪开始，伴随着商品经济的发展，新兴城市不断出现、日益繁荣，欧洲封建社会逐步解体，在一些发达的城市，资本主义萌芽开始出现，资产阶级开始形成。文艺复兴就是正在形成中的资产阶级为了反对宗教及封建势力对意识形态的控制，以复兴古希腊、古罗马文化的名义发起的一次弘扬资

文艺复兴

正在形成中的资产阶级为了反对宗教及封建势力对意识形态的控制，以复兴古希腊、古罗马文化的名义发起的一次弘扬资产阶级思想和文化的运动。

产阶级思想和文化的运动。文艺复兴肇始于 14 世纪的意大利,逐渐蔓延至西欧和北欧诸国,14 世纪至 15 世纪为早期文艺复兴时期,16 世纪达到极盛时期,16 世纪末走向衰落。

文艺复兴的核心价值观和世界观是"人文主义"(humanism)。人文主义文化具有以下几种典型特征:第一,肯定人的价值和尊严。中世纪神学认为,人一出生就带有原罪,在上帝面前是卑微的,是需要被拯救的,只有靠上帝的恩惠才能得救。人文主义将人从神学的束缚中解放出来,肯定人的价值、地位和尊严。第二,宣扬人的思想解放和个性自由。中世纪神学宣扬教会教义、教规、教条的绝对权威,要求人们对此绝对信仰和服从,人文主义要求把人从教义、教规、教条的束缚中解放出来,肯定人性、自由、平等与博爱,宣扬人的思想解放和个性自由。第三,肯定现世生活的价值和追求享乐。人文主义否定中世纪神学的来世说、禁欲主义和修行主张,肯定现世生活的价值和尘世的享乐,号召人们追求现世的幸福和快乐。第四,尊崇知识、弘扬理性。中世纪,一切知识都服从于、服务于神学,是神学的婢女,理性受到压抑。人文主义提倡复兴学术,尊崇知识,弘扬理性。

为了倡导和实践人文主义精神,许多人文主义者重视教育对人的发展和社会变革的作用,将理性寄托于教育的变革,主张实施以"人"为中心的教育,并付诸实践。

(二) 人文主义教育的思想与实践

人文主义学者们从古希腊、罗马的经典著作中发现了一个美丽新世界,对人文学科的狂热崇拜从意大利迅速蔓延至西欧和北欧,一些世俗人士开始教授人文学科,一种不同于中世纪教会学校的世俗学校应运而生,教会对教育领导权的垄断开始被打破。与此同时,一些开明的神职人士,也开始宣扬和教授人文学科。

1. 弗吉里奥

弗吉里奥(Pietro Paolo Vergerio,1349—1420 年),意大利人文主义者,第一个系统阐述人文主义教育思想的教育家。弗吉里奥对人文主义教育的突出贡献有二:第一,为古罗马教育家昆体良的教育名著《雄辩术原理》作注,使之风靡意大利内外,引发人们挖掘和整理古典教育思想的兴趣;第二,发表了一篇名为《论绅士风度与自由教育》的论文,阐述了人文主义教育的基本思想和通才教育思想。

> **人文主义教育**
> 14—16 世纪的欧洲文艺复兴时期的人文主义思想在教育上的反映。人文主义教育强调发展个性,反对强迫纪律、残酷体罚和死记硬背。要求着重学习希腊文、拉丁文,学习一点自然科学,宗教教育仍占有一定地位。

弗吉里奥认为人文主义教育的目标就是通过实施通才教育培养身心全面发展的人。在教学内容的选择上,他认为历史、伦理学(道德哲学)和雄辩术三门课程最能体现人文主义精神,应该成为通才教育的基础。此外,他还重视体育、文学

（包括文法、写作、逻辑、修辞、诗歌）的作用，赋予自然知识以重要价值。整体而言，弗吉里奥恢复了湮没已久的具有世俗精神的古典教育思想，为人文主义教育的兴起和发展作出了重要贡献。

2. 维多利诺与"快乐之家"

维多利诺（Vittorino da Feltre，1378—1446年），意大利人文主义者，早年毕业于意大利人文主义学术中心——帕多瓦大学，将弗吉里奥的教育理想付诸实践，推动了意大利人文主义的教育实践，被誉为"第一个新式学校的教师"。他的教育思想和实践突出体现在他所创办的"快乐之家"中。

1423年，维多利诺受孟都亚公爵的邀请创建了一所新式寄宿学校——"快乐之家"。学校环境优雅和谐，校风朴素自然，主要招收6~7岁的贵族儿童，学制为15年（含初、中、高级教育），以培养有社会责任感、能管理国家、主持教会和兴办产业的人才为目标。学校采取寄宿制、学生自治。在教学内容上，学校受维多利诺通才教育思想影响，将古典学科作为教学中心，兼施体育、音乐和自然学科教育，此外还特别重视学生基督教信仰的养成。在教学方法上，取消体罚，尊重学生兴趣，重视启发诱导、情感教育，注重发挥练习和游戏的作用。师生关系融洽，学生的生活与学习过程充满欢乐。

3. 格里诺与"费拉拉宫廷学校"

格里诺（Guarino da Verona，1374—1460年）是维多利诺的朋友，但其教育观有别于维多利诺。格里诺是古典学科的坚决捍卫者和崇拜者。1429年，他应邀开办了"费拉拉宫廷学校"，实施古典主义教育。他认为古典文化教育本身就是目的，而不是促进人充分发展的手段，主张一个受过教育的人必须学习特定的学科，而不论其内容如何，在学习方法上主张先学习语法规则，再学习古典作品。在古典作品中，他高度认可西塞罗文体，将其视为作文的唯一典范。这种倾向对15世纪末意大利"西塞罗主义"（主张单纯模仿西塞罗，反对使用在西塞罗著作中没有出现过的词汇和习语）的形成起了推波助澜的作用，也使意大利人文主义教育形式主义化，背离了人文主义思想的宗旨。

4. 伊拉斯谟

伊拉斯谟（Desiderius Erasmus，1467—1536年），尼德兰共和国（相当于今天的荷兰、比利时、卢森堡和法国东北部的一部分）的一位人文主义教育家，代表作是《愚人颂》（1519年），教育代表作主要有《论基督君主的教育》（1516年）、《儿童最初的自由教育》（1529年）等。早年曾受教于宗教团体"平民生活兄弟会"的学校。"平民生活兄弟会"在西欧开办了一些具有人文主义性质的学校，这些学校注重组织管理，采用寄宿制和分班教学（8个班级），教学内容以基督教教义和古典学科为主，办学方式和办学理念均可与意大利人文主义教育相媲美，为西欧培养了一大批基督教人文主义者。伊拉斯谟有着深厚的宗教情结，在希腊文和古典文学研究方面造诣深厚。

伊拉斯谟推崇古典文化，认为古典文化有助于净化基督教、改良教会、改造社会，有助于培养人虔敬的德行和智慧的品质。不过，伊拉斯谟并不拘泥于古典文化，而是主张将基督教与人文主义结合起来，实现人文主义基督教化和基督教人文主义化。同时，他还强调文以载道，学文重要，学道更重要，学古人之道的最根本目的在于改造现实社会。

5. 莫尔

莫尔（Thomas More，1478—1535 年）是与伊拉斯谟同时代的英国著名人文主义教育家。他于 1516 年撰写的《乌托邦》（*Utopia*）集中体现了其人文主义教育思想。莫尔主张废除私有制，实行公共教育制度，所有儿童不分性别、年龄，均享有平等的受教育权利；教学内容主要为古代作家，尤其是古希腊作家的哲学、历史、戏剧、医学、植物学等作品；主张通过教育培养儿童仁慈、公正、勇敢、诚实、仁爱、合作等优秀品质以及对神虔敬的精神。此外，他还最早论述了劳动教育，是第一个试图消灭体力劳动和脑力劳动对立的教育家。[①]

6. 蒙田

蒙田（Michel de Montaigne，1533—1592 年）是文艺复兴后期法国杰出的、具有批判意识的人文主义学者和教育家。他的教育观点集中体现在其代表作《散文集》（*Essays*）的章节——《论学究气》（第一卷第 24 章）和《论儿童的教育》（第一卷第 29 章）。蒙田认为，教育的目标就是培养绅士，这种绅士需要具有渊博的知识、良好的判断力、优秀的品质（勇敢、谦逊、忠君、爱国、服从真理等）、强壮的体魄。因此，在教育内容和方法上，他反对身心割裂，提倡身心并进；反对强制压迫，主张自然发展；反对权威主义，提倡质疑与思考；抨击学究气息，提倡实践与行动；反对死记硬背，注重对知识的理解；反对空疏无用，崇尚能力与实效。他的教育思想充分体现了文艺复兴后期人文主义教育思想的新气象，对后世教育产生了深远的影响。

（三）人文主义教育的基本特征与意义

尽管不同时期不同地域的人文主义教育实践特色不同，不同的人文主义者对教育的见解不同，但就根本而言，人文主义教育具有以下基本特征。

第一，人本主义。人文主义教育在培养目标上注重个性发展，在教育教学方法上反对禁欲主义，尊重儿童天性，坚信通过教育可以重塑个人、改造社会，充分肯定人的价值、尊严与力量。

第二，古典主义。人文主义教育以复兴古典文化为开端，以古典学科为主要教育内容，

---

① 杨捷：《外国教育史》，100 页，开封，河南大学出版社，2010。

以古典主义对抗教会的经院主义，深刻地体现出了古典主义的特征。

第三，世俗性。人文主义教育关注今生而非来世，无论从教育目的还是课程设置等方面看，都充盈着浓厚的世俗精神。

第四，宗教性。人文主义教育具有宗教性，很多人文主义教育家本身就是宗教人士，他们信仰上帝，既不反对也不打算消灭宗教，只是希望用世俗和人文的精神改造中世纪陈腐专横的宗教，造就一种更具世俗精神和人性的宗教。

第五，贵族性。人文主义教育的目的在于培养君主、绅士等上层人士，教育对象主要是上层贵族子弟，教育形式多为宫廷教育和家庭教育。

综上所述，人文主义教育具有双重性，进步与落后并存。总体而言，人文主义教育打破了教会对教育的垄断，扫荡了中世纪教育的阴霾，展露了新时代教育的曙光，开启了欧洲教育的近代化进程，推动了西方文明的发展。

二、宗教改革时期的教育

（一）宗教改革运动与反宗教改革运动

宗教改革运动是 16 世纪欧洲新兴资产阶级以宗教改革为旗号发动的一次大规模反封建的社会政治运动。这次运动的矛头直指天主教会，企图用新教取代天主教，以新兴社会阶层代替封建贵族和教会势力。宗教改革者主张改良宗教，建立区别于旧教（天主教）的新教会——"新教"。信奉新教者被称为"新教徒"。新教在不同的国家和地区有不同的派别，主要有路德教派、加尔文教派和英国国教。派别不同，所信奉的教义和主张也有所不同，但其基本观点一致。他们都反对罗马天主教廷巧立名目、欺世敛财；反对僧侣们的荒淫无耻、贪婪腐化；反对教会的繁文缛节、陈规陋习等。他们提倡"因信称义"，强调个人在宗教中的地位，认为在上帝面前每个人都是平等的，人人可以通过《圣经》直接和上帝对话。

宗教改革运动实质上是个人主义的，对大一统的教皇统治具有极大的消解作用，使得罗马教廷控制的统一的欧洲天主教教会分崩离析，沉重打击了封建制度和天主教教会，促进了个人与民族国家意识的觉醒，为后来的资产阶级革命扫清了道路，在政治、经济和社会等各方面具有深远的影响。

随着新教势力的不断壮大和天主教危机的日益加深，罗马教廷于 16 世纪中叶采取了包括设立异端裁判所、实施内部改革革除教会弊端、壮大抗衡新教的耶稣会、积极开展海外传教等在内的一系列措施，以强化天主教教义和教皇的权威，遏制宗教改革运动的影响，史称"反宗教改革运动"。反宗教改革运动在 16 世纪中叶初见成效，使天主教在欧洲大部分地区的地位得到重新巩固，在美洲、亚洲和非洲等地的影响得以扩展。

宗教改革与反宗教改革运动涉及欧洲社会的各个层面，其中教育作为传播教义的重要工具，受到了新教和天主教的高度重视。兴办学校、广收生徒、增设课程……他们在教育领域开展了没有硝烟的战争，成为推动西方教育近代化的原动力。

（二）新教教育

1. 路德教派与教育

德国神甫马丁·路德（Martin Luther，1483—1546 年）是宗教改革运动的"揭幕人"。他代表德国新兴资产阶级的利益，抨击天主教教会的黑暗、贪婪与腐朽，提出信仰是个人的事情，个人通过《圣经》与上帝直接沟通对话，因信得救，而不需要假手第三者（教会或僧侣）；提出在上帝面前人人平等，任何教徒都是教士；主张政教分离，教会和世俗政权各自分管精神生活和世俗生活，教会不应干涉世俗事务；主张建立没有教阶、没有繁文缛节，适合中产阶级利益的"廉价教会"。

为了传播教派教义，扩大新教影响，争夺更多信徒，路德极其重视教育。路德认为只有人人受教育，才能人人得救。教育的目的一方面是宗教性的，通过教育形成健全、虔诚的道德，使人建立对上帝的信仰，灵魂得救；另一方面是世俗性的，通过教育培养德才兼备的国民。为了国家的安全与繁荣，国家应该像重视税收和征兵一样重视教育。对行政当局而言，大力兴办学校并强迫家长送子女入学是国家行政当局和官员们不可推卸的责任；对儿童的父母而言，送子女入学是公民对国家和社会应尽的义务；对个人而言，接受教育既是一种权利也是一种义务，每一个儿童都享有平等的教育权利，不分性别和等级均受到教育。马丁·路德是最早明确提出普及义务教育的教育家。

在关注普及义务教育之外，路德还关注中等教育和高等教育，提出了建立国民教育学校系统的设想。路德认为，新型的学校教育制度应分为小学、中学和大学三级。小学阶段设立国民学校，实施初级教育，传授基础知识和形成良好的品德；国民学校主要教授读（reading）、写（writing）、算（arithmatic）、宗教（religion）（简称"4R"课程或"4R"教育），以路德翻译的《圣经》《伊索寓言》和所编写的《教义问答》作为主要教学内容，同时兼重历史、数学、音乐和体操学习，采用本国语教学。中学阶段设立拉丁学校，实施中等教育，培养教师、传教士、政治家和国家官吏，教学内容涵盖拉丁语、希腊语、《圣经》、新教教义、历史、修辞、数学、音乐及体育等科目。大学阶段实施高等教育，为国家和教会造就领导人，教学内容以《圣经》、亚里士多德的物理学和其他古典课程为主。此外，路德还十分重视家庭教育和教师的作用，提出了家庭教育的目标、内容与方法，明确了教师的职业标准。

路德的教育主张由其在威登堡的同事予以传播和实践，其中最著名的有布肯哈根

（J. Bugenhagen，1485—1558 年）、梅兰克顿（P. Melanchton，1497—1560 年）和斯图谟
（J. Sturm，1507—1589 年）等人。布肯哈根是路德掀起的宗教改革运动的最早参与者之一，
协助路德进行教会改革工作，后在德国北部着手初等教育和母语教育事业的实践工作，对德
国初等教育和普及大众教育起到了积极作用。梅兰克顿是继路德之后路德派新教的主要领
导人。他毕生致力于实践路德的理想，其教育贡献集中体现在中等教育和高等教育方面。在
中等教育领域，他制定了《萨克森拉丁文法学校计划》等，推行学校改革计划，为新教中
等教育新体制的确立提供了蓝图，他所创设的拉丁文法学校体制一直延续到 19 世纪初。在
高等教育领域，他按照路德的主张改革了海德堡和威登堡等旧大学，积极参与创办了马尔堡
大学（1527 年）、哥尼斯堡大学（1544 年）和耶拿大学（1558 年）等新教大学，为德意志
民族教育的发展作出了突出贡献，被誉为"德意志人的伟大导师"①。斯图谟是 16 世纪中期
德国新教教育的领军人物，在创建和完善新教中学方面成就突出。他将斯特拉斯堡市立拉丁
学校改造成一所新教中学——"古典文科中学"（Gymnasium），该中学强调教育的宗教性目
的，以古典拉丁语、希腊语为主要教学内容，借鉴比利时人文主义列日（Liege）学校的分
级教学制度，将学生分成十个年级，每个年级依固定的课程进行教学，最后一级的课程与大
学课程相衔接，每年举行隆重的升级仪式并对品学兼优的学生进行奖励。由于组织严密，管
理有效，斯图谟所开创的这种文科中学教育模式深受社会好评，为德国其他城市乃至欧洲许
多国家所争相效仿，影响深远，成为以后三百多年德国以及一些欧洲国家中等学校的主要办
学模式。

正是借助于布肯哈根、梅兰克顿和斯图谟等人的教育实践活动，路德关于国家兴办教育
和管理教育、实施普及义务教育以及新型的学校教育制度等在内的一系列主张，得以在德国
新教地区实践和具体化。路德教派的教育思想与实践不仅为其他新教教派的教育活动提供
了依据，也对后世教育家的教育思想和实践产生了重要影响。②

2. 加尔文教派与教育

加尔文教派是 16 世纪瑞士宗教改革的产物，受益于瑞士教士茨温利（Ulrich Zwingli，
1484—1531 年）的宗教改革思想和实践，由法国神甫加尔文（John Calvin，1509—1569 年）
于 1541 年创办于瑞士日内瓦城，继而在法国、荷兰、英国等地广泛传播。

加尔文继承并发展了路德的"因信称义"说，提出了"预定"说，否定教皇的权威和
"善功"的作用，更否认人的自由意志，认为人只有通过信仰才能得救，《圣经》才是永远
的权威。此外，他还极力宣扬一些有利于当时资本主义发展的新教伦理，认为通过节俭、勤
劳等个人的努力发家致富，可求得上帝的恩赐。

---

① ［德］鲍尔生：《德国教育史》，滕大春、滕大生译，40 页，北京，人民教育出版社，1986。
② 杨捷：《外国教育史》，109~110 页，开封，河南大学出版社，2010。

加尔文重视教育作用，认为教育可以改善个人生活、社会生活和宗教生活。他进而提出普及、免费教育的主张，要求国家开办公立学校、实施免费教育，使所有儿童都能有机会接受教育。不仅如此，加尔文还积极投身于教育实践。在初等教育领域，他亲自领导了日内瓦的普及、免费教育运动，要求用国语教学，教授"4R"课程（读、写、算、宗教）；在中等教育领域，他借鉴斯图谟文科中学教学模式，创办了包括法律学校和文科中学在内的一系列"专门学校"，要求宗教神学和人文学科相结合，赋予科学知识以重要地位。他创办的"专门学校"成为后来法国中等学校的雏形，对荷兰、英国、美国中等学校的发展也有重要影响。在高等教育领域，他创办日内瓦学院（日内瓦大学前身），吸引了欧洲许多国家的学生来此求学，成为培养加尔文教传教士和教师的摇篮，后来逐渐成为荷兰、英国、美国、法国等国一些著名大学的办学样板。加尔文并非职业教育家，但他的教育思想和实践，随着加尔文新教的广泛传播而影响到法国、荷兰、英国、美国等地，对近代西方教育的变迁产生了许多职业教育家无法比拟的深远影响。[1]

3. 英国国教与教育

16 世纪，英国专制王权与罗马教廷在经济利益以及英国教会领导权等问题上的矛盾日益凸显，英国的新贵族和资产阶级也对教会的土地财产觊觎已久。受马丁·路德等人宗教改革的鼓舞，自 1529 年起，亨利八世操纵英国议会实行自上而下的宗教改革，先后通过法令禁止英国教会向教廷纳贡，取消教廷在英国的最高司法权和其他特权，规定英国教会不再受制于教皇而以国王为英格兰教会的最高元首。1534 年 11 月，英国国会通过《至尊法案》，宣布亨利及其继位人为"英格兰教会在世间唯一最高首脑"。随后历经几任国王的改革，英国国教会的统治最终得以确立，英国国教形成。与其他新教教派有所区别，英国国教仍承袭了旧教的主要教义及仪式等，只是组织系统有所改变。

总体而言，英国宗教改革对教育的影响并不大，国家和行政当局并不关心普通大众的教育，一般平民教育由资产阶级慈善组织或个人出资兴办，国家还是像过去一样通过教会管理学校（不同的是新教会取代了旧教会），而管理的主要内容是监督师生的言行、宗教信仰和偶尔对教材作出一些规定。教育活动仍具有浓厚的宗教色彩。即便如此，宗教改革仍然在一定程度上促进了英国教育的普及化、世俗化和民族化，为 17 世纪唯实主义教育思想的形成奠定了基础。

（三）天主教教育

天主教的教育活动主要是由各教会组织或团体承担，其中影响最大的是耶稣会。耶稣会

---

[1] 吴式颖：《外国教育史教程（缩编本）》，136 页，北京，人民教育出版社，2002。

是宗教改革时期天主教为应对新教挑战而成立的主要修会，获得了罗马教廷的许可和支持，其主要任务就是传教与教育。

耶稣会十分重视教育的作用，视教育为实现政治和宗教目的的重要手段。出于培养精英以控制未来统治阶级的考虑，耶稣会着力于中等和高等教育，而不重视初等教育。耶稣会设立的学校统称为学院，分初级和高级两部：初级部相当于文科中学和大学预科，学习年限5~6年。主要学习拉丁语、希腊语、希伯来语、文法、古典文学等人文学科，为进一步学习奠定基础。高级部分为哲学部和神学部，相当于大学；哲学部学制一般为三年，教学内容包括逻辑学、形而上学、心理学、伦理学、数学、物理学、天文学等，以亚里士多德的著作为主，以古代经典所涉及的知识为限；神学部是最高一级的教育，学习年限4~5年，研修《圣经》和经院哲学。

耶稣会学校重视组织管理，1559年《耶稣会章程》和1599年《教学大全》分别以权威的形式明确规定了教育管理的责权、教学内容及方法等一些教育细节。耶稣会学校重视宗教道德教育，实施灵性操练（即每天在固定的时间由专人组织负责，集体训练学生摆脱一切放纵的欲望，进而寻求使灵魂得救的各种方法），培养学生的宗教信仰、道德情操。耶稣会学校还重视改进教学组织形式和教学方法，实施免费教育，寄宿制，全日制，按学生能力分班教学、讲座、教授、辩论、竞赛等在内的多种教学方式，积极吸收人文主义教育和新教教育中一些卓有成效的做法，如良好的师生关系、温和纪律、慎用体罚等，提高了教学质量。此外，耶稣会还非常重视师资培养，重视在师资培养过程中的宗教道德训练、专业知识训练和教育教学方法训练，实行严格的教师选拔制度，确保教师的宗教信仰和职业能力。整体而言，耶稣会所采取的教学形式和方法、所实施的教育内容与当时的一些人文主义学校和新教学校相比并无多少新奇之处，但这些方法的综合运用、高效的组织管理、优良的师资为耶稣会学校带来了高质量的教学和良好的学校声誉。

持续近三百年的文艺复兴和宗教改革时期的教育发展史，头绪纷繁，错综复杂。人文主义教育、新教教育、天主教教育三种教育势力之间相互冲突、斗争、影响、渗透、融合，奠定了近代西方教育的基本格局。三种教育中的每种教育所服务的对象不同，教育目标也大相径庭，自身都存在很大的局限性，但它们都对西方教育的发展作出了不可忽视的贡献。

第二节
17—19 世纪欧美主要国家和日本的教育

🎯 **学习目标**

1. 了解 17—19 世纪英国的教育发展概况，掌握洛克和斯宾塞的教育思想。

2. 了解 17—19 世纪法国的教育发展概况，掌握涂尔干的教育思想。

3. 了解 17—19 世纪德国的教育发展概况，掌握第斯多惠和福禄培尔的教育思想。

4. 了解 17—19 世纪俄国的教育发展概况，掌握乌申斯基的教育思想。

5. 了解 17—19 世纪美国的教育发展概况，掌握贺拉斯·曼的教育思想。

17—19 世纪，英国光荣革命、第一次工业革命、启蒙运动、美国独立战争、法国大革命的相继兴起和爆发，极大地改变了世界政治格局和经济面貌，并相应引发了包括科学技术和文化思想的变革和发展。在探讨适应新政治格局和经济发展需要的教育制度与教育理论的过程中，新教育思想与思潮不断涌现，洛克、斯宾塞、涂尔干、巴泽多、第斯多惠、福禄培尔、乌申斯基、贺拉斯·曼与福泽谕吉等教育家的教育思想代表了这一时期教育理论探讨的主要成就，指导与引领了各国教育实践的发展。英国、法国、德国、俄国、美国和日本等国家也依据本国国情，开展了包括教育领导体制、初等教育、中等教育和高等教育在内的教育制度建设与教育实践改革，构建起较为系统的学校制度与教育体系。

一、英国的教育

（一）英国教育制度的发展

1. 英国初等教育的发展

17—18 世纪，英国基本沿袭文艺复兴和宗教改革时期形成的传统，初等教育一直由英国国教会掌握。在国教会所控制的教区内设置一些简陋的教区学校和教义问答学校，用于接纳贫苦儿童并教他们阅读《圣经》条文，传播宗教知识。此外，非国教会的一些个人和团体也创办了一些"慈善学校"（charity school），如"乞儿学校"（ragged school）、"贫儿劳动学校"（working school for poor children）、"感化学校"（reformatory school）等。这些学校面向贫家子弟，不收学费，有的还提供衣服和食宿。教学内容简单，除传授简单的读、写、算知识外，注重学习基督教教义，培养学生对上帝的信仰和勤劳守法的品行。这类学校属于社会救济性质，规模小，无定制，教师水平不高，教学方法简单粗暴，教学质量低下，毕业生不能升入文法学校和公学。富人们多聘请家庭教师对子女实施家庭教育式的中学预备教育。

18 世纪末 19 世纪初，英国慈善教育得到进一步发展，出现了"星期日学校"（Sunday school，又称"主日学校"）和导生制学校。星期日学校是仿照学校方式首创的一种在星期日传授宗教知识的学校，主要招收贫儿和童工，引导贫苦儿童阅读《圣经》、唱圣歌、参加宗教活动。由于星期日学校利用休息日把儿童组织起来学习，避免了儿童在大街上游逛、惹是生非，有利于社会稳定，遂受到社会广泛重视，各地纷纷设立星期日学校。随着星期日学校数量增加，师资短缺问题日益凸

> **导生制**
>
> 亦称"贝尔－兰卡斯特制"。由英国牧师贝尔和教士兰卡斯特创立。导生制选年长而优秀的学生充当导生，教师先教给导生一定的知识和技能，再令其转教其他学生。

显。导生制，也称"贝尔－兰卡斯特制"。1791 年，英国国教会牧师贝尔（Dr Andrew Bell，1753—1832 年）在当时的英国殖民地印度的一所孤儿学校里，采取一种选择年长学生帮助教师教其他学生的教学方法，并在回国后介绍了这种思想和方法。1798 年，英国公谊会教士兰卡斯特（Joseph Lancaster，1778—1838 年）在伦敦的巴勒路创办了一所招收贫苦儿童的学校，因学生人数过多，又因经济限制无力聘任教员，便先教一些年长且学习成绩较好的学生，再由他们去教其他学生。他在 1803 年出版了《教育改进论》，宣传这种教学组成形式——导生制。贝尔和兰卡斯特所采用的这种教学组织形式，由于花费少，省师资，能够有效地扩大教育范围，促进教育的普及，因此被很多慈善学校采用。在导生制学校中，每 10 人一组，学生被分为不同的小组，每个小组指定一个年龄较大且成绩突出的学生作为导生。教师先教这些导生，导生再转教小组的学生，导生代替教师在小组内行使教师职责。在导生的帮助下，一名教师可以教数百名学生。导生制学校在英国产生了较大影响，风靡全英 30 余年，并传播到法国、意大利、比利时、俄国、瑞士等国。但由于导生制学校教学内容过于简单，教学方法过于机械，教学质量过于低下，19 世纪中期以后被正规初等学校取代。

19 世纪下半叶，英国资本主义经济快速发展，需要更多受过教育的工人，统治阶级开始意识到再也不能把初等教育当成单纯的慈善事业，需要对初等教育进行直接控制。1833 年，英国颁布并实施《工厂法》，规定：9~13 岁的童工每天劳动时间 8 小时或不超过 9 小时，在这段劳动时间内还应接受 2 小时的义务教育，学习宗教知识和初步的读、写、算，培养勤奋上进的道德品质；工厂雇佣童工必须持有其年龄证明和教师出具的入学证明，否则要受到处罚。《工厂法》的颁布具有进步意义，一定程度上促进了工人阶级子女接受义务教育，也为英国初等教育法的正式颁布奠定了一定基础。

1870 年，英国政府颁布《初等教育法》（又称《福斯特法案》），规定：国家对教育有

补助权和监督权；全国划分若干学区，设立"学校委员会"管理地方教育；对 5~12 岁的儿童实行强迫义务教育。《初等教育法》是英国第一部关于初等教育的法案，将发展初等教育视为国家的职责，标志着英国国民教育制度的正式形成。从此，英国初等教育领域出现了公立、私立学校并存的局面。随后，英国又相继通过了一些法律法规，推动了初等教育的发展。

2. 英国中等教育的发展

英国中等教育机构主要有文法学校和公学。文法学校最初由天主教教会和传教士创办，面向贵族子弟招生，随着资产阶级夺得政权，招生范围也逐渐扩大至大工厂主、商人、乡绅等阶层的子弟。文法学校毕业的学生一般进入牛津与剑桥大学，或成为一般的官吏、医师、法官和教师等。公学是由公众团体集资兴办，专为贵族、教士和资产阶级子女设立的私立、寄

> **公学**
> 公学是由公众团体集资兴办，专为贵族、教士和资产阶级子女设立的私立、寄宿、以升学为宗旨的中等学校。

宿、以升学为宗旨的中等学校。名为公学，实质是一种寄宿制的私立文法学校。公学和文法学校一样，学费昂贵，学习年限一般为五年，以升学为宗旨，注重古典语言学习，注重体育、军事训练和绅士风度的养成。与一般的文法学校相比，公学学费更为昂贵，教师水平更高，教学环境更好，教学质量也更高，毕业生的出路也更好。到 19 世纪 30 年代，温彻斯特、伊顿、威斯敏斯特、查特豪斯、哈罗、拉格比、什鲁斯伯里、圣保罗和泰勒商会学校发展成为英国著名的九大公学。由于文法学校和公学收费高，仅面向贵族和上层资产阶级子弟，中层社会的平民子弟无缘接受。从 17 世纪开始，英国出现了由非国教派创办的具有实科性质的中学——学园。学园收费低廉，接近生活实际，重视自然科学、外语课程和实用知识与技能的学习，使用英语教学，鼓励学生阅读、思考和自由辩论，教学成效显著，为英国资本主义经济发展开辟了培养实用人才的新路径。由于受到英国保守文化传统的影响，学园在英国社会的地位和重要性始终不及文法学校和公学。到 18 世纪中期以后，学园逐渐消失。

3. 英国高等教育的发展

19 世纪以前，英国只有两所大学——牛津大学和剑桥大学，苏格兰地区虽然也建立了几所大学，但整个英国的高等教育仍然还是以牛津大学和剑桥大学为主。17—18 世纪，牛津大学和剑桥大学由于陷入政治宗教的斗争而处于停滞不前的状态，"仍然迟迟不改它们对旧统治者的忠诚，它们在基调、价值取向和结构上都一如既往……它们落在时代的后面，变得越来越偏狭，越来越古板，越来越不合时宜"[1]。

进入 19 世纪以后，产业革命带来科学文化的发展，迫切要求大学适应新的需要，研究

---

① 贺国庆、王保星、朱文富：《外国高等教育史》，73 页，北京，人民教育出版社，2006。

和设置新课程。而被国教派教士控制的牛津大学和剑桥大学依然恪守古典教育传统。为此，许多具有自由主义思想的非国家派教士、重视科学发展的世俗学者和一些开明的工业资本家转而寻求创办新的大学，以适应时代要求。1828 年，英国著名诗人汤玛斯·凯贝尔（Thomas Campbell，1771—1884 年）在伦敦创办了体现民主主义和自由主义精神的高等学校——"伦敦大学学院"（university college of London），从而揭开了英国新大学运动的序幕。伦敦大学学院为纯世俗的学院，不进行宗教教学，按专业分科，以自然科学为主要教学内容，且收费低廉。伦敦大学学院的创立在社会上产生了很大影响，也引起国教派的妒忌。1829 年，国教派在伦敦也创办了一所进行"普通教育"的学院——国王学院。这所学院除实施古典学科与宗教教育外，也开设自然科学学科，与伦敦大学学院形成并存对峙的局面。它们虽然是竞争对手，但除了宗教之外，两者在教学和课程设置等方面存在诸多相同之处。1836 年，两者合并为伦敦大学。后来，又有许多医学院和城市学院附属于伦敦大学。

19 世纪下半期，在伦敦大学的带动下，"新大学运动"获得进一步发展，在一些主要工业城市，城市学院纷纷建立。这些学院由民众办理，面向中产阶级男女青年，采取寄宿和走读两种制度，注重开展工业和科学教育。这些学院在 1900 年以后，相继发展为地方大学。随着新大学运动的推进和城市学院的兴起，从 19 世纪上半叶开始，牛津和剑桥两所大学也着手进行了改革：削减宗教影响，废除对师生的宗教审查与限制（神学专业除外）；扩展生源，吸收中小资产阶级的优秀子弟；增加近代学科（自然科学、近代史、近代外语等），扩大课程范围，加强科学技术教育等，这些改革打破了以往传统大学的封闭模式，适应了资本主义发展的需要。19 世纪中期，为了适应资本主义经济需要，服务于社会、民众，走向开放的传统大学和新兴的大学与城市学院一起，开设校外课程，巡回讲学，提供各种咨询和信息指导服务，将高等知识推广到民众中去，史称"大学推广运动"。大学推广运动，促使了知识的下移，加强了大学与社会之间的联系，使得大学的功能出现了新的变化，在教学和研究之外开始承担起服务社会的职责。

> **大学推广运动**
>
> 19 世纪中期，为了适应资本主义经济需要，服务于社会、民众，走向开放的传统大学和新兴的大学与城市学院一起，开设校外课程，巡回讲学，提供各种咨询和信息指导服务，将高等知识推广到民众中去，史称"大学推广运动"。

4. 英国教育领导体制的确立

19 世纪以前，英国教育属于教会的特权，政府对教育很少干预。19 世纪初期，随着英国资本主义经济的发展，工业化进程的加快，需要越来越多受过教育的工人。包括普鲁士、法国、瑞士、荷兰、丹麦等在内的欧洲大陆国家都已经开始了国家干预教育事务和发展普及义务教育的实践，而英国在这方面却进展缓慢。社会中要求国家干预教育、对国民进行教育的呼声越来越高。迫于实际需要和舆论的呼声，英国开始了国家干预教育的实践。1807 年，议员怀特布雷特（Sawuel Whitbriad）提出由政府在每个教区设立国家管理学校的《教区学校议案》。议案虽未获通过，但却引起社会的重视。1816年，英国国会成立了调查伦敦贫困儿童教育情况的特别委员会，该委员会的调查报告在社会上引起了较大反响。1833年，国会通过了时任财政部部长阿尔索普（Lord Althop）所提交的《教育补助金法案》，法案决定每年从国库中拨出2万英镑发展初等教育。这是英国教育从宗教和民间活动到国家化活动的转折点，也是英国建立国民教育制度和国家直接掌控教育领导权的开端。1839年，英国政府又成立了枢密院教育委员会，直接掌控和监督教育补助金的分配与使用。1856年，该委员会又改组为教育局，成为政府专门领导全国初等教育的机构。1899年，为了彻底解决中等教育领导权问题，英国政府又废除教育局，建立了直属议会的教育署，把初等和中等教育领导权集中起来，至此初步完成了英国教育领导体制的国家化。

（二）洛克和斯宾塞的教育思想

1. 洛克的绅士教育思想

洛克（John Locke，1632—1704年），17世纪英国著名哲学家和教育思想家，其教育思想可概括为"绅士教育"，集中体现在1693年发表的《教育漫话》中。

洛克从其不彻底的经验主义认识论出发，认为教育在形成人的过程中具有重要作用。"我们日常所见到的人中，他们是行为端庄或品质邪恶，是有用或无能，十分之九都由他们的教育所决定。人与人之所以千差万别，均仰仗教育之功。"[1] 教育影响着人的幸福、事业和前途，也影响着国家繁荣和富强。洛克提出，教育的目的就是培养具有"德行、智慧、教养和学问"[2] 的绅士。绅士的培养只能由父母或优秀的教师在家里而不是在学校实施。系统的绅士教育应包括体育、德育和智育。（1）体育。洛克认为，体育是全部教育的前提。体育最根本、最首要的是加强身体锻炼，养护身体。为此他建议，饮食简单，衣履单薄；多在室外活动，多呼吸新鲜空气；坚持冷水浴；早起早睡，要睡硬板床；少用药物等。这些见解，基本上是切合实际的，也是有效的，对于反对体育锻炼的经院教育是一次有力的冲击。（2）德育。洛克认为，在绅士的各种品行中，德行应占第一位。真正的绅士要善于获得自己的幸福，而又不妨碍他人获得幸福。德育的基本原则是学会用理智克制欲望。贯彻这一德育原则需要：一要坚持早期教育；二要合理要求；三要宽严得当；四要反复练习，养成习惯；五要重视环境与榜样的作用。（3）智育。洛克强调两点，一是德行重于学问；二是学习的内容必须是实际有用的广泛知识。

---

① ［英］约翰·洛克：《教育漫话》，杨汉麟译，7页，北京，人民教育出版社，2006。
② ［英］约翰·洛克：《教育漫话》，杨汉麟译，128页，北京，人民教育出版社，2006。

教育家语录

对于人世幸福状态的一种简洁而充分的描绘是：健康的精神寓于健康的身体。凡是二者都具备之人就不必再有其他的奢望了；然而一个人的身体与精神中若有一方面存在缺陷，即使功成名就了，也绝无幸福可言。

——洛克

总之，洛克的绅士教育思想反映了英国近代科学进步对教育改革的迫切要求，也符合新兴资产阶级的利益和需要，具有鲜明的时代性和实用性。

2. 斯宾塞的科学教育思想

斯宾塞（H. Spencer，1820—1903 年），19 世纪英国著名的哲学家、社会学家和教育家，他的教育思想的核心是科学教育，集中体现在 1861 年发表的《教育论》中。

斯宾塞认为教育的目的在于为完满生活作准备。知识的价值在于给人带来幸福，在于为人适应完满生活作准备。人类生活包含五种主要活动，以其重要性程度依次是：与自我保全直接有关的活动；与自我保全间接有关的活动；养育子女的活动；维持正当的社会及政治关系的活动；填补休闲生活的零散活动，旨在满足情感及爱好。与此相对应，要进行五种类型的教育：健康教育，职业教育，养育子女的教育，公民教育，休闲教育。斯宾塞根据人类完满生活的需要，按照知识价值的顺序，为每一种教育设计了课程，形成了以科学知识为核心的课程体系。第一类是生理学和解剖学，属于直接保全自己的教育，应当成为科学教育中最重要的部分；第二类是算学、逻辑学、几何学、力学、物理学、化学、天文学、地质学、生物学和社会科学等，与生产活动有直接关系，使人获得谋生技能，属于间接保全自己的知识；第三类是心理学和教育学，是为了履行父母的职责，更好地为自己的子女传授所需要的知识；第四类是历史，是作为一个社会公民调节自己言行和履行社会义务所必需的知识；第五类是文学、艺术等，是为了更好地度过闲暇生活所必需的知识。

斯宾塞设计的课程体系，以自然科学知识为重点，内容广泛，重视知识对生活的实际用途，兼顾个人和社会生活的双重需要，是教育发展史上的一次大变革。斯宾塞及其所倡导的科学教育冲击了英国传统教育中过于追求"装饰"的古典主义传统，代表着教育发展的新方向。

教育家语录

这样，对于我们一开始所提出的问题，什么知识最有价值，一致的答案就是科学。这是从所有各方面得来的结论。

——斯宾塞

二、法国的教育

法国教育以法国资产阶级大革命为界，分为三个时期：17—18 世纪中期、18 世纪中后期（大革命前后）和 19 世纪。这三个时期的教育呈现出不同特点。

（一）17—18 世纪中期法国的教育

自中世纪以来，法国一直是欧洲大陆封建专制势力最强的农业国家。在宗教改革与反宗教改革的斗争中，罗马天主教在法国取得阶段性胜利，保持了强大势力，而代表资产阶级利益的包括胡格诺派和詹森派等在内的新教则被压制、迫害，但他们仍然坚持着自己的信仰，继续进行活动。新旧教派的斗争十分激烈，并延续到教育领域。

1. 天主教会的教育活动

17—18 世纪法国教育基本上由天主教会控制。天主教会在教育领域进行了一系列革新，以对抗新教在教育领域的挑战。在初等教育领域，1684 年，天主教神父拉·萨尔（La Salle）创办"基督教学校兄弟会"，开办免费的初等学校，面向下层社会子弟，以宗教教育为主，辅以简单的读、写、算教育，采用班级授课制，用法语教学，纪律温和。为了促进初等教育发展，该组织还于 1684 年创办了欧洲最早的、具有师范性质的学校——教师讲习所，培养初等学校的教师。后来，基督教学校兄弟会成为法国从事初等教育的主要力量。在中等教育领域，由耶稣会所创办的学院（collège，拉丁中学）成为法国主要的中等教育机构。耶稣会学院多招收贵族、绅士子弟，教学设施完善，师资力量雄厚，学校组织、课堂管理和教学方法上博采各家之长，纪律严明，重视人文学科的学习，教学质量优良。在高等教育领域，教会管理和控制着法国的大学，以亚里士多德著作作为经典，排斥新思想、新学科，打击新教学生，不授予他们学位，使大学成为一个守旧封闭的堡垒。

2. 新教教会的教育活动

为了传播教义，争夺教育的领导权，一些新教教派和团体非常重视发展教育事业。胡格诺派十分重视教育，教义规定，每建立一座教堂就要创办一所初级学校。许多地区都建立了自己的初级学校。这些初级学校强迫父母送子女入学，传播新教教义，教授唱歌和简单的读、写、算知识。此外，胡格诺派还创办了中等学校——学院或基础学校，开设拉丁文、希腊文和法语等课程，传授古典语言知识。詹森派创办具有初等教育性质的"小学校"和具有中等教育性质的"大学校"。这些学校注重法语教学，重视学生的理智训练和判断力培养。圣乐会专注于中等教育改革，在其所开办的中学里，重视理性培养，引进更多具有现代意义的课程，重视发展学生的个性，启发学生的思考，重视鼓励、表扬和威胁等方法的综合运用。此外，新教还向天主教会管辖下的高等教育发起了冲击，促使这些大学开设了一些反映科学和文化教育的进步讲座，具有一定进步意义。

总之，17—18 世纪中期的法国教育控制在教会手中，发展缓慢，各级学校中神学占主导地位，崇尚宗教权威，学校与生活脱节，教学内容陈旧，教学方法简单粗暴，忽视学生身心发展。这些成为 18 世纪中叶启蒙思想家和进步人士抨击的目标。

（二）18 世纪中后期（大革命前后）的法国教育

18 世纪中期，在法国资产阶级大革命到来之前，法国知识文化领域爆发了一场声势浩大的思想解放运动——启蒙运动，覆盖了包括自然科学、哲学、伦理学、政治学、经济学、历史学、文学、教育学等在内的整个知识领域。以伏尔泰、孟德斯鸠、卢梭、爱尔维修、狄德罗等为代表的启蒙思想家，以自由、民主、共和、平等、博爱、科学和理性等为武器，将矛头直接指向封建专制制度和天主教派，为资产阶级取得政权作了充分的理论和思想准备。

1789 年，法国爆发资产阶级大革命，终结了法国延续一千多年的封建专制，启蒙思想家所憧憬的"理性王国"变成现实。法国大革命的胜利标志着资本主义制度在法国的确立和在欧洲的生根，不仅决定了法国和整个欧洲历史发展的方向，也对法国和整个欧洲教育的发展产生了重要影响。

在法国大革命中先后上台的立宪派、吉伦特派和雅各宾派，在反对封建专制方面一派比一派更激烈。虽然各党派政治主张不同，但都致力于建立统一的国民教育体系以培养合格的共和国公民。在大革命期间，这些党派先后提出了不少于 25 个教育法案和教育计划，其中最具代表性的是：《塔列兰教育法案》（1791 年）、《孔多塞教育方案》（1792 年）和《雷佩尔提教育方案》（1793 年）等。虽然这些方案内容有别，但存在着一些共同之处，都体现了法国资产阶级对教育改革的基本主张：第一，教育是国家事务，必须接受政府的管理和监督，学校教育必须与国家要求保持一致；第二，国家要建立国民教育制度，构建一个相互衔接的学校系统；第三，人人都有受教育的权利与机会，国家应当保护并提供普及和免费教育；第四，教育要重视公民的权利与义务的训练；第五，在教育内容和教师问题上实现世俗化、科学化。[1]

因各掌权派别执政时间短暂，大革命期间的各种教育方案未得以实施，但却对此后法国教育改革和发展产生了重要影响。

（三）19 世纪法国的教育

进入 19 世纪以后，法国国内的政治斗争仍然十分激烈，政权更迭频繁。这个时期法国学校教育制度的主要变化就是确立了中央集权式的教育管理体制，建立了完整学制。

---

[1] 吴式颖：《外国教育史教程（缩编本）》，178 页，北京，人民教育出版社，2002。

1. 中央集权式教育管理体制的建立

1799 年 11 月，拿破仑上台执政，法国历史步入"执政府和第一帝国"时期（1799—1815 年）。为了巩固中央集权的资产阶级统治，他在政治、经济、军事和教育领域进行了一系列改革。在教育领域最重要的改革就是通过一系列措施，确立了中央集权的教育领导体制。这些改革措施包括：（1）与天主教和解，承认天主教在法国的合法地位，换取天主教遵守中央政府的各项制度；（2）创办帝国大学，实施大学区制。1806 年，拿破仑颁布《关于创办帝国大学的法令》，设立相当于教育部的帝国大学，全面统管全国各级各类教育。1808 年，又颁布《关于帝国大学条例的政令》，规定：帝国大学总监为最高教育行政长官，由皇帝亲自任命，全面负责全国教育事宜；帝国大学附设评议会，作为审议机构，还设若干名总督学；帝国大学之下，全国划分为 29 个大学区，分管辖区内各省的教育行政领导工作，大学区设总长和学区评议会，还按省分设大学区督学；帝国大学及其分支机构的行政人员以及公立学校的教师都属于国家官员，必须忠于皇帝，并致力于法兰西帝国所需人才的培养工作；开办任何学校教育机构必须得到国家批准。这样，全国各级各类学校的工作都处在国家的严密监督之下，中央集权式的教育管理体制开始确立。此后，法国的教育管理体制也随着时间推移发生了一些变化，但基本框架一直未变，延续至今。

2. 初等教育的发展

19 世纪初，法国初等教育发展缓慢，初等学校由教会管理，并受国家监督，享受国家津贴。从 19 世纪 30 年代开始，法国初等教育随着工业革命进程的加快而得到较大发展。

1833 年，时任教育部部长基佐（Guizot，1787—1874 年）推动七月王朝颁布了《基佐法案》。法案规定：政府与教会联手发展初等教育，扩大初等学校的办学自主权；初等学校的任务是向学生传授生活所必需的基本知识，通过实施道德和宗教教育，使学生虔信上帝，遵守法规和社会秩序；在每一区设立 1 所初等小学，超过 6 000 人的城市设立 1 所高级小学，教育经费由地方筹措，学生费用由家长承担，国家对无力承担教育经费的地方政府以及无力交纳学费的学生予以资助；每郡设师范学校 1 所，培养初等学校所需师资，初等学校教师必须接受师范教育训练，通过国家证书考试后才能任教。《基佐法案》的颁布与实施，推动了法国初等教育的发展。至 1848 年，法国初等学校增加了一倍，学生人数增长了 80%。[①]

1848 年，法国爆发了第三次资产阶级革命，推翻了七月王朝，建立了法兰西第二共和国，先后颁布了《卡诺法案》（1848 年）和《法卢法案》（1850 年）。《卡诺法案》规定：实施免费的普及义务教育，学校脱离教会，在教学计划中删去神学，增加法国地理、自然、公民知识等近代学科。该法案极大地削弱了教会对初等教育的控制与影响，马克思称颂该法案是"抗议耶稣会教徒所定教育法的具体象征"。1850 年的《法卢法案》则规定：教会有

① 杨捷：《外国教育史》，142 页，开封，河南大学出版社，2010。

视学权，教士免证任教，大学不得自治。实际上恢复了教会对教育的领导权、监督权，从此教会团体办理的学校日益增多。1879 年以后，执政的资产阶级共和派开始实行一些温和的改革，削弱《法卢法案》赋予教会的教育权力，封闭部分教会开办的学校，肯定国民教育的世俗性原则，实施普及的初等义务教育。其中最为著名的是时任教育部长费里（Jules Francois Camille Ferry，1832—1893 年）于 1881 年和 1882 年主持颁布了两项教育法令，合称为《费里法案》。《费里法案》规定：免除公立幼儿园和初等学校的学杂费，对 6~13 岁的儿童实施强迫、义务的初等教育；废除《法卢法案》中关于教会对学校的特权，取消公立学校的宗教课，改设道德和公民教育课。概括起来，就是国民教育的义务、免费和世俗性三项原则，它们的确立为以后近百年法国国民教育的进一步发展奠定了基础。

3. 中等教育的发展

19 世纪初，法国重视发展资产阶级的中等教育。拿破仑统治时期，停办了大革命期间创办的中心学校（ecole central）①，改为中央政府开办的国立中学（lycée）和地方政府兴办的市立中学（collège）两种中等教育机构。国立中学修业 6 年，实行寄宿制，主要目标是为学生升入大学作准备，开设课程包括法语、文学、古典语言（拉丁语和希腊语）、修辞学、道德、数学、理化、天文、历史和地理等。市立中学的课程开设数量和质量稍低于国立中学。当时法国中学毕业生可获得学士学位，并有资格出任国家官吏。自创设以来，国立中学和市立中学一直是法国中等学校的主要类型，这两个名称也一直延续下来。此外，法国还有许多私立中学。在复辟王朝时期，国立中学曾被易名为"皇家中学"，古典主义色彩增强。七月王朝时期，由于经费短缺，法国中等教育发展渐缓。第二共和国时期，特别是《法卢法案》颁布后，法国中等教育受到教权主义势力冲击，教会所属私立学校猛增。第二帝国时期，法国教育部部长福尔图尔与其继任者罗兰为了消减教会势力在中等教育的影响，提出中等教育分两个阶段实施的教育改革计划，即前四年主要学习古典、人文及数学课程；后四年则实行文、理分科，文科侧重古典语言学习，理科侧重数学及自然科学知识学习。无论侧重哪种课程的中学毕业生，都可以获得学士学位，都有升学资格。普法战争后，法国中等教育受到教育现代主义影响，古典课程时数减少，加强了现代语言、历史、地理和体育的教育。1865—1866 年，法国创设了一种类似德国实科中学的中等教育学校，增设了一些带有明显职业训练性质的课程。这种实科性质的中学于 1891 年改组为"现代中学"，主要学习现代语及自然科学知识。另外，这一时期国立女子中学与市立女子中学先后创建，主要进行家政、卫生、音乐和图画教育。

---

① 1795 年 10 月，法国大革命前期政府通过《多诺法》（Daunou Law），规定创办中心学校。它是介于中学和大学之间的一种学校形式，以课程而非班级组织学生，学生完成规定课程学习之外，可以自由选择其他课程。不到一年时间，全法国建立了 90 所中心学校。

4. 高等教育的发展

法国大学在 19 世纪发生了很大变化。一方面，大学发展方向发生了根本性变化。18 世纪末法国资产阶级大革命冲击了古老的大学，此后，大学便朝着适应资产阶级政治经济需要的方向发展了。文科改变了其预科性质，成为一门独立专业，神学地位下降，法学逐渐受到社会青睐，大学走向综合化。巴黎大学发展成为包括很多独立学科，具有近代大学规模的一所综合性大学，成为法国科学文化教育的中心。另一方面，专门学校蓬勃发展。18 世纪末，资产阶级关闭了一些大学，将其改造为一系列军事、农业、医学等专门学校。拿破仑时期，又开办了一批高等专门学校，包括 10 所法律学校，3 所工艺学校，以及高等数学学校、绘画学校和军事学校各 1 所。① 这些专门学校在为法国培养专门人才方面发挥了重要作用。

19 世纪，法国高等教育是在拿破仑推进的改革中开始的，这次改革确立实施了帝国大学制，确立了高等专门学校在法国高等教育体制中的地位，构建了法国现代大学的基本模式，强化了中央集权教育管理体制。从此，法国高等教育领域呈现中央集权制和大学自治传统并存的局面。在拿破仑之后的半个多世纪里，法国高等教育发展缓慢，直到 19 世纪末，经过 1885—1898 年的改革，这种情况才开始改变。

（四）涂尔干的教育思想

爱米尔·涂尔干（Émile Durkheim，1858—1917 年），近代法国著名的社会学家和教育家。他的教育思想集中体现在《教育社会学》（1922 年）、《道德教育论》（1925 年）和《教育思想的演进》（1938 年）三部著作之中。

涂尔干极为重视教育功能的发挥，认为教育具有三个功能：（1）教育促使年轻一代实现系统的社会化，促进个人实现由"个体我"向"社会我"的转变；（2）教育促使个体的潜能得以显现与发展，并在此基础上培养个体遵守社会秩序、服从政治权威等品质；（3）教育还可以将个体适应社会生活所需要的各种能力进行代际间的传递。②

从教育的社会性出发，涂尔干进而论述了教育学与社会学的关系。他认为作为一项重要的社会活动，教育受到社会各个系统的制约，从而决定了教育学对社会学具有明显的依赖性。教育的根本目的在于塑造人，使人"社会化"。"只有社会学才能把教育与教育赖以存在并为其实现的社会条件联系起来，从而帮助人们更深刻地理解教育；只有社会学才能在社会共同意识受到干扰和不确定因而不知道教育目的应是什么时帮助人们重新去认识和发现它。"③

在道德教育问题上，涂尔干提出了非宗教化观点。他认为，道德教育非宗教化不仅表现

---

① 杨捷：《外国教育史》，144 页，开封，河南大学出版社，2010。
② 吴式颖：《外国教育史教程（缩编本）》，275 页，北京，人民教育出版社，2002。
③ 李明德、金锵：《教育名著评介（外国卷）》，280 页，福州，福建教育出版社，2008。

在从形式上将宗教教育与道德教育分离，而且更为重要的在于整理和筛选潜藏在宗教概念中的道德实体与人们世俗生活经验中的道德实体，"从而建立起具有真情实感的、有充实内容的，但又不借助于任何宗教神秘色彩的道德教育体系"①。这种新型的道德教育，以理性所承认的观念、情感和行为作为基础，可称为唯理教育。在具体实施上，涂尔干提出应在小学阶段，集中精力培养儿童具有"社会人"所具备的道德品质，将社会群体的道德价值内化为儿童个体的道德行为规范。

三、德国的教育

17 世纪至 19 世纪中期，德国长期处于封建割据状态，国内小邦林立，资本主义发展缓慢，在政治和经济上远远落后于英、法等欧洲国家。在各邦中，普鲁士地处要塞，交通便利，经济发展较为迅速，信息通畅，最早接受欧洲其他国家的影响，成为势力最强的邦国。因此，教育史上的德国教育一般以普鲁士教育为主，兼顾其他邦国的教育。

（一）17—18 世纪的德国教育

德国最早的学校教育受益于宗教改革。宗教改革时期，路德派就已经建立和发展了初等学校——德意志学校的前身，也建立和发展了拉丁和文法中学——文科中学的前身。不仅如此，路德派还控制了德国的高等教育，使高等教育基本上按照新教教义办理。

最初，德国学校完全由教会掌控。16 世纪末 17 世纪初，各封建邦国为笼络人心培养顺民，挖掘兵源，训练兵士，纷纷颁布普及义务教育的法令。德国成为近代西方最早致力于普及义务教育的国家。1559 年，威登堡公国首次颁布强迫教育法令，每个村庄必须设立初等学校，强制家长送子女上学。1580 年，萨克森公国也颁布了强迫教育法令。从 17 世纪开始，大多数邦国竞相颁布了强迫教育法令，魏玛公国在 1619 年，萨克森—哥达公国在 1642 年，法兰克福在 1654 年。在各公国中，普鲁士颁布的教育法令最为突出。18 世纪，普鲁士的几任国王先后多次颁布教育法令，详细规定了有关国家办学、强迫义务教育、学校课程、办学经费、教师、家长责任等方面的具体要求和措施。虽然其中许多法令没有很好地执行，但表明了德国近代教育的世俗化特点。这些法令的颁布与实施，标志着中世纪以来一直由教会把控的教育权正悄悄地向世俗政权转移，国家承担起教育国民的使命，国民教育体制逐步确立。

18 世纪末，受法国启蒙思想家，特别是卢梭自然主义教育思想的影响，德国在初等教育领域还兴起了泛爱主义教育运动，其代表人物为巴泽多（Johann Bernhad Basedow，1724—1790 年）。他在德骚地区创办了一所泛爱学校，以人类互爱精神和人文主义世界观教育儿

---

① 吴式颖：《外国教育史教程（缩编本）》，275 页，北京，人民教育出版社，2002。

童，教授自然科学、本国语、外语、体育、音乐、舞蹈和劳动等知识，注重户外活动和游戏；采用直观教学法，通过对话、游戏和参观等方式，激发儿童的兴趣，培养儿童的智力。此外，巴泽多还编写了《初级读本》《教育方法手册》等教材和指导手册，对推动泛爱学校的发展起到了重要作用。

> **泛爱主义教育**
>
> 18 世纪后期产生于德国的教育思潮，反映了资产阶级反对封建教育的束缚。1774 年，巴泽多在德骚创办了名为"泛爱学校"的新型学校，注重自然、实用技术的教学和体育训练，强调培养儿童的主动性和兴趣，重视培养互助友爱精神。

在很长一段时间内，德国中等教育和高等教育仍由教会管控。中等教育机构主要包括文科中学、骑士学院和实科中学。文科中学相当于英国的文法学校和公学，在德国的中等学校体系中占有重要地位。文科中学招收贵族子弟，主要为升学作准备，同时为政府培养一般的官吏，教学上的古典主义色彩浓厚，形式主义突出，课程几乎全是拉丁文和希腊文，忽视自然科学。骑士学院是各邦国为了培养文武高官，巩固统治，面向上层贵族子弟开设的一种培养新贵族的特殊学校。学习内容以现代外语和自然科学为主，且重视骑士技艺和上流社会举止礼仪的训练。18 世纪后期，这种学校有的升格为大学或专科学校，有的逐渐消失。实科学校是 18 世纪初出现的一种兼有普通教育和职业教育双重性质的新型中学。实科中学招收新兴资产阶级子弟，注重讲授实际生活和国民经济各部门所需的实用知识。但是，在整个 18 世纪，实科中学要比文科中学弱小得多，其社会地位也比文科中学低得多。

宗教改革运动、新教与天主教的斗争，使得大学一直处于动荡之中。1618—1648 年，在三十年战争的破坏下，大学被视为过时和逐渐消亡的教育机构。17 世纪末多数大学生源不足，18 世纪中期以后形势更加恶化，一些大学甚至被迫关闭。在这种背景下，18 世纪，德国经历了两次大学革新运动。第一次大学革新运动始于 1694 年哈勒大学的创办，结束于 18 世纪中叶，以哈勒和哥廷根大学的发展和改革为主要内容。这两所大学追求学术自由，注重科学研究，引进现代课程，对德国高等教育产生了深远影响。18 世纪后期德国第二次大学革新运动的推进，使得天主教和路德新教也按照新大学的模式对所控制的传统古典大学进行了改革。

（二）19 世纪的德国教育

19 世纪初期，德国初等教育发展速度加快：一方面，一些邦国进一步颁布和实施强迫义务教育法令，使得适龄儿童入学率提高，初等学校数量大幅度增加；另一方面，19 世纪初，洪堡的教育改革规划了普鲁士教育发展的蓝图，初等学校的教学内容不断扩展和丰富。除"4R"课程外，还增加了地理、博物学、自然等实用学科。初等教育的发展大大提高了普鲁士国民的整体素质。

随着初等教育的发展，师范教育的发展也被提上日程。1808 年，洪堡派遣 17 名教师到瑞士向裴斯泰洛齐学习，以便在普鲁士发展师范教育，培养小学师资。1809 年，创办柏林师范学校，到1831 年，普鲁士的每个省都创设了按照裴斯泰洛齐的思想与方法训练教师的师范学校。19 世纪50 年代，由于反动政府的镇压和阻挠，初等教育和师范教育也趋于倒退，回归到以"4R"课程为主的教会教育，70 年代以后这种局面有所改观。

19 世纪，德国中等教育机构的主要类型是文科中学和实科中学。在新人文主义运动推动下，尤其是在洪堡担任普鲁士内务部文教总管期间，普鲁士文科中学的办学方向、课程内容、教学方法以及教师质量，都有较大改进。一方面，课程内容得以调整，削减了古典学科，扩展了普通基础学科的教学，从而使古典色彩浓厚的文科中学更加接近实际生活；另一方面，改革教师选拔制度，规定通过国家考试合格者获得中学教师称号，打破了传统文科中学教师一般由神学家、牧师担任的局面。在19 世纪中期，出于同样的原因，文科中学经历了一场较大的反复和倒退。1832 年，普鲁士率先颁布了《实科中学毕业考试章程》，标志着实科中学这一学校类型得到政府的正式承认。1859 年，普鲁士颁布《实科中学课程编制》，将实科中学分为两种类型：九年制的文实中学和六年制的前期文实中学。19 世纪后半期，德国实科中学实际上分化为实科中学和文实中学。但实科中学和文实中学的地位仍远远低于文科中学，直到19 世纪末，他们的毕业生还不能升入大学。

19 世纪，德国高等教育的发展具有世界意义。这一影响与洪堡的大学理念和柏林大学的创办紧密相关。洪堡认为，大学是一个进行学术研究和人格完整教育的独立自主的机构，它代表着自由和纯粹，它的真正使命在于提高学术研究水平，服务于国家的长远发展，而不应该为国家眼前的政治、经济、社会需求所左右。大学自治、学术自由、教学与科研相统一是洪堡为大学制定的基本准则。柏林大学的创办，基本上贯彻了洪堡的大学理念。柏林大学拥有更多自治权，贯彻了教学与科研相统一原则，提升了哲学院的地位。柏林大学成为德国大学新精神的代表，其办学模式为德国其他地区及世界各国所效仿，被誉为"现代大学之母"，开创了世界高等教育的新时代。除创办柏林大学外，19 世纪，德国高等教育的发展还表现为高等工业学校和其他专业学院的创立。这类机构为德国经济建设和社会发展培养了大批专门人才。

（三）17—19 世纪的德国教育思想

1. 第斯多惠的教育思想

第斯多惠（Friedrich Adolf Wilhelm Diesterweg，1790—1866 年），19 世纪德国著名的资产阶级民主主义教育家。他一生主要从事师范教育，致力于提高教师的素质，对德国师范教育的发展产生了世人公认的影响，被誉为"德国师范教育之父"。他的教育思想集中体现在1835 年发表的《德国教师培养指南》中。

第斯多惠认为，人的发展取决于天资和激发两个条件。天资为人的发展提供可能性，激发使这种可能性变成现实，教育就是激发，是促使个人天资得以最大限度开发的最佳工具。教育的最高目的就是充分发展人身上固有的自动精神，使之达到真善美的人生最终目的，成为真善美而积极自觉活动的人，即身心和谐发展的人。

对教育史上绵延不休的关于形式教育与实质教育孰重孰轻的争论，第斯多惠认为，两者是相辅相成的，不能把两者截然分开，形式教育只有在实质教育中才能形成，实质教育只有在形式教育中才能产生。第斯多惠主张在实际教学中须遵循一定的教学原则：自然原则；文化原则；直观性教学原则；循序渐进原则；连续性原则；巩固性原则。

第斯多惠极为重视教师的作用，并对教师提出了一些具体的要求：（1）教师要不断开展自我教育；（2）教师要热爱本职工作，有崇高的职业责任感；（3）教师要有良好的教育素养和教学技能；（4）教师要在教学中保持良好的精神状态。

作为19世纪德国进步教育家的第斯多惠结合自己的教育实践，强调教育与人的发展之间的关系，创造性地提出了许多行之有效的教学原则，有力地推动了德国教育的发展。

2. 福禄培尔的教育思想

福禄培尔（Friedrich Wilhelm August Fröbel，1782—1852年），19世纪德国著名学前教育家。他构建了一套幼儿园教育理论体系，创办了世界上第一所幼儿园，积极开展幼儿教师培训，推动幼儿教育的发展，被人们誉为"幼儿教育之父"。他的教育思想集中体现在《人的教育》（1826年）和《幼儿园教育学》（1861年）中。

福禄培尔从宗教神秘主义立场出发论述人的发展和教育问题，认为一切教育、学习和教学的唯一最终目的，是培养上帝所赋予人的神性。为此教育应该遵循统一的原则、发展的原则、顺应自然的原则和创造的原则。

根据儿童身心发展特点，福禄培尔把受教育者分为婴儿、幼儿、少年、青年四个时期，并特别论述了幼儿期的教育。他认为，幼儿期是学习和教育的时期，幼儿期的教育影响人的一生，大多数父母没有受过专门的教育，不知道如何教育孩子，应该建立专门的机构——幼儿园教育幼儿。福禄培尔认为，幼儿园工作的任务在于通过各种游戏和活动，引导幼儿认识大自然和人类社会，养成必要的道德品质和社会态度。幼儿园教育的主要内容和方法是游戏和作业。游戏是幼儿内部本能的表现，是发展幼儿自动性和创造性的最好活动形式。为此他还开发了一个从简单到复杂、从统一到多样、循序渐进的游戏体系，精心设计了供幼儿使用的教学用品——"恩物"。作业是将恩物的知识运用于实践。恩物在先，不改变物体的形态，作用主要在于接受或吸收；作业在后，改变材料的形态，主要在于发表和表现。常用的作业材料包括色彩各异的纸和纸板，供绘画、雕塑、编织用的材料，如沙、黏土和泥土等。

福禄培尔所倡导的幼儿园教育逐渐成为19世纪西方教育中一股新鲜而充满朝气的思潮，拓展了西方教育领域，为世界范围内幼儿园运动的到来奠定了理论基础。

四、俄国的教育

俄国是一个幅员辽阔的封建农奴制国家，其经济和社会发展远远落后于西欧各国。1861年，沙皇政府颁布法令，废除农奴制，俄国从封建制生产方式逐渐过渡到资本主义生产方式。俄国近代教育就是在这样的社会历史背景下得以发展的。

（一）废除农奴制之前俄国的教育

17世纪中期以后，俄国在莫斯科公国的名义下，逐步统一起来，政治趋于稳定，手工业日渐发展，国内形成了统一市场，与西欧的商业贸易交往日渐加强，这些都为俄国教育的发展奠定了基础。

最初，俄国教育由东正教教会组织——兄弟会控制。兄弟会学校面向兄弟会会员子弟，并接受会员监督，组织上比较民主，教授广泛的知识，把本族语教学放在首位。1632年，他们将基辅的一所兄弟会学校升级为专科学校（基辅莫吉拉学院），成为俄国第一所高等教育机构。兄弟会学校为俄国培养了大量人才，很多校长和教员都曾在兄弟会学校中接受教育。17世纪末，为改变俄国落后于西欧先进国家的局面，俄国沙皇彼得一世匿名考察欧洲各国两周，回国后推行了多方面的社会改革。在教育领域，彼得一世的改革包括：创建具有实科性质的学校，培养俄国军事和科技人才；开办普通学校，改造已有的教会学校，筹建科学院。彼得一世的改革初步奠定了俄国教育近代化的基础。

18世纪20年代后，俄国世俗教育机构的等级性日趋明显，更倾向于贵族青年。教会学校也得到较快发展，逐渐形成了具有俄国特色的教会学校系统：这些学校有的设在主教家里，有的设在修道院，办学经费全由教会支付。而彼得一世时期兴办的实施普及教育的俄语学校、计算学校等国立初等教育机构则不断减少。1762年，俄国女皇叶卡捷琳娜二世上台，为了表明要实施开明政策，她于1782年组建国民学校委员会，专门研究国民教育改革工作。1786年，她颁布了国民学校委员会制定的《俄罗斯帝国国民学校章程》，规定在各地设立国民学校，由当地政府领导，聘请校长进行管理，办学经费由当地政府、贵族、商人共同承担。法令还对国民学校的学制形式、课程内容、师生品德、教学管理乃至日常生活和宗教信仰提出了严格要求。《俄罗斯帝国国民学校章程》是俄国历史上最早的关于国民教育制度的正式法令，其颁布与实施，对俄国近代教育，特别是国民教育制度的形成起到了积极促进作用。

19世纪前半叶，随着国内外政治、经济的不断变化及意识形态领域的反复较量，俄国在教育方面也出现了起伏与曲折。19世纪初，沙皇亚历山大一世受资产阶级民主思想和法国大革命的影响，采取了具有自由主义倾向的教育政策。1802年，俄国成立国民教育部，管理除教会学校之外、原分属于各机构的所有学校。1804 年，俄国颁布了《大学章程》和《大学附属学校章程》，规定大学不仅是一个高等学府，一个教学和学术研究的机构，还是一个学区的教育行政领导机构。大学本身由大学委员会管理，大学下属各级学校由大学委员会附设的学校委员会管理。下属学校分堂区学校、县立学校和文科中学。全俄一共有 6 所大学，划分为六个学区，大学委员会派遣视察员视察本学区的学校。这样，就构建了俄国历史上第一个各级学校相互衔接的统一学制：堂区学校（一年）——县立学校（两年）——文科中学（四年）——大学。各级学校均不收学费，招收学生不受出身及宗教信仰限制，教学内容增加自然科学和与地方经济有关的知识，在一定程度上反映了资产阶级经济发展的需要，具有自由主义色彩。

随着拿破仑帝国的崩溃和俄国加入"神圣同盟"，俄国教育出现了一定程度的倒退。1817 年，俄国遵照"神圣同盟"的旨意，成立了"宗教事务与国民教育部"，提高了宗教、僧侣在教育中的地位，加强了东正教会对学校的控制。1819 年，堂区学校和县立学校改为收费制，限制非贵族子弟入学，各级学校之间的衔接也被全部取消。大学遭到了更为严重的摧残，很多进步师生被开除。俄国沙皇政府的倒行逆施，致使俄国教育发展迟缓。

（二）废除农奴制之后俄国的教育

1861 年，俄国进行了自上而下的废除农奴制的改革，完成了从封建制生产方式向资本主义生产方式的过渡，这是俄国历史上一个转折点，也是俄国教育发展的重要阶段。19 世纪 60 年代，包括尼·伊·皮洛果夫、列夫·托尔斯泰、车尔尼雪夫斯基在内的许多知名人士组织团体、出版书籍、创办各种教育杂志以及发表文章，批判沙皇政府的反动政策，介绍西方教育家思想及著作，提倡教育改革，在俄国掀起了一场公共教育运动。在公共教育运动的冲击下，沙皇亚历山大二世于 1860 年至 1864 年间先后颁布了包括《国民教育部女子学校章程》（1860 年）、《俄罗斯帝国大学章程》（1863 年）、《初等国民教育章程》（1864 年）和《文科中学和中学预备学校章程》（1864 年）等在内的一系列教育法规，进一步推动了俄国教育改革。俄国初等教育，尤其是过去一直被忽视的农村教育得到了加强，中等学校的办学条件得以改善，数量也有所增多，整个高等教育尤其是高等技术教育获得了较大的发展。与 19 世纪 60 年代以前的法令相比，它们的进步性和民主性特征明显。但好景不长，19世纪 70—80 年代，沙皇政府又颁布实施了一系列复辟的教育法令。借助于法令，俄国政府加强对各级学校的控制和监视；维护贵族子弟受教育的权利，保留贵族的等级学校；支持教会学校，加强宗教教育；坚持教学内容的古典主义方向，削弱实科学校的地位。俄国教育发展又一次出现了倒退。

（三）乌申斯基的教育思想

乌申斯基（1823—1870 年），19 世纪俄国著名教育家，俄罗斯国民学校和教育科学的奠基人。他的教育思想集中体现在《人是教育的对象》两卷本著作中。

乌申斯基认为，教育本质上是一门艺术，而不是一门科学，教育关注的主要问题不应该是学校的教学科目、教学论或体育规则问题，而应该是人的精神和人生问题。教育的目的在于培养全面和谐发展的人。这种全面和谐发展的人除了要在身体、智力、道德等方面得到全面发展外，还应该具有劳动的习惯和爱好、把民族和个人的利益结合起来的爱国主义情感。

乌申斯基着力论述了教育的民族性，并将其作为自己全部教育活动的指导方针。乌申斯基认为，贯彻教育的民族性原则，首先要建立适合本国、本民族特点的国民教育制度；其次要重视本民族语言的教学；最后要通过教学使学生了解本国的历史和文化，竭力为祖国服务。为了贯彻教育的民族性原则，在课程设置上，乌申斯基重视本民族语言学习，强调实科课程的作用，主张把古典课程与实科课程结合起来，开设多样化的、反映现代社会生活的课程，如民族语、历史、地理、数学、自然科学和现代外语等。他还提出，在教学中必须遵守一些必要的原则：自觉性与积极性原则、直观性原则、连贯性与系统性原则、巩固性原则。乌申斯基认为，作为教育对象的人，受到家庭、学校、自然界以及整个生活等许多因素的影响，其中学校教育起主导作用。在学校的诸多成员中，最重要的是教师。教师在教育学生、转变社会风气的过程中发挥着重要作用。因此，他提出：首先，教师要具有社会的、道德的、科学的信念以及坚定而正确的教育信念；其次，教师应有良好的个性品质；最后，教师应具备教育学和心理学基本理论知识。

乌申斯基大力倡导教育的民族性，将教育心理学运用到教育教学过程中，并提出了教师教育思想，创造性地尝试建立具有俄国特色的师范教育机构，为俄国教育理论的科学化和教育改革作出了重要贡献，对以后的俄国乃至苏联教育有很大影响。

五、美国的教育

美国是西方发达资本主义国家中历史最短的一个。1492 年，意大利航海家哥伦布发现美洲新大陆，1620 年，"五月花号"将一批欧洲移民载到新大陆，随后西班牙、荷兰、法国等国的殖民者先后来到美国。大批移民的到来，给美洲大陆带来了欧洲的思想文化和教育体制，使得美国的教育起步虽然较晚，但起点很高。1775 年，英属美洲殖民地爆发抗英的独立战争，1783 年取得胜利，建立了美利坚合众国。1807 年，美国北部开始工业革命，经济快速发展，而同一时期延续封建的奴隶主种植园经济的南部发展缓慢，南北差距越来越大，以至于 1861 年爆发"南北战争"，最终以资本主义工业为基础的北方势力于 1865 年获胜。从此，美国资本主义发展进入快车道，到 19 世纪末，美国的经济实力跃居世界首位。与此同时，美国的科学、文化、教育也获得了长足发展。

（一）殖民地时期美国的教育

整体而言，美国殖民地时期的教育完全移植宗主国的教育，不仅具有强烈的殖民主义色彩，而且具有强烈的宗教色彩。宗教是教育的主要出发点和最终归宿。学校隶属于不同的教派，每一教派基于宗教的需要开设学校。

17 世纪初期，北部殖民地是英国清教徒的聚集地，他们移植和模仿了英国的教育模式，在初等教育领域，颁布了强迫义务教育法令，设立了一些公办的初等读写学校（writing school）和一些私立的妇女学校（dame school）。在中等教育领域，开办拉丁文法学校。在高等教育领域，设立了专门培养高级牧师的哈佛学院（1636 年）。

中部殖民地移民来自欧洲各国，教派林立，民族众多。人们各自生活在自己的群体中，教育照搬各宗主国的学校模式。堂区学校是这一地区的主要教育机构，面向平民子弟，重视宗教教育。中等学校为数甚少，更无高等学校。

南方地区的殖民者多来自英国国教会。他们孩子的初等教育或中等教育多由家庭教师完成，然后被送往欧洲中学和大学深造。殖民者对举办公众教育并不热心。因此南部很少设立普通学校，多是一些临时性的慈善学校，学习初步的读、写、算知识及宗教问答常识。

17 世纪后期，随着北美殖民地经济的发展和移民的增多，简单的读写算和古典气息浓厚的少数文法中学已经不能满足需要了。18 世纪初，北部和中部殖民地城市开始出现了一股私人教学的新风。在这样的背景下，科学家、政治家富兰克林于 1751 年在费城创办了一所文实中学，兼收男女生，用英语作为教学语言，既对学生施以大学预科的教育，又教给学生实际有用的知识，从而使美国中等教育从完全古典的、以升学为目标的文法学校向实际生活迈进，标志着美国中等教育进入了一个新的阶段。

18 世纪 40—60 年代，美国高等教育机构数量迅速增加，新增新泽西学院（1746 年）、国王学院（1754 年）、费城学院（1755 年）、罗德岛学院（1764 年）、皇后学院（1766 年）和达特茅斯学院（1769 年），而在此之前的 100 年间，北美殖民地一直只有哈佛学院（1636 年）、威廉与玛丽学院（1693 年）和耶鲁学院（1701 年）三所高等教育机构。这些学院大多由各种教派势力开办的私立学校，规模小，设备简陋，学术水平普遍较低，教师和学生的质量也相对较差。尽管如此，它们的出现仍然具有明显的进步意义，为后来美国高等教育制度的形成奠定了基础。

（二）建国初期美国的教育

独立战争（1775—1783 年）是美国历史发展的重大转折点，自然影响到美国教育的发展。持续数年的独立战争造成美国财政困难、政局动荡，使教育在一定程度上遭到损害。建国后的最初 10 年间，大多数初等学校（包括公、私立学校与慈善学校）停办，拉丁文法中学和其他私立中学日益减少，大学也因经费短缺而难以为继，文盲数量大增。但伴随着政权的稳定、经济的腾飞，美国各级各类教育事业都有了较快发展。在初等教育领域，由于工业发展急需高素质的劳动者，致使各种各样的初等学校普遍发展起来，19世纪20年代以前，主要是引进英国各种具有慈善性质的初等学校形式：星期日学校、导生制学校和欧文的幼儿学校。20年代以后，则致力于公立初等学校的发展。尤其是贺拉斯·曼在推动公立学校的发展上起到了不可替代的作用，被称为"美国公立学校之父"。在中等教育领域，文法中学依然是美国中等教育的主要机构，但富兰克林式的文实中学因兼顾古典教育与实际教育、升学与就业而获得较快发展，呈现出取代文法中学的趋势。在高等教育领域，到18世纪末，美国已有27所学院或大学，其中18所是1780年以后建立的，比独立战争前有较大发展。不仅如此，随着独立后美国经济的恢复和新思想的传播，一些大学的教学内容也发生了一些静悄悄的变化——更加世俗化和科学化。

（三）南北战争后至19世纪末美国的教育

1861至1865年的南北战争，实际上是美国的第二次资产阶级革命，美国的市场得以统一，经济获得突飞猛进的发展，一跃而成为世界资本主义强国。在教育领域，各级各类教育也更加迅猛地发展起来，最终形成了具有美国特色的教育制度。

1. 美国教育领导体制的确立

美国的历史发展及其政体形式决定了美国在教育管理上实施典型的地方分权制。从殖民地时代起，美国的教育行政就以各殖民地当局为最高领导单位，由各地方自己管理自身的教育事务。建国后，1791年《宪法修正案》第十条规定，"凡是宪法未曾给予联邦而又未曾限制给予各州的权利，都是保留给各州或人民的"，以法律的形式确定了教育是属于各州的权力。各州制定本州的教育法，将全州分为若干学区，成立教育委员会，管理和监督本州教育的实施。南北战争前，美国没有中央一级的教育领导机构，宪法也规定联邦政府无权干涉各州教育。南北战争后，随着教育事业的发展，成立中央教育行政机构的必要性日益凸显。1867年，众议院议员加菲尔德（A. Garfield）提议设立中央教育署，负责收集各州和各地区的教育资料信息，隶属于内务部，议案获得通过。1870年，教育署改称教育局，隶属于联邦内务部。总体而言，美国的中央教育行政机构并不具体管理各州的教育，而只负责调查、统计、传达各州教育情况，分拨联邦教育经费，召开各种教育问题讨论会和举办各种教育展览等。

2. 各级各类学校的发展

19世纪中期以前，美国没有学前教育。南北战争后，在西欧学前教育发展的影响下，美国开始重视以托儿所（2~4岁）、幼儿园（4岁至入小学前）的形式实施幼儿教育。最初的幼儿园是从德国引进的，福禄培尔的幼儿教育思想在美国广泛传播，很多地方设立私立幼儿园。1873年，路易斯安那州首次将幼儿教育园教育作为公立学校教育系统的一个组成部分，成为美国公立幼儿教育的开始。从此，幼儿教育成为美国教育制度中的第一阶段。

南北战争后，在贺拉斯·曼所领导的公立学校运动的推动下，美国初等教育得到进一步发展。很多州都先后通过义务教育法令，大力普及初等教育。1852 年，马萨诸塞州率先颁布义务教育法，规定 8~12 岁的适龄儿童须入学学习 12 周。联邦政府也积极通过教育拨款的方式资助那些亟待进一步普及初等义务教育的州和地区。1859 年，仅在马萨诸塞州就有了 400 多所公立学校，成为当地初等教育的主体。初等教育在数量发展的同时，教育内容与教学方法也在一定程度上得到了革新。随着卢梭、裴斯泰洛齐、福禄培尔等人的教育思想在美国的传播，美国本土实用主义哲学的形成，初等教育内容有了极大变化，开始着眼于当前的实用价值，在原有的读、写、算课程之外，增加了自然常识、历史、地理、音乐、图画等实用课程，甚至手工、缝纫、烹饪、园艺等也成为一些学校的新课程。

南北战争后，初等教育领域的公立学校运动，开始延伸至中等教育领域。中等学校被视为初等教育的延续，受到越来越多州的重视。公立中学在美国各州遍地生根。1860 年，全美共拥有公立中学 300 多所，到了 1890 年则增加到 2 526 所。[①] 在课程设置上，公立中学重视英语、数学、自然科学和现代语言的教学，以为学生作好职业准备。公立中学的出现为更多的人接受中等教育提供了机会。

南北战争后，美国高等教育呈现出两种发展倾向。一种倾向是讲求实际的原则，努力契合工商业发展的需要，广泛开设农工学院。1862 年，美国国会通过了《莫雷尔法案》（*Morill Act*），规定各州凡有国会议员一人，便由联邦政府拨给 3 万英亩土地，各州应将土地收入用于开办或资助农业和机械工艺学院。这种学院一般修业 4 年，培养发展工农业所需的专业人才，被称为"赠地学院"。《莫雷尔法案》的颁布，开启了美国联邦政府资助高等学校的先河。此后，许多州创办了赠地学院或在原有大学内附设赠地学院。赠地学院的发展确立了高等教育为工农业生产服务的方向，推动了美国科学技术的发展，改变了美国高校重理论轻实际的传统。另一种倾向是努力发展专注学术的研究型大学。19 世纪中后期，大批美国人赴德留学或考察，这批学者回国后，纷纷尝试将德国大学理念移植到美国。1876 年，吉尔曼创办美国历史上第一所研究型大学——约翰·霍普金斯大学。该大学以学术研究为主，并在全国首设研究生院，聘用知名学者任教；注重图书馆及专业学术期刊建设；教学上借鉴德国大学的做法，普遍采用习明纳、实验法等方法。至 1901 年，霍普金斯大学已成为享誉世界的知名

> **赠地学院**
>
> 1862 年，美国国会通过了《莫雷尔法案》，规定各州凡有国会议员一人，便由联邦政府拨给 3 万英亩土地，各州应将土地收入用于开办或资助农业和机械工艺学院。这种学院一般修业 4 年，培养发展工农业所需的专业人才，被称为"赠地学院"。

① 吴式颖：《外国教育史教程（缩编本）》，285 页，北京，人民教育出版社，2002。

大学。在霍普金斯大学的带动下，哈佛、耶鲁等传统学院也加强了自身的研究型大学改造，加强学术研究与科学实验，改造课程，加强专业教学，创设研究生院。研究型大学的兴起，改造了美国高等教育的面貌，极大地提升了美国高等教育的教育质量和学术声誉。

（四）贺拉斯·曼的教育思想

贺拉斯·曼（Horace Mann，1796—1859 年），19 世纪美国著名教育家。1837—1848 年担任马萨诸塞州教育委员会秘书。在此期间，他全身心地致力于公立教育，撰写州教育委员会度报告，多次发表讲演阐述其公共教育思想，推动了美国公立教育运动的发展，被誉为"美国公立学校之父"。他的思想集中体现在任职期间所撰写的 12 份教育年度报告和《教育演讲集》（1848 年）之中。

🔊 **教育家语录**

除了人类所创造的其他一切手段外，教育是人们境况的伟大均衡阀——它是社会机器的平衡轮。通过扩大有教养的阶级或阶层，教育的普及将开辟社会感情得以扩展的更广阔的领域；如果这种教育是普及的、完善的，它将比任何别的事情更能消除人为的社会的鸿沟。

——贺拉斯·曼

贺拉斯·曼认为，教育的目的在于培养社会所需要的各类专门人才。教育是使人摆脱贫穷的重要手段，是维持现存社会安定的重要工具。教育能促进社会改革和促使人类平等，使人们成为一个具有更多学问和更高德行的人，建立免费学校实施普及教育是共和政府继续存在的必不可少的保证。

在贺拉斯·曼看来，完整的教育内容应该包含体育、智育、政治教育、道德教育、宗教教育等诸方面。在体育方面，贺拉斯·曼认为，健康和体力是必不可少的组成部分，个人、家庭、社会的幸福都有赖于健康的身体，体育的内容主要是向学生传授人体生理学、健身和卫生知识；在智育方面，贺拉斯·曼认为，智育是创造财富的主要条件，公立学校要重视语言、生理学、历史、地理及簿记等实用科目的教学；在政治教育方面，贺拉斯·曼提出，共和国的公民应该具有履行公民职责的政治知识，接受立法、共和国、选举等方面的政治教育；在道德教育方面，贺拉斯·曼认为，实施道德教育是社会存在的基本需要，公立学校的道德教育对成人习惯和品德的早期培养具有决定意义，建议教师利用最有利的机会对儿童进行道德教育；在宗教教育方面，贺拉斯·曼一直反对教会控制学校和狭隘的教派教育，主张培养儿童养成以《圣经》为基础的基督教道德。

贺拉斯·曼十分重视教师的培养，将之视为提升公立学校教育质量的重要手段。他认为，教师是学校的主持者和知识的传播者。没有好的教师，就没有好的学校。只有优秀的教师才能进行成功的教学。一个合格的教师应该具有良好的品质、丰富的知识、饱满的教学热情和有效的教学方法。为造就合格的教师，应该建立师范学校专门训练教师如何去教。师范学校既要在未来教师所教的科目和教学方法上进行训练，还要让他们进行教学实习。

贺拉斯·曼的普及教育思想、师范教育思想对美国的教育理论与实践均产生了一定的影响。

六、日本的教育

近代日本的教育以明治维新（1868 年）为界，明治维新之前是封建教育时期，明治维新之后是资本主义教育时期。

（一）明治维新之前日本的教育

17 世纪，英国爆发资产阶级革命时，日本仍然处于封建社会，国家由德川家族设在江户的幕府统治着，天皇成为傀儡，完全被幕府掌控，幕府将土地分封给地方封建主——大名，由他们设立"藩国"，代替幕府管理地方事务。明治维新之前，日本封建教育带有鲜明的等级性，主要分为幕府、藩国和民众教育三个等级。幕府开办的教育机构称为讲习所，有的传授儒学，有的传授国学，有的传授西方自然科学、医学、军事技术和外语。藩国开办的教育机构称为"藩学"，主要传授儒学和武艺，后来也有传授国学、日本历史和西方自然科学的。面向民众开设的教育机构种类繁多，有乡学、寺子屋、私塾等，这些机构多面向平民子弟开设，主要用于培养勤劳的顺民。18 世纪以后，日本封建教育出现了一些变化，如一些藩学增加了近代西方科学和外语等学科的教学，出现了实学讲习所等民众教育机构。这些变化为明治维新的教育改革提供了条件。

（二）明治维新之后日本的教育

19 世纪中叶，德川幕府统治危机重重。一方面，社会各阶层对德川幕府的统治日益不满；另一方面，外国资本主义势力不断入侵，日本被迫签署不平等条约，民族经济遭到严重摧残，国家处于沦为殖民地的危险之中。在这样的情况下，"倒幕运动"不断高涨，终于在1868 年推翻了德川幕府，建立了大地主和大资产阶级联合执政的明治天皇政府。政府成立伊始，在政治、经济、军事、文化和教育等诸领域进行了一系列改革，史称"明治维新"。明治维新之后，日本教育发展主要体现在以下几个方面。

1. 中央集权教育管理体制得以确立

明治维新时期，为了实现"破从来之陋习""求知识于世界"的改革目标，日本政府加强了对教育领导权的控制。1871 年，明治政府设立文部省，作为全国教育领导机构，统一管理全国的文化教育事业，并监督宗教事务。1872 年，颁布《学制令》，进一步确立了中央集权的教育领导体制：在文部省之下，全国分为 8 个大学区，各大学区设一所大学；每个大学区又分成 32 个中学区，各设一所中学；中学区又分成 210 个小学区，各设一所小学。大学区制的教育管理体制曾在 1879 年政府颁布的《教育令》中有所削弱，但在 1880 年修改的《教育令》中，又得以恢复。这一体制一直延续到第二次世界大战结束。

2. 初等教育得以普及

明治维新之前，日本初等教育已有一定发展，出现了寺子屋、乡学等教育机构。但这些机构教学设施简陋，教学质量不高。明治维新时期，日本政府为了培养忠君、爱国、守法的国民，重视初等教育的发展。1872 年，颁布《学制令》，取消先前的寺子屋和乡学，设立小学，规定儿童 6 岁入学。1886 年，颁布《小学校令》，规定小学分为寻常小学和高等小学两个阶段，每段 4 年，在寻常小学阶段实施 4 年的义务教育，后 4 年为高等小学阶段，实施收费制。据统计，日本初等义务教育入学率 1873 年仅为 28%，1891 年猛增至 50.3%，1907 年则达到 97.3%。① 这一成就的取得与日本政府重视通过初等教育来提高国民素质，并适时调整初等教育方针和政策密不可分。

3. 中等教育得以发展

1872 年，日本《学制令》的颁布催生了日本近代中等学校。《学制令》要求设立六年制的中等学校，事实上多由藩学与私塾改建而来，学制年限不一，发展缓慢。为了进一步规范中等教育的发展，1881 年颁布的《中学校令》，明确指出中学的两大任务是：实业教育和为升入高等学校作准备的基础教育。中学分为寻常中学和高等中学，寻常中学修业 5 年，由地方政府设置和管理，每一府县设一所；高等中学属于大学预科性质，修业 2 年，由文部大臣直接管辖，每一学区设一所，全国设 5 所。在课程设置上，寻常中学主要开设基础和实用课程，服务于学生直接就业；高等中学实施分科教学，开设文、理、法、医、农商五科，为学生升入大学作准备。随后，日本政府又先后颁布与实施了《实业补习学校令》（1893年）、《实业学校令》（1899 年）和《高等女子学校令》（1899 年），使明治维新时期的中等教育结构呈现多样化。到 19 世纪末，日本中等教育结构已趋于完整，包括了中学（寻常中学和高等中学）、中等技术学校和女子中学。

4. 新式大学得以创办

明治政府非常重视高等教育的发展，新式大学的创办以东京大学的创办为肇始。1877年，明治政府将文部省所辖的昌平坂学问所、东京开成学校和东京医学校合并，成立东京大学。新成立的大学分为法学部、理学部、文学部和医学部，以培养国家管理干部和技术人才

---

① 吴式颖：《外国教育史教程（缩编本）》，299 页，北京，人民教育出版社，2002。

为己任，享受政府特殊优惠待遇。政府每年拨出教育经费的 40% 给东京大学，不仅高薪聘请外籍教师来此任教，还选送大批学生出国留学深造。因此，东京大学一开始就保持了很高的学术水平。19 世纪末 20 世纪初，在东京大学之外，日本政府又先后成立了京都大学、东北大学、九州大学、北海道大学，同时也鼓励庆应大学、早稻田大学、明治大学等私立大学的创办与发展。这些大学为日本工业化的发展培养了大批科技人才和管理人才。

（三）福泽谕吉的教育思想

福泽谕吉（1835—1901）是日本明治维新时期著名的启蒙思想家和教育家。他毕生从事著述和教育活动，形成了富有启蒙意义的教育思想，在日本迈向资本主义发展的道路上发挥了推动作用，也为日本近代教育制度的确立奠定了基础。

福泽谕吉认为知识富人，教育立国。人生来并无高低贵贱之分，唯有勤于学问、知识丰富的人才能富贵。对于国家而言，实施教育及文明开化政策是国家独立富强的前提和保障。为此，福泽谕吉主张大力普及学校教育，强迫全国适龄儿童入学。在教育目标上，福泽谕吉主张"和谐发展"，将德、智、体均衡发展作为教育的根本宗旨，提倡三育并重。在体育方面，他把体育放在首位，认为体育造就健康的国民，主张儿童的教育从体育开始。学校应该把体育课确定为必修课，只要体现体育的本意，任何形式的活动都可以作为体育的内容。在智育方面，他提倡修习学问，唯尚实学。他认为学校不只是传授知识的场所，更是开发个人天资的地方，学校教育应该使人的各项能力得到均衡发展。在德育方面，他认为德育的目的在于培养国家观念和独立意识。在家庭教育、学校教育和社会教育三者的关系上，福泽谕吉认为理想的教育在于把这三者协调起来，使之成为一个相互促进的整体。家庭教育培养习惯，陶冶心灵；学校教育普及文化，培养人才；社会教育增长知识，养成道德。除此之外，他还提倡尊重女性和实施女子教育。

作为新兴资产阶级的代言人，福泽谕吉积极参与文明开化与思想启蒙活动，大力发展教育事业。他的教育思想对当时和后来日本的教育改革与发展产生了深远影响。

第三节
夸美纽斯的教育思想

🎯 **学习目标**

掌握夸美纽斯教育思想的主要内容。

夸美纽斯（Johann Amos Comenius，1592—1670 年），17 世纪捷克著名的爱国主义者、民主主义教育实践家和理论家。夸美纽斯继承了文艺复兴以来人文主义教育思想的成果，结合自身长期的教育实践活动，提出了一套系统而崭新的教育理论，从而为近代教育理论的发展奠定了基础。

夸美纽斯一生笔耕不辍，教育研究成果丰硕，其中代表性的著作有：《母育学校》（1630年）、《大教学论》（1632年）和《世界图解》（1654年）等。

夸美纽斯生活在欧洲由封建制度向资本主义制度过渡的时代，他的世界观带有强烈的时代烙印，也显现出一定的矛盾性与复杂性。一方面，他深受人文主义影响，具有强烈的民主主义和人道主义思想，要求各民族、各国家不分大小一律平等，肯定人的价值，同情劳动人民的不幸遭遇，对于封建社会中"到处是穷多于富"的不合理现象表示愤慨，希望通过教育改变社会现状；另一方面，他是捷克新教团体的领袖，宗教观念根深蒂固，虽然强调感觉是认识的起点和基础，但又承认"神启"的作用，认为《圣经》是认识的起源。夸美纽斯世界观中的矛盾，不可避免地体现在他的教育理论体系中。

一、论教育目的和作用

夸美纽斯从宗教世界观出发，认为人生的最终目的是达到"永生"，"今生只是永生的准备"①。因此，教育的目的也应是为永生作准备。他还认为，"人是造物中最崇高、最完善、最美好的"②，"学问、德行和虔信的种子自然存在我们身上"③，这就要通过教育使人认识和研究世界上的一切事物，培养和发展他的各种能力、德行和信仰，以便享受现世的生活，并为永生作好准备。这种教育的目的论和现实性因素，反映了他世界观中的民主主义、人道主义和唯物主义立场。

夸美纽斯高度评价教育的作用。首先，他认为教育具有改造社会、建设国家的功用。他在《大教学论》的开篇和最后一章都反复强调了教育带给国家和社会，乃至整个人类的福利。教育是国家城池永固的捷径，应该用建造堡垒和兵工厂的百倍费用投资于教育。其次，他认为教育可以发展人的天赋，培养健全的个人。在他看来，每一个人都有一定的天赋，天赋发挥得如何，关键靠教育。只要接受合理的教育，任何人的智力都能够得到发展。

二、泛智论

在《大教学论》中，夸美纽斯用一句话概括了他的泛智论教育思想，那就是"把一切事物教给一切人"。它包含两个层面的含义，从教育内容来看，泛智论要求人们掌握一切知识，因此应该是一种"周全的教育"。周全的教育应该在学校里面进行，包括智力、道德和

---

① ［捷］夸美纽斯：《大教学论》，傅任敢译，7页，北京，教育科学出版社，2014。
② ［捷］夸美纽斯：《大教学论》，傅任敢译，1页，北京，教育科学出版社，2014。
③ ［捷］夸美纽斯：《大教学论》，傅任敢译，13页，北京，教育科学出版社，2014。

宗教三方面的教育，尤其要重视德行和虔信的教育。周全的教育帮助我们做到：（1）通过科学与艺术的研究来培养我们的才能；（2）学会语文；（3）形成诚笃的德行；（4）虔诚地崇拜上帝。① 从教育对象来看，泛智论要求，不分男女，不论贵贱，"人人均应受教育"。夸美纽斯认为，一切城镇乡村的男女儿童都是上帝的子民，不论富贵贫贱，都应该进入学校接受泛智教育。为了实现教育的普及，夸美纽斯积极拥护学校教育，肯定学校教育的必要性和优越性，并强调国家对于教育具有不可推卸的责任。

🔊 教育家语录

我们由此可以知道，凡是生而为人的人都有受教育的必要，因为他们既然是人，他们就不应当成为无理性的兽类，不应当变成死板的木头。

——夸美纽斯

三、教育和教学原则

（一）教育适应自然原则

夸美纽斯认为，教育适应自然是教育的主导原则。他在教育、教学上论述的其他原则，基本上都可以视为是从教育适应自然的原则中引申而来的。在夸美纽斯看来，教育适应自然中的"自然"有三重含义：一是指自然界；二是指人类社会；三是指人的本性。自然界就像是一架精密有序的机器，世界上的一切都是按照机械原理安排妥当了的。教育适应自然就是教育要遵循自然的"秩序"，遵循事物普遍存在的规律；教育适应自然还要依据儿童的天性，适应儿童的年龄特征和心智特点，使每一个人的才能得到充分发展。

（二）教学原则

夸美纽斯非常重视教与学的实施，为了"节省教与学的时间和精力"，他在《大教学论》专辟三章（十七章、十八章和十九章）论述了诸多具体的教学原则。

第一，直观性原则。直观性原则指的是将一切事物尽可能放在感官面前，尽可能让学生用多种感官去感知事物。在教学时，教师要先教事物，然后再教导学生如何用语言去表达事物；先教例证，然后再教规则。除了教师的讲解外，要尽可能地让学生运用多种感官去观察实物。

第二，启发性原则。夸美纽斯认为人天生具有学问、德行和虔信的种子，教育者不必从

---

① ［捷］夸美纽斯：《大教学论》，傅任敢译，40页，北京，教育科学出版社，2014。

外部对儿童强加东西，只需要激发出儿童潜在的兴趣，使教学方法符合儿童的特点即可。他建议通过启发学生求知的愿望调动儿童的积极性和主动性，以对话、环境熏陶等具体的方法来激发学生的学习热情。

第三，量力性原则。夸美纽斯要求教学要合乎儿童的身心发展水平，适应他们的年龄特征与接受能力，特别是为初学儿童选择学习材料时一定要适当。

第四，循序渐进性原则。夸美纽斯认为所有生物总是按照一定的顺序繁衍生息的，每一项工作总是在前者完成之后才开始新的工作，绝无僭越。因此，教学应该合理安排教学科目的顺序，做到由简到繁，由近及远，由已知到未知，由具体到抽象，循序渐进地进行。

第五，巩固性原则。夸美纽斯认为，学生应在理解的基础上掌握知识，并将所学知识加以练习和应用。

第六，简明性与迅速性原则。夸美纽斯认为，应当消除教学过程中的阻碍和延误，直接奔向预定的目标。

四、论教育管理

如前所述，夸美纽斯一生致力于教育实践，从事了40多年的学校教育管理工作，期间他还参与其他国家的教育改革，形成了一套完整的教育管理思想体系。

（一）学制

为了使所有儿童都有上学的机会，夸美纽斯根据他的教育适应性原则，提出了建立全国统一学制的主张。他把人从出生到成年分为四个时期：婴儿期（1~6岁）、儿童期（6~12岁）、少年期（12~18岁）以及青年期（18~24岁）。并主张与此相对应，设立四级学校体系：母育学校、国语学校、拉丁语学校（相当于中学）以及大学。

（二）国家办学与督学制度

夸美纽斯认为教育对于改造社会、建设国家起着巨大的作用，因此，国家对教育具有不可推卸的责任，国家应该重视教育，普遍设立学校。不仅如此，国家还应该管理教育，不应该将教育事业转让给教会和其他社会力量。国家是最高教育权力机构，应该对全国的教育情况进行监督。因此，国家应该建立督学制度。督学应由那些虔信上帝、贤明可敬，同时又热心教育事业、具有丰富教学经验的人士担当。其主要职责包括：培训未来的教育管理人员，使之能够胜任组织学校、制定规章等工作，保证学校有序运转；管理并监督各级学校人员；检查学校的教学工作；监督各学校规章制度的执行；了解学生家长和监护人是如何教育孩子的，以使学校和家庭在教育上保持一致。

（三）学年制与班级授课制

为改变中世纪以来学校组织混乱无序、随时入学的状况，夸美纽斯提出了学年制构想。他提出，学校的各年级应该在同一时间开学和放假；每年招生一次，学生同时入学；学年结束时，经过考试，同年级学生同时升级。他还强调学校工作要有计划，要详细到每年、每周、每时，按计划有条不紊地进行。

夸美纽斯在教育史上首次详细论述了班级授课制。他认为，班级授课制是提高教学效率，使一名教师可以同时教育许多学生的可行之法。班级授课制的具体办法就是根据全校学生的年龄和程度分成不同班级，作为教学的基本单位。规定每个班在一个教室上课，由一名教师同时对全班学生进行教学，以代替传统的个别施教。

> **班级授课制**
> 班级授课制是把年龄和知识水平大致相同的学生编成班级，教师按照教学大纲的要求在固定的时间内进行教学。17世纪夸美纽斯在《大教学论》中对班级授课制作了理论上的论证和教学法上的阐明。

（四）考试与考查制度

为了配合学年制和班级授课制，夸美纽斯还制定了一套考试、考查制度。夸美纽斯认为，为保证教学的质量，从学时、学周到学年，都应该进行考试。最基本的是学时考查，最重要的是学年考试。这些考查、考试应由不同的人负责，在不同的时段内进行。考试形式不仅包括教师的考查，还包括学生对自己学习状况的测评。

总之，夸美纽斯在教育理论和教育实践上均作出了划时代的贡献，所著《大教学论》为西方第一本独立形态的教育学著作。他那些富有远见、具有强烈民主性的教育思想成为全人类教育事业的宝贵遗产。

第四节
卢梭的自然教育思想

🎯 **学习目标**

掌握卢梭自然教育思想的主要内容。

卢梭（Jean Jacques Rousseau，1712—1778年），18世纪法国启蒙运动时期杰出的思想家和教育家。他是"走在时代前面的人"，宣扬"天赋人权""自然神论"和"人性善"等观点，对自然与文明、理性与情感都进行了深刻的反思。他的自然教育思想在西方教育史上被视为新旧教育的分水岭。其自然教育思想集中反映在《爱弥儿 论教育》（1762

年）中。

🔊 教育家语录

出自造物主之手的东西，都是好的，而一到了人的手里，就全变坏了。

——卢梭

卢梭认为，善良的人性存在于纯洁的自然状态之中。只因社会的文明，特别是城市的文明才使人性扭曲，罪恶丛生。因此，只有"回归自然"，远离喧嚣的城市，才能够保持人的善良的天性。这样的教育就是自然教育。

一、论教育目标

卢梭认为，自然教育的最终目标就是培养自然人。这种人是独立自主的人、平等的人、自由的人和自食其力的人。他们身强体壮、心智发达、具有高尚的情操和极强的动手能力。实质上，卢梭要培养的自然人，也就是摆脱封建羁绊的资产阶级新人。

二、论教育内容

卢梭认为人类在成长过程中所需要的东西统统都要通过教育来获得，而这种教育主要归结为三个方面：自然的教育、人的教育和事物的教育。我们的才能和器官的内在的发展，是自然的教育；别人教我们如何利用这种发展，是人的教育；我们对影响我们的事物获得良好的经验，是事物的教育。在这三种不同的教育中，自然的教育完全不能由人来决定，事物的教育只是在某些方面才能由人决定，只有人的教育才是能够真正加以控制的。因此，必须以自然的教育为中心，使人的教育和事物的教育同它相一致，三种教育协同起来共同发挥作用。

三、论教育阶段

卢梭认为，人生的每一个阶段，都有它适当的完善程度和特有的成熟期，这是自然的安排，教育者要按照学生的自然成熟期进行教育。为此，他具体阐述了教育的四个阶段。

（一）婴儿期的教育（0~2岁）

卢梭认为，婴儿期是人成长和受教育的第一阶段。这一阶段的儿童身体弱小，虽有感觉，但不具备思考能力。因此，这一时期的教育要以身体的养护、锻炼为主。关于发展身体的具体意见，他认为身体养护的一切措施都要合乎自然，要给孩子活动的自由。此外，卢梭还坚持让儿童只跟从一个向导。不论是儿童的保姆、父母，还是家庭老师，都应该在身心两健、品行端正的基础上对儿童进行一贯的教导，并且要相互配合。

（二）儿童期的教育（2~12 岁）

卢梭认为，2~12 岁的儿童，身体活动和语言能力都有了一个飞跃，感觉器官也发达了，但是理性思维尚不完整，处于"理性睡眠期"。因此，这一时期教育的主要任务是进行感官训练，并继续发展身体。卢梭将感觉训练分为五个方面：触觉、视觉、听觉、味觉和嗅觉，要求结合实际活动与周边事物对儿童进行教育。他反对在这一阶段对儿童进行智育和道德教育，因为它们都是理性教育的一部分，不适合"理性睡眠期"的儿

> **自然后果法**
>
> 这种方法是让儿童遵循自然率性发展，不干预、不强迫，让儿童承担不良行为所产生的自然后果以对其进行惩戒，从而使其接受教训。

童。在方法上，他强调运用自然后果法对儿童进行教育。这种方法是让儿童遵循自然率性发展，不干预、不强迫，让儿童承担不良行为所产生的自然后果以对其进行惩戒，从而使其接受教训。

（三）少年期的教育（12~15 岁）

卢梭认为 12~15 岁是人一生中体力最旺盛的时期，但也是一个十分短暂的时期，所以弥足珍贵，必须善加利用。经过之前阶段的教育，儿童的身体和感官都发展到了一定水平，同时，也有了好奇心，能够进行思索了。所以，这一时期是可以和必须学习的时期。这一阶段，卢梭重点论述了智育和劳动教育问题。在智育方面，卢梭认为应该把培养兴趣和提高能力放在首位；应该选择生活中必要而有用的知识进行学习；应该让儿童在实际活动中自觉自动地学习。在劳动教育方面，卢梭认为，劳动是社会人不可推卸的责任，主张儿童必须学习一门职业，并从中锻炼思维能力，养成反复思考的习惯，陶冶情操，培养尊重劳动和劳动者感情的意识。

（四）青春期的教育（15~20 岁）

卢梭将 15 岁以后看成是男孩脱离儿童状态的"第二次诞生"，不仅在生理上发生不同以往的巨变，而且也积累了较为丰富的感性经验和自然知识，已经懂得了那些与自己有关的道德观念，并有了主动了解社会道德关系的愿望。鉴于这些身心变化，卢梭主张由乡村回到城市对其进行道德教育。卢梭认为道德教育主要是培养儿童善良的情感和美好的道德。培养善良的情感，应先从儿童"自爱"的品质开始，逐步再扩展为"他爱""博爱"。道德行为

的养成则需要身体力行和艰苦的努力。另外，也可以通过学习历史、伟人传记，阅读寓言等对儿童进行道德教育。宗教教育也是这一时期道德教育的重要部分。卢梭指出，没有信仰，就没有真正的美德。他提倡自然宗教，要求人民爱上帝胜于爱一切，反对过早对儿童进行宗教灌输。此外，卢梭还提出了青春期的爱情教育和性教育问题，并将它们作为道德教育的一部分。在爱情教育问题上，他反对为了避免青年掉入情欲的陷阱而亵渎爱情，认为这完全违背自然；认为只有纯洁的灵魂才能使爱情更加美满，并能借此摒除一切不良生活。在性教育上，卢梭认为对于青少年萌动的情欲，既不可盲目抑制，也不应妄加刺激，应该使青少年顺从自然发展。

四、论女子教育

在《爱弥儿 论教育》这部著作中，卢梭以爱弥儿的未婚妻苏菲为例，在第五卷中专门论述了女子教育。卢梭的女子教育思想也是从他的"遵循自然""归于自然"的基本思想中引申出来的。他认为，男女两性的不同是自然的安排，必须得到尊重，同时也应加以区别。男子是积极主动、身强力壮的，而女子则相对被动、身体柔弱，所以，卢梭认为女子教育就应该培养贤妻良母般的女性。卢梭认为，要想成为一名贤妻良母，首先，女子要身体健康、精神愉快，而且在顺从丈夫的同时也要能够机智地约束和驾驭丈夫，能够成为丈夫的助理和导师，子女和丈夫之间的纽带。其次，女子还要会治家。她既能缝纫、烹煮，又能理财、调度；既能从事各种杂役，又能掌握家庭经济。最后，女子教育还要养成女子优雅的风度，并使其具有思考的习惯和清晰的头脑。由此，便需要培养女子观察、分析、判断、欣赏和语言表达等方面的能力。需要特别指出的是，卢梭并不赞成女孩学习高深的知识，因为卢梭认为她们没有相当精细的头脑和集中的注意力，无法研究严密的科学。整体而言，卢梭的女子教育思想是保守的。

作为近代教育的奠基者，卢梭对封建教育进行了深刻的批判，对新教育进行了天才的设想，具有划时代的意义，不仅在当时的法国引起强烈反响，而且对于整个欧洲、对后世的教育都产生了深刻的影响。包括巴泽多、裴斯泰洛齐、康德、福禄培尔、赫尔巴特、杜威等在内的很多教育思想家和实践家都深受其影响。但也应该指出，他的思想也存在着一定的片面性，弥漫着浓厚的浪漫主义气息。

第五节
裴斯泰洛齐的教育思想

🎯 **学习目标**

掌握裴斯泰洛齐教育思想的主要内容。

裴斯泰洛齐（Johann Heinrich Pestalozzi，1746—1827 年），19世纪瑞士著名的民主主义教育家。他毕生致力于贫困儿童教育和国民教育事业，不仅在教育理论上提出很多独到见解，而且凭借自身对教育事业的执着和奉献，为全世界的教师树立了令人肃然起敬的光辉榜样。其教育思想集中体现在《一个隐士的黄昏》（1780 年）、教育小说《林哈德与葛笃德》（1787 年）和《葛笃德如何教育她的孩子》（1801 年）等著作中。

📢 **教育家语录**

最复杂的感觉印象是建立在简单要素的基础上的。你对简单的要素完全弄清楚了，那么，最复杂的感觉印象也就变得简单了。

——裴斯泰洛齐

一、论教育目的和内容

裴斯泰洛齐认为教育目的在于发展人的一切天赋力量，使人尽其才，可以自由地运用他的全部才能，在社会上得到应有的地位。真正的教育，应该使儿童从对母亲的依赖和热爱开始，逐渐扩展到对他人、对身边所有人的积极的爱。这种教育只有通过发展儿童身上的本性和力量才能完成，而这种发展必须是全面、和谐的。儿童的天赋能力包括道德、智力和身体三个方面。因此，和谐教育也主要由德育、智育、体育和劳动教育组成。

（一）德育

裴斯泰洛齐认为德育是培养"和谐发展"的人的重要方面。他把"爱"作为德育的基础，认为是上帝把自然的和本能的情感移植于人类，作为道德和宗教的永恒起点，信仰上帝是德行的最高要求。裴斯泰洛齐重视家庭式的情感教育，认为家庭是儿童发展的外在根源，主张把家庭的自然关系和爱的气氛引进学校。同时，裴斯泰洛齐还把德育与智育紧密联系起来，提出了教学要有教育性的要求。

（二）智育

裴斯泰洛齐认为，智育的主要任务是激发儿童的天赋力量和能力，发展儿童的心智。教育者应该启发儿童天赋的智慧，促使他们形成自己的判断，激发他们的才能。为了使儿童的心智得到发展，裴斯泰洛齐不仅提出了要素教育理论，简化了教学方法，而且还指出了进行智育应该依据两个原则：一是从已知到未知的原则；二是从具体到抽象的原则。

（三）体育和劳动教育

裴斯泰洛齐认为体育和劳动教育是相辅相成的两个方面。体育就是把所有潜藏在人身上的生理力量发挥出来，劳动教育就是以体育为基础，使儿童获得独立的生活能力。儿童在活动四肢的同时，大脑也得到了活动和锻炼，体育的组织也是以智力训练为基础。在体育和劳动教育的过程中还可以对儿童进行道德教育，培养他们坦诚、勇敢、吃苦耐劳等优秀品格。

总之，德育、智育、体育和劳动教育相互作用、相互协调，共同构成了裴斯泰洛齐的和谐教育内容。

二、论教育心理学化

在世界教育史上，裴斯泰洛齐是第一个明确提出"教育心理学化"的教育家。教育心理学化就是把教育提高到科学的水平，将教育科学建立在人的心理活动规律的基础上。裴斯泰洛齐认为，做到教育心理学化：第一，要将教育目的和教育理论指导置于儿童本性发展的自然法则的基础上，做到教育目的心理学化。所有教育者都必须认识到，人生来具有天赋的潜能，这种潜能不但有内在发展的心理动力，而且还有一定的规律，因此，只有认真探索和遵循儿童的心理活动和心理发展的规律，才能实现预期的教育目的。第二，要使教育内容的选择和编制适合儿童的学习心理规律，做到教学内容心理学化。第三，要做到教学原则和教学方法的心理学化。教学艺术要遵循自然的规律，要和自然活动的规律相协调，要和学生的认识过程相协调。第四，要让儿童成为他自己的教育者。教育者不仅要让儿童接受教育，而且还要适应儿童的心理时机，尽力调动儿童的能动性和积极性，使他们懂得自我教育。

三、论要素教育

要素教育是裴斯泰洛齐基于教育心理学化理论对初等教育内容和方法的重要论述，是裴斯泰洛齐教学理论体系的中心。

要素教育的基本思想认为，一切知识都由最简单的"要素"组成，人们只要掌握了这些基本要素，就能够不断认识复杂事物与周围世界。初等学校的各种教育都应该从最简单的要素开始，然后逐渐转到日益复杂的要素，以便循序渐进地促进人的和谐发展。

裴斯泰洛齐的要素教育主要包括三个方面的内容：（1）德育的要素。儿童对母亲的爱是道德教育最基本的要素。道德的要素应从家庭中的亲子之爱出发，推己及人。（2）智育的要素。智育的要素是整个要素教育的核心，数目、形状和言语是教学的最基本要素。学习这些要素最基本的学科是算术、几何和语文。各门学科的教学也必须从最简单的要素开始，由简到繁，循序渐进。例如，算术教学就可以从简单的数字"1"开始，逐渐发展为四则运算；几何教学可以从简单的点、线开始，逐渐发展到复杂的几何图形。（3）体育的要素。通过某些关节活动使儿童进行从简单到复杂的练习，儿童身体的各种技巧和力量就可以得到增强。

> **要素教育的基本思想**
>
> 要素教育的基本思想认为，一切知识都是由最简单的"要素"组成的，人们只要掌握了这些基本要素，就能够不断认识复杂事物与周围世界。初等学校的各种教育都应该从最简单的要素开始，然后逐渐转到日益复杂的要素，以便循序渐进地促进人的和谐发展。

裴斯泰洛齐从要素理论出发，改变了初等学校的教学科目和教学内容。他将阅读、书法、算术、初步几何、测量、绘画、体操以及地理、历史、自然等方面的基本知识囊括到教学科目中。这样，初等学校的教学内容便得到了极大的丰富和扩充。

裴斯泰洛齐毕生致力于教育革新实验和教育理论探索，他在选择继承前人教育思想的基础上，结合自己的教育实践，形成了自己独特的教育思想体系。他的教育思想具有鲜明的民主性和科学性，反映了时代的要求和教育自身的规律，对后世教育思想和实践产生了深远影响。

第六节
赫尔巴特的教育思想

🎯 **学习目标**

了解赫尔巴特教育思想的理论基础，掌握赫尔巴特教育思想的主要内容。

赫尔巴特（Johann Friedrich Herbart，1776—1841年），19世纪德国著名哲学家、心理学家和教育家。在西方教育史上，赫尔巴特是第一个提出比较完整的教育理论体系的人，享有"科学教育学的创始人"的盛誉。其教育思想集中体现于《普通教育学》（1806年）和《教育学讲授纲要》（1835年）两部著作中。其中《普通教育学》一书是赫尔巴特教育思想的代表作，被认为是科学教育学形成的标志。

一、教育学的理论基础

赫尔巴特在《教育学讲授纲要》绪论中明确指出:"教育学作为一种科学,是以实践哲学和心理学为基础的。前者说明教育的目的;后者说明教育的途径、手段与障碍。"① 其中所说的实践哲学指的是伦理学。伦理学指出了人们在社会实践中所应遵从的价值规范,在教育学当中用以规定教育目的、人们的品行标准及应该追求的境界。心理学则用来指导教育实施的途径和方法,是教育领域中追根溯源以及解决问题的依据。

📢 **教育家语录**

教育艺术使儿童的心灵从平静状态中激动起来,给它以信任与爱,使它能随意地被控制与激发起来,并在时间尚未来到之前就把它投入到未来岁月的漩涡中去。

——赫尔巴特

(一) 伦理学基础

赫尔巴特认为,伦理学能够以自己独特的方式对教育问题作出解释和论证,与教育原理密不可分。赫尔巴特认为世上有五种道德观念(简称"五道念")调节着人和社会的道德行为,这些道德观念是维护社会秩序的支柱。这五种道德观念是赫尔巴特教育思想中有关教育目的的重要内容,前三种调节人的行为,后两种调节社会行为,主要包括:(1)内心自由的观念。"内心自由"即明智与意志的协调一致。这一观念要求个人的意志和行为能够摆脱外在的羁绊,服从内心理性的判断。(2)完善的观念。"完善"即身与心的健康。这一观念要求意志在深度、广度和注意力上有最大限度的发展,这是调节意志、作出判断的一种尺度。(3)仁慈的观念。"仁慈"即"绝对的善"。这一观念要求对待别人时,使自己的意志与他人的意志相一致,无私地为人谋利,与人为善。(4)正义的观念。"正义"即"守法"。这一观念要求在不同的意志发生冲突时,应该按照人们自愿达成的协议,或根据法律解决冲突。(5)公平的观念。"公平"即善恶有报。公平或报偿这一观念要求每个人的善恶行为都应有公正的报应。

(二) 心理学基础

赫尔巴特把心理学作为一门独立学科进行研究,在他看来,教育学领域中的大部分缺陷

---

① [德]赫尔巴特:《赫尔巴特文集3(教育学卷一)》,李其龙、郭官义等译,187页,杭州,浙江教育出版社,2002。

是由于缺乏心理学这一理论基础造成的。赫尔巴特将心理学称作是"教育者的第一门科学"，从"教育心理学化"出发，系统研究了观念、统觉、兴趣和注意等心理学问题，从而建立了自己的观念心理学理论体系。

赫尔巴特认为"真实"隐藏在事物的表面现象之后，我们无法了解"精神实体"的本质，但可以对其外部表现产生较直接的认识。当"精神实体"作出这类反应时便导致了观念。观念是人心理活动最简单和最基本的要素，是人的全部心理活动的基础，人的心理活动就是观念的聚集和分散的活动。各种观念的混合体和观念系列以及观念系列的联结体组成了观念群。在观念的运动中，一个观念由有意识状态转化为下意识状态，或由下意识状态转化为有意识状态必须跨越一道界限，那就是"意识阈"。每一个观念都是一种活动形式，一旦进入心灵就变成"一种表现自己的力量"。由于这些观念力量强弱存在差别，因此力量和强度较小的观念便会受到抑制，沉降于意识阈之下，是为"下意识"，那些力量和强度较大的观念则会摆脱抑制，呈现于意识阈之上，是为"意识"。赫尔巴特由此断定，与意识中的观念有关联的事物、材料或知识最容易进入人的意识之中。当我们学习某一新知识时，只有与意识中原有的观念比较之后才能获得。也就是说，无论什么观念要想进入人的意识，就必须通过同化旧观念、吸收新观念来完成。利用已有观念吸收新观念的过程即为"统觉"，而通过统觉所形成的观念体系被称为"统觉团"（apperception mass）。越是相同或相似的观念越容易互相联合而进入意识，人们所形成的统觉团越丰富、越系统，就越能吸收新知识。

> **统觉团**
> 利用已有观念吸收新观念的过程即为"统觉"，而通过统觉所形成的观念体系被称为"统觉团"。

二、论教育目的

在赫尔巴特看来，"我们可以将教育唯一的任务和全部的任务概括为这样一个概念：道德……道德，普遍地被认为是人类的最高目标，因此也是教育的最高目标"[1]。世上有五种道德观念（内心自由、完善、仁慈、正义、公平）调节着人和社会的道德行为。那么，教育的最高目的也可以具体化为培养具有这五种道德观念的人。

赫尔巴特认为教育的目的可以分为两部分，即可能的目的和必要的目的，或者又可以称为"选择的目的与道德的目的"。所谓可能的目的或选择的目的，是针对一个人将来可能从事的职业而言的。他认为这实际上不成为一个问题，因为一个人总是要选择一种职业的，他将来选择什么样的职业，从事什么样的工作，这与教育有关，要由教育来帮助他发展某些方

---

[1]　[德] 赫尔巴特：《赫尔巴特文集4（教育学卷二）》，李其龙、郭官义等译，177页，杭州，浙江教育出版社，2002。

面的兴趣和能力，可以说这是教育的可能的目的或选择的目的。教育必要的目的，即道德的目的。必要的或道德的目的，是指一个人在他的任何活动中都需要达到的目的，不论将来干什么工作，从事什么样的职业，都必须具有一定的完善的道德品质。赫尔巴特认为，必须在"儿童心中发展明辨的论见以及与它一起相应的意志力"，使其具有"绝对清晰、绝对纯粹的善与正义的观念"，随时都能把不利于现存社会秩序的念头、思想和行为克服和消除掉，这正是道德培养的目的所在。

由此可见，赫尔巴特教育目的重点是道德的目的，道德的目的是教育最高的和最重要的目的，道德教育也是最根本和最首要的任务。全部教育都应围绕着这一最根本目的和任务进行，任何时候都不能够忘记或背离。

三、论教育过程

赫尔巴特在确定教育目的基础上，进一步提出并论述了教育过程。他坚持认为道德教育要贯彻教育的始终，必须借助于教学。没有教学就没有教育，不进行文化知识的教学，也就无从实施道德品格的教育。这样，教学就被提高到与道德教育同等重要的地位。就其安排的先后顺序而言，教学甚至先于道德教育。此外，赫尔巴特认为在教学之前，还应该对儿童进行管理，设法把儿童天生的粗野倔强的性格压制下去，否则任何教育、教学都无法进行。管理既不是教学，也不属于教育，却为顺利实施教学和教育提供了必不可少的前提条件。这样，赫尔巴特就将教育过程的顺序确定下来，即管理、教学、道德教育。

（一）管理

赫尔巴特认为，儿童生来就有一种盲目冲动的种子，"有的只是一种处处都会表现出来的不服从的烈性。这种烈性就是不守秩序的根源，它扰乱成人的安排，并把儿童未来的人格本身也置于种种危险之中"[1]。为了避免将来的危害，必须从小就注意着重地加以"管理"，以便"创造一种秩序"[2]。这不仅有利于当前的教学和教育顺利进行，更有利于将来社会秩序的维持。赫尔巴特不仅将管理看成进行教学和道德教育的首要的不可缺少的条件，而且还把它作为实现教育最高目的的一种必要手段。赫尔巴特详细说明了管理的具体办法：（1）监督。在监督时，赫尔巴特要求教育者要注意强制与自由之间的关系，不应当使学生感觉到压力。（2）威胁。在适当时候，"惩罚性威胁"是必要的。但仍需注意权威与爱的结合，只有这样才会让学生心悦诚服。（3）惩罚。惩罚的形式有很多，如责备、立壁角、关禁闭等，但是只有在极端情况下，教师才被允许采取较为严厉的惩罚措施。

---

[1] ［德］赫尔巴特：《普通教育学》，李其龙译，17 页，北京，人民教育出版社，2015。
[2] ［德］赫尔巴特：《普通教育学》，李其龙译，18 页，北京，人民教育出版社，2015。

（二）教学

赫尔巴特对教学问题进行了深入的研究，提出了很多独到的见解。

1. 教育性教学

赫尔巴特认为教育是以道德的养成为最高目的的。教育必须使学生形成五种道德观念，成为"完善"的人，而要达到这一目的最主要和最基本的手段就是教学。要进行道德教育，就必须进行教学；不进行文化知识的教学，就无从实施道德品格的教育。知识和道德具有内在的联系。基于此，他明确提出了"教育性教学"的原则，即强调任何教学过程都必须同时进行道德教育，道德教育必须依赖于教学。他指出教育（道德教育）是通过，而且只有通过教学才能真正产生实际的作用，教学是道德教育的基本途径，即"通过教学来进行教育"。他不承认有"无教学的教育"，也反对"无教育的教学"。"而在这里，我得立刻承认，不存在'无教学的教育'这个概念，正如反过来，我不承认有任何'无教育的教学'一样，至少在本书中如此。"① 在赫尔巴特看来，教学如果没有进行道德教育，只是一种没有目的的手段。道德教育如果没有教学，则是一种失去了手段的目的。因此，教学工作的最高目的在于养成德行，培养有道德的人。同时，为了实现这个最高目的，教学还必须为自己设立一个近期的、较为直接的目的，这个目的就是"多方面的兴趣"。

2. 多方面的兴趣与课程

赫尔巴特认为，激发学生"多方面的兴趣"是教学的直接目的。赫尔巴特将兴趣分为两大类，共六种，并据此设置了相应的课程：

经验的兴趣——自然、物理、化学、地理等课程，

思辨的兴趣——数学、逻辑和文法等课程，

审美的兴趣——文学、音乐、绘画等课程，

同情的兴趣——外国语、本国语等课程，

社会的兴趣——历史、政治、法律等课程，

宗教的兴趣——神学等课程。

在赫尔巴特所设立的课程体系（表6.1）中，前一类属于自然学科。后一类属于社会学科。课程所涉及的知识非常广泛，其中既包括了传统的古典人文知识，也包括了近代自然科学知识。赫尔巴特发展多方面兴趣的主张是以"完善"这一伦理学观念为依据，为达到道德完善和内心自由的目的服务。从心理学角度来看，由于赫尔巴特把人看成是一个有机联系的整体，一切心理现象都是由观念的积累及相互作用产生的，因此这种广博、系统的课程体系便能最好地为发展兴趣、传授知识服务。

---

① ［德］赫尔巴特：《普通教育学》，李其龙译，6 页，北京，人民教育出版社，2015。

表6.1　赫尔巴特课程体系

分类		名称	表现
"自然的"兴趣 "知识的"兴趣	认识部分	经验的兴趣	观察认识自然和环境
		思辨的兴趣	对事物进行思考
		审美的兴趣	对善恶评价
"同情的"兴趣 "社会的"兴趣	情感部分	同情的兴趣	与一定范围内人的联系和接触
		社会的兴趣	广泛地接触他人
		宗教的兴趣	信仰上帝和教义

3. 教学阶段论

赫尔巴特十分重视教学在人的发展历程中扮演的角色，认为教学是传授知识、培养道德的重要渠道。结合其官能心理学中的多方面兴趣和注意等心理活动规律，他提出了教学阶段论。他把教学分为四个形式阶段。

第一，明了。心理活动处于静止状态，兴趣活动表现为"注意"。在这种静止的专心状态下，学生能够看清楚各种事物。教师则应运用提示的教学方式，将分散学生注意力、造成混乱的事物分离出去，或将教材分解为不同的部分，使学生可以逐一进行理解。在提示教材内容时，教师要用简单明了的语言，或求助于实物和图画引导学生进行观察。

第二，联想。心理活动处于运动状态，兴趣活动表现为"期待"。学生在上一阶段获得的新知识、新经验将和原有的知识、经验相互融合，形成一般的观念。教师则采用分析教学方式，通过与学生进行自由的交谈，将儿童脑海中逐渐累积的教材知识分解为较细微的内容，逐步显示事物的特征。分析教学是从特殊上升到一般的过程。

第三，系统。心理活动处于静止状态，兴趣活动表现为"探求"。在这一阶段，学生对前两个阶段的心理活动得到的结果进行审思，处于"探求"的心理状态。教师则应采用综合教学，通过采用谈话指导、讲解概念和定义、要求学生课前复述、复习等方法，帮助学生将获取的新旧观念进行更大范围的联合，形成系统性的知识和经验。

第四，方法。心理活动处于运动状态，兴趣活动表现为"行动"。在这一阶段，学生在运动状态的"审思"中，不断练习，使模糊、混乱的观念重新纳入知识系统中，并得到进一步的加强。教师则指导学生通过活动、练习、作业等方式，将所学知识应用于实际。这样，不仅新旧观念得到了检验和巩固，还可以更好地吸收新的知识。

（三）道德教育

虽然赫尔巴特将如何进行道德教育列在教育过程的最后一部分，但他始终认为道德教育是全部教育的核心，必须贯穿于教育过程始终。赫尔巴特将道德教育的训练——性格训练称为训育。

根据赫尔巴特的见解，实施训育的基本措施或方法有六种：第一，维持的训育。旨在巩固管理所取得的成果，使儿童了解行为的界限和对权威的服从。第二，起决定作用的训育。旨在培养学生进行自我抉择的能力。此时，教师一方面要注意防范负面榜样对学生造成影响，另一方面也应该给予学生一定的自由选择活动范围，从中受到道德教育。第三，调节的训育。主要用生动的语言使学生回忆往事，预言未来，教师可以由此洞察儿童的内心世界，了解儿童行为产生的根源，最终使学生在行为中保持一贯性。第四，抑制的训育。旨在使儿童保持情绪稳定，克制顽固而频发的欲望，培养他们的业余爱好，发展艺术天赋。第五，道德的训育。以上述四种训育为基础，进行真正的道德培养，并且明确指出这种效果是强制的管理和"自然后果法"所达不到的。第六，提醒的训育。主要是指及时提醒儿童，纠正他们的错误。

赫尔巴特是西方近代教育史上具有重大影响力的教育家。虽然赫尔巴特的教育理论在他去世之前未能获得广泛认可与传播，但是自19世纪70年代以后，赫尔巴特的教育思想愈加符合世界资本主义对教育发展的需要，进而逐步受到人们的重视。在世界教育科学发展的过程中，赫尔巴特以教师、课堂、教科书为中心的教育学说，始终是世界教育思潮的主要流派之一，被视为传统教育的代表。赫尔巴特的教育思想与以杜威为代表的"现代教育"思想之间的争论与融合，推动了各国教育理论和教育实践的发展。

本章小结

近代是外国教育史上的一个关键时期，伴随着资本主义制度在西方各个主要国家的建立，教育也有了突飞猛进的发展：国家逐渐成为教育的主体，肩负起教育的管理和监督的责任；适应社会发展的学校教育制度初步形成；系统化、科学化的教育理论也开始形成。

总结 >

Aa 关键术语

人文主义教育	自由教育	自然主义教育
humanism in education	liberal education	naturalism in education
教育心理学化	要素教育	绅士教育
educational psychologizing	elementary education	education of gentlemen

公学 public school	贝尔-兰卡斯特制 Bell-Lancaster system	自然后果法 method of natural consequences
国立中学 lycée	市立中学 collège	形式教学阶段 formalstufen
恩物 gift	赠地学院 Land Grant College	文部省 もんぶしょう
藩学 はんがく		

🔗 章节链接

在这一章，你读到……	在其他章节中，你将发现相关的讨论……
福禄培尔的教育思想	第七章第五节 蒙台梭利的教育思想
17—19 世纪俄国的教育	第八章第二节 苏联和俄罗斯的教育
赫尔巴特的教育思想	第七章第四节 杜威的教育思想

应用 >

⚡ 批判性思考

1. 分析英国"新大学运动"的起因和意义。
2. 简述美国地方分权教育领导体制的确立。
3. 比较卢梭的自然教育思想和夸美纽斯的教育适应自然原则。
4. 简述裴斯泰洛齐的要素教育思想。
5. 评述赫尔巴特的教学阶段论。

✏️ 体验练习

以下一些自测题可以帮助你了解自己对本章一些内容的掌握情况。

一、下列每题给出的选项中，只有一个选项是符合试题要求的。

1. 在西方近代教育中，依据教育心理学化的理念，提出初等学校教育应该从最简单的要素开始，以便循序渐进地促进人的和谐发展的教育家是（　　）。

　　A. 洛克　　　　　B. 卢梭　　　　　C. 夸美纽斯　　　D. 裴斯泰洛齐

2. 拿破仑执政时期所建立的帝国大学实质上是（   ）。

    A. 帝国的最高教育领导机构   B. 由帝国建立的大学

    C. 帝国高等教育机构的总称   D. 由帝国统辖的大学

3. 下列表述中，体现洛克绅士教育主张的是（   ）。

    A. 健康之精神寓于健康之身体   B. 身体健康重于精神健康

    C. 精神健康重于身体健康   D. 禁欲与惩罚可以促使精神健康

4. 赫尔巴特将教育过程分为相互联系、前后衔接的三个部分，即（   ）。

    A. 统觉、教学和训育   B. 兴趣、教学和训育

    C. 联想、教学和训育   D. 管理、教学和训育

5. 19 世纪德国教育家开展新大学运动，创建了柏林大学办学模式，为大学增添了（   ）。

    A. 人才培养功能   B. 科学研究功能

    C. 社会服务功能   D. 文化传播功能

二、要求判断正误，并说明理由。

1. 英国公学即公立学校。

2. 福禄培尔认为，幼儿园工作的任务在于通过各种"作业"，引导幼儿认识大自然和人类社会，养成必要的道德品质和社会态度。

拓展 >

补充读物

1 ［捷］夸美纽斯：《大教学论》，傅任敢译，北京，教育科学出版社，2014。

    本书是集中体现夸美纽斯自然主义教育思想的代表性作品，较好地诠释了"把一切事物教给一切人的全部艺术"这一教育理念。

2 ［法］卢梭：《爱弥儿 论教育》，李平沤译，北京，商务印书馆，2017。

    本书作为一部教育小说，在呈现爱弥儿成长的过程中，全面展示了卢梭的自然教育理想。

3 ［德］赫尔巴特：《赫尔巴特文集（教育学卷）》，李其龙、郭官义等译，杭州，浙江教育出版社，2002。

    本书是赫尔巴特展示其以知识传授为核心的经典教育理论著作。

4 ［德］赫尔巴特：《教育学讲授纲要》，李其龙译，北京，人民教育出版社，2015。

    本书是赫尔巴特《普通教育学》的条目式与纲要式表达。

5 ［德］第斯多惠：《德国教师培养指南》，袁一安译，北京，人民教育出版社，2001。

    本书是第斯多惠的代表作，阐述了教学的一般任务和 33 条教学规则和原则。

6 ［英］约翰·洛克：《教育漫话》，杨汉麟译，北京，人民教育出版社，2006。

    本书是洛克的教育代表作，集中体现了其绅士教育思想。

第七章

外国现代教育探索

本章概述

　　本章主要介绍了外国现代教育史上的两大著名教育运动——欧洲新教育运动和美国进步主义教育运动，简要勾勒了 20 世纪前半期欧美主要国家和日本与苏联的教育，概要性展示了杜威的教育思想、蒙台梭利的教育思想、克鲁普斯卡雅和马卡连柯的教育思想。

结构图

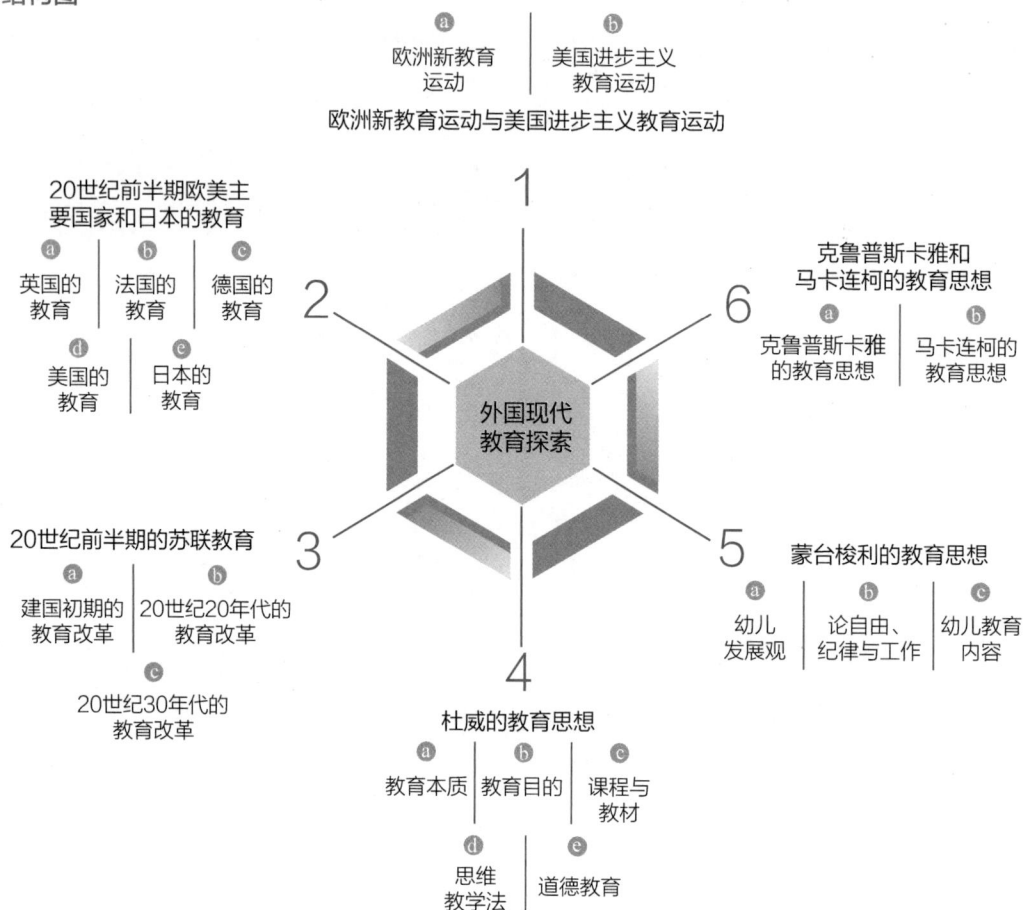

外国现代教育探索

1 欧洲新教育运动与美国进步主义教育运动
- ⓐ 欧洲新教育运动
- ⓑ 美国进步主义教育运动

2 20世纪前半期欧美主要国家和日本的教育
- ⓐ 英国的教育
- ⓑ 法国的教育
- ⓒ 德国的教育
- ⓓ 美国的教育
- ⓔ 日本的教育

3 20世纪前半期的苏联教育
- ⓐ 建国初期的教育改革
- ⓑ 20世纪20年代的教育改革
- ⓒ 20世纪30年代的教育改革

4 杜威的教育思想
- ⓐ 教育本质
- ⓑ 教育目的
- ⓒ 课程与教材
- ⓓ 思维教学法
- ⓔ 道德教育

5 蒙台梭利的教育思想
- ⓐ 幼儿发展观
- ⓑ 论自由、纪律与工作
- ⓒ 幼儿教育内容

6 克鲁普斯卡雅和马卡连柯的教育思想
- ⓐ 克鲁普斯卡雅的教育思想
- ⓑ 马卡连柯的教育思想

学习目标

学完本章，你应该能够做到：

1．了解欧洲新教育运动的历史进程，掌握欧洲主要新学校实验的内容及办学特色；了解美国进步主义教育运动的历史进程，掌握美国进步主义学校实验的内容及办学特色。

2．了解 20 世纪前半期英国、法国、德国、美国和日本教育的发展历程，掌握 20 世纪前半期英国、法国、德国、美国和日本教育的主要内容与教育成就。

3．了解 20 世纪前半期苏联教育改革的历史过程，掌握 20 世纪前半期苏联教育改革的主要内容与教育成就。

4．掌握杜威教育思想的主要内容。

5．了解蒙台梭利的幼儿发展观，掌握蒙台梭利幼儿教育思想的主要内容。

6．掌握克鲁普斯卡雅教育思想的主要内容，掌握马卡连柯教育思想的主要内容。

对现实教育发展中困惑与问题的解答离不开对现代教育历史的考察，外国现代教育发展过程中的教育实践不仅提供了参照，其发展中的教训也带给我们诸多启示；外国现代教育理论中的诸多建树至今仍光彩熠熠。在阅读本章之前，请反思一下教育的现代化，自己所了解的外国现代教育是如何体现出现代化的，其中哪些方面最为闪光？

1．想想国外现代教育改革运动。它们是如何兴起、变化与发展的？每次教育改革运动的贡献是什么？又留下哪些教训？

2．想想现代教育与国家的关系。现代社会，各国对教育的管理模式的情况如何？各国现代教育管理模式形成的历史原因何在？各国现代教育管理模式的发展趋势有哪些？

3．想想教育家与他们的教育思想。他们是如何思考教育的？他们对教育的诸多思考，你是如何理解的？他们教育思想的优点和缺点分别是什么？

4．尝试描绘一幅外国现代教育的全景视图。

19世纪末和20世纪初期，一些欧美国家社会经济获得快速发展，社会财富的积累导致普遍的社会乐观心态的出现，将教育视为社会重建和进步的有效手段。这一时期，实验科学的发展进一步促进了实验心理学的发展，为开展儿童研究和教育实验提供了理论基础，新的教育思潮不断出现，并逐步形成了创建"科学的教育学"热潮。欧美国家的教育家批判僵化和保守的旧教育，主张建立一种与儿童生活与社会生活联系密切的新教育，在积极探讨构建一种新教育理论体系的同时，纷纷开设开办新式实验学校，组建新学校的联络中心和交流机构，创办教育刊物，交流教育研究成果，积极推进欧美国家的教育实践，分别在欧洲和美国形成了"新教育运动"和"进步主义教育运动"。

第一节
欧洲新教育运动与美国进步主义教育运动

学习目标

1. 了解欧洲新教育运动的历史进程，掌握欧洲主要新学校实验的内容及办学特色。

2. 了解美国进步主义教育运动的历史进程，掌握美国进步主义学校实验的内容及办学特色。

一、欧洲新教育运动

欧洲新教育运动（New Educational Movement）是欧洲继文艺复兴运动、启蒙运动之后的又一次教育革新运动，历时半个多世纪，不仅影响了整个欧洲，而且影响了世界。欧洲新教育运动尊崇全人类价值观，高扬人的和谐发展，注重儿童独立性、创造性的培养，为20世纪欧洲教育的民主化和现代化奠定了坚实的基础，并对世界教育产生了深远的影响。

（一）欧洲新教育运动的兴起

19世纪末20世纪初，新教育运动之所以在欧洲兴起，是因为其有着深刻而复杂的社会历史背景。欧洲新教育运动是随着欧洲国家工业化发展，以及垄断进一步形成而出现在欧洲的一种反对传统教育的理论和方法，是在教育实践中对传统教育（传统学校）的挑战和否定，并与北美进步主义教育运动形成遥相呼应之势。

新教育运动之前的欧洲教育在赫尔巴特及其后形成的赫尔巴特学派的教育理论主导下，虽然取得了巨大成就，但赫尔巴特学派在其发展的后期出现了机械化倾向，在教育上主张演绎、思辨、观察等，已不能适应欧洲教育发展儿童个性的现实需要。

> **新教育运动**
>
> 新教育运动是 19 世纪 80 年代至 20 世纪初，欧洲出现的一场教育改革运动。英国的雷迪、德国的利茨与法国的德莫林先后创办了不同类型的新学校。他们要求改革传统教育，重视手工劳动。

(二) 欧洲新学校实验

欧洲新教育运动是 19 世纪末 20 世纪初在欧洲兴起的一场旨在反对传统教育，提倡发展儿童自由个性的教育改革运动。新教育运动的倡导者反对过度的主智主义教育，认为儿童自身有能力进行自我管理。新教育运动的倡导者广泛采用新的教育形式、内容和方法，旨在革新传统教育。这一教育运动在实践上表现为新学校的兴起和发展。

欧洲新教育运动期间创设的新学校主要有：雷迪（C. Reddie）创办的阿博茨霍尔姆学校（1889 年），巴德利（H. J. Badley）创办的贝达尔斯学校（1893 年），德莫林（E. Demolins）创办的罗歇斯学校（1899 年），麦克米伦姐妹（Rachel McMillam, Margaret McMillam）创办的保育学校（1910 年），尼尔（Alexander Sutherland Neill）创办的萨默希尔学校（1921 年），罗素（Bertrand Arthur William Russell）创办的皮肯希尔学校（1927—1934 年）。英国的教育家沛西·能、怀特海（Alfred North Whitehead）虽然没直接创办实验学校，但是他们非常关注英国的教育实况，特别是对别人创办的新学校进行了着重考察、研究，通过著书立说等形式把新学校实验提高到理论高度，为新教育运动的进一步发展奠定了理论基础。新教育运动在理论上体现出浓厚的自由主义色彩，力图使学校教育适应新的社会发展形势，它的理论与实践在后来对世界上许多国家，特别是欧美国家的教育理论与实践的发展产生了深远的影响。

1889 年，英国教育家雷迪创办了阿博茨霍尔姆乡村寄宿学校，为欧洲新教育运动的发端。雷迪虽然肯定英国公学，但对当时的公学并不满意，指出当时的公学无法适应科学时代所提出的要求，是为过去培养人，而不是为现代培养人。雷迪渴望通过建立新型公学使上述问题有所改善。雷迪创建的新型学校，招收 11~18 岁的男孩；在课程设置上，涵盖体力和手工活动、艺术和想象力课程，文学、智力课程，社会教育和宗教、道德教育课程；在时间分配上，上午以学习功课为主，下午进行体育锻炼和户外活动，晚上从事娱乐和艺术活动；在教育目的上，旨在把他们培养成新型领导阶层人士。雷迪所做的新教育实践活动日渐产生影响，还有人专门做了拓展性工作。巴德利本来是雷迪学校的一名教师，在雷迪学校工作的经历，使他产生了办学的冲动。巴德利于 1893 年创建了贝达尔斯学校。在招生对象上，这所学校不仅收男生，而且收女生；在培养目的上，这所学校把重心转向培养创造者；在学校管理上，这所学校更重视民主管理。与阿博茨霍尔姆学校相比，贝达尔斯学校更受欢迎。

雷迪创办的阿博茨霍尔姆学校起到了良好的示范作用，不仅影响了英国的新教育运动，也对欧洲其他国家的新教育运动产生了影响，其中对德国的影响比较显著。在卢梭、裴斯泰洛齐等人教育思想的影响下，不少对教育感兴趣的德国人不再满足于对教育蓝图的勾画，而是起而行之。利茨在参观阿博茨霍尔姆学校之后，于 1898 年创办了德国第一所乡村教育之家，之后他又创办了两所乡村教育之家。

法国亦对欧洲新教育运动有所贡献。作为法国社会学家和教育家，德莫林于 1899 年创办了罗歇斯学校，成为法国第一所新学校。罗歇斯学校的主要特色表现为：第一，受家庭观念影响，重点构建"小家庭"式的师生关系，因此该学校师生关系十分亲密；第二，重视学生的整体培养，不仅开设各种正规课程，而且进行体力劳动和小组游戏，尤为重视体育运动。故此，罗歇斯学校又被称为"运动学校"。

虽然欧洲新教育运动中所设立的一些新学校费用高、规模小，且未进入国家学校体系，但是新教育运动的贡献是不容忽视的：欧洲新教育运动不仅使人们切实地关注新教育，而且又比较有针对性地反思传统教育；新教育运动中各国新学校彼此联系，形成声势，取得了国际声誉，也为进行国际交流鸣锣开道。

（三）欧洲新教育联谊会

作为德莫林的追随者，瑞士教育家费利耶尔为方便欧洲各国新学校之间的联系，于 1899 年在日内瓦建立了"国际新学校局"。1921 年，费利耶尔促成总部设在法国的"新教育联谊会"（New Education Fellowship，NEF）的成立，并刊印《新时期的教育》（*Education for the New Era*），每位该杂志的订阅者自然成为该会会员。1922 年，新教育联谊会受美国进步主义教育协会"七项原则"的启发，也提出了"七项原则"，强调活动在儿童发展过程中的作用，目的在于实现儿童个人自由而完善的发展。1932 年，法国尼斯会议出于对时代的复杂性的考虑，提出教育应服务于社会变革。新教育联谊会的分会分布在整个欧洲、亚洲和非洲的一些国家以及英语世界的大部分区域。新教育联谊会于 1942 年通过《儿童宪章》，强调教育机会的均等，以符合教育变革的大势。1966 年，新教育联谊会更名为"世界教育联谊会"（World Education Fellowship，WEF），这标志着新教育运动的终结。

具体而言，新教育运动的领导者做到了理论与实践的良性互动，实现了传统教育理论与新教育理论的整合，故而新教育运动一经产生便受到人们的普遍欢迎。欧洲新教育运动是时代的产儿，各国新教育运动的领导者基于其职业，从不同的学科视角出发，提出不同于以往传统教育的新教育观。新教育运动的倡导者考虑到不同国家的不同需求，但他们有着许多共同之处，他们不但强调儿童的需要、兴趣，而且还特别强调儿童社会适应能力的培养。

新教育运动之新贵在方法之新，他们更为重视活动教学。例如，比利时教育家德可乐利从医学和教育心理学的角度对学校是什么场所、学校的教学活动、团体精神培养、课堂物理空间设置、评价方式等进行了不同于以往的创新性研究。他以这些理论为指导进行教育教学实践，把教育理论和教育实践结合起来，形成了诸多新教育运动的理论和实践的智慧。同样，作为医生的意大利教育家蒙台梭利也对新教育运动贡献了她的教育智慧。她基于对儿童的深入研究与思考，提出在教学方法上要注重自由教育、自我教育和感官教育。她创办"儿童之家"来实践她的教育思想，力图把教育理论和教育实践结合起来。德国教育家凯兴斯泰纳则不同，他从国家的角度出发，提出了公民教育和劳作学校的有关思想。

二、美国进步主义教育运动

美国进步主义教育运动的推进大致可分为四个阶段：兴起阶段（1883—1918 年）、成型阶段（1918—1929 年）、转折阶段（1929—1943 年）、衰落阶段（1944—1957 年）。

（一）进步主义教育运动的兴起

作为一种教育革新运动，美国的进步主义教育运动发端于 19 世纪末，持续至 20 世纪 50 年代。美国进步主义教育运动是美国进步主义运动的有机组成部分。作为一场广泛的社会改良运动，美国进步主义运动肇始于 19 世纪末，旨在改良工业社会所带来的政治经济问题。在进步主义运动中，进步主义者们既关注社会事务，也改革教育，两者齐头并进。他们针砭时弊，揭露各种严重的社会问题，并提供改革对策。他们对教育

> **进步主义教育运动**
> 进步主义教育运动是 19 世纪末至 20 世纪上半叶在美国出现的教育改革运动。其反对沿袭欧洲传统学校教育，对美国和世界许多国家的教育都有不同程度的影响。

中存在的各种问题深恶痛绝，尤其对公立学校存在的弊病深为不满，于是力图通过教育改革使美国学校教育能良好地适应新的社会需求。

就理论影响而言，美国进步主义教育运动受卢梭、裴斯泰洛齐、福禄培尔等人的教育思想的影响，杜威的教育理论则对美国进步主义教育运动发挥了直接的理论指导作用。

就实践领域而言，美国公立学校不仅是进步主义教育运动发生的主要场所，而且是进步主义教育运动的实验场。与欧洲新学校不同的是，进步主义教育在学校层面更关注普通民众的教育，更重视教育与社会生活的联系，更强调中学教育，以及更注重学校存在的民主化问题。

（二）进步主义学校实验

欲改革教育须先认识教育，特别是认识教育的问题所在。在进步主义教育运动中，赖斯（J. Rice）充当了揭露美国学校教育弊病的旗手，促使人们把目光向教育变革聚焦。赖斯早

年当过儿科医生，并对教育极感兴趣，他于 1889—1890 年赴德国留学，在耶拿和莱比锡专门研究教育理论。赖斯于 1892 年返回美国之后，受《论坛》杂志所托，开始以美国教育为主题进行写作。为了出色地完成任务，获得美国教育的真实情况尤为重要，于是赖斯决定通过调查、访谈获取写作素材。他先后对美国 36 个城市进行了访问，并对 1 200 位教师进行了访谈，从而发现了美国教育中的诸多弊病，并通过文章揭露出来，由此引发了全美范围内对传统教育的声讨。

进步主义教育运动第一人当推帕克（F. W. Parker, 1837—1902 年），他于 19 世纪末率先在马萨诸塞州昆西市进行教育革新实验，其后又在芝加哥库克师范学校进行教育革新实验，在教育实践中运用"昆西教学法"。帕克重视发挥学校的社会功能，力倡学校课程与实践活动的联系，强调培养儿童自我探索和创造的精神。

1896 年，杜威在芝加哥大学创办了芝加哥大学实验学校，通过实验研究教育问题。作为帕克的追随者，弗洛拉·库克于 1901 年创办了弗朗西斯·W. 帕克学校，加之帕克的弟子华虚朋等人的大力宣传，帕克在库克师范学校进行的实验对进步主义运动的发展产生了重要影响。其后，涌现出一大批进步主义学校实验。例如，1904 年，梅里亚姆创办了密苏里大学初等学校；1907 年，约翰逊创办了有机教育学校；1908 年，沃特进行了格雷学校实验；1912 年，史密斯创办了公园学校；1913 年，普拉特创办了城乡学校；1915 年，诺姆伯格创办了华尔登学校；1915 年，泰勒创办了北阴山学校；1917 年，弗莱克斯纳创办了林肯学校；1920 年，帕克赫斯特在马萨诸塞州道尔顿中学实施了"道尔顿实验计划"（又称"道尔顿制"）。早期进步主义运动的参与者们，虽然所运用的方法存在差异，但是他们无不注重通过学校改变社会。

（三）进步主义教育协会

1919 年 3 月，在安那波利斯海军学院的教师科布（S. Cobb）发起下，进步教育发展协会建立，其后该协会更名为美国进步主义教育协会（American Progressive Education Association, PEA）。第二年，该协会提出"进步主义教育七项原则"。作为组织保障，美国进步主义教育协会的成立，为成员之间的交流提供了平台，不仅有利于经验的交流，而且有利于运动力量的集中与运动空间的拓展。

1924 年，美国进步主义教育协会创办《进步主义教育》杂志，作为该协会的会刊，刊登介绍欧美教育革新的文章。另外，美国进步主义教育协会还举办暑期学院，进一步扩大了协会的影响。

1929 年爆发的经济萧条不仅严重影响了美国社会，也严重影响了美国进步主义教育运动的发展走向。在社会问题迭出的情形下，社会问题受到美国社会各界的广泛关注，进步主义教育运动的发展也由"儿童中心"向"社会中心"迁移，即由前一阶段对儿童中心的强调转变为对学校社会职能的注重。康茨在 1932 年初的进步主义教育协会上以"进步主义教育敢于进步吗？"为题进行演讲。这一著名演讲轰动一时，引发了广泛的热议，造成进步主义教育运动阵营分化的进一步加剧。

1944 年，美国进步主义教育协会的名称变更为"美国教育联谊会"，成为欧洲新教育联谊会的美国分会。1953 年，美国教育联谊会又恢复了进步主义教育协会的名称，但其实质已经改变。1955 年，进步主义教育协会正式解散。1957 年，《进步主义教育》杂志停刊，标志着进步主义教育运动的结束。

（四）进步主义教育衰落因素简析

诸多因素导致了进步主义教育运动的衰落。

首先，进步主义教育运动的变化步伐跟不上美国社会的变化步伐。美国进步主义教育运动作为一项运动，是在美国快速发展、变化加剧的时代背景下进行的，其间社会对教育提出的新要求层出不穷。这一时期，美国的现代化基本完成，社会结构的多元化带来价值主体的多元化，进步主义教育运动所秉持的价值无法与社会的多元价值诉求对接。

其次，进步主义的教育理论和教育实践并非尽善尽美，而是存在诸多不足。例如，没有协调好儿童培养中儿童个人自由与社会和文化对个人发展的关系，在儿童培养中的顾此失彼使其失去了社会的支持。

最后，包括改造主义、保守主义在内的抨击者们，直指进步主义教育的短板，而进步主义者们对此又束手无策。

一方面，进步主义教育通过反对落后的传统教育，以其独有的力量带来了学校的变革，为促进学校的现代化作出了积极贡献。另一方面，在进步主义教育运动过程中，一些教育基本问题被提出来，这些基本问题包括：教育目的的拟定、学校计划的建立、学校施教的内容等。

第二节
20 世纪前半期欧美主要国家和日本的教育

🎯 **学习目标**

1. 了解 20 世纪前半期英国、法国、德国、美国和日

20 世纪前半期，英国、法国、德国、美国和日本在适应本国社会政治、经济与文化转型和发展的过程中，开展了全方位的教育改革，教育管理体制、初等教育、中等教育、高等教育等实现了全面发展，各国教育制度特色逐步彰显。

本教育的发展历程。

2. 掌握 20 世纪前半期英国、法国、德国、美国和日本教育的主要内容与教育成就。

20 世纪 30 年代以后，随着德国和日本法西斯主义政权的建立，两国教育逐步沦为军事扩张的工具。20 世纪前半期英国、法国、德国、美国和日本的教育改革实践和教育制度建设结果，为 20 世纪后半期教育秩序的建立提供了基础。

一、英国的教育

（一）教育管理体制

19 世纪末，英国还没形成对学校教育实施有效管理的教育管理体制。英国政府于 1894 年委任詹姆斯·布赖斯为主席，组成皇家委员会，就英国中等教育、教育行政组织展开研究，并向英国政府提出改进建议。根据皇家委员会的部分建议，英国政府于 1899 年和 1902 年分别通过了两部教育法案。依据 1899 年教育法，英国政府成立了中央一级教育管理机构，管理的范围包括初等教育、中等教育和职业教育。

1902 年，英国政府通过《巴尔福尔教育法》（*Balfour Act*），其主要内容包括：设置地方教育当局管理教育，可设立公立中等学校，向中等学校、师范学校提供资金；地方教育当局通过资助私立学校、教会学校，对它们加以管理。《巴尔福尔教育法》确立了以地方教育当局为主体的教育行政管理体制，成为英国国家公共教育建立的基石。随着英国教育的发展，英国教育委员会的管理权力亟待加强。1917 年，时任英国教育委员会主席的费舍（H. Fisher）提交了一份教育议案，试图加强英国教育委员会的权力，但遭到地方教育当局的反对。《1944 年教育法》出台后，英国中央教育委员会的管理权限获得实质性增强。英国取消了英国教育委员会，设置教育部。经过大约半个世纪的发展，英国确立起了中央和地方共同管理教育的教育行政体制。

（二）公共教育体制

1870 年，《初等教育法》的颁布虽然使英国初等教育获得较大发展，但仍然没有解决初等教育与中等教育存在割裂、初等教育收费等问题。为解决上述问题，英国国会于 1918 年将教育大臣费舍关于初等教育的改进提案通过为法案，即《费舍教育法》（*The Fisher Act*），又称《1918 年教育法》。《费舍教育法》开创了英国通过明确的教育立法构建国家教育制度的先河，并对中央和地方教育当局的关系作了调整。《费舍教育法》促进了英国初等教育的普及化和义务化，为建立真正的国民教育制度作出了应有贡献。但该法并未解决初等教育与中等教育存在的割裂问题。

1924 年，新上台的工党提出"人人接受中等教育"的口号。经过激烈讨论，选拔制这一折衷方案出台，对化解初等教育和中等教育的矛盾作出回应。同年，工党委派哈多爵士

（Sir W. H. Hadow）专门调查研究英国全日制初等教育。在 1926 年至 1933 年间，该委员会共提出三份关于青少年教育的报告，即《哈多报告》。其中，1926 年报告影响最大。《哈多报告》指出，教育应该是一个连续的过程，可分为前后相接的小学和中学两个阶段。其中，11 岁为关键年龄期。基于儿童能力与需要的不同，儿童在完成初等教育后，11 岁通过考试分别进入不同的学校。《哈多报告》对英国教育发展产生了重要影响，它首次站在国家的立场，明确了中等教育要面向全体儿童，清晰地划分了初等教育的终点，进行初等教育后的教育分流。但是，在英国传统教育的影响下，《哈多报告》将中等教育划分为传统的文法学校和形式各样的现代中学，双轨特征明显。

1938 年，为适应现代社会经济发展对技术人才提出的广泛需求，英国政府出台了《斯宾斯报告》（Spens Report）。该报告由斯宾斯领衔下的教育调查委员会调查英国的文法中学、技术中学后作出，报告建议发展技术中学，使英国中等教育体系形成文法中学、现代中学、技术中学并存的格局。《斯宾斯报告》还提出多科性中学（multilateral school）的构想，即设立集文法中学、现代中学、技术中学三种类型学校特点于一体的中等学校。其后，继续通过教育改革报告的形式进行中等教育改革。如 1943 年出台的《诺伍德报告》、1944 年出台的《弗雷明报告》等一系列报告。《诺伍德报告》进一步论证了不同儿童进入不同学校的合理性，《弗雷明报告》则对公学进行了较为详细的探讨。

为推进"人人接受中等教育"的理想，英国政府于 1944 年通过了以巴特勒（R. A. Butler）担任主席的教育委员会所提出的教育改革法案《1944 年教育法》，又称《巴特勒教育法》。《1944 年教育法》共五部分，122 条。该法案的主要内容包括：（1）强化国家对教育的控制和领导。废除之前仅有监督权的教育委员会，成立教育部，对全国教育进行统一领导。设立专门调查教育实际状况，并负责向教育部部长提供咨询和建议的中央教育咨询委员会。（2）改进地方教育行政机构，明确由初等教育、中等教育、继续教育三个连续且衔接的阶段构成法定公共教育系统。地方教育当局对本地区的初等教育、中等教育和继续教育负责。初等教育由幼儿园、幼儿学校、初等学校三个阶段构成。小学毕业生需要参加"11 岁考试"，然后根据其成绩、能力和性向分别升入文法中学、技术中学和现代中学。在管理体制上，初等学校和中等学校皆实行董事会制。（3）推进 5～15 岁的义务教育。该法案规定年龄在义务教育范围内的儿童家长要保证他们按时入学，并保证已注册入学的学生正常上学。如果家长违反规定，地方教育当局将起诉他们，然后通过地方法官处罚他们。对义务教育超龄的人，地方教育当局应向他们提供全日制教育和业余教育。

《1944 年教育法》终结了战前英国教育制度发展不平衡的问题，将英国教育管理纳入法律的轨道，建立了由初等教育、中等教育和继续教育三个连续阶段构成的英国现代公共教育体制，从制度上扩大了国民受教育的机会。该法案通过学制改革，使双轨制解体，使教育机会由封闭走向开放，使所有儿童都有接受中等教育的机会，促进了义务教育的普及，加速了教育民主化的进程，使英国教育向教育公平迈出了重要的一步。

经过大约半个世纪的发展，即从 20 世纪初至第二次世界大战期间，英国探索出中央教育行政管理和地方教育行政管理并举，以地方管理为主的教育管理模式，并基本上构建起初等教育、中等教育和继续教育相互联系的公共教育体制，使英国现代教育获得了进一步发展。

二、法国的教育

（一）教育的国家控制

20 世纪前半期，法国对教育的国家控制进一步加强，始于拿破仑时期的中央集权制教育管理体制得到加强。20 世纪初，法国在教育管理上继续沿用拿破仑时期的大学区制。与 19 世纪相比，大学区的数目由原来的 29 个调整为 17 个。法国中央政府设置了由总统任命部长的公共教学部，统管全国教育。具体而言，公共教学部负责学制、课程设置、教材遴选、考试制度、教师任免、教师工资，还有公私立学校每周、每日的教学安排。

（二）统一学校运动与学制改革

第一次世界大战之后，为解决学制上的"双轨制"问题，1919 年，法国兴起了由"新大学同志会"领导的统一学校运动，主张通过建立统一学校，追求教育的民主化。在统一学校运动中，就初等教育和中等学校的衔接问题，形成了三足鼎立之势：扩大初等教育派，维护中等教育传统派，从中等教育阶段划分出中间学校派。各派对统一学校问题的大讨论改变了法国传统教育，使法国教育改革走向深入。1937 年，法国教育部部长让·泽（Jean Zay）提出一项方案，把中学的初级阶段改为独立的公立学校，实现初级中学教育的统一；为进入中学第一阶段的学生设立"方向指导班"；依学生的学业成绩在第二年实行分流，分别进入古典中学、现代中学和技术中学。法国学制在统一学校运动影响下得到改革，双轨制不再那么强势，更多的劳动人民子女接受到中等教育。

（三）中学的课程改革

19 世纪末，法国中学课程体系存在"古"（古典课程）强"今"（现代课程）弱的问题，招致社会的批评。1898 年，法国成立"里博委员会"，专门就中等教育的课程问题展开研究，并提出了一份研究报告。该报告认为，古典课程和现代课程都应得到重视，改革需要寻找使传统学科与现代学科有效结合的办法。1902 年，法国教育部就中等教育课程提出了一个改革方案，强调古典课程和现代课程的价值和互补性，确立了法国中等教育改革的新模式。但这一改革趋势随着雷昂·贝哈赫（Leon Berard）出任法国教育部部长后而发生了改变。贝哈赫热衷于古典课程，在他任职期间，古典学科又占据了中等教育的主导地位，体现出浓厚的古典主义色彩。

(四) 职业技术教育

至 19 世纪后半期，法国职业技术教育机构类型主要包括公立学校、初等职业学校、中等职业学校等。就内容而言，公立学校主要进行手工训练，初等职业学校主要进行工人技能训练，中等职业学校主要进行中级技能水平的训练。就办学方式而言，很多学校是由企业、社会机构或私人创办的。法国职业技术教育的这种状况，与法国社会经济政治的发展并不适应，因此改革呼声此起彼伏。1919 年，法国议会通过了阿登省议员阿斯蒂埃（Astier）提出的职业技术教育法案，史称《阿斯蒂埃法案》。该法案规定：（1）在管理上，国家承担管理职业教育的任务；（2）在机构设置上，每一市镇设立一所职业学校；（3）在年龄上，18 岁以下青年有接受免费职业教育的义务；（4）在课程上，职业技术教育内容包括补充初等教育的普通教育、作为职业基础的各门学科教育和获得劳动技能的劳动实习。该法案的颁布使法国的职业技术教育第一次获得了有组织的形式，成为一种由国家管理的事业。该法案在法国历史上享有"技术教育的宪章"之称。

三、德国的教育

（一）德意志帝国时期的教育

德意志帝国时期（1870—1918 年），德国教育为典型的三轨制，形成了国民学校、中间学校和文科中学三种学校，等级性和阶级性明显。其中文科中学的地位最高。在新人文主义的影响下，德国中等教育发生了变革，文科中学的古典语言分量减少；学术性的实科中学和文实中学出现。

（二）魏玛共和国时期的教育

魏玛共和国时期（1919—1933 年），德国教育发展的指导思想有所改变。1919 年，《魏玛宪法》提出了德国教育发展的指导思想，明确了教育权属于各州，各类教育的监督事宜由国家负责。1920 年，德国设立国民学校，旨在对所有儿童进行国民教育，并以此为基础设立了中间学校和高级中学。

20 世纪 30 年代早期，德国在初等教育、中等教育、青少年福利、教师培养、高等教育等方面均发生了重要变化。在初等教育上，帝国时期的双轨制被废除，四年制的统一初等学校制度在全国得以实施；在中等教育上，取消了中学预备学校，统一的基础学校成为中学的基础，新增了德意志学校和上层建筑学校；在青少年福利上，1923 年颁布了《青少年福利法》，强调政府应承担发展儿童身体、道德和职业能力的职责；在教师培养上，小学教师培养的任务改由高等师范学校承担，学制四年；在高等教育上，大学自治、教学与科研相结合的原则得到坚持，并加大民众高等教育建设力度。

（三）纳粹德国时期的教育

1933 年，以希特勒为首的纳粹党掌控了德国政权，一时法西斯专政横行，德国社会和教育也被法西斯化了，沦为了法西斯专政的工具。希特勒在各种场合发表讲话，讨论法西斯教育，形成了纳粹德国的教育方针。他对德国青年提出要残暴、专横、无畏、冷酷的要求，主张严酷的教育学。纳粹德国为了加强对教育的控制，专门设立了国家科学、教育和国民教育部。纳粹德国的极端专制统治导致德国各级学校出现全面倒退，初等教育、中等教育、高等教育无一幸免。德国教育的民族主义和政治化倾向不仅给德国，也给世界带来巨大的灾难。

四、美国的教育

（一）初等教育

自 19 世纪初开始，以公立小学为主体的美国初等教育制度逐步完善建立，到 20 世纪初期美国完成了初等义务教育的普及化发展任务。

（二）中等教育

20 世纪初期，美国教育改革的重点是中等教育，美国全国教育协会于 1891 年任命了一个"十人委员会"，就中学课程、中学与小学的衔接和中学与大学的衔接问题开展了针对性的研究，并于 1893 年提交了一份报告，强调中学的所有科目应以同等分量教给所有学生，精教少数几门主要学科。中学课程分为古典学科组、拉丁语和自然科学组、现代语言组和英语组，分组实施。1895 年，美国全国教育协会任命了一个"十三人委员会"，就学院的入学条件问题进行研究，并于 1899 年提交了一份报告，该报告建议设立六年制中学，与六年制小学衔接；允许学生选修各类学科。

1913 年，美国全国教育协会成立"中等教育改组委员会"，并于 1918 年提交了报告《中等教育的基本原则》。该报告将中等教育的主要目标概括为：健康；掌握基本方法；高尚的家庭成员；职业；公民资格；适宜地使用闲暇；道德品格。1938 年，美国全国教育协会教育政策委员会又将中等教育的基本目标概括为：自我实现；人际关系；经济效能；公民责任。

作为中等教育的重要组成部分，高中教育直接关系到升学和就业问题，备受社会各界关注。美国进步主义教育协会于 1930 年成立了"大学与中学关系委员会"，试图通过加强中学与大学的合作关系，解决困扰高中发展的问题——主要是大学入学考试要求的限制问题。在主席艾肯（Aiken）教授的领导下，该委员会制定了一份长达八年（1933—1941年）的研究计划，对高中教育改革实验进行研究，"八年研究"因此得名。又因参加实验研究的学校共有30所，所以这项研究也叫"三十校实验"。委员会与全美300所学院签订协议，凡参加实验的学院对参与实验的中学毕业生不进行入学考试，参与实验的中学毕业生申请进入学院就读时，须持有所在中学校长的推荐书。实验学校可自行决定开设学科、规定学习分量。"八年研究"对教育目的、教育管理、课程、方法的选择和安排、教育教学评估作了重点研究，取得了有益成果。

（三）初级学院运动

初级学院运动是在中学毕业生毕业升学压力增大，四年制大学年限长、学费高的背景下发起的。1892年，芝加哥大学校长哈珀（Harper）提出将大学的四个学年分为两段的设想：第一阶段的两年为初级学院，第二阶段的两年为高级学院。同年，加利福尼亚大学在改革大学体制的基础上，建立了初级证书制度，规定学生在完成第一阶段两年的学习，取得初级证书后，方可进入下一阶段两年的学习。

> **初级学院**
> 美国高等学校的一种类型，招收高中毕业生，学制两年。初级学院无入学考试和年龄限制，课程多样，学生毕业后可以升入大学三年级或就业。

1901年，伊利诺伊州在乔利埃特建立了第一所公立初级学院。此后，在加利福尼亚、密歇根、明尼苏达和艾奥瓦等州，初级学院获得快速发展。初级学院的创办方式与途径主要包括：部分四年制大学转变为两年制的社区学院；一些中等教育程度的学校改办为初级学院。

就性质来看，初级学院教育是中等教育和高等教育间的过渡性的教育。初级学院以高中毕业生为招生对象，传授知识稍广于高中，不收费或收费较低，可走读，不受年龄限制，不进行入学考试，开课种类多样，办学形式灵活，学生毕业后可选择就业也可选择升学，特点鲜明。美国初级学院的出现丰富和完善了美国高等教育体系。

（四）职业教育

为满足20世纪初美国社会经济发展对有文化的技术工人的需求，美国政府非常重视职业教育的发展。1906年，美国"全国职业教育促进会"正式成立，成员不仅包括企业主、劳工领袖、农场主的代表，还包括职业教育家。该促进会的宗旨，是推动为全国职业教育提供财政补助的立法进程。1910年，超过半数的州提供了某种类型的职业教育，一些州出现了各种类型的职业学校。

为进一步促进职业教育发展，美国国会于1914年任命了由议员史密斯（H. Smith）担任主席的"职业教育国家补助委员会"，休斯（D. M. Hughes）为主要成员。该委员会很快提交了报告，建议联邦政府向各州职业教育拨发补助经费。该委员会还专门向美国国会提交了一份职业教育议案，却被束之高阁。美国国会于 1917 年通过由史密斯和休斯联名提出的关于职业教育的议案，即美国职业教育史上著名的《史密斯–休斯法案》（*Smith–Hughes Act*）。该法案的主要内容包括：联邦政府拨款补助各州大力发展大学程度以下的职业教育，开办职业学校；联邦政府与州合作，提供职业教育师资培训，同时向职业教育师资训练机构提供资助；在公立学校中设立职业科，设置选修的职业课程，把传统的专为升学服务的中学改为兼具升学和就业职能的综合中学。① 《史密斯–休斯法案》的颁布与实施，对美国职业教育的发展产生了重要影响，在美国职业教育自此成为联邦与各州密切合作的一项教育事业。

五、日本的教育

（一）教育改革与发展

19 世纪末，日本初等教育义务教育原则得以确立，政府对初等教育的控制也日益增强。中等教育实行多轨制，以学术性中学为主要形式。1918 年，日本公布了经修订的《高级中学令》。1919 年，日本出台《修订中学校令》。1920 年，还颁布了《修订实业学校令》。这些法令的修订颁布推动了日本中等职业技术教育的快速发展。

1918 年，日本政府颁布了经重新修订的《大学令》，强调大学教育的目的在于培养高水平的专业人才；在国立大学之外，设立地方公立大学和私立大学；大学主要招收高级中学高等部的毕业生。《大学令》的颁布，进一步完善了日本的高等教育机构，促进了日本高等教育的发展。

（二）军国主义教育体制

在 1926 年继位的日本裕仁天皇，是一个极端的军国主义分子，尚武好战，重视道德教育和民族主义精神的教育。这一时期，日本开始由之前的民族沙文主义转向军国主义，日本的教育也开始迅速法西斯化、军国主义化，以致完全沦为日本战争机器的工具。日本政府还加强了对师生民主进步运动的控制与镇压。例如，日本文部省于 1930 年设立学生管理局，于 1931 年成立由文部大臣为主席的学生思想问题调查委员会，于 1934 年建立思想局，于 1937 年增设教学局。为向学生灌输军国主义思想，日本学校教育以军国主义教育为尊，教育内容体现出强烈的军国主义色彩，军事训练也日益学校化和社会化。

---

① 吴式颖、李明德：《外国教育史教程（第三版）》，370 页，北京，人民教育出版社，2015。

（三）战时教育体制

出于服务战争的目的，日本通过改革各级教育，形成了具有军国主义色彩的战时教育体制。日本于1942年颁布了针对初等教育的《国民学校令》，于1943年推行中等教育综合制度，并修改《师范学校令》，于1940年对大学提出20项改革建议，无不体现了军国主义思想。由于战争，这些改革举措并没有真正实施过。日本于1945年发布《战时教育令》，停办所有的学校，这导致日本教育完全瘫痪。

第三节
20世纪前半期的苏联教育

🎯 **学习目标**

1. 了解20世纪前半期苏联教育改革的历史过程。
2. 掌握20世纪前半期苏联教育改革的主要内容与教育成就。

1917年11月7日，俄国十月革命爆发，建立了世界上第一个实施无产阶级专政的社会主义国家。苏联共产党和苏联政府高度重视发展年轻一代的教育工作，在改造旧教育的基础上，通过实施一系列的教育改革，成功确立了苏维埃教育管理体制，建立了统一劳动学校制度，各级各类教育事业也实现了不同程度的发展。

一、建国初期的教育改革

（一）苏维埃教育管理体制的确立

1917年11月，俄国人民建立了世界上第一个实施无产阶级专政的社会主义国家。新生的苏维埃政府在十月革命后即着手建立苏维埃的教育管理体制。1917年10月26日，成立了教育人民委员部。紧接着，又成立了国家教育委员会，以其作为全苏联的教育领导机构。不久，教育人民委员部向全苏联境内发布了教育工作的总方针和基本原则。同年11月21日，又通过《教育人民委员部关于将教育和教养事业从宗教部门移交给教育人民委员部管理的决定》，决定取消教会对学校的领导权，学校应当由教育人民委员部管辖。不久，由列宁签署的《关于信仰自由、教会和宗教团体的法令》颁布，又进一步使教会远离了学校。随着教育改革的展开，旧的国民教育制度得以废除，原学区制、学堂管理处和视察处也被撤销。1918年6月，人民委员会先后出台《关于把各部门的教学和教育机关移交给教育人民委员部管理的法令》和《俄罗斯苏维埃联邦社会主义共和国国民教育事业组织条例》，进一步完善了苏维埃教育管理体制。为保证教育的平等，苏维埃政府部门还专门通过了《俄罗斯各民族人民的权利宣言》。

（二）统一劳动学校制度的建立

苏联建国初期，教育改革亟须相关文件作为引导。国家教育委员会紧锣密鼓地进行新的章程的拟定工作。1918 年，莫斯科教育人民委员部、彼得格勒教育人民委员部分别形成了教育改革方案，前者叫莫斯科方案，后者叫彼得格勒方案。这两个方案的差别很大，特别是对学校性质、教学制度、假期制度以及对劳动在学校教育中的认识。经过激烈辩论，国家教育委员会最终颁布了以莫斯科方案为蓝本的《统一劳动学校规程》和《统一劳动学校基本原则》（又名《统一劳动学校宣言》）。《统一劳动学校规程》对教学制度、教学计划持取消的立场，对考试和家庭作业亦持废除的态度，对教师作用的理解也并不正确，甚至高估了劳动在学校教育中的地位。《统一劳动学校宣言》则是对《统一劳动学校规程》的具体说明。《统一劳动学校规程》中所说的"统一劳动学校"指的是除高等学校外的一切学校。其中的"统一"指的是，所有儿童均应进入同一类型的学校学习；其中的"劳动"指的是，与旧的"读书学校"相对，新学校不仅强调劳动，把劳动设置为学校课程，而且使学生通过劳动获得成长与发展。统一劳动学校由第一级学校和第二级学校两个阶段组成，且相互衔接，均免费。

尽管有这样或那样的不足，但是不容否定的是，《统一劳动学校规程》的历史价值也是十分明显的：第一，《统一劳动学校规程》不仅是苏联教育史上首部重要的教育立法，而且在世界教育史上首次使非宗教的、真正民主的社会主义的教育原则得到贯彻；第二，《统一劳动学校规程》在批判旧学校教育的形式主义、忽略生活实际的基础上，创造性地提出教育与生产劳动相结合；第三，《统一劳动学校规程》强调在教育过程中应全面重视儿童个性的发展，以及儿童学习的主动性和创造性。

（三）学校教育教学工作的改革

苏联建国伊始，便着手对普通学校的教育教学工作进行改革，剔除学校教育的宗教色彩，揭露教会的欺骗性。与此同时，大力扩充自然科学方面的教学内容，并尽量使它们联系实际生活。结合时代的要求，废除古代语文，新增政治经济学、革命运动史、社会主义等教学内容。十分重视学生的劳动教育，尤其重视自我服务性劳动。虽然上课仍然是最为流行的教学组织形式，但是在个性化教学的努力上丝毫没有松懈。在教学方法上，教师讲授、谈话与图表演示、实验室作业、参观旅行等相结合，也要求教师应具有激发儿童的求知欲和培养儿童独立工作的能力。

（四）教师的争取与培养

建国后，苏维埃教育事业的发展急需一大批能适应新时代要求的教师。为满足国民教育的需要，苏维埃政府一方面团结、教育和改造旧教师，另一方面培养新教师，建立无产阶级的教师队伍。在旧教师改造方面，为对抗反动的全俄教师联合会，1917 年 12 月，国际主义教师联合会成立。1918 年 6 月，第一届国际主义教师代表大会召开。1918 年 7 月，第一次全俄教师代表大会召开，号召教师从反人民的全俄教师联合会中脱离出来，加入国际主义教师联合会。1918 年 12 月，全俄教师联合会被解散。苏维埃政府在全国范围内，不仅通过代表大会、举办讲习班、举办政治学习小组等形式改造旧教师，还通过各种社会实践，切实提高教师的政治觉悟和教育教学工作水平。在新教师培养方面，苏维埃政府重视大力发展师范教育，创办了各种类型的师范学校。

二、20 世纪 20 年代的教育改革

（一）新学制的实施

为适应苏联社会经济实现由农业国向工业国转型发展的需要，培养大批技术人才和管理干部，建国初期苏联实施了一系列学制改革，最终形成了如下学制：招收 8~12 岁学生的四年制小学；招收 8~15 岁学生的七年制学校（实行四、三分段）；招收 8~17 岁学生的九年制学校（实行四、三、二分段）；中等技术学校（三或四年）。这一时期，出于恢复和发展国民经济的需要，工厂艺徒学校（1921 年）、农村青年学校（1923~1924 年）、七年制工厂学校（1925 年）等一批新型学校得以创办。与之前的学制相比，调整后的新学校制度，在灵活多样性上显示出巨大的优势，但破坏了统一学校的原则。

（二）综合教学大纲的颁行

随着苏联学校制度改革的逐步推进，教学内容和教学方法改革在所难免。1921 年至 1925 年间国家学术委员会的科学教育组编制公布了《国家学术委员会教学大纲》（统称"综合教学大纲"或"单元教学大纲"）。"综合教学大纲"完全取消学科界限，以劳动为中心，依照自然、劳动、社会的综合形式来学习全部知识。与实施"综合教学大纲"相适应，开始推广使用劳动教学方法，即在自然环境中，在劳动或活动中进行教学。

"综合教学大纲"借单元教学的形式，使学校教学工作与现实生活紧密联系起来，并对知识作综合性理解，有助于激发儿童的兴趣，培养儿童的能力与劳动习惯，充分发挥儿童学习的主动性和创造性。但是"综合教学大纲"缺乏对各门学科之间内在逻辑的正确认识，对教学活动与现实生活两者关系的理解并不正确，从而导致学生的基本理论知识和基本读、

写、算技能的极大削弱。尽管这一大纲并没有普遍推行，但对苏联学校教育教学工作产生了深远的消极影响。

（三）劳动教育和综合技术教育改革

随着统一劳动学校制度的推行，尤其在列宁和克鲁普斯卡雅的倡导下，苏联教育中的劳动教育和综合技术教育得到加强。"综合教学大纲"体现了这一思想。该大纲不仅视劳动为学校生活的组成部分，而且把研究人类的劳动活动作为整个教学大纲的基点。该大纲对一级学校和二级学校的教学宗旨、教学目的进行了说明。

为了配合劳动教育和综合技术教育的实施，学校设立各种小型工厂、车间、生产博物馆，以便学生经常实地参观，学校与实际生活之间的联系更为紧密，对劳动的狭隘理解也逐渐根除。不过，学校教育的过度实践化取向，使教学过程和各门学科内容遭到破坏，综合技术教育远离了理论支撑，以致带来形式化的弊端。

（四）高等教育改革

20 世纪 20 年代末，为了实现培养大批红色专家的目的，苏维埃政府积极推进高等教育改革：第一，在招生制度方面，改变之前的联合推荐招生办法，逐渐恢复入学考试制度；第二，在高等学校的管理体制上，将原属于教育人民委员部统一领导的部分高校和中等技术学校，分别划归苏联最高国民经济委员会相关部门领导，加大了领导力度。

三、20 世纪 30 年代的教育改革

（一）联共（布）中央关于教育改革的重要决定

1931 年 8 月 25 日，联共（布）中央颁布了《关于小学和中学的决定》，成为指导 20 世纪 30 年代苏联改革和发展国民教育的纲领性文件。该决定总结了建国之后苏联教育工作的得与失，就学校的基本任务、教学方法、管理措施等方面提出了明确要求和具体改进措施，意义重大。但在推行过程中，对知识教育的过度强调导致对劳动教育的重视不足。其后，苏联政府颁布了一系列决定，旨在使《关于小学和中学的决定》能得到切实的贯彻和实行。

（二）学校制度改革

社会发展和科技进步要求苏联教育提高教育质量，而九年制学校制度无法满足高等学校的要求。于是，在 20 世纪 20 年代末，俄罗斯联邦人民委员会建议将普通学校的学习年限延长至十年。联共（布）中央通过《关于中小学教学大纲和教学制度的决定》，把上述建议上升为国家文件。1934 年 5 月 15 日，联共（布）中央通过了《关于苏联中小学结构的决

定》，以保证学校有明确的组织结构和制度，见表 7.1。

表 7.1　苏联 1934 年学制简表

学校类型	学习年限	招收对象
小学	4 年	7~11 岁儿童
不完全中学	7 年	7~14 岁儿童、少年
完全中学	10 年	7~17 岁儿童、青少年
技工、铁路学校	2~3 年	
工厂学校和工厂艺徒学校	6~12 个月	
中等专业学校（技术、医科、师范、音乐、戏剧学校）	4 年	
高等学校	4~6 年（综合大学 4 年，专门学院 4~6 年）	

（三）实施普及义务教育

随着 20 世纪 30 年代苏联经济实力的提升，人们对物质和文化的要求也在提高，为实施普及义务教育提供了良好的条件。1930 年，联共（布）中央和苏联人民委员会先后颁布两项实施普及义务教育的决定，并采取各种措施以保证普及义务教育的实施。在各方共同努力下，1934 年的苏联基本实现四年制小学普及义务教育，在城市地区基本实现七年制普及义务教育。

（四）普通学校教学改革

《关于小学和中学的决定》明确提出要提高教学质量。这一时期除进一步改善中小学的物质条件外，又推出了一系列具体改革举措：第一，废除先前的"综合教学大纲"，实行新的教学大纲，回归学科的知识逻辑，适合儿童的年龄特征，加强学科间的联系，调整教学和生产劳动的关系；第二，停止"工作手册""活页课本"的发行，使用长期稳定的教科书，且实行由教育人民委员部进行教科书审查的制度；第三，取消分组实验室制，恢复班级授课制度，强调教师的主导作用；第四，对学校纪律加以整顿。通过努力，苏联普通学校的教学质量得到了相应改善。

（五）师范教育改革

为了进一步发展师范教育，提高教师素质，1930 年 7 月，联共（布）中央在《关于普及初等义务教育的决定》中提出要迅速发展各类师范学校。在苏联政府的重视下，师范教育获得快速发展，并于 20 世纪 30 年代末期形成了一个包括师范学校、师范专科学校、师范学院在内的完整的师范教育体系。此外，苏联政府通过资格达标教育、授予教师称号活动、改革教师和校长任免制度等方式，切实有效地提高了教师素质。

（六）高等教育改革

1932年9月，联共（布）中央颁布《关于高等学校和中等技术学校教学大纲和教学制度的决定》，在肯定高等教育成绩的同时，指出高等教育面临的问题是学校和学生数在量上的扩张与通过教学所传授的知识的质的提升并不协调。作为相应改进措施，《关于培养科学研究人员和教育科学工作人员的决定》《关于高等学校的工作和对高等学校的领导的决定》相继出台。在上述决定的指导下，苏联政府在20世纪30年代开始了对高等教育的深化改革，主要内容包括：对高等学校及其专业设置进行调整；对招生制度进行改革；强调专业课程的教学；加强学校管理。

第四节
杜威的教育思想

🎯 **学习目标**

掌握杜威教育思想的主要内容。

杜威（John Dewey，1859—1952年），是人类历史上具有世界影响的美国教育家。杜威于1859年生于美国佛蒙特州的农村，于1952年逝世于纽约。杜威早年钟情于哲学、心理学和伦理学，特别是哲学，后对教育问题产生了浓厚兴趣。杜威当过中学教师，后成为霍普金斯大学的研究生，曾先后于美国密歇根大学、明尼苏达大学、芝加哥大学、哥伦比亚大学任教。杜威兴趣广泛，对社会现实极为关切，擅长从多学科的角度综合研究教育问题，使其教育理论既高屋建瓴又博大精深。杜威著述等身，《民主主义与教育》是其阐述教育理论最集中、最系统的著作。

🔊 **教育家语录**

现在我们的教育中正在发生的一种变革是重心的转移，这是一种变革，一场革命，一场和哥白尼把天体的中心从地球转到太阳那样的革命。在这种情况下，儿童变成了太阳，教育的各种措施围绕着这个中心旋转，儿童是中心，教育的各种措施围绕着他们而组织起来。

——杜威

一、教育本质

什么是教育？这是对教育本质的追问。关于教育本质，杜威的主张是：教育即生活，教育即生长，教育即经验的改造。

（一）教育即生活

在杜威看来，教育即生活，教育要为创造美好生活服务。杜威对教育持过程性的理解，认为学校生活是生活的有机组成部分。在杜威心目中，学校本身应是适合儿童生活的、发展的。理想的学校生活是对儿童生活、需要、兴趣的尊重与满足，而不是压制与束缚；校园是儿童的乐土，而不是他们的牢笼。学校也是与社会紧密联系的，不应与世隔绝，与社会脱离，而应积极与社会互动，使学校生活、儿童生活、社会生活有机契合。

杜威认为，社会生活在不停地发生变化，需要相应的学校变革来与之呼应。于是，杜威提出学校即社会。学校即社会不是学校与社会完全一样。杜威想把学校生活营造为理想的社会生活，使学校成为一个适合儿童发展的雏形社会。杜威认为，学校课程内容的选择应从社会生活中来，以确保学校与社会生活的联系。这种课程是一种活动性课程，不仅能联通学校与社会，而且能满足儿童的本能与兴趣。

教育即生活不仅包括当下的生活，而且还包括未来的生活，这样才是整体的、完全的生活。教育即生活，是通过教育改造社会，从而创造更完善、更美好的社会生活。活动作业成为杜威在课程实践中的理想选择。教育即生活、学校即社会、课程的变革（做中学），就像三级跳，层层递进。

（二）教育即生长

杜威一针见血地指出了他所处时代的教育问题：教育中没有真正的儿童，儿童只是形式的存在，在教育中，儿童的天性、儿童的需要、儿童的兴趣是缺失的，有的只是成人强加给儿童的痛苦。

教育即生长的实质在于让在教育中生长的儿童真正成为生长的主体。这就要扫除限制、阻碍儿童自由发展的一切障碍，使一切教育与教学与儿童身心发展相契合。尊重儿童的发展，不是一味放任，听由儿童自由发展，而是对儿童有所引导。放任儿童的兴趣就等于没有生长，等于只强调儿童生长的内在条件。

杜威持一种整体的生长观，即生长是作为主体的儿童在一定的环境中，其内部条件与外部条件不断交互作用的社会化过程。教育即生长作为一种儿童发展观，是杜威民主理想的具体体现。杜威不仅尊重儿童身心发展，而且重视健全社会的构建。一方面，杜威认为，儿童身心发展特点是儿童充分、完全生长和发展的前提条件；另一方面，儿童充分地成长和发展有利于民主社会的构建。杜威认为，儿童个体的充分成长和发展具有双重价值：既是达到社会目的的途径，又是民主主义的要求。在杜威看来，一切社会制度都有一个目的：解放和发展个人的能力。换言之，社会存在的价值在于社会为一切人的发展而存在。

（三）教育即经验的改造

关于教育即经验的改造，杜威提出了三个方面的理解。

第一，在杜威看来，经验不再是感觉的碎片，经验在机体与环境互动中具有自身结合组织的原理。经验自身具有内在的理性，而不需要外在理性。杜威心中的理性指的是一种变化的、调适的、实践的智慧，是赋予经验更富成效的智慧。在杜威那儿，经验和理性并不是对立的，经验是理性的经验，理性是经验的理性。换言之，理性寓于经验中，经验的过程实乃理性的过程。

第二，杜威主张，经验不再是感觉作用和感性认识，而是含有知识和情感因素的。经验具有理性与非理性的双重性。单独从理性或非理性的角度理解，都是片面的理解。因此，经验可以担当儿童发展和生长的载体。在教育即经验的改造过程中，在知识积累的同时，人也获得全面改造、全面发展、全面生长。

第三，杜威认为，经验的过程是一个主动的过程，是有机体和环境的双向交互作用式塑造。杜威要求应同样重视经验的客观条件和内容条件，要求兼顾儿童身心发展条件、水平和兴趣，以提高儿童的积极性和主动性。

二、教育目的

（一）生长是教育目的

杜威认为，在把握教育本质的基础上，生长是教育的目的。这种教育目的与儿童发展紧密联系，儿童的发展是过程性的，目的也是过程性的。只有这样，教育的目的才能与儿童的目的密切关联。外在的、固定的、终极的教育目的与儿童发展是疏离的，缺少对儿童兴趣和需要的满足，难免僵化而缺乏灵活性。如果用一句话来概括，杜威所说的教育目的是属于儿童的，受儿童欢迎的，为儿童服务的目的。

教育家语录

教育的过程，在它自身以外没有目的；它就是它自己的目的。

我们探讨教育目的时，并不要到教育过程以外去寻找一个目的，使教育服从这个目的。

因为生长是生活的特征，所以教育就是不断生长；在它自身以外，没有别的目的。

——杜威

杜威反对非民主社会对教育目的的外在强加，认为这种教育目的是权威的、专制的目的，而不是以儿童发展的目的。民主社会中的教育目的是儿童发展的目的，而不是以外在的目的代替或弱化儿童发展的目的。这是一种充分尊重儿童愿望和要求的教育目的，是使儿童生长着并快乐着的教育目的。

（二）指向人的教育目的

杜威以生长作为教育目的，实乃指向人的教育目的，教育目的就是追求教育给予人的尽善尽美。杜威强调教育过程内的目的，也并没有忘记社会性的目的。杜威重视教育为社会服务的功能，视学校为社会进步和改革的最为基本和最有效的工具。民主的社会需要民主的教育，通过民主的教育服务于民主的社会。人的发展有具体实在性，杜威理论中理想的人是具体的，而不是抽象的。这种具体性体现在杜威对人的具体素质的要求上。杜威主要从四个方面分析人的具体素质：公民素养、思维方法、道德品质、职业素养。具体而言，在公民素养方面，公民应有良好的素养，胸怀民主理想，具备参政能力；在思维方法方面，公民应掌握科学思维方法，在充满变化的现代社会具备解决实际问题的能力；在道德品质方面，公民应品质良好，善于合作，与社会保持融洽的关系，且乐于服务社会；在职业素养方面，公民应具有一技之长，善于通过施展个人才干为社会作出贡献。

三、课程与教材

（一）传统课程的不足

杜威认为，传统课程和教材是由符号和文字组成的间接经验系统，是以成人的标准为标准的，不适合儿童的能力，远离儿童的既有经验。传统的课程与教材是理性取向的，有助于成人研究、积累知识、发展学术，却因其缺少对人的情感要素的关注。不利于实际行为的展开。传统课程与教材导致教育的机械与强制，儿童身不由己地存在于教育中，毫无乐趣可言。在教育中，用传统的课程与教材教育儿童，只会南辕北辙，适得其反，造成儿童的畸形发展。

在杜威看来，传统课程与教材存在两大弊端：第一，分科化的传统课程与教材模式割裂和肢解了儿童统一而完整的生活和经验世界，造成儿童坐井观天地认识世界，根本无法成就健全的人；第二，旧课程和教材因其无法有效与社会生活相联系，以致于缺乏社会精神，不利于人的社会性的养成。

（二）从做中学

杜威针对传统教育中课程与教材的不足，基于其经验论，提出从做中学，从经验中学，以活动性、经验性课程取代传统的书本式教材。杜威所倡导的课程形式是其从做中学的具体化，无做无学，有做才有学。儿童通过做获得的学，不仅可以满足儿童的心理和社会的双重需要，还有助于儿童统一和完整地认识事物。

🔊 **教育家语录**

主动作业有一个丰富的领域，除了手工、劳动、游戏和竞技以外，还有户外短途旅行、园艺、烹饪、缝纫、印刷、书籍、装订、纺织、油漆、绘画、唱歌、演剧、讲故事、阅读、书写等具有社会目的（不是仅仅作为练习，以获得为将来应用的技能）的形式。

——杜威

杜威将个人直接经验与人类间接经验联系起来，对间接经验持肯定的态度，视系统知识为排除疑难的桥梁，充当了通向新经验的理智经纪人。杜威在指出直接经验具有生动活泼的优越性的同时，也指出了个人直接经验的局限所在。个人直接经验无论多么丰富，相比浩如烟海的人类知识，如果不用别人的经验来弥补，都将是狭隘的。杜威对传统教育中获取间接经验的方式持批判态度，他认为灌输、生吞活剥式的方式无视儿童的接受能力，无视儿童的心理水平。

杜威应对上述问题的对策是教材心理化。教材心理化也可以说是教材经验化，即把教材的间接经验转化为直接经验。教师是教材心理化的执行者，负责将系统化的教材转化为学生的直接经验。这还不够，还要将已经验到的东西进一步发展为更为充实、更为丰富、更为有组织的形式。这一过程以儿童个人的经验，而不是成人或专家的间接经验为逻辑起点。同样，在这一过程中，儿童要把直接经验通过有效组织加以系统化，进而形成系统的知识。杜威认为这是非常难的问题，他只是部分地解决了这一问题。

四、思维教学法

杜威认为，传统教学方法的中心是教师、教材、教室，学生在教室里听教师讲教材是教学常态，教师、书本是学生的权威。杜威将教学理解为一种师生共同活动、共同经验的过程，教室并非唯一的教学场所。杜威认为，在教学中应将"反省思维"作为一种教学方法加以运用。

杜威倡导的反省思维（reflective thinking），指的是对一定经验情境中所存在的问题加以反复的、严肃的、持续的思考，进而得出一个新情境，把难题解决。可以看出，思维或反省思维的方法既有助于解决经验中存在的问题，又有助于使人明智地行动。

杜威认为："教学法的要素和思维的要素是相同的。这些要素是：第一，学生要有一个真实的经验的情境——要有一个对活动本身感到兴趣的连续的活动；第二，在这个情境内部产生一个真实的问题，作为思维的刺激物；第三，他要占有知识资料，从事必要的观察，对付这个问题；第四，他必须负责有条不紊地展开他所想出的解决问题的方法；第五，他要有机会和需要通过应用检验他的观念，使这些观念意义明确，并且让他自己发现它们是否有效。"① 如同思维具有灵活性一样，这五个阶段的顺序也是灵活的，在需要时还可以加以组合。杜威认为，不确定的、问题性情境对于思维极为重要，提供合适的情境是培养思维的首要条件，经验、活动性课程是这种情境的良好提供者。

杜威的思维方法是综合性的，集观察、分析、综合、想象、概括等多种能力运用于一体，有别于纯粹思维的方法。而且，这种思维方法还综合运用间接经验、提出假设、检验假设等，与科学"实验"极为相像。这与杜威所言的"经验即实验"十分契合。杜威的思维方法也被称为科学思维的方法、科学探究的方法。

杜威的思维方法不仅在于积聚知识，更在于培养人的智慧。智慧是一种实践能力，一种通过运用学问、通过明智的行动去解决实际问题，进而改善生活的各种能力。传统教育中知识淹没了智慧，杜威则倡导通过知识增进智慧，使思维更为健全。

五、道德教育

（一）个人与社会

杜威始终将个人与社会联系起来讨论道德教育，因为人是社会的人，社会是人的社会，个人的充分发展是社会进步的必要条件，社会的进步亦可为个人的发展提供更好的基础，两者相得益彰。杜威旗帜鲜明地反对旧个人主义，努力提倡新个人主义。旧个人主义又名"倔强的个人主义"，或"僵硬的个人主义"，强调个人的独立性、独创性和毅力。旧个人主义在美国边疆开拓时期发挥了重要作用。但自美国工业化、都市化过程开始后，旧个人主义逐渐走向自由放任主义，导致竞争加剧、社会失控、矛盾加剧，因维护少数人的自由而损害了大多数人的自由。杜威提出以新个人主义取代旧个人主义：第一，新个人主义强调的是人与人之间的合作，而非无情的竞争；第二，新个人主义重视理智的作用。

---

① ［美］杜威：《民主主义与教育》，王承绪译，179页，北京，人民教育出版社，2001。

（二）道德教育的途径和方法

在杜威看来，教育的道德性和教育的社会性彼此相通，道德教育应在社会情境中进行，否则易流于口头说教式道德。杜威认为，不论是学校生活、教材，还是教法，都应该渗透社会精神，并将这三者视作"学校道德教育的三位一体"（moral trinity of the school），且它们同为实施道德教育的重要途径。

杜威的道德教育原理包括社会方面和心理方面：道德在情境、内容、目的上皆是社会性的；心理方面指的是，只有基于学生本能冲动、道德认识、情感，道德教育才能取得成效。杜威希望通过道德教育使人能在社会上做一个有用的好人。

第五节
蒙台梭利的教育思想

🎯 **学习目标**

1. 了解蒙台梭利的幼儿发展观。
2. 掌握蒙台梭利幼儿教育思想的主要内容。

在西方教育史上，蒙台梭利（Maria Montessori，1870—1952 年）是与福禄培尔齐名的幼儿教育家，为世界幼儿教育事业作出了杰出贡献。其教育思想集中体现在《蒙台梭利方法》（1909 年）、《高级蒙台梭利方法》（1912 年）和《童年的秘密》（1933 年）等著作中。

一、幼儿发展观

（一）儿童发展与遗传、环境的关系

蒙台梭利认为，儿童不仅具有肌体，同时也具有内在的生命力。蒙台梭利把儿童的生命力与儿童的肌体紧密联系起来，认为儿童的生命力不仅难以捉摸，而且如同人的生殖细胞一样，是个体发展所遵循的基本准则。在蒙台梭利看来，生长是儿童的内在生命潜力的释放与发展，儿童的生命遵循生物学的遗传规律。蒙台梭利对她所处时代教育儿童的过程中存在的弊病提出批判。她指出，无视生命本身发展的规律，无视儿童具有积极精神生命，其实是对儿童有意无意的压制，从而导致不当教育行为的发生。蒙台梭利高度重视环境在儿童发展过程中的作用，认为环境对儿童发展的作用是双向的，既能帮助儿童成长，也能抑制儿童成长。

（二）儿童发展的特点

蒙台梭利对儿童身心发展特点的把握，全面而深刻。蒙台梭利视生命为发展的连续体，儿童发展的特点也具有内在的关联。

第一，儿童发展具有独特的心理胚胎期。蒙台梭利认为，人的发展具有两个胚胎期，即生理的胚胎期和心理的（精神的）胚胎期。蒙台梭利认为，这种人类所特有的心理的（精神的）胚胎期，即0~3岁。这种认识与蒙台梭利对人和动物的比较分析有关。她认为，人和动物都在一定的环境中自然生长和发展，但在降生时，动物比人更充分地展现了生物本能，而人的本能则在生活中逐渐涌现出来，并在与环境的互动中形成经验，进而构建起人独特的内部组织结构。人与动物不同，动物只是生理胚胎的发展，而人在生理胚胎发展的同时，心理胚胎也在发展，并且两者的路线是一致的，经历了一个从"无"到"有"的过程。

第二，儿童心理具有吸收力。蒙台梭利反对外铄论，主张儿童成长的驱动力是其内部的发展潜能。而且，儿童的发展是在接触外界环境的情况下实现的。蒙台梭利把婴幼儿具有的一种下意识的、不自觉的感受能力与特殊的鉴别能力称为"吸收的心理"（absorbent mind）。具体来说，吸收的心理指的是婴幼儿通过与环境的接触和情感联系，从而获得利用周围的一切塑造自己所得的各种印象和文化的能力，进而形成独特的心理、个性的行为模式。正如蒙台梭利所言："我们接受印象并将其存贮于大脑之中，但我们自己依然与其保持分离，就像一个花瓶与它所容纳的水相分离一样。然而婴儿却要经历一个转化过程，印象不仅进入其心理而且形成其心理。这些印象本身在儿童身上得到具体化。儿童创造了自己的'心理肌肉'，用于所发现的周围事物。我们将这种心理类型称为'吸收的心理'。"①

第三，儿童发展具有敏感期。受荷兰生物学家德弗里（Hugo Devries，1848—1935年）在一些动物的生活中发现敏感期的影响，蒙台梭利认为，敏感期在生物界是一个普遍的事实，生物对特殊的环境刺激都存在阶段性的敏感期。换言之，这种敏感性是暂时的生物现象，这种敏感性会随着特定时期的消失而消失。蒙台梭利明确指出："一个敏感期跟一种特殊的敏感性有关，这种敏感性是生物在其早期仍处于个体发育的过程中获得的。它是一种暂时的倾向，限于获得一种特殊的品质。"② 蒙台梭利对儿童敏感期作了阶段划分：0~5岁为感觉敏感期；1~4岁前后为秩序敏感期；出生后两个月至8岁为语言敏感期；0~6岁为动作敏感期。

第四，儿童发展具有阶段性。蒙台梭利不仅认为儿童发展具有敏感期，而且认为儿童发展具有阶段性。蒙台梭利将儿童心理发展具体分为三个阶段：0~6岁为第一阶段，该阶段是儿童个性形成的最为重要的时期；6~12岁为第二阶段，该阶段是儿童有意识学习阶段；12~18岁为第三阶段，该阶段是儿童自主发展阶段。

---

① ［意］蒙台梭利：《有吸收力的心理》，江雪编译，25页，天津，天津人民出版社，2003。
② ［意］蒙台梭利：《童年的秘密》，马荣根译，51页，北京，人民教育出版社，2005。

教育家语录

　　成人把儿童看作是心灵里什么也没有的某种东西，有待于他们尽力去填塞；把儿童看作是孤弱的和无活力的某种东西，为此成人必须为他们做所有的事情；把儿童看作是缺乏精神指导的某种东西，需要不断地给予指导。

——蒙台梭利

二、论自由、纪律与工作

（一）自由

　　蒙台梭利认为，儿童自发的冲动是其生命潜力的表现，这种冲动又具体表现为儿童的自由活动。对传统教育压抑儿童自发冲动的行为，蒙台梭利持批判的态度，她称儿童坐在课桌椅上如同被固定的蝴蝶标本，形成了画地为牢的局面，限制了儿童自发运动的释放。这样儿童"如同被针钉住的蝴蝶一样被钉在各自的座位上，钉在课桌旁，张开着他们所得到的乏味的、没有意义的知识的翅膀，然而这种翅膀已失去了作用"[1]。传统教育所使用的惩罚或奖励手段，也被蒙台梭利所抨击，她认为通过惩罚或奖励使儿童服从纪律，是不足取的，奖励看似与惩罚有别，但其产生的作用都是非自然的或从外部强加给儿童的。

　　蒙台梭利把儿童自由原则视为科学教育学的基本原则，旨在使儿童个性能充分发展，儿童天性能充分地自我表现。在蒙台梭利看来，儿童的自由活动是检验教育优劣的试金石。研究儿童就要重视儿童的自由活动。科学教育学的起点在于研究个体，聚焦于观察自由儿童。蒙台梭利于1907年在罗马贫民区创办了一所幼儿学校，并将其命名为"儿童之家"，该幼儿学校招收3~6岁贫民儿童。蒙台梭利通过努力，把"儿童之家"设计成给儿童充分自由、便于儿童活动的空间。在这里，中心是儿童，而不是成人，先前的思维定势也被彻底打破，儿童的活动性得到充分表达。蒙台梭利认为，没有儿童的自由活动，就没有新教育；没有自由活动，儿童就体验不到自己的力量，也就丧失了他们发展的最大动力。

（二）纪律

　　蒙台梭利认为，"儿童之家"既需要自由，也需要纪律。这种纪律是儿童自发的，可称之为自发的纪律。具体来说，在"儿童之家"里，纪律的获得不是靠外在对儿童的命令、说教或任何一般维持秩序的手段，而是儿童在自由活动基础上的主动生成。这种纪律是儿童

---

[1]　[意]蒙台梭利：《蒙台梭利幼儿教育科学方法》，任代文主译，61页，北京，人民教育出版社，2001。

通过自由活动形成的，是获得儿童自身认可的。自由活动不仅揭示了儿童发展的秘密，而且是使儿童获得发展的关键指南。

（三）工作

蒙台梭利指出，纪律以自由活动为基础建立，但绝非随心所欲的状态，而是一种手脑结合、身心协调的作业。蒙台梭利把作业称之为"工作"（work）。蒙台梭利之所以这样来定义作业，是因为她认为人类的本能与人性的特征是通过作业表现出来的。换言之，没有工作，无以检视人类的本能与人性。蒙台梭利认为，相对于游戏，儿童更喜欢工作。蒙台梭利认为，儿童具有工作本能。儿童对于工作的意愿表达的正是一种生机勃勃的本能，只有通过工作，儿童的个性才能形成。在儿童的发展中，工作无可取代，即使关爱、健康也不能取代。

蒙台梭利认为，儿童的工作与成人的工作存在着性质上的差别：第一，儿童的工作服从内在本能的引导；第二，儿童的工作以自我实现为目标，无外在目标；第三，儿童的工作具有活动性、创造性和建构性；第四，儿童的工作完成具有独立性；第五，儿童的工作通过环境改进、形成、塑造儿童自己；第六，儿童的工作是儿童通过自己的方式、自己的速率，满足自身内在的发展动机。

蒙台梭利所指的工作是儿童的自发活动，包括各种感觉练习、日常生活技能的练习等。蒙台梭利力图通过工作化解传统教育中自由与纪律的对立，从而使自由和纪律达到有机统一的程度。她所说的纪律是非压迫性的、非强制性的，工作正是这样的纪律形成的途径。对于工作有促进非压迫性、非强制性纪律形成的原因，蒙台梭利作了深入分析：第一，工作对儿童肌肉有协调和控制上的帮助，有利于儿童正确做出自己的行为；第二，工作对培养儿童意志力具有促进作用，从而为服从纪律作好准备；第三，工作对培养儿童的独立性具有帮助。蒙台梭利认为，儿童通过自己的自由工作，收获了乐趣，满足了欲望，增长了能力，锻炼了意志，培养了独立精神，而且出于对工作的专注能减少他们之间的妒忌与争吵，良好的纪律就能在这种状态下自然涌现出来。

三、幼儿教育内容

（一）感官教育

在"儿童之家"里，蒙台梭利极为重视儿童的感官教育。其主要原因有三：第一，婴幼儿阶段正处于感觉敏感期，若错失时机，婴幼儿的感官难以获得最为充分的发展；第二，没有感官的充分发展，难以有智力发展的飞跃；第三，感官教育可及时补救因感官问题所造成的心智发展问题。

蒙台梭利所倡导的感官教育主要包括视觉、听觉、嗅觉、味觉、触觉的训练，其中首推触觉练习。蒙台梭利认为，在儿童的世界里，婴幼儿通常会以触觉代替视觉或听觉，儿童在活动中获得对世界的真切感知。蒙台梭利为"儿童之家"里的儿童专门设计了针对各种不同感官的教具，极富独创性。归纳起来，它们的特点及使用要点如下：（1）教具依其用途分类，同类教具同质不同量。（2）每种教具用来训练特定的感官，这样感官印象才能清晰、纯正。（3）蒙台梭利教具均体现儿童自我教育精神。（4）教具对儿童使用中出现的错误具有自我纠正的功能。如果教具使用不当，就要重新来做。（5）教具的使用遵守循序渐进的原则。在儿童发展的不同阶段，使用的教具有所不同。

（二）读、写、算的练习

蒙台梭利基于儿童心理具有吸收力的判断，认为3~6岁的儿童拥有学习文化知识的能力。教育者应当为儿童创设条件，引导他们正确地学习。蒙台梭利在"儿童之家"里让儿童进行先写字后阅读的练习。这与蒙台梭利重视触觉感官紧密联系，书写就要用手握笔，这样能训练儿童的肌肉控制能力。这一练习过程是循序渐进的，大体可分为三个阶段：第一阶段，执笔练习；第二阶段，掌握字母形体；第三阶段，组词。在儿童基本掌握文字书写技能之后，再转入阅读学习。

（三）实际生活练习

蒙台梭利把儿童在"儿童之家"进行的实际生活练习称为"肌肉教育"或"动作教育"，主要包括日常生活技能的练习、园艺活动、手工作业、体操、节奏动作等的练习。

蒙台梭利认为，日常技能的练习有助于儿童神经系统与肌肉系统的协调，从而顺利完成统合性运动。在蒙台梭利看来，日常生活技能练习，对儿童自我管理能力的培养大有裨益，对儿童独立性的形成也很有帮助。这类练习包括行走、正确地呼吸、说话、开锁、穿衣服、脱衣服、解纽扣、扣纽扣等。

蒙台梭利对儿童到开阔的大自然中进行园艺活动抱有极大的热情。她认为儿童从事这样的活动有利于他们的发展：第一，可使儿童贴近自然，获得与人为生活不一样的体验；第二，与儿童的兴趣相吻合，有利于他们的健康发展；第三，对儿童动作协调有切实的帮助；第四，可以益智；第五，使儿童获得关系式思维的能力。

蒙台梭利所说的手工作业主要包括绘画和泥工。她将绘画置于学习写字之前，并称绘画为写字的"间接法"。绘画一般是在平面上作画，而泥工则是做出立体的物品。蒙台梭利在"儿童之家"教儿童们用泥土塑制动物、器皿等。她认为，这样的练习动作会使手更灵活，儿童也在手工作业中获得了自我表现。

蒙台梭利出于对幼儿肌肉锻炼的考虑，提出体操练习的必要性。在她看来，体操练习中最为主要的是走步练习。她不仅为儿童练习体操设计了一些体操样式，还设计了一些特殊的体操设备，用以帮助儿童进行体操练习。

蒙台梭利的实际生活练习还包括节奏动作练习，旨在使儿童做出协调的动作，具备节奏感。首先，儿童随着音乐做出各种动作；其次，儿童根据不同的乐调做出不同节奏的动作；最后，儿童能够自由律动。

蒙台梭利提倡儿童教育应遵循手脑结合、身心和谐的指导思想，实属难能可贵。她不仅在理论上研究如何更好地教育儿童，而且通过实践探索出具有普遍应用价值的教学法。虽然也招致争议、批评，但是仍然具有现实的力量。蒙台梭利不仅对意大利的儿童教育影响巨大，她也是产生了世界影响的幼儿教育家。至今，蒙台梭利的教育思想仍在影响着各国的儿童教育实践。

第六节
克鲁普斯卡雅和马卡连柯的教育思想

🎯 **学习目标**

1. 掌握克鲁普斯卡雅教育思想的主要内容。

2. 掌握马卡连柯教育思想的主要内容。

在 20 世纪前半期苏联教育事业发展和教育改革实践中，苏联教育家克鲁普斯卡雅和马卡连柯的教育思想发挥了直接的理论指导作用。克鲁普斯卡雅有关集体主义教育、劳动教育、综合技术教育和学前教育的论述，马卡连柯关于集体主义教育、纪律教育、劳动教育和家庭教育的教育主张，为这一时期苏联教育实践改革提供了直接的理论基础。

一、克鲁普斯卡雅的教育思想

娜杰日达·康斯坦丁诺夫娜·克鲁普斯卡雅（1869—1939 年），是苏联杰出的教育家、革命活动家，一生致力于研究马克思主义的教育科学，并担任苏维埃教育的领导工作。其教育思想集中体现在《妇女与儿童教育》（1899 年）、《国民教育和民主主义》（1917 年）等著作之中。

（一）学校性质

克鲁普斯卡雅指出，教育作为社会的、历史的现象，具有鲜明的阶级性。资本主义国家面向各个不同的阶级和阶层，设立不同类型的学校，使人受到不同的教育，培养的人也因阶级和阶层不同而等级鲜明。在资本主义国家，优质教育资源为富人独占，统治阶级学校以把学生培养成能享乐和统治的人为目的。因此，资本主义国家的学校是作为阶级统治工具而存在的。克鲁普斯卡雅对资本主义国家也为小资产阶级、劳动者子弟设立学校作了批判。她指出，资本主义国家为小资产阶级设立学校是为他们培养仆从走卒的，资产阶级为劳动者子弟设立学校是为将学生培养成为顺从的乌合之众的。

相比之下，社会主义国家在教育上的优越性是十分明显的。社会主义国家从广大人民群众的根本利益出发，切实做到使全体人民均能进入各级学校进行学习。在社会主义国家，学校性质和学校目的均发生了变化：把读书学校变为劳动学校，学校的教育目的由培养片面的人变为培养全面发展的人。在克鲁普斯卡雅看来，对社会主义国家的各级学校来说，培养全面发展的人是共同的目的。全面发展的人具有成熟的世界观，具备从事体力劳动和脑力劳动的技能和知识，具备建设社会主义事业的道德品质和积极性。

（二）集体主义教育

克鲁普斯卡雅极为重视集体主义教育，她认为，共产主义道德教育必须把集体主义教育放在突出的位置。集体主义教育要致力于把儿童培养成为集体主义者。集体主义教育是适应社会主义制度的教育形式，尊重人的个性特点。克鲁普斯卡雅认为，集体是儿童个性得以最充分、最全面发展的前提条件，集体绝不是要消灭儿童的个性，而是要通过集体扩大儿童的眼界，深化儿童的认识，丰富儿童的体验，从而达到每一个儿童个性的充分发展。

克鲁普斯卡雅还站在改造与建设社会主义的高度探讨集体主义教育问题。她指出，在革命取得胜利初期，残存在人们思想中的小私有观念仍在发挥很大作用，要克服这种心态，必须通过集体主义教育。因此，她把培养集体主义精神视为学校、少先队组织、团组织重要的任务之一，要求学校、少先队组织、团组织安排好学生的集体生活。儿童集体生活应是欢乐的、自由的，而非乏味单调或过分紧张的。集体生活的快乐与儿童感情的愉悦紧密联系，这样通过正常的集体生活培养出正常发展的人，使儿童逐渐意识到自己是集体的一分子，从而增强对集体的感情，更加热爱和拥护集体。她认为，儿童越早过集体生活，集体精神培养的可能性就越大，因此需要趁早为儿童创设、营造集体生活的条件。

（三）劳动教育

克鲁普斯卡雅强调，社会主义学校的任务是双重的：既要教给学生知识，又要给学生以生活和劳动的本领。因此，她认为，社会主义的学校应该是劳动学校。早在20世纪初，克鲁普斯卡雅就以极大的热情研究教育与生产劳动相结合的问题。十月革命后，她通过教育实践深化了对此问题的认识，努力把读书学校改造为劳动学校。她认为，学生参加生产劳动教育具有重要意义，应在学生中开展广泛的生产劳动，并且要重视集体劳动。她对如何使劳动教育取得良好教育效果提出了如下具体建议：科学组织学生劳动；研究和了解儿童；从儿童发展实际出发。

(四) 综合技术教育

克鲁普斯卡雅认为，综合技术教育是共产主义教育的有机组成部分，意义重大。要科学理解综合技术教育：综合技术教育不是让学生获得某种单一或多种手工业的技术，也不是孤立的生产部门所开展的教育，而是一个完整的教育体系。因此，一方面，综合技术教育要与科学知识联系；另一方面，各个生产部门之间要相互联系。正如克鲁普斯卡雅所说："综合技术教育不是一门什么特殊的学科，它应该贯穿到各门课程里去，体现在物理、化学、自然课和社会概论的选材上。这些课程互相之间应有联系，特别是这些课程要跟劳动教育联系起来。只有这种联系才能使劳动教学具有综合技术的性质。"[1]

(五) 学前教育

克鲁普斯卡雅高度重视学前教育，她要求学前教育工作者应热爱儿童、了解儿童、关怀儿童，要尊重儿童受教育的权利；要发展多样的幼教机构，加强幼教机构与家庭、社会之间的联系。她提出，应依据儿童身心发展规律教育儿童，应重视游戏在学前教育中的重要意义，应精心制作和选择儿童玩具。

克鲁普斯卡雅的教育思想对苏联教育理论和教育实践影响重大。她对学校性质的论述，对集体主义教育的观点，对综合技术教育的重视，对学前教育的探讨，不仅推动了苏联的教育发展，也为世界贡献了教育智慧。

二、马卡连柯的教育思想

安东·谢苗诺维奇·马卡连柯（1888—1939 年）是苏联早期杰出的教育家，他把毕生献给了教育事业，在理论和实践方面均作出了卓越贡献。马卡连柯的主要著作包括《教育诗篇》（1925—1935 年）、《塔上旗》（1936—1938 年）、《父母必读》（1937 年）等。

(一) 教育目的

马卡连柯对教育目的极为重视，将教育目的视为教育事业成功的主要基础和首要条件。结合苏维埃社会发展与学校教育实践情况，马卡连柯认为，苏维埃教育的目的在于将青年一代培养成为有教养的苏维埃公民和有知识、有技术的合格劳动者，能够自觉地参与社会主义

---

① ［苏］克鲁普斯卡雅：《克鲁普斯卡雅教育文选（下卷）》，卫道治译，116 页，北京，人民教育出版社，2006。

建设，捍卫无产阶级革命事业。

（二）集体主义教育

1. 集体与集体主义教育

集体主义教育是马卡连柯教育思想体系的核心。关于集体，马卡连柯认为，集体不是自发的一群人的集合，而是以社会主义社会的结合原则为基础的人与人互相接触的总体。集体的性质是：有共同奋斗目标；与其他集体保持联系；集体作为社会的有机体存在；集体中的个人利益必须服从集体利益。

社会主义的生产资料公有制是依照集体原则组织起来的，在社会主义社会里，个体离不开集体，个体力量的充分释放也在集体之中。因此，马卡连柯提出，培养集体主义者是苏维埃教育的任务，且必须在集体中通过集体来进行教育，并为了集体而进行教育。

📢 教育家语录

集体是个人的教师。捷尔任斯基公社的实际工作是，例如，个别人犯的错误，不管这些错误是什么样的，最好在集体作出反应以前教师不要先有什么反应，教师在公社里所以能够影响个别人，是因为他自己是集体的一个成员。

——马卡连柯

2. 平行教育

马卡连柯认为，正确的教育方式只与集体发生关联，应想方设法和个人不发生关联，从而促使每个学生无一例外地都参加共同活动，教育者对集体和集体中每一个人的影响是同时的、平行的。这就是马卡连柯所说的平行教育。由此可见，平行教育把集体作为教育对象，意在通过集体达到教育个人的目的。马卡连柯这一教育原则的提出，凸显了学生集体教育学生个体的作用。

> **平行教育**
> 苏联教育家马卡连柯率先提出并坚持实行的社会主义德育原则之一。平行教育的实质是强调通过学生集体去教育每个学生，学生也要对集体负责。

3. 前景教育

在马卡连柯看来，集体的生命力在于不断向前发展，为了向前发展就需要教师在教育过程中为学生呈现美好前景，激发学生带着希望前行。教师给学生的前景是学生通过努力可以完成的有价值的目标，包括近景、中景和远景。教师的任务在于吸引学生个体和学生集体不断实现新的前景。这种前景教育是给人希望的教育，使人对自己的前途充满希望。马卡连柯认为，前景教育做好了，就能够尽可能地避免儿童因对自己前途的观念不强或模糊而可能带来的许多失败。

(三) 纪律教育

马卡连柯认为，纪律教育与集体主义教育密不可分，集体要达到自己的目的，就需要纪律的保驾护航；良好的教育集体的外在表现形式就是纪律。在马卡连柯看来，社会主义的纪律是出于自觉的，而非强制性的。在因果关系上，马卡连柯主张，教育产生纪律，然后纪律才成为一种教育手段。教育和纪律间的良性互动是纪律教育的应有之义。否则，若单纯把纪律当作手段或方法，纪律便变了味道，且面目可憎。马卡连柯在学生自觉纪律的培养上，建议学校以课程的形式向学生讲授道德理论，使他们能够充分认识到什么是纪律以及为什么需要纪律，学校在实施纪律教育过程中有必要适当地运用奖励和惩罚。

(四) 劳动教育

马卡连柯重视实施劳动教育，他明确地称自己既是劳动教育的拥护者，又是生产教育的拥护者。他认为，劳动有其宪法的法理依据，劳动应当是社会主义社会的最根本因素之一，只有从劳动教育入手，才能正确理解苏维埃的教育。劳动教育不仅能培养人的劳动品质，也可使公民将来生活幸福。马卡连柯认为，劳动教育的目的，在于发展儿童的体力、智力以及培养他们的劳动技能，并养成良好的德行和精神。劳动不会自发地教育人，只有具有教育意义的劳动才能教育人。就教育原则组织来说，具有教育意义的劳动是指教育过程总的体系中有机组成部分的劳动。马卡连柯提出，应当把劳动和思想政治教育两者结合起来。

(五) 家庭教育

马卡连柯对家庭教育的关注源于实际教育问题，他在捷尔仁斯基公社工作时，发现有家庭的儿童比无家的流浪儿和违法者更加难以教育，为了能更为有效地解决问题，他投入不少时间和精力研究家庭教育问题，从而形成了他的家庭教育思想。马卡连柯认为，家庭是一个集体，早期家庭教育将对儿童的成长产生极大的影响。儿童的家庭教育情况，既关系到儿童的未来，又关系到社会和国家的未来。马卡连柯通过深入研究，提出家长在教育子女时应遵循适度原则、以身作则原则、儿童参与原则等。

马卡连柯的教育理论极富独创性，理论意义和现实意义重大。他有关集体主义教育、纪律教育、劳动教育和家庭教育的认识，无不建立在充分的教育实践的基础上。他以辩证的、逻辑的眼光看待教育实践问题，使其教育理论具有相当普遍的意义，所以对苏联教育的实践和教育科学的发展影响巨大。马卡连柯的教育思想是世界性的，其教育著作被译成多国文字而广为传播。早在20世纪50年代，《马卡连柯全集》已有中文版传世。

本章小结

　　没有思想，教育史就没有灵魂；没有实践，教育史就没有血肉。 20 世纪前半期，世界教育舞台可谓多姿多彩，教育思想与教育实践并行，改革与发展同步，为其后教育思想与教育实践的发展作出了应有贡献。这一时期，教育在由"旧"到"新"的演进过程中获得勃勃生机，欧洲新教育运动与美国进步主义教育运动是教育实践中的亮点。在欧美主要国家和日本、苏联，国家参与教育的意识、管理教育的方法、进行教育改革的力度在总体上呈增强之势。与轰轰烈烈的实践层面的教育改革相比， 20 世纪上半期的教育思想毫不逊色，有目共睹的是，在亟须教育改革或教育实践进行得有声有色的国家，其教育思想也都基本体现出该国的特色，在美国有杜威的教育思想，在意大利有蒙台梭利的教育思想，在苏联有克鲁普斯卡雅、马卡连柯的教育思想。值得一提的是，与这些教育思想相伴的是它们各具特色的教育实践。

总结 >

Aa 关键术语

新教育运动	初级学院	进步主义教育运动
New Educational Movement	junior college	Progressivism Education Movement
做中学	八年研究	实用主义教育
learning by doing	eight-year study	pragmatism in education
统一劳动学校		
едкная трудовая мкола		

章节链接

在这一章，你读到……	在其他章节中，你将发现相关的讨论……
美国进步主义教育运动	第八章第四节 当代政策教育思潮

应用 >

✏ 批判性思考 ⋯⋯⋯⋯⋯⋯⋯⋯⋯⋯⋯⋯⋯⋯⋯⋯⋯⋯⋯⋯⋯⋯⋯⋯⋯⋯⋯⋯⋯

在人类教育发展的历程中，既有实践的表达，又有理论的呈现，通过对 20 世纪上半期外国教育史的学习，您认为教育思想和教育实践两者之间是什么关系呢？

✎ 体验练习 ⋯⋯⋯⋯⋯⋯⋯⋯⋯⋯⋯⋯⋯⋯⋯⋯⋯⋯⋯⋯⋯⋯⋯⋯⋯⋯⋯⋯⋯

以下一些自测题可以帮助你了解自己对本章一些内容的掌握情况。

一、下列每题给出的选项中，只有一个选项是符合试题要求的。

1. 在法国教育史上，享有"技术教育的宪章"之称的教育法案是（　　　）。

　　A.《阿斯蒂埃法案》　　　　　　B.《富尔法案》

　　C.《费里法案》　　　　　　　　D.《教育改革法》

2. 1907 年，意大利幼儿教育家蒙台梭利在罗马贫民区所创办的幼儿学校名称是（　　　）。

　　A. 快乐之家　　　　　　　　　B. 儿童之家

　　C. 工作之家　　　　　　　　　D. 游戏之家

3. 提出从做中学，从经验中学，以活动性、经验性课程取代传统的书本式教材的教育家是（　　　）。

　　A. 约翰·杜威　　　　　　　　B. 亨利·巴纳德

　　C. 本杰明·富兰克林　　　　　D. 贺拉斯·曼

4. 在德意志帝国时期，下列学校中地位最高的是（　　　）。

　　A. 国民学校　　　　　　　　　B. 中间学校

　　C. 文科中学　　　　　　　　　D. 实科中学

5. 提出平行教育思想，重视实施集体主义教育的苏联教育家是（　　　）。

　　A. 马卡连柯　　　　　　　　　B. 克鲁普斯卡雅

　　C. 苏霍姆林斯基　　　　　　　D. 乌申斯基

二、要求判断正误，并说明理由。

1. 蒙台梭利认为，相对于游戏，儿童更喜欢工作。

2. 杜威主张教育无目的。

拓展 >

补充读物

1 [美] 杜威:《民主主义与教育》,王承绪译,北京,人民教育出版社,2001。

　　本书全面阐述了杜威的实用主义教育理论,把民主的思想引入教育,就教育的本质、目的、内容、方法、教材等问题提出了许多独特的见解。

2 [意] 蒙台梭利:《童年的秘密》,马荣根译,北京,人民教育出版社,2005。

　　本书是蒙台梭利对幼儿之谜的探索和解答,记录了她在学前儿童方面的研究和教育工作,阐述了幼儿教育的原则和方法。

3 [美] 杜威:《我的教育信条:杜威论教育》,彭正梅译,上海,上海人民出版社,2013。

　　本书是对杜威实用主义教育思想的简练表述。

4 [苏] 马卡连柯:《马卡连柯教育文集》,吴式颖等编,北京,人民教育出版社,2004。

　　本书收集了马卡连柯的主要教育论文和报告,涉及教育理论与实践的一般问题、教育过程的组织方法、普通学校的教育工作、家庭教育等内容。

5 滕大春:《外国教育通史(第五卷)》,济南,山东教育出版社,2005。

　　本书系统展示了 20 世纪前半期欧美主要国家和日本、苏联的教育改革历史。

第八章

外国当代教育改革

本章概述

第二次世界大战结束后，世界进入相对和平稳定时期。无论是发达国家还是发展中国家，都非常注重开展教育改革，为发展本国科技、经济并提升综合国力培养人才。20世纪五六十年代，各国纷纷根据本国国情颁布各种教育法令、法案，出现了教育大发展的局面，但也出现了教育质量下降问题，因此，20世纪70年代，各国开始普遍关注教育质量的提高。20世纪80年代以后，在国际竞争日趋激烈的环境下，各国开始了新一轮的全面教育改革，出现了教育民主化、科学化、国际化的共同趋势。进入21世纪，为增强国家竞争力，各国纷纷注重提升教育质量，发展本国教育的薄弱环节。在各国开展教育改革的同时，涌现出众多教育思想流派，这对各国教育实践产生了不同程度的影响。

结构图

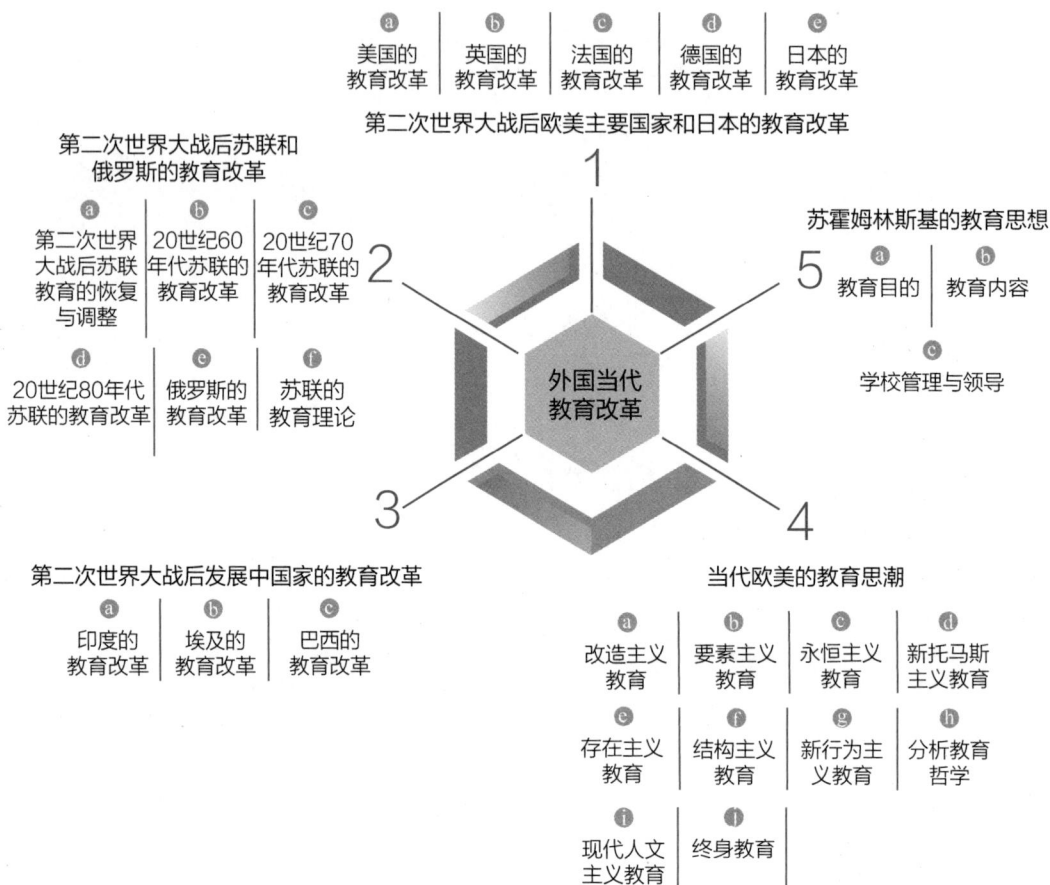

学完本章，你应该能够做到：

1. 了解第二次世界大战后美国、英国、法国、德国、日本教育发展历程，掌握第二次世界大战后美国、英国、法国、德国、日本教育改革的主要内容。

2. 了解第二次世界大战后苏联和俄罗斯教育发展历程，掌握第二次世界大战后苏联和俄罗斯教育改革的主要内容，掌握赞科夫的发展性教学理论，掌握巴班斯基的教学过程最优化理论，掌握阿莫纳什维利的合作教育学理论。

3. 了解第二次世界大战后印度、埃及、巴西教育发展历程，掌握第二次世界大战后印度、埃及、巴西教育改革的主要内容。

4. 掌握改造主义教育思潮的基本观点，掌握要素主义教育思潮的基本观点，掌握永恒主义教育思潮的基本观点，掌握新托马斯主义教育思潮的基本观点，掌握存在主义教育思潮的基本观点，掌握结构主义教育思潮的基本观点，掌握新行为主义教育思潮的基本观点，掌握分析教育哲学思潮的基本观点，掌握现代人文主义教育思潮的基本观点，掌握终身教育思潮的基本观点。

5. 掌握苏霍姆林斯基教育思想的主要内容。

读前
反思

　　新中国成立后，我国教育改革发展走过了 70 多载，取得了辉煌的成就，也存在很多问题。与此同时，欧美和日本等发达国家在不遗余力地进行教育改革，修复第二次世界大战给教育带来的创伤并通过发展教育使本国科技、经济始终处于全球领先地位。而与中国有着相似经历的其他发展中国家，独立后也通过教育改革促进综合国力的提升。第二次世界大战后世界各国的教育改革经历了怎样的历程？有哪些成功之处？存在什么问题？涌现了哪些教育思想和理论？出现了哪些具有世界影响力的教育家？我们能够从中汲取什么经验？得到哪些启示？

第一节
第二次世界大战后欧美主要国家和日本的教育改革

🎯 **学习目标**

1. 了解第二次世界大战后美国、英国、法国、德国、日本教育发展历程。

2. 掌握第二次世界大战后美国、英国、法国、德国、日本教育改革的主要内容。

第二次世界大战后，世界开始进入相对和平的历史时期，这为各国恢复和重建教育提供了新的发展机遇。欧美强国和亚洲日本的主要教育任务是医治战争带来的教育创伤，开展教育改革，为其在经济、军事、科技等领域的竞争作准备。20世纪80年代以来，随着国际竞争转向人才与知识的竞争，各国教育面临新的危机和挑战，从而掀起了又一轮教育改革高潮。

一、美国的教育改革

第二次世界大战给美国教育带来的冲击导致学生学业成绩下降，教师短缺。战后美国教育面临的首要挑战是解决退役军人就业问题。20世纪50—60年代，美国的教育改革重在加强学科课程教学，培养高级专业人才，反对种族隔离，促进教育公平。20世纪70年代，美国兴起生计教育和"返回基础"的教育改革，旨在加强职业技术教育和中小学基础知识、基本技能教学。20世纪80年代以后，美国开始进行教育综合改革。

（一）20世纪50—60年代美国的教育改革

1.《国防教育法》

1957年10月，苏联成功发射人造地球卫星，引起美国社会极大震惊，美国认为这表明其在"冷战"中输给苏联。美国社会各界开始反思多年来国家对教育投入的不足和学校教育水平的低下，并强烈要求改革美国学校教育。1958年，美国联邦政府颁布《国防教育法》。该法令主要包括以下内容。

（1）加强"新三艺"（自然科学、数学、现代外语）教学。加强实验室、视听室等硬件设施建设，更新教学内容，采用计算机等现代化教学手段，提升师资水平。

（2）加强职业技术教育。为了有计划地开展职业技术教育，各地区应建立专门的职业技术教育领导机构，以培养更多具有科学技术的专门人才或熟练工人。

（3）加强"天才教育"。鼓励有才能的学生升入高等教育机构学习，培养拔尖人才。

（4）增拨教育经费。增拨教育经费主要用于增加学生贷款，加强"新三艺"教学，设立国防研究奖学金，促进天资优越学生的培养，增添现代教学设备和改善职业教育等。

《国防教育法》的颁布体现出美国认识到教育与国家安危和前途命运密切相关，是美国加快人才培养的紧急措施。美国教育在内容、方法、组织形式等方面力图摆脱实用主义教育思想的影响，更加强调理智训练，并加快了教育发展速度。1964 年，美国国会又通过《国防教育法修正案》，将《国防教育法》有效期延长至 1968 年，并进一步扩充了法案内容，增加了学生贷款和奖学金名额。

2. 20 世纪 60 年代美国的教育改革

（1）中小学课程改革

1959 年 9 月，美国科学院邀请心理学家布鲁纳担任主席，召开了中小学课程改革大会。会后布鲁纳起草会议总结报告，并以《教育过程》为名出版。其主要内容包括：注重早期教育，发掘儿童智力潜能；逐级下放科学技术课程，缩小高级知识与基础知识的差距；以结构主义思想为指导设计中小学课程；鼓励学生采用发现法学习。此后专家依据会议主旨编制了新教材，但是新教材知识过于艰深，不能很好适应教师和学生的使用需要，并未达到预期效果。

（2）促进教育平等

1964 年 6 月 2 日，时任美国总统林登·约翰逊（Lyndon B. Johnson）签署了《民权法案》。该法案规定禁止接受联邦资助的机构在种族、肤色、宗教和民族血统等方面存在歧视行为。法案还授权美国司法部部长采取法律行动，促使学校取消种族隔离。

1965 年，美国国会通过了《中小学教育法》。该法案肯定了 20 世纪 50 年代末开始的教育改革，重申了黑人白人合校政策，并制定了针对处境不利儿童的教育措施。《中小学教育法》规定切实执行合校政策的学校可领取政府高额补助金，而拒绝执行的学校不能享受。联邦政府将 80%左右的联邦教育资金拨给各地方学区，用来帮助贫困和处境不利儿童。1966年和 1967 年，美国分别颁布《中小学教育法》的修正案，使该法案在实施中不断扩充完善。

（3）提升高等教育质量

20 世纪 60 年代，美国高等教育的长足进步得益于一系列法案的实施：《高等教育设施法》（1963 年）、《高等教育法》（1965 年）、《高等教育法修正案》（1968 年）。这些法案的主旨是增加高等教育拨款以更新高校科研设备，提高学生贷款和奖学金数额，提升高校教学质量，大力培养科学技术人才。此举极大促进了美国综合国力的提升，1970 年美国每万人中有大学生 427 人，比 1960 年增加了 1.37 倍。与此同时，美国的两年制社区学院发展迅速，至 1970 年社区学院学生占高校在校生人数的 25%。

（二）20 世纪 70 年代美国的教育改革

1973 年的"石油危机"导致美国社会失业现象严重，暴露出其职业教育和中小学教育发展存在问题。20 世纪 70 年代教育改革的重点是生计教育和"返回基础"。

1. 生计教育

1971 年，美国教育总署署长马兰（Sidney P. Marland）提出生计教育。不同于职业教育，生计教育以职业教育和劳动教育为核心，贯穿人的一生，注意加强教育和工作的联系，在促使人获得谋生技能的同时，形成个人独特的生活方式。因此，生计教育的对象包括幼儿园幼儿，中小学、高校学生和成人，并且中小学是实施生计教育的重要阶段。1~6 年级学生了解各种职业，确定自己的兴趣倾向；7~10 年级学生钻研学习自己感兴趣的职业；11~12 年级学生进行职业决策，为将来从事某项职业作准备。生计教育培养人具有适应社会变化的能力，能够解决就业问题并促进社会繁荣。1974 年，美国国会通过《生计教育法》，1977 年，美国国会众议院通过"生计教育五年计划"，拨款 4 亿美元专项经费。

> **生计教育**
>
> 不同于职业教育，生计教育以职业教育和劳动教育为核心，贯穿人的一生，注意加强教育和工作的联系，在促使人获得谋生技能的同时，形成个人独特的生活方式。

2. "返回基础"

在美国基础教育委员会倡导和推动下，"返回基础"成为 20 世纪 70 年代后期美国教育改革的主题。"返回基础"改革重视中小学生基础知识和基本技能的训练，强调教学过程中教师的主导作用和严明纪律，规定学生统一着装，甚至允许体罚。教学方法以背诵、练习、作业、测验为主，以考试成绩作为学生升、留级和毕业的标准，取消诸如泥塑、编织之类的选修课，取消学校社会服务性项目，如性教育、禁毒教育等，恢复爱国主义教育。"返回基础"旨在消除进步主义教育运动导致的学生基础知识薄弱，并纠正 20 世纪 60 年代教育改革造成的教学内容难度过高的倾向，是一种恢复传统的教育思潮。但由于其忽视学生的主体性也遭到许多批评，到 20 世纪 80 年代逐渐沉寂。

（三）20 世纪 80—90 年代美国的教育改革

20 世纪 80—90 年代，美国开始进行教育综合改革，致力于创造一个学习化社会。

1.《国家在危机中：教育改革势在必行》

1983 年，通过对全美学校教育 18 个月的调查，美国"全国教育优异委员会"（The National Commission on Excellence in Education）向美国联邦教育部提交了名为《国家在危机中：教育改革势在必行》的报告。美国联邦教育部将此报告批转下发各州，作为各州教育改革的指导文件。报告就美国教育改革提出如下建议：（1）加强中学五门"新基础课"（数学、英语、自然科学、社会科学、计算机）的教学。（2）提高教育标准。（3）提高师资标准和教师待遇。（4）各级教育行政部门加强对教育改革的领导和落实。在此纲领性报告的指引下，美国各州迅速采取提高毕业标准、整顿教师队伍、增加测试等教改措施，这对美国教育发展产生了积极影响。

2. 《普及科学：美国 2061 计划》

为了提高美国科学教育质量，培养适应 21 世纪科技发展需要的合格公民，美国科学促进协会（American Association for the Advancement of Science，AAAS）于 1985 年聘请全国 400 名专家组成全美科学技术教育理事会，分五个学科小组研究美国至 21 世纪初期的基础教育改革计划，形成了涵盖五个专题的报告《普及科学：美国 2061 计划》。① 该报告以美国中小学课程改革为核心，旨在使美国所有儿童得到基本的科学、数学、技术教育，发展综合思维能力。该报告的五个专题分别是："生物科学和保健科学"，"数学"，"自然科学、信息科学和工程学"，"社会科学和行为科学"和"技术"。这五个专题所阐发的最新科技成果为学校课程教材改革提供了重要参考。

3. 《美国 2000：教育战略》

20 世纪 90 年代后，美国为保持其世界领先地位，继续推进教育改革。1991 年，美国总统乔治·布什（George Herbert Walker Bush）签发由教育部部长亚历山大起草的《美国 2000：教育战略》，该报告成为美国教育改革的纲领。该报告详细阐述了美国 2000 年教育改革的六大目标和四大实施战略，力图提高美国基础教育水平，提升美国公民整体素质，勾画出全国性教育改革蓝图。

（四）21 世纪美国的教育改革

2001 年，美国总统乔治·布什签署《不让一个孩子掉队法案》，该法案成为对美国新世纪教育改革影响最为广泛的法案。该法案面向全体学生和教师，注重测验分数对学生的评价作用，注重提高来自低收入家庭和少数族裔学生的成绩，扩展联邦政府的教育责任，使联邦政府参与教师资格认定。法案规定各州应在课程和评价体系建设以及提高师资力量方面承担更多责任，加强家庭教育与学校教育的联系，加强学校评估。在《不让一个孩子掉队法案》的压力下，联邦政府、州、学校、教师等迅速投入教育改革之中，取得了显著成就，但也产生了一些急功近利的教育现象。

进入 21 世纪后，美国发布《高中最后一年错失的机会》报告、《拓展我们的视野：不让一个高中学生落伍》报告，开展 "3A 计划" 改革，即 "提升学业成绩"（raise achievement）、"强化联系"（improve alignment）、"提供更多选择"（provide alternatives），大力推进高中教育个性化发展。美国高中实行弹性学制，鼓励学生按照自己的进度完成学业。美国高中为学生提供较大的学习目标选择空间，为高中最后一年学生的各种未来选择提供个

---

① 《普及科学：美国 2061 计划》于 1985 年发布，这一年恰逢哈雷彗星返回地球。哈雷彗星每 76 年环绕太阳一周，因此，人类将在 2061 年才能再次观测到这颗彗星。曾担任过卡特政府教育部副部长的美国科学促进协会教育分会负责人、自然科学教授卢瑟福（F. James Rutherford）以 "2061" 命名这项计划，意在说明这次科学教育改革的目标和措施具有长远性、持久性和坚韧性。

性化指导，帮助学生实现各自的发展目标。2009 年，执政的奥巴马政府增加高等教育经费预算，140 亿美元用于大学补助经费，简化高等教育经济资助程序，并将学生贷款项目增加至 60 亿美元，同时，提供 25 亿美元的"大学入学和毕业激励资金"用来支持低收入学生完成大学教育。

进入 21 世纪后，美国非常重视科技教育。2002 年，美国教育部出台《2002—2007 年教育战略规划》，强调提升科技教育意识，营造科技教育氛围。2006 年，布什政府提出《美国竞争力计划——在创新中领导世界》，在接下来的 10 年斥资 1360 亿美元发展科技教育，培养创新人才。2011 年 7 月，美国国家研究理事会（National Research Council）发布《K-12 科学教育框架：实践、跨学科概念和核心概念》（简称《框架》）。《框架》强调一种新的科学教育观，即科学教育应将科学知识学习和科学实践结合起来；为提升科学教育实践的重视程度，《框架》特别强调科学教育与工程教育相结合，使学生在参与工程实践活动过程中提高运用科学知识解决实际问题的能力；《框架》还建议美国高中加强 STEM（Science, Technology, Engineering and Mathematics，简称"STEM"）素养教育。

提高教育质量和确保教育公平是美国在第二次世界大战后教育改革的两大主题。虽然面临诸多困难，但美国教育仍注重在不断改革调整中为国家发展培养大批人才，这确保美国在全球竞争中处于领先地位。

二、英国的教育改革

第二次世界大战后英国在其教育各个领域进行了紧锣密鼓的系统改革，希望能恢复昔日霸主地位。

（一）《1944 年教育法》

1944 年，英国议会通过教育大臣巴特勒（Richard A. Butler）递交的教育法案，称《1944 年教育法》（即《巴特勒教育法》）。该法案规定英国公共教育体系由初等、中等和继续教育组成，确立了英国中央与地方在教育行政管理体制上的"伙伴关系"，促进了公共教育经费增长。该法案提出的免费中等教育原则，推动英国至 20 世纪 60 年代初基本普及了 10 年义务教育，同时也带动了师范教育和高等教育的发展。该法案确立了英国战后教育发展的基本方向。

（二）20 世纪 60—70 年代英国的教育改革

1. 综合中学运动

第二次世界大战后英国沿用战前业已形成的中等教育"三轨制"，即文法中学、技术中学、现代中学。① 但是通过"11 岁考试"选拔学生进入三类中学的做法被认为具有阶级偏见。20 世纪 60 年代，废除"11 岁考试"和中等教育"三轨制"成为英国经济社会发展和教育民主化运动的需要。1964 年，英国工党执政后，将"三轨制"中学合并成为综合中学，遂形成了"综合中学运动"。英国保守党与工党政见不一，主张精英教育，反对"平均主义"。因此，在两党轮流执政的过程中，综合中学的发展也几经波折，但中等教育由选拔精英向普及大众的转型已是大势所趋。1980 年，英国综合中学学生人数已经占全部公立中学学生人数的 88%。② 但是英国的综合中学运动并没有触及传统的私立精英教育机构"公学"。

2. 师范教育改革

第二次世界大战战后初期，英国在恢复发展教育的过程中急需大量中小学教师。"地区师资培训组织"应运而生。该组织是以大学为中心，由地方教育当局和地方师范院校共同组成的地区师范教育联盟。此外，英国各地还建立了教育学院、大学教育系、艺术师资培训中心等多种师范教育机构。这些机构促进了英国战后师范教育一体化并培养了大规模师资。20 世纪 60 年代后期，英国人口出生率骤减导致师资需求下降，英国政府开始对师范教育紧缩调整。1972 年，英国"师范教育培训和调查委员会"发表了《詹姆斯报告》，建议取消"地区师资培训组织"，构建由普通高等教育、职前培训和在职培训组成的"三段制"师范教育模式。此后，英国师范教育发生了一系列重大变革。师范教育逐渐完成了由定向型向非定向型的转变，成为大学或多科技术学院中的一个专业。

表 8.1 英国各年度大学和其他院校招收师范生人数统计表

年份	大学	其他院校
1960	3 000	25 000
1965	3 806	36 324
1970	5 293	48 082
1972	5 578	53 000
1975	5 544	42 244
1978	4 932	13 442
1981	5 523	10 867
1984	5 592	11 115

【资料来源】 王承绪、徐辉：《战后英国教育研究》，361 页，南昌，江西教育出版社，1992。

---

① 在"三轨制"的中等教育中，文法中学历史悠久且享有崇高的学术声誉，为学生进入大学作准备；技术中学偏重技术教育，学术地位低于文法中学；现代中学招收"11 岁考试"不及格的学生，为就业作准备。1953 年，哈尔西（Halcy）和加德纳（Gardner）研究表明，现代中学学生主要来自体力劳动阶层，而这个阶层在文法中学学生中的比例还不到 1/4；文法中学的学生则大多数来自中产阶级家庭，这个阶层的子女很少在现代中学就读。

② 贺国庆、于洪波、朱文富：《外国教育史》，433 页，北京，高等教育出版社，2009。

3. 高等教育改革

固守精英教育模式的英国传统大学无法满足战后经济社会发展对人才培养的需要。1963年,旨在解决高等教育服务社会问题的《罗宾斯报告》发表。该报告的主要原则是:"高等教育的课程应该向所有能力上合格的,并希望接受高等教育的人开放"。此后,英国高等教育在新大学创办、大学入学人数、大学课程设置等方面均实现了大规模扩展。1966年,英国政府颁布《关于多科技术学院和其他学院的计划》白皮书,英国开始实施高等教育的"双重制",即高等教育由大学和多科技术学院组成。政府通过大学拨款委员会向大学拨付经费,大学享有自治和学位授予权。而多科技术学院由地方教育当局拨付并管理经费,由"全国学位授予委员会"或伦敦大学授予学位。创办开放大学是此时英国高等教育为社会服务的又一重要举措。开放大学以成人为主要教育对象,教学方式灵活多样。开放大学于1969年获得皇家特许状,并于1971年正式开学。

(三) 20 世纪 80—90 年代英国的教育改革

1.《雷沃休姆报告》

1981—1983年,英国高等教育研究会连续发表了十份专题报告,统称为《雷沃休姆报告》。该报告提出以高等教育的多样化发展替代"双重制",以促进高校间的交流合作;拓展高等教育的入学渠道并调整课程内容和学位结构,以适应经济社会发展的多样化需求;提高大学教学和科研水平并实施贷款和助学金相结合的资助形式。《雷沃休姆报告》的改革建议被后来多个政府报告和教育立法采纳,对英国高等教育发展产生了深远影响。

2.《1988 年教育改革法》

1988年7月,英国议会通过了《1988年教育改革法》。首先,该法案加强了英国中央政府对教育的管理和控制。英国中小学课程历来由地方教育当局、校长和教师决定。法案规定在义务教育阶段实施统一的"国家课程"。为参加中小学阶段学习标准统一并对各校进行评估,法案规定学生在7岁、11岁、14岁、16岁参加四次全国性考试。为加强中央政府对高等教育的控制,法案取消了高等教育的"双重制",使多科技术学院脱离地方教育当局管辖,取得与大学同等的法人地位。其次,为提高教育质量,增强学校间的相互竞争,该法案规定在中小学实行"开放入学"和"自由选择"政策,给予家长更多的教育参与权和选择权。最后,该法案规定创建城市技术学校和城市艺术技术学校等中等教育机构,培养应用型科技人才。《1988年教育改革法》在很多方面改变了英国的教育传统,对英国教育改革产生了不可忽视的作用。

根据《1988年教育改革法》的课程设置规定,英国中学四、五年级的统一课程设置见表8.2。

表 8.2　英国中学四、五年级课程设置表

基础教育课程	占总课时的比例 /%
英语	10
数学	10
综合理科	10~20
工艺学	10
现代外语	10
历史和地理	10
艺术 /音乐 /戏剧 /设计	10
体育	5
附加科目：第二现代外语、古典文学、家政、历史、地理、商业学科、艺术、音乐、戏剧、宗教学科	10

【资料来源】王承绪、徐辉：《战后英国教育研究》，154 页，南昌，江西教育出版社，1992。

（四）21 世纪英国的教育改革

21 世纪英国工党执政以来的教育改革注重教育民主化和教育机会均等。首先，在学前和初等教育方面，英国通过推行"国家儿童养护政策"和"良好开端计划"确保提供更好的幼儿教育。英国注重拓宽小学课程并通过"识字和计算策略"强化儿童的基础知识教育。其次，在中等教育方面，英国政府于 2005 年颁发《14 岁至 19 岁教育与技能白皮书》。白皮书旨在缩小学校与学生之间的差距，建立融合学术性与职业性的中等教育系统。高中教育改革以提供个性化课程，加强高中教育个性化发展为主。最后，在高等教育方面，英国政府于 2003 年发表《高等教育的未来》，致力于提高高等教育质量与扩大入学机会等。21 世纪以来，英国的教育改革贯彻了工党"第三条道路"的执政精神，注重教育发展的公平性和折中性。

为促进科学教育发展适应时代需要，英国政府于 2000 年推出了新的《国家科学教育课程标准》。该标准规定学生应学习科学探究、生命进程及生物、物质及其属性和物理过程三方面的内容。科学教育的基本原则是：提供合适的学习挑战，满足学生多样化的学习需求，克服学生在学习过程和评估实践中所面临的困难。

第二次世界大战后，英国教育在综合中学运动、《1988 年教育改革法》等的作用下，逐渐向公平化方向发展。在这个发展过程中，英国政府特别重视任命各种专家委员会或研究会就有关教育问题进行调查研究，并将其研究报告作为制定相关政策法规的依据，确保国家教育改革的科学性和客观性。虽然英国保守党主张精英主义，工党坚持大众主义，两党轮流执

政使第二次世界大战后英国教育发展有所波动，但是两党都十分重视教育改革，对各自的教育政策及时进行反思和调整，使英国的教育事业在传统基础之上不断变革以适应社会发展的需要。

三、法国的教育改革

第二次世界大战后，为了适应并促进战后法国社会发展的紧迫任务，法国教育面临重建和改革的挑战。法国政府为促进教育民主化和现代化进行了多次改革。

（一）《郎之万-瓦隆教育改革方案》

1945 年，法国议会组建教育改革委员会，由著名物理学家郎之万（Paul Langevin）任主席，著名心理学家瓦隆（Henri Wallon）任副主席。1947 年 6 月 9 日，教育改革委员会向法国教育部提交了《教育改革方案》（又称《郎之万-瓦隆教育改革方案》）。该方案确立了战后法国教育改革的基本原则——"公正原则"和"定向原则"。这两项原则保证国家向所有公民提供与其能力相适应的教育，并使他们获得最有利于其成功的职业岗位。该方案将儿童教育分为两个阶段。第一阶段为强迫义务教育，面向 6~18 岁儿童实施，具体分三段实施：第一段对 6~11 岁儿童实施统一性的基础教育；第二段对 12~15 岁儿童进行定向教育；第三段对 16~18 岁儿童进行分科教育，即学生通过前一阶段四年的观察和方向指导，分别进入学术型、技术型和艺徒制学校学习。第二阶段为高等教育，招收学术型学校毕业的学生，分为大学预科和大学教育，修业年限各为两年。大学预科是进入大学教育的过渡准备时期。

虽然《郎之万-瓦隆教育改革方案》在当时未能得以实施，但是其提出的教育改革思想成为法国此后教育改革的重要依据，促进了法国初等教育和中等教育的衔接以及中等教育的普及。在该法案的影响下，法国从 1945 年起在中学开展了大量教学改革实验。

（二）20 世纪 50—60 年代法国的教育改革

1. 初等与中等教育改革

1959 年 1 月 6 日，法兰西第五共和国政府颁布实施《教育改革法》，将法国原有 6~14 岁儿童的义务教育延长到 16 岁。其中 6~11 岁为全体儿童必须接受的统一初等教育。法案取消了小学升中学的考试，绝大部分儿童都可进入中等教育第一阶段的观察期，即 11~13 岁阶段，为将来选择发展方向作准备。中等教育的第二阶段为 13~16 岁，分为短期型和长期型，分别为儿童就业和升入大学作准备。但是至 20 世纪 60 年代初，能够进入中等教育观察期的儿童只占所有儿童的半数左右，普及中等教育状况并不理想。

1959 年 12 月，法国政府颁布《国家与私立学校关系法》，规定私立学校可以在自愿的前提下和政府签订契约，在学制、教学大纲、师资、教学设施等方面履行契约，接受政府检查合格的情况下，就可以由政府支付私立学校教师工资，并提供设备费、维修费等。国家保证私立学校宗教信仰自由并享有正当权益。法国希望通过该法案加强政府对教会和私人办学的引导和控制。

2. 高等教育改革

1968 年 5 月，法国巴黎爆发"五月风暴"，这促使法国政府和高等教育界考虑教育民主化问题。时任教育部部长富尔（M. Faure）主持了法国高等教育改革。法国议会于 1968 年 11 月通过并颁布了《高等教育方向指导法》（又称《富尔法案》）。该法案具体确立了法国高等教育发展的"自主自治、民主参与、多科性结构"三项原则，并规定大学享有行政自治、教学自治、财政自治；大学内部人士如教师、学生、教学管理人员以及校外人员都有权力参与学校事务管理；大学取消院系，设立由"教学与科研单位"集合而成的多科性大学，加强各学科间的联系，开展跨学科研究和教学。《高等教育方向指导法》的改革精神与法国传统的中央集权教育管理体制格格不入，因此该法案的实施效果并不尽如人意。

（三）20 世纪 70—80 年代法国的教育改革

1. 20 世纪 70 年代法国教育改革

在 20 世纪 70 年代席卷西方世界的经济危机冲击下，法国教育改革的重点转为建立现代化学校体制，并加强职业技术教育。1975 年，法国议会通过了《法国学校体制现代化建议》（又称《哈比改革》）。《法国学校体制现代化建议》规定中小学应根据学生智力和能力发展水平决定入学、升级和跳级。该法案要求中小学开设有关科学技术和劳动技术类的课程，在中学开设职业性选修课以加强职业技术教育。该法案注重开展基于心理科学基础之上的教学改革实验，如"三分制教学法"等，以达到教学个性化的目的。《法国学校体制现代化建议》的推行，使法国中小学教育向实用化方向发展，提高了民众参与学校管理的程度，但是也导致了学生负担加重、教育过早职业化。

2. 20 世纪 80 年代法国教育改革

1985 年，法国将中央对教育的部分管理权下放到学区、省和市镇。20 世纪 80 年代，法国中小学教育改革注重提升学生的信息素养，并将计算机技术引入教学领域，鼓励学生掌握两门外语，重视培养学生的思维、合作能力。在职业技术教育方面，政府增加了相关投资，适时增设电子技术、自动化控制等专业，通过增设职业业士文凭提高职业教育的地位。在教师教育方面，法国改革中小学教师培养制度，师范学院通过公开考试的方式，从取得大学第一阶段文凭的学生中选拔合格者，进行为期两年的教师职业培训，并授予中小学教师资格。中小学教师的在职培训由学区负责，中央增拨经费提高教师待遇。在高等教育方面，1984

年，法国总统签署了由时任教育部部长萨瓦里（A. Savary）主持制定的《高等教育法》（又称《萨瓦里法》）。该法案提出高等教育现代化、职业化、民主化的新原则。该法案主张通过加强与校外企业和机构合作，加快科研成果转化等实现教育现代化；通过加强就业指导、开展职业教育课程实现教育职业化；通过吸纳教师、学生等参加高校管理实现教育民主化。该法案还规定大学设置校务委员会行使学校的决策管理权，大学享有学术自由等。在继承《高等教育方向指导法》基础上，《萨瓦里法》进一步推进法国高等教育向职业化和民主化方向发展，虽然这促进了法国大学适应社会发展需求，但是过度职业化倾向也使某些反对者担心其偏离大学教育目的，实施效果受到影响。

（四）20 世纪 90 年代法国的教育改革

20 世纪 90 年代，为了继续提高处境不利儿童的学业成绩，法国政府将"优先教育区"政策由小学推广到全各类中学。1995—1996 学年，法国优先教育区的数量达到 563 个，区内中小学生人数 112 万，占全国中小学总人数的 9%。法国设立总督学、学区督学、国民教育督学负责各级各类学校的教育督导工作，进一步加强学前教育与小学、小学与初中的过渡和衔接以提高学生的适应性。高中分科方向减少，向综合化方向发展。大学设立教师培训学院，开展师范教育，教师培训学院招收大学毕业获学士学位的学生，学制两年。1991—1992 学年法国 28 个学区均建立了教师培训学院。为了提升教师职业吸引力，法国政府着力提高中小学教师地位和待遇，为有意从事教师职业的毕业生设置专项津贴；与教师培训学院毕业生签订新的工资标准；提升在职教师工资。法国教育部还于 1998 年提出"第三个一千年大学计划"，促进大学重点学科和实验室的建设，增强大学的科技竞争力。

（五）21 世纪法国的教育改革

21 世纪以来，面对居高不下的辍学率和学业失败率，法国成立"学校未来全国教育讨论委员会"，在广泛听取广大民众意见的基础上，结合当时法国社会发展情况，于 2004 年 10 月 12 日发表《为了所有学生的成功》报告。该报告以"为了所有学生的成功"和"如何实现所有学生的成功"为核心，就未来法国公民应该具有哪些能力，国家如何促进学校培养学生的这些能力以及教育实践多样化等问题展开阐述。为了增强学校教育的公平性，该报告提出："学校的公正性还在于它如何处理最差和最不被看好的学生，在保护胜利者骄傲的同时，也保护失败者的自尊，给后者提供一个能够真正进入社会和选择职业的机会。"[①]2005 年 4 月 23 日，法国颁布《面向未来学校的方向与计划法》，以法律形式确立了《为了所有学生的成功》报告中的主张，注重教育的基础性、公正性和开放性。

---

① 戴天华：《为了所有学生的成功——法国全国教育大讨论总结报告概述》，载《世界教育信息》，2005（4）。

高中教育改革是 21 世纪法国教育改革的重点。2010 年 1 月，法国教育部实施《面向2010 年的新高中》，开启了高中改革，主要围绕三个主题：更好定向、更好辅导和学好外语。法国学生结束高一学习前需确定未来选择文科、理科或经济与社会科。"更好定向"方案为学生提供错选分科方向后变更方向、补习培训的机会。为了促进所有学生学业成功，学校实施"更好辅导"方案，为每位学生提供每周 2 小时的个别辅导。为了培养具有全球化和国际化视野的人才，"学好外语"方案提出每位高中生应至少掌握两门外语。为此，法国教育部于 2011 年 4 月组建"语言策略委员会"，负责推进各级学校的外语教学。面对信息社会的挑战，法国政府自 21 世纪以来面向基础教育和高等教育投资建设"知识数字空间"中小学信息网、数字校园等，推动了法国不同层次的教育信息化发展。

第二次世界大战后，法国通过不断颁布有关基础教育和高等教育的报告和法令，对各级各类教育进行民主化、实用化、职业化、现代化、信息化改革，使法国教育朝着实现公平并兼具效率的方向发展。

四、德国的教育改革

第二次世界大战以德国法西斯失败告终。美、英、法占领德国西区，建立了德意志联邦共和国，苏联占领东区，建立了德意志民主共和国。东、西德教育发展出现了不同道路（这里主要介绍联邦德国的教育发展状况）。直至 1990 年两德统一，教育开始按照联邦德国模式发展。

（一）第二次世界大战后联邦德国的教育重建

第二次世界大战后，联邦德国面临的首要教育问题是在战争废墟上重建学校，并改造纳粹教育制度。联邦德国在饱受战争摧残的城市和乡村因陋就简地建立起国民学校，至 20 世纪 50 年代初基本满足了民众就学需要。1947 年，盟国对德管制委员会发布"德国教育民主化基本方针"，对联邦德国教育进行民主化改革。1949 年《基本法》颁布，规定联邦德国教育实行地方分权管理体制，由各州行使最高教育管理权。联邦德国恢复了重视职业教育的传统，并新建了一批大学。

联邦德国的经济于 20 世纪 50 年代后实现高速发展，民众接受教育的诉求也越来越强烈。1959 年，德国教育委员会发布《改组和统一公立普通学校教育的总纲计划》（简称《总纲计划》）。《总纲计划》规定初等教育的六年包括前四年的基础学校教育和后两年的促进教育阶段。后两年是学生方向发展指导期，为学生通过考试遴选进入不同类型的中等教育机构作准备。在中等教育方面，《总纲计划》将中学分为主要学校、实科学校和高级中学，学生可以通过考试等方式在三种学校间流通，这为德国发展培养了各层次人才。

（二）20 世纪 60—70 年代联邦德国的教育改革

20 世纪 60 年代，联邦德国的教育事业明显落后于其他发达国家。为了改变这种落后状态，各州州长于 1964 年在汉堡签订了《关于统一学校教育事业的修正协定》（简称《汉堡协定》）。《汉堡协定》规定所有儿童应接受全日制九年制义务教育。为了促进学校教育更加民主化，联邦德国于 60 年代中期设立综合学校，但一直发展缓慢。为了加强中央对教育的领导，1969 年后，联邦政府先后成立联邦教育和科学部及联邦与州教育计划委员会。1970 年，联邦德国教育咨询委员会提出《教育结构计划》。该计划基于终身教育理念，着重构建一个包括学前教育和继续教育在内的教育系统，将入学年龄提前到 5 岁，对联邦德国教育事业发展产生了重要作用。

在高等教育改革方面，联邦德国于 1976 年颁布《高等学校总纲法》。该法案在保留德国传统大学自治、学术自由特色的基础上，注重挖掘大学生潜力以适应国际竞争的需要，规定大学修业年限为四年，提高大学办学效率。在职业教育方面，联邦德国创造性地实施了双元制职业教育模式，接受过九年义务教育的学生如果不能进入大学学习，可一边进入职业学校学习理论，一边到企业接受实际操作训练，最终通过考试获得技术工人等级证书。20 世纪 70 年代后联邦德国为了保证教师质量，规定学生必须参加师范院校学习，学生通过 18 个月的见习期和两次国家组织的统一考试合格后，才能获得教师资格。

> **双元制职业教育**
>
> 德国"双元制"模式，是在 20 世纪 20—50 年代后期逐步形成的，是一种青少年既在企业里接受职业技能培训，又有部分时间在职业学校里学习专业理论和普通文化知识的教育形式，它将企业与学校、理论知识和实践技能教育紧密结合起来，是一种主要以专业技术工人培养为目标的职业教育制度。

（三）20 世纪 80 年代联邦德国的教育改革

20 世纪 80 年代以后，联邦德国在基础教育改革方面注重个别化教育，开发儿童潜能，增设环境教育课程，使普通中学教育与职业教育课程相互融合。在高等教育方面，修订《高等学校总纲法》，赋予大学更多自主权，加强大学信息技术教育。师范院校逐渐并入综合大学，此举提高了师范教育的层次，也提高了教师质量。

（四）20 世纪 90 年代统一后德国的教育改革

统一后的德国在教育领域开展了一系列改革。为了提高教育效率，减少青少年问题，德国于 2000 年后逐渐将半日制学校改为全日制学校，并缩短学制。为了保证基础教育质量，德国成立了国家教育质量研究所（IQB），制定全国性教育评价标准并监督落实。新世纪社会经济结构的变化导致职业岗位的更新和变革，德国根据市场需求，在职业教育中及时更新课程设置。在职业教育过程中，增加课程的行动性和情境性，加强对学生综合操作能力的考核。2005 年，德国通过《联邦职业教育法》，增强了对职业教育形式的宽容度，承认社会机构举办的职业培训，全日制职业学校与"双元制"职业学校对学生进行的职业教育具有同等地位。

20 世纪 90 年代以来，德国实施了"卓越计划"，改变过去追求高等教育均衡发展的原则，转而发展精英大学。为此德国提高大学科研经费，扶持有潜力的研究项目，重点支持某些重点大学发展，采用以绩效为导向的办学经费分配制度，各州可根据实际情况实施高等教育收费制。德国在大学间引入竞争机制，修订《高等学校总纲法》和颁布《2020 年高校公约》《联邦制改革法案》等，赋予州和高校更多的办学自主权。

第二次世界大战后，德国教育在从其教育传统中汲取营养的同时，不断进行改革探索。"双元制"成为德国职业教育的成功模式。此外，德国也在实现基础教育的民主化和提高高等教育效率等方面进行持续改革。

五、日本的教育改革

日本帝国主义在其发动的第二次世界大战中彻底失败，战败后的日本被以美国为首的盟军部队控制。在盟军司令部敦促下，日本开展旨在肃清法西斯军国主义势力影响的教育改革，并在此基础上逐渐恢复明治时代优先发展教育的传统。

（一）《教育基本法》和《学校教育法》

日本国会于 1947 年 3 月 31 日颁布了《教育基本法》和《学校教育法》，并于 1948 年 6 月废止具有军国主义思想的《教育敕语》，指明了战后日本教育发展方向。《教育基本法》的主要内容为：实施九年义务教育；禁止宗教教育和党派宣传；教育机会均等；培养身心健康、爱好和平的国民；提高教师地位；鼓励发展家庭和社会教育。《学校教育法》是《教育基本法》的具体化，其主要内容是：加强地方的教育领导权；实行男女同校，采用"六三三四"单轨学制；高中兼具普通教育与专门教育职能；高等教育机构实行单一类型的大学，提升大学的学术水平，实行学分制，大学以上设研究生院。《学校教育法》在实施过程中根据社会发展需要，进行了多次修改。

（二）20 世纪 50—60 年代日本的教育改革

20 世纪 50—60 年代是日本经济发展的高速增长期，也是日本教育快速调整发展期。发展职业教育和培养高科技人才成为这一时期日本教育改革的主题。日本文部省于 1951 年 6 月公布《产业教育振兴法》，加强职业高中的教材和师资力量建设，将职业课程融入普通高中教学中，这是为不能升入大学的学生所作的就业准备。1957 年 12 月，日本制定《新长期经济计划》（1958—1962 年），该计划增加了大学理工科学生名额，加强科学技术教育。1960 年 12 月，日本制定《国民收入倍增计划》（1961—1970 年），该计划提出开设工业高中，增加公共职业训练机构的数量以强化科技与职业教育。1965 年 1 月，日本制定《中期经济计划》（1965—1968 年），该计划提出加强研究生院教育以培养高端人才。1967 年 3 月，日本制定《经济社会发展计划》（1967—1971 年），该计划提出加强就业指导，重视能力考核，增招研究生等。持续不断的教育改革和投入成为日本经济发展的强大推动力。

（三）20 世纪 70 年代日本的教育改革

1971 年 6 月，日本中央教育审议会向文部大臣提交了一份名为《关于今后学校教育综合扩充、整顿的基本措施》的咨询报告。在中小学教育方面，该报告提出政府应为所有儿童提供均等的教育机会，保证师资水平，使中小学教育能够发展儿童个性并为儿童的终身成长打下基础。为此，中小学教育改革应注意开展实验研究，加强各级教育之间的衔接，设计多样化的课程体系，采用多种教育组织形式，改善私立学校办学条件，增设幼儿园并修订相应课程，加强针对残疾儿童的医疗和教育工作，通过各种方式提升教师质量并为教师提供专业成长机会，成立教育问题研究中心机构。在高等教育改革方面，该报告提出高等教育机构应享有学术自由，向社会开放，提高学术水平。为此，报告将日本的高等教育机构分为"大学""初等学院""技术学院""研究机构""研究生院"五类。高等教育机构实行学分制，面向公众开放，实施民主高效的管理体制和教师绩效管理制度，促进私立高等教育机构的发展，改善学生学习环境，丰富学生文体活动，探索国家统一考试与高校自主测试相结合的大学招生体制。此后，日本的教育改革采纳了报告的建议，满足了社会发展和民众对教育的需求。

（四）20 世纪 80—90 年代日本的教育改革

20 世纪 80 年代后日本的基础教育改革重视提高学生的外语水平，加强信息技术教育，培养学生的个性和健全人格，在高中阶段推行弹性化的学习方式和多样化的招生制度。1984 年 8 月 21 日，日本国会批准成立"临时教育审议会"，负责调查、处理和审议教育问题。"临时教育审议会"提出日本教育改革的三原则：重视个性，终身学习，适应时代变化。1987 年，日本设立大学审议会，在其建议下，90 年代以后日本对高等教育发展进行了诸多改革。日本通过实行大学法人化，提高大学办学的自主性和自律性，建立大学自我评估和第三方评估制度，推行教师聘任制，扩大研究生规模，建立了"研究生院大学""独立研究科""专业研究生院""函授制研究生院"等多种形式的研究生培养机构。1996—1997 年，第 15 届中央教育审议会提出《展望 21 世纪我国教育的理想状态》的报告，对临时教育审议会的教育改革意见进行了进一步深化。20 世纪 90 年代以来，日本右翼思想抬头，《学习指导纲要》添加了军国主义教育内容。1999 年的《国旗国歌法》颁布后，日本全国开始推行国旗国歌教育。

日本一直致力于构建终身教育体系。1988 年，文部省将社会教育局改为终身学习局，各都、道、府、县也建立了终身学习管理机构。1990 年，日本国会通过了《关于振兴和完善终身学习推进体制的法律》，进一步确定了建立终身学习体制的具体方针。

（五）21 世纪日本的教育改革

2002 年 4 月，日本开始推行新的学习指导要领，实施"宽松教育"，但是此后日本基础教育阶段出现"教育荒废"现象，教育质量下降。为了应对这种情况，2005 年 10 月，日本中央教育审议会发表《开创新时代的义务教育》报告，明确学校教育的职责是培养儿童掌握基础知识和基本技能，具备思考能力和创造能力，成为全面发展的个体。日本基础教育的整体走向发生改变。21 世纪，日本高等教育改革的重点是国立大学法人化改革。通过改革，日本国立大学取得法人资格，获得了更大自主权和自我责任，设立理事会，成立由理事和校外人士组建的经营协议会。大学由"知识共同体"转为"知识经营体"，更有创造性地开展教学和科研活动，更具个性化。2010 年，日本国立大学财务经营中心和法人评价委员会一致评价国立大学法人化改革取得了良好成效。

日本善于模仿和借鉴，第二次世界大战后，日本的教育改革深受美国影响，自上而下建立起的资本主义民主教育体制，对日本经济迅速起飞起到了重要作用。但是，过度的教育功利化也导致出现儿童压力过大和"校园暴力"等问题，成为日本教育改革一直致力于解决的难题。此外，日本的爱国主义教育并没有建立在对自身侵略历史的深刻反思认识基础上，屡次出现篡改教科书、美化侵略战争的行径，军国主义思想有死灰复燃之势。

第二节
第二次世界大战后苏联和俄罗斯的教育改革

学习目标

1. 了解第二次世界大战后苏联和俄罗斯教育发展历程。
2. 掌握第二次世界大战后苏联和俄罗斯教育改革的主要内容。

苏联的教育事业在第二次世界大战中蒙受了巨大损失。卫国战争胜利后，苏联进入战后教育恢复时期，经过十余年的努力基本恢复到了战前水平。20 世纪 50 年代，为了在"冷战"中取得优势，苏联非常重视教育改革。20 世纪八九十年代，社会制度的变化导致苏联和俄罗斯的教育结构也发生了深刻变

3. 掌握赞科夫的发展性教学理论。

4. 掌握巴班斯基的教学过程最优化理论。

5. 掌握阿莫纳什维利的合作教育学理论。

化，教育缺乏连续性和系统性。随着近年来俄罗斯的复兴，其教育事业又出现了新的发展局面。

一、第二次世界大战后苏联教育的恢复与调整

第二次世界大战后，苏联迅速恢复并重建遭受战争损坏的教育事业，1950 年，国家教育投资达到 57 亿卢布，是 1940 年的两倍。此外，苏联各农场、工会等也都动员起来兴办教育事业。

（一）基础教育的恢复与调整

苏联战后逐渐普及了七年制义务教育和中等教育。苏联中学历来比较重视知识教学，为学生升入大学作准备。战后数量有限的大学无法满足日益增长的中学毕业生的升学需要，而苏联经济的发展也急需大量的劳动者，未能升入大学的中学毕业生缺乏劳动技能训练，无法达到就业要求。因此，在中学阶段加强职业技术教育，促进教育与生产劳动相结合成为苏联中等教育调整的重点。1958 年 9 月，赫鲁晓夫提出《关于加强学校同生活的联系和进一步发展全国国民教育制度的建议》，苏维埃最高主席团据此通过了《关于加强学校同生活的联系以及进一步发展全国国民教育制度的法律》（以下简称《法律》）。《法律》将基础教育学习年限改为 11 年，1~4 年级为初等教育，5~8 年级为不完全中等教育，这两个阶段属于义务教育，9~11 年级为中等教育第二阶段。《法律》将中等教育第二阶段分为三种形式：第一种是青年学校或农村青年学校，属于函授性质的职业教育机构；第二种是全日制普通中学，进行完全中等教育，兼授综合技术教育；第三种是兼顾普通教育与职业教育的中等职业技术学校或中等专业学校。

1956 年，苏联决定建立寄宿学校，为家庭困难、残疾人和缺乏教育条件的儿童提供住宿和学习场所，促进了寄宿学校的发展。1958 年，赫鲁晓夫提出创办培养具有特殊天才儿童的学校，由于苏联教育界对此提议观点不一，直至 20 世纪 60 年代才得以实现。

（二）高等教育的恢复与调整

第二次世界大战后苏联高校学生数量迅速增加，苏联高等教育资源和师资力量面临巨大压力。1946 年，苏联创办社会科学学院，隶属于苏共中央，为高等院校培养师资，尤其是社会科学教师。1958 年，苏联对高等院校的招生制度进行改革，招生对象必须具有实践

工作经验，这虽然为军队复员人员上大学创造了条件，但是也造成中学毕业生不能升入大学，而招收的在职青年基础知识薄弱，导致高等教育质量降低。与此同时，为了加强成人教育，苏联全日制大学从 1959 年起开始创办函授部，进入函授部学习的成人数量增长迅速。

战后，苏联的教育恢复与调整取得了一定成效，加强职业技术教育、开办函授教育等满足了人们不同层次的教育需求。但是这些改革过分强调职业训练和生产劳动，严重削减了文化知识的学习时间，致使教育质量下降。

二、20 世纪 60 年代苏联的教育改革

面对教育改革中暴露出的过分注重劳动教育的现象，20 世纪 60 年代苏联的教育改革开始转向提高教育质量。1964 年 8 月，苏联颁布了《关于改变兼施生产教学的劳动综合技术普通中学的学习期限的决定》，压缩生产教学实践的时间，削减教学计划中的生产劳动时数，在教学中提高人文科学和自然科学知识的难度。苏联还组织专家根据当前科技文化发展情况重新编写中小学教学计划、教学大纲和教科书，更新教学设备，配备学科专用教室等。20 世纪 60 年代，苏联的基础教育改革对提高教育质量、为高校输送高水平新生起到很大作用，但也导致教学内容过难，教师难以施教、学生难以掌握的弊病。

1965 年以后，苏联高等学校逐渐恢复招收应届生，并废除从两年以上工龄青年中录取学生的规定，保证了入学新生的质量。为了提高非应届生的学业水平，苏联于 1969 年起设立预科，开设高等学校入学考试相关科目。苏联还给予大学更多的办学自主权，同时国家对大学教育内容实施严格监督。

三、20 世纪 70 年代苏联的教育改革

20 世纪 60 年代教育改革过分注重教育质量的提升，忽视职业技术教育的发展，使苏联不能进入大学的中学毕业生中的四分之三缺乏劳动技能培训。因此，劳动技术教育问题又被重新提起。1977 年 12 月，苏联颁布《关于进一步改进普通学校学生的教学、教育和劳动训练的决议》，要求中学必须对学生进行劳动技能训练，这为学生选择职业打下了基础。为此，该决议规定中学高年级学生劳动教学时间由每周 2 小时增加至 4 小时，成立专门教研室并配备高水平师资，由校办工厂、企业、农场等为学生提供劳动实践场所。由于中学加强了劳动教育，20 世纪 70 年代，苏联中学毕业生升入职业技术学校的比例大幅增加。

四、20 世纪 80 年代苏联的教育改革

苏联惯于采用统一的教学计划、教学大纲和教科书。这种整齐划一的教学体制易导致平

均主义，损害教师和学生学习的主动性和创造性。这种情况至 20 世纪 80 年代表现得尤为突出。而以美国为首的世界教育改革浪潮也触动了苏联。1988 年 12 月，苏联教育工作者代表大会确定教育改革多样化、民族化、可选择性、开放性、区域化等原则。与此同时，高等教育改革更注重民主化、去集权化等。作为社会主义国家，从第二次世界大战结束后至 1991 年解体，苏联一直在探索中进行教育改革，试图处理好普通教育与职业技术教育、劳动教育的关系，其中虽然不可避免地存在挫折和失败，但是也采取了许多行之有效的措施，为社会主义的国家教育改革提供了有益借鉴。

五、俄罗斯的教育改革

1991 年 12 月 25 日，苏联解体，俄罗斯成为解体后拥有独立主权的国家。苏联解体使俄罗斯经济、社会多方面遭受极大挫折。俄罗斯十分重视教育改革对国家发展的作用，不断推出各种教育法令和文件。

（一）20 世纪 90 年代俄罗斯的教育改革

1992 年 7 月，俄罗斯颁布了《俄罗斯联邦教育法》。该法将俄罗斯教育分为普通教育和职业教育两类，分别颁布教育大纲；鼓励企业、协会、宗教团体等创办教育机构，解决国家教育经费不足的问题，促进私立教育机构的发展；允许教育机构开办经营性活动来补充办学资金。该法确立了俄罗斯教育改革发展的方向，但由于国家政局动荡并未彻底实施。

1. 普通教育改革

《俄罗斯联邦教育法》将普通教育分为学前教育、初等普通教育（3 年制或 4 年制）、基础普通教育（初中 5~9 年级）、中等普通教育（高中 10~11 年级）。学前教育与中等普通教育改革力度较大。由于社会动荡导致俄罗斯幼儿园数量锐减，政府加强了幼儿园的多样性改革，创办了针对残疾儿童的特殊幼儿园，并支持私立幼儿园、特长幼儿园等多种幼儿教育机构的发展。俄罗斯中等普通教育的管理模式由中央集权制改为分权制，调动了各地的办学积极性，加强了各种中等教育机构之间的衔接和联系，逐渐采用个人缴费和吸引各种办学资金的方式保障办学经费。

2. 职业教育改革

《俄罗斯联邦教育法》将职业教育层次分为初等职业教育、中等职业教育、高等职业教育和高等后职业教育，并详细规定了各级职业学校的入学要求和教育目标。俄罗斯改变过去统一制订教学大纲的方式，允许地方和职业学校根据当地实际情况自行设置专业，制订教学计划，确定课程内容。俄罗斯的师范教育包括中等师范教育（师范中专、师范专科）、高等师范教育（师范学院、师范大学）和补充师范教育（教师进修学校、教育技能大学、教师技能提高及再培训学院、地方教育发展中心、教学—科研—师范综合体）。虽然俄罗斯的师范教育机构形式多样，但是缺乏资金导致教学设备陈旧和教师队伍不稳定等，这成为师范教育发展的巨大障碍。

（二）21世纪俄罗斯的教育改革

进入21世纪，随着俄罗斯的社会变革和发展，各级各类私立学校的数量和规模不断扩大。2012—2013学年，私立中小学数量达到697所，学生9.19万人，私立高校437所，学生人数达93.01万。私立学校规模扩大有利于满足不同受教育者的个性化需求，也可以培养新经济环境下不同领域的人才。为了规范私立学校的办学行为，保证私立学校的教育质量，俄罗斯教育主管部门持续加强对私立学校办学的监管。

俄罗斯高中教育阶段改革的重点是"侧重专业性教学"，即将高中分为人文科学、自然科学-数学、社会-经济学、信息-工艺学四个方向，学生可选择侧重学习某一方向，使学生可以实现个性化学习。

2001年，俄罗斯开始试点实施全国统一的大学入学考试，此举是为了减少各高校独立招生考试给毕业生带来的过多压力，遏制招生腐败，维护教育公平。经过八年的推进，2009年起，俄罗斯普通中学毕业生都必须参加国家统一考试。为了与国际教育接轨，融入欧洲高等教育体系，2003年，俄罗斯加入"博洛尼亚"进程，增强与欧洲高等教育的相互衔接。此后，俄罗斯的高等教育进行了多方向改革，实行了与国际接轨的学士、硕士两级高等教育体制，促进并开阔了高校师生的国际交流合作和国际视野，使俄罗斯的高等教育进一步走向世界。

20世纪90年代，俄罗斯一直致力于教育的整体改革，非公立化教育获得了较大发展空间。教育改革的方向是多元化、民族化、区域化、人道化、多样化。由于苏联解体造成的经济萧条、政局不稳，俄罗斯的教育改革在探索中缓慢前行。

六、苏联的教育理论

（一）凯洛夫及其《教育学》

凯洛夫是20世纪四五十年代苏联教育界的主要代表，其主编的《教育学》于1939年出版。《教育学》提出，教学过程本质上是一种特殊的认识活动，教学内容是知识、技能和熟练技巧，它们体现在教学计划、教学大纲和教科书当中；班级授课制是教学的基本组织形式，讲授法是最主要的教学方法；教学应该遵循直观性原则、自觉性与积极性原则、巩固性原则、系统性与连贯性原则、通俗性与可接受性原则。凯洛夫主编的《教育学》是以马克思主义为基础阐述教育问题的系统理论著作，是苏联师范院校的教科书。该书被翻译成中文，对我国师范院校教育学教材的编写体系和内容产生了一定影响。

（二）赞科夫及其发展性教学理论

赞科夫是苏联著名教育学家和心理学家，他从 1957 年开始主持教学与发展的实验研究，选定实验班并制订教学计划和教学大纲，编写教科书，最终在总结多年实验结果的基础上，提出了著名的发展性教学理论。赞科夫认为苏联教育历来注重知识和技能的掌握，而教育的目的应该是促进学生的"一般发展"，也就是促进学生智、情、意多种心理机能全面发展。他提出以高难度进行教学的原则、以高速度进行教学的原则、理论知识起主导作用的原则、使学生理解学习过程的原则和使所有学生都得到发展的原则。

赞科夫的教学实验对苏联的教育改革产生了重要影响，苏联于 1969 年将小学学制由四年压缩为三年，并按照赞科夫制订的教学计划和教学大纲组织小学教学。

> **发展性教学理论**
>
> 发展性教学理论由苏联著名教育家赞科夫提出，他认为教学旨在促进学生的"一般发展"，即各门学科引起的共同一致的发展，是学生身体和心理的全面发展，即包括了智力、情感、意志、道德品质、个性特点和集体主义精神的发展。

🔊 教育家语录

在我们实验体系的教学论原则中，起决定作用的是以高难度进行教学的原则。

——赞科夫

（三）巴班斯基及其教学过程最优化理论

巴班斯基是苏联的教育家和教学论专家，他对学校教学过程进行整体优化，从而在苏联罗斯托夫地区的普通学校取得了大面积克服学生留级现象的成就。教学过程最优化并不是采用某种教学方法，而是指"在全面考虑教学规律、原则、现代教学的形式和方法、该教学系统的特征以及内外部条件的基础上，为了使过程从既定标准看来发挥最有效的（即最优的）作用而组织的控制"①。也就是在综合考虑现有教学条件情况下，

> **教学过程最优化**
>
> 20 世纪 70 年代初期由苏联教育家巴班斯基提出的教学理论。教学过程最优化并非某种特殊的教学方法，而是科学地指导教学、合理组织教学过程的方法或形式，是在全面考虑教学规律、原则、现代教学的形式和方法、该教学系统的特征以及内外部条件的基础上，为了使教学过程从既定标准看来发挥最有效的（即最优的）作用而组织的控制。

---

① ［苏］巴班斯基：《教学过程最优化——一般教学论方面》，张定璋等译，55 页，北京，人民教育出版社，2007。

采取一套教学方案使师生花最少的时间和精力获取最好的教学效果。巴班斯基认为最优化教学需要教学过程中的各个成分有机整合。要实现教学过程最优化，教师需要对教学任务进行综合化和具体化，优选教学内容、教学方法、教学手段、教学形式、教学条件，并对教学效果进行反思评价。巴班斯基的教学过程最优化理论具有完整的方法论体系，对苏联和世界教育影响很大。

(四) 阿莫纳什维利及其合作教育学理论

苏联教育家阿莫纳什维利、雷先科娃、沙塔洛夫等人注重师生关系在教育过程中的重要作用，并协同其他研究者于 1986 年应苏联《教师报》邀请赴莫斯科郊区开展学术研讨，联合署名发表《合作教育学》一文，形成合作教育学理论。合作教育学理论提出采用"没有强制的学习"消除师生间的冲突，也就是取消分数，让学生在自由选择和自愿学习的基础上完成任务；主张采用综合大单元的方式给学生提供一些难度较高的学习内容，激发学生学习的兴趣和合作精神；反对对学生进行能力分组而伤害学生的信心和自尊心，主张让学生参与集体的创造性活动。尽管合作教育学理论并未得到普遍认可，但其观点对于苏联改革教学组织形式和教学方法都起到了积极作用。

第二次世界大战结束后，苏联教育事业很快得到恢复和发展。自 1958 年至 20 世纪 70 年代末，苏联的教育改革以中等教育为核心，一直在调和普通教育与职业教育在中等教育中的地位和关系。20 世纪 80 年代，苏联的政治困境也使其教育发展受到影响。苏联解体后，20 世纪 90 年代，俄罗斯致力于对教育进行整体改革。进入 21 世纪，俄罗斯将教育作为国家优先发展的战略领域，视为国家走上创新发展道路的必要条件，更注重提高教育的开放性和现代性，力图培养具有创新能力的青年。

第三节
第二次世界大战后发展中国家的教育改革

🎯 **学习目标**

1. 了解第二次世界大战后印度、埃及、巴西教育发展历程。

2. 掌握第二次世界大战后印度、埃及、巴西教育改革的主要内容。

第二次世界大战前，发展中国家多沦为西方发达国家的殖民地和附属国，在文化教育领域也深受殖民统治之害。独立后的发展中国家致力于摆脱原宗主国的教育模式，建设适合本国国情的教育体制。

一、印度的教育改革

1947 年，印度摆脱了英国的殖民统治，于 1950 年 1 月 26 日成立共和国。独立后的印度对教育事业进行了一系列改革。

（一）学制改革

1947 年，印度以甘地的"基础教育思想"为指导，对学制进行了第一次改革，形成了 5—3—5 学制，即初级基础学校 5 年，高级基础学校 3 年，基础后学校 5 年。1966 年，印度教育委员会发布《教育和国家发展报告》。1968 年，印度议会通过《国家教育政策》，共同提出了建立 10—2—3 学制，即初级教育阶段 10 年（包括初等教育阶段 8 年和初级中等教育阶段 2 年），高级中等教育阶段 2 年和高等教育本科阶段 3 年。20 世纪 90 年代，印度又对学制进行了修正，将 2 年的初级中等教育与 2 年的高级中等教育合并为中等教育阶段，实际上形成了 8—4—3 学制，其中 8 年初等教育阶段为免费义务教育。

（二）扫盲教育

印度独立后即着手扫除业已存在的大量文盲。1948 年，印度推行"社会教育"，向成年人普及文化知识并进行公民教育。1978 年，印度实施"全国成人教育计划"。1988 年，印度成立国家扫盲教育委员会，专门负责协调组织扫盲工作。经过持续不断的扫盲工作，印度的识字人数尤其是妇女识字人数逐年增加，极大提高了印度人的整体文化水平。20 世纪 90 年代以后，印度又制定了《行动计划》落实扫盲政策，调动社会各界力量并运用现代远程教育技术开展扫盲教育。

（三）初等教育

1950 年成立共和国以后，印度《宪法》规定为所有儿童提供直至年满 14 岁的免费义务教育。为了实现这一目标，印度采取了多种方式。印度政府将非正规教育列入学制当中，将儿童在校外实施的非正规教育作为义务教育的组成部分。为了减少留级导致的学生流失问题，印度教育委员会于 1966 年提出了"不留级制"。1986 年，印度政府提出"操作黑板计划"，着力改善小学教学设备。2001 年，印度政府启动"国家普及初等教育项目"，进一步提高初等教育质量。

20 世纪末至 21 世纪初期，印度初等教育的辍学率虽然有所下降，但仍维持高位，

2006—2007 年度为 46%①。2009 年，印度议会通过《儿童接受免费义务教育权利法案》，规定儿童有权利接受免费的 8 年义务教育等，这为普及初等义务教育提供了法律框架。

（四）中等教育

印度中学主要有邦立学校、宗教组织创办的私立学校、公学和模范学校。邦立学校教育质量较低，公学和模范学校教育质量高但学费高昂。20 世纪 80 年代，为促进教育公平，印度创办了专门招收农村地区天赋超常儿童的"新式学校"。20 世纪 50 年代以来，印度努力改变中等教育只为升学作准备的状况，将职业课程纳入中等教育中。印度曾采用建立"多元目标学校"，将中等教育分为"学术轨"和"职业轨"以加强中等教育的职业化，增加选择职业课程的学生数量。

21 世纪以来，教育平等呼声日益高涨，印度开始着手普及中等教育。2005 年 7 月，印度中等教育普及委员会发表《中央教育咨询委员会关于普及中等教育的报告》。2009 年 3 月，印度正式启动"普及中等教育计划"。但由于经费紧张、地区教育发展不平衡等因素，印度普及中等教育困难重重。

（五）高等教育

印度的高等教育机构由大学和学院构成。独立后，印度的高等教育规模发展迅速，20 世纪 50 年代拥有 30 所大学和 750 所学院，21 世纪初拥有 338 所大学 17 625 所学院。印度高等教育管理实行地方分权制，大学享有自治权。印度还创办了形式多样的函授高等教育机构，扩大了民众接受高等教育的机会。印度高等教育培养了大量科技人才，尤其是在信息技术方面，但是印度的毕业生就业困难。高科技人才外流严重。

二、埃及的教育改革

埃及于 1922 年独立，但英国在埃及仍保留军队。独立后的埃及积极发展教育事业，以争取国家的真正独立和实现社会进步。埃及大力开展扫盲运动，在《宪法》中规定实施 6～12 岁儿童的义务教育，延长了中等教育年限并新创办了一批质量较高的中学。埃及于 1925 年扩建埃及大学，并于此后创办了两所国立大学。但是埃及教育的双轨制依然十分明显。第二次世界大战后，埃及于 1952 年成立了资产阶级民主共和国，开始实施新的教育改革措施。

（一）教育体制

20 世纪 50 年代，埃及构建起中央集权式的教育管理体制。中央设立教育部和爱资哈尔

---

① 安双宏：《印度教育战略研究》，65 页，杭州，浙江教育出版社，2013。

宗教事务部，分别管理两个系统的教育事业。教育部管理世俗教育系统：埃及的幼儿园分为公立幼儿园和私立幼儿园，20世纪90年代，埃及将幼儿园纳入义务教育范畴，缓解了幼儿园收费高昂的情况；埃及的小学有六年制和八年制，对年满6岁儿童实施强迫义务教育，小学毕业后，学生进入学制三年的中间学校，接受免费教育，毕业时成绩优秀者进入普通中学，其余进入中等职业技术学校；埃及的中学分为普通中学和技术中学，接收15~18岁儿童，为学生提供升学和就业教育；埃及的高等学校分为大学和其他高等教育机构，依据中学毕业证书成绩录取学生，大学提供本科及以上层次的学术性教育，其他高等教育机构开展职业教育。爱资哈尔宗教事务部管理宗教教育系统，设立实施宗教教育的六年制小学、三年制预备学校、四年制中学和爱资哈尔大学。六年制小学，主要学习内容为《古兰经》和"圣训"，入学对象须是穆斯林，教学内容和教学方法深受伊斯兰教影响，注重养成儿童的伊斯兰教信仰和道德观念；三年制预备学校，为六年制小学和四年制中学之间的中间学校，根据1953年埃及政府第2号法令创设，实施免费制，设基础课和职业课两类，既为学生继续接受中等或技术教育做预备，同时也为学生就业做准备。后因预备学校毕业生未掌握足够的职业技能，于1962年归并到普通教育学校；四年制中学，注重为爱资哈尔大学培养合格新生，同时培养学生具有虔诚的伊斯兰教信仰，在课程与教学内容上注重实现现代科学知识教育与传统宗教信仰养成的融合，通过宗教教育与现代世俗教育的相互渗透，培养学生的科学和理性精神，树立学生的民族情结和宗教信仰；爱资哈尔大学是埃及伊斯兰教古老的高等学府，20世纪60年代引入现代大学体系，开设医学、工程、科学、农学、教育、商业等专业课程，学制分学士（4~5年）、硕士（2年）、博士（2~12年）3种，设伊斯兰基础学院、伊斯兰宣教学院、伊斯兰研究与阿拉伯语学院、法学院、商学院、农学院、工学院、阿拉伯文学院和医学院等各类专业学院，为埃及社会发展培养了一大批高级宗教人才和各类专业人才。

（二）基础教育

20世纪50年代，为了稳定在学率，埃及规定"自动升级制"（学生上课时数达到75%就可以升级）取代"考试升级制"。在克服经费不足、人口过剩困难的同时，埃及政府一直努力延长义务教育年限，实行9年义务教育。20世纪90年代后，在总统穆巴拉克教育改革计划指引下，埃及大规模投资新建、修缮小学，开展师资培训提高教师质量，并注意采用网络资源开展远程教育。

（三）职业教育

随着初等教育的普及和中等教育的发展，未能升入大学的普通中学毕业生因缺少职业技能训练难以就业。20世纪50年代后，埃及工农业发展急需大量专门技术人才。为解决供需矛盾，埃及政府开始兴建中等职业技术学校。中等职业技术学校数量和在校生人数逐渐攀升，为埃及工农业发展培养了大批实用人才。但是由于师资设备短缺等问题，埃及的职业技术教育质量还有待提高。

（四）高等教育

第二次世界大战前，埃及大学数量有限，不能满足战后入学人数增加及国家对各行业高素质专业人才的需求。20 世纪 50 年代起，埃及陆续创建了一批综合性高等院校和高等专科学校，培养高级专业人才。为了给公众提供更多的高等教育机会，埃及还在 20 世纪 50 年代实施"校外生"制。埃及高等教育以公立院校为主，国际化程度较高，在校生人数增速很快，目前已由低人力发展指数国家迈入中等人力发展指数国家。

三、巴西的教育改革

自 1500 年起，巴西沦为葡萄牙的殖民地达三百年之久。殖民者并不关心教育问题，教育活动实际掌握在教会手中。1822 年独立后，巴西教育发展仍旧十分缓慢。第二次世界大战后，为了适应国家政治、经济发展的需要，巴西政府重视发展教育事业，多次开展教育改革。

（一）教育观念转变

巴西历史上深受欧洲精英主义教育观念影响，重视学术英才教育，轻视职业教育。第二次世界大战后，教育对于推动社会和经济发展的重要作用致使巴西政府着手转变原有教育观念。1971 年，巴西政府出台《中等教育改革法》，提出中等教育的目的是传授科学基础知识与服务社会经济发展。此后，巴西政府要求所有中等学校都开设职业课程，为职业技术学校学生设立奖学金，给予升学机会等，逐步消除精英教育理念，使教育与经济发展相联系的观念深入人心。20 世纪 90 年代起，巴西政府开始采取措施促进教育平等。政府首先增加投资用于普及初等教育和扫除文盲，此后又开展了"全民教育十年计划"提高升学率，降低留级率，实施"东北地区教育计划"以提高埃及东北部落后地区教育质量。此外，巴西政府还注重加强针对残疾儿童的特殊教育和印第安儿童的双语教学等以促进教育公平。

（二）教育行政体制变革

1930 年，巴西政府成立文化教育部对全国教育实行中央集权式管理。1961 年，巴西政府颁布《教育基本法》，规定成立联邦教育委员会和州教育委员会，负责管理教育事务，替代原来的中央集权管理模式，由联邦教育委员会负责制定本地教育总方针，各州具体实施。

1988 年，巴西新宪法赋予巴西公立大学自治权，政府只负责监督。至此。巴西形成了中央和地方合作的教育行政管理体制。

当前巴西教育行政管理体制分为三级：联邦、州、市。各级政府教育机构均由各级教育委员会（规范机构）和教育部、厅、局（执行机构）组成。巴西有 27 个州教育系统，5600 个自治市教育系统，它们共同承担巴西全国教育事业管理的责任。其他政府或非政府组织也可以通过签署专门协议或者通过联合行动参与教育管理。

（三）学校教育制度

经过第二次世界大战后教育的不断改革和探索，巴西形成了由学前教育、基础教育、中等教育、高等教育组成的学制系统。巴西新宪法规定为所有 6 岁以下儿童提供免费学前教育。基础教育为 7~14 岁的 8 年义务教育，设置全国统一必修的共同核心课程和各地方、学校根据需要设立的多样化课程。巴西的中等教育机构包括为升入大学作准备的普通中学和为就业作准备的技术中学，学生年龄在 15~18 岁。巴西学生须通过全国统一的入学考试才能进入高等院校学习。高等教育机构包括综合性大学和专科性院校，学制 2~6 年，公立高等院校提供免费教育。

第二次世界大战后，发展中国家面临文盲率高，学校教育质量低下，缺乏师资，教育管理体制和学校教育体制不完善等诸多问题。各发展中国家竭力通过各项改革解决上述问题，并消除殖民统治的影响，促进教育的本土化和民族化。虽然发展中国家通过战后几十年的教育改革取得了显著成效，但由于生产力水平低、经费短缺、人口压力大、政局不稳等，教育改革的任务依然非常艰巨。

第四节
当代欧美的教育思潮

🎯 学习目标

1. 掌握改造主义教育思潮的基本观点。
2. 掌握要素主义教育思潮的基本观点。
3. 掌握永恒主义教育思潮

第二次世界大战后，各国掀起了教育改革的浪潮。如何选择指导教育改革的价值取向和思想观念成为首要问题。在这种背景下，欧美的各种教育思潮相继涌现。

一、改造主义教育

20 世纪初，实用主义教育和进步主义教育在美国教育的基本观点。

4. 掌握新托马斯主义教育思潮的基本观点。

5. 掌握存在主义教育思潮的基本观点。

6. 掌握结构主义教育思潮的基本观点。

7. 掌握新行为主义教育思潮的基本观点。

8. 掌握分析教育哲学思潮的基本观点。

9. 掌握现代人文主义教育思潮的基本观点。

10. 掌握终身教育思潮的基本观点。

界占主导地位，两者均强调以学生为中心。1929 年，资本主义世界经济危机导致美国经济萧条，人们将批判的矛头指向实用主义教育，因其过分主张儿童中心而忽视了教育的社会责任。1932 年，康茨（G. S. Counts）在进步主义协会全国代表大会上发表演说《学校敢于建立一个新的社会秩序吗?》。1934 年，康茨和拉格（H. O. Rugg）等人组成"拓荒思想家"组织，创办刊物《社会拓荒者》，他们主张教育要少强调"儿童中心"与"个人生长"，多强调"社会中心"与"社会改造"。20 世纪 50 年代，美国教育家布拉梅尔德（T. Brameld）出版《教育哲学的模式》《趋向改造的教育哲学》《正在出现的时代的教育》等著作，使改造主义教育成为一种独立的教育思潮。改造主义教育认为应该通过学校教育改造社会，进而创造新的世界文明。

面对当时美国的社会危机，改造主义教育提出通过教育建立理想社会，使美国实现民主和经济、教育、科学、艺术的繁荣，甚至通过教育实现全世界的和谐秩序。

改造主义教育认为教育的目的是培养"社会一致"精神，也就是通过协商建立不分阶级的人与人之间的合作关系。因此学校要进行民主协作的教育活动。这种教育目的观反对实用主义教育只注重满足人眼前生活的"教育即生长"的个人目的观。改造主义教育主张在教学过程中以行为科学为指导，发挥行为科学的作用。由于改造社会是改造主义教育的目标，因此，改造主义教育主张在设计课程中教师应以社会问题为中

> **改造主义教育**
>
> 改造主义教育认为教育的目的是改造社会，课程应以人文学科和社会问题为中心，在课堂上营造探究的环境，注重教师的积极引导和严格要求。

心，以人文学科为核心，注重将与社会问题相关的教学内容综合呈现给学生研讨；在教学过程中教师应充分利用电视等现代化教学设备，采用调查研究、合作作业、旅行等方式；在教学过程中教师应采用劝说法，说服学生坚信改造主义哲学并去改造他们生活的社会。

改造主义教育是实用主义教育的继续和发展，同时也批判吸收了永恒主义和要素主义教育的某些教育观点，对 20 世纪 50 年代美国的教育理论界产生了一定影响。由于改造主义教育的目标是通过教育实现社会改造，而美国统治阶层需要稳定的社会制度，因此，改造主义教育在实践层面的影响甚小。

二、要素主义教育

要素主义教育是在 20 世纪 30 年代美国经济危机背景下产生的。要素主义教育坚决反对进步主义教育以儿童为中心，注重儿童活动和兴趣，课程适应生活需要等主张，认为这些主张降低了美国中小学教育质量。要素主义教育强调，学校应该让学生掌握必需的"起码的知识、技能和态度"，应传授人类文化中最基本的要素，这些要素是永恒不变的、共同的、超越时空的。1998 年，"要素主义者促进美国教育委员会"在美国新泽西州大西洋城成立，成为要素主义教育流派产生的标志。该学术团体以巴格莱（W. C. Bagley）为代表，巴格莱发表了

> **要素主义教育**
>
> 要素主义教育认为学校教育的首要任务是发展学生的智力，因此学校课程应以人类文化遗产的共同要素为核心，教师在教育过程中处于核心地位，学生必须付出艰苦的努力。

《要素主义者促进美国教育纲领》，阐述了要素主义教育的基本主张。20 世纪 50 年代以后，"冷战"和苏联人造卫星上天使美国反思自身教育问题。要素主义教育家科南特（J. B. Conant）、贝斯特（A. E. Bester）、里科夫（H. C. Rickover）提出的加强基础知识教育和天才教育的建议被美国教育改革采纳，并体现在《国防教育法》中，要素主义教育的影响达到顶峰。

要素主义教育家认为学校教育的首要工作应该是智力训练，而不应该是生活适应或职业训练。制订教学计划和设置学校课程必须遵循严格的系统性、逻辑性和学术性。教学过程应该注意对学生进行基础知识的严格训练，而实用主义主张的关心学生个人经验、实际活动、眼前需要是没有意义的，读写算、自然科学、哲学、历史等基础科目的学习才有意义。要素主义教育家强调教师在教学过程中的中心地位，各门学科的教学应该在教师的掌控下实施，以使学生获得文化的"共同要素"。学习不能任由学生兴趣使然，学校必须制定完善的纪律、严格的学业标准和考核制度，注重培养学生刻苦、坚毅、专心等品质。学校应该特别注意培养尖子学生，实施英才教育，不能为了普及教育牺牲培养精英人才。教育要为社会服务，为社会培养高素质的公民和专业人才。

作为进步主义教育的对立面，要素主义教育反对教育放任学生按兴趣自由选择，强调学习内容的逻辑性、顺序性、连贯性，注重教师的权威，主张传授系统知识，进行严格的考试，对于提高教育质量、培养合格人才和纠正当时美国教育发展的弊端具有积极意义。要素主义教育家对教育的研究建立在思辨基础上，缺乏科学依据和严密论证，在实施相应教育活动时会出现不适应儿童心理活动规律的缺陷。要素主义教育过分强调教师权威、书本权威，忽视了学生的身心特点、实践活动和兴趣，压抑了学生学习的自主性和创造性。

三、永恒主义教育

永恒主义教育产生于 20 世纪 30 年代的美国。永恒主义教育反对当时流行的实用主义、进步主义教育观，提倡古典主义的教育传统，属于新传统派。永恒主义教育最著名的领袖是美国的赫钦斯（R. M. Hutchins）。他毕业于耶鲁大学，曾担任芝加哥大学校长，著有《美国高等教育》《为自由而教育》《民主社会中教育的冲突》等。此外，主要代表人物还有美国的阿德勒（M. J. Adler）、法国的阿兰（Alain）和英国的利文斯通

> **永恒主义教育**
> 永恒主义教育认为教育目的是培养理性智慧和传递关于终极真理的知识。它将永恒的古典学科作为教育内容，强调教师的权威地位，主张采用讲授法。

（R. Livingstone）等。永恒主义教育主张，教育应该从普遍真理和理性与信仰等绝对性中寻求支持，亚里士多德和阿奎那的思想是应该学习的最具有普遍性的教育哲学，教育应该回到过去，应该寻求永恒不变的真理。

关于教育的本质与特点，永恒主义教育认为人类社会自古以来存在教育的共同基本特点，这些特点至今仍然适用。因为基于古典实在论哲学观点，人类生存的世界受永恒的、绝对的、统一的普遍法则支配。而对于人类来说，理性是人性中永恒不变的特性。因此，教育建立在世界永恒普遍法则和人类永恒理性的基础上，在本质上是不应随时间推移而变化的。不同时代、不同地点的教育本质上应该是一样的。

关于教育目的，赫钦斯曾说："如果教育是被正确地理解的话，那么，教育就是理性的培养。理性的培养对一切社会里的一切人都同样是适用的。"[1] 也就是说，既然理性是人类天性中存在的共同要素，教育的目的就应该是发展人的理性和智慧，而不是进步主义教育所主张的适应论。

关于教育内容，永恒主义教育认为"永恒学科"是发展人类理性的最好途径，是最为合适的教育内容。教育不是培养学生适应现在的生活，而是使学生在学习人类文化遗产精华的基础上，成为理性公民，适应未来生活。"永恒学科"指流传下来的伟大思想家所著的经久不衰的名著，是超越地域和时间的人类智慧的精华，是培育理性公民的最佳内容。永恒主义教育者主张中学开设希腊文、拉丁文课程，学生阅读古典名著并背诵古典名著中的经典段落。

关于教师，永恒主义教育家认为教师应当是"智慧教练"，是拥有智慧和理性的模范，是真理的掌握者和传播者。在教学过程中，应该构建一个能使师生专心于教学任务的、有序的、有利于祈祷和沉思的教学环境。教师主要运用演讲和讲授法开展教学。学生在教师的指

---

[1]　吴式颖：《外国教育史教程（缩编本）》，508~509 页，北京，人民教育出版社，2002。

导下有针对性地阅读名著，这样才能保证教学的效率，保证学生深刻理解名著。

永恒主义教育持有复古态度，将古典名著作为学生学习的主要内容，在教育理论方面具有一定的影响，而且这种影响也主要限于上层知识界和大学，对教育实践的影响有限。永恒主义过分重视古典名著，脱离现实社会的教育主张遭到了许多人的批判，尤其是改造主义教育家的批判。

四、新托马斯主义教育

新托马斯主义教育是中世纪天主教神学家托马斯·阿奎那（T. Aquinas）经院哲学的现代复活。1894 年，比利时卢汶哲学协会出版的《新经院哲学评论》首先使用"新托马斯主义"一词。新托马斯主义教育以经院哲学为理论基础，主张复古，主张教会应拥有至高无上的权利，教育的核心和最高目标是通过实施宗教教育培养基督教徒和有用的公民。1929 年，教皇庇护十一世（Pius XI）发表《青年的基督教教育》通谕，宣称"教育就应是基督教教育"。法国的马利坦（J. Maritain）是新托马斯主义教育思想的代表。马利坦曾在巴黎天主教学院和凡

> **新托马斯主义教育**
> 新托马斯主义教育认为教育的目的是培养基督教徒和有用的公民，因此宗教教育是教育的核心，教会应该是教育的所有者和主导者。

尔赛修道院任职，参与组织新托马斯主义学会，后到美国普林斯顿等大学任教。他的著作《教育处在十字路口》《托马斯主义教育观》等体现了其新托马斯主义教育思想。

新托马斯主义教育家强调理性要服从宗教信仰，教育的基础为宗教，教育的最高原则是神性，强调应该通过宗教教育使人的精神在神性感召下获得解放。新托马斯主义教育家将教育的目的看作培养虔信上帝、热爱上帝和服从上帝的人。因此，学校的所有课程都应贯穿宗教教育，受基督教精神约束，这样才能消除当代社会的混乱和"文明危机"。教会具有上帝专赐的权利，具有家庭和公民社会所没有的使人灵魂得救的"超自然"权利，因此教育应该由教会来掌控。父母应该将子女送入具有虔诚的宗教信仰的学校。新托马斯主义教育家认为理想的教育环境应该是信仰基督教的家庭、教会和天主教学校。

新托马斯主义教育希望通过人性的"唤醒"解决社会的"道德危机"，作为"唤醒者"的教师应该热爱儿童、热爱教育事业。这些教育观点都具有积极意义。作为一个宗教教育哲学流派，新托马斯主义希望通过教育解决资本主义"文明"社会的危机，又不希望触动资本主义社会的痼疾。

五、存在主义教育

丹麦基督教哲学家克尔凯郭尔（S. A. Kierkegard）是存在主义的先驱。第一次世界大战后存在主义哲学体系形成，主要代表有德国的胡塞尔（E. Husserl）、海德格尔（M. Heidegger）、雅斯贝尔斯（K. Jaspers）和法国的哲学家萨特（J. P. Sartre）、梅洛–庞蒂（Merleau–Ponty）。萨特提出："存在先于本质"，"人，不外是由自己造成的东西，这就是存在主义的第一原理。"这体现出存在主义哲学将人的存在，也就是人的自我意识作为哲学的出发点。人偶然来到世界上，无目的地生存，因此人必须自己创造自我的意义。选择是人认识真理的方式，没

> **存在主义教育**
>
> 存在主义教育主张教育的目的是使学生认识到自我的存在，通过教学使人形成品格，道德教育应教会学生自由选择，教学方法是师生对话式的个别教学。

有绝对的权威，人有选择的自由，但必须承担选择的责任。第二次世界大战后，德国教育人类学家博尔诺夫（Otto Friedrich Bollnow）和美国教育家奈勒（G. Kneller）将存在主义哲学引入教育领域，形成了存在主义教育思潮。

存在主义教育家认为，教育应该使学生意识到自我的存在，不服从外部力量，作为自由人生活下去，在这个过程中实现自我生成。布贝尔（Martin Buber）说："教育的目的非是告知后人存在什么或必会存在什么，而是晓喻他们如何让精神充盈人生，如何与'你'相遇。"[①] 教育始于自我，教育应该帮助学生成为他们想成为的人，而不是别人或社会认为他们应该成为的那样的人。存在主义教育强调课程以学生为中心，重视人文学科，为学生提供各种各样的生存状况来丰富学生个人的切身体验，使学生最终建立对自我的肯定并寻找生活的意义。

存在主义教育反对将传授知识作为学生求职的准备，认为传授知识应该是促进学生自我存在和发展自我的过程。道德教育的目的不在于让学生接受永恒的道德原则，而应该让学生自由选择道德标准，并承担自己选择的后果。如果学生服从外界规定的道德标准，必然会阻碍他们认识自我。因此，道德教育的主要任务在于培养学生的独立意识、自尊心、自主自律精神。

存在主义教育主张采用个体学习方式，对学生的选择和生活经验进行讨论和分析，与苏格拉底方法相似，通过这种方法引导学生认识自我。存在主义者认为教师应具有想象力和洞察力，利用自己的人格和知识，引导学生认识自我、发展自我，而不只是知识的灌输者、问题解决的指导者抑或是人格的表率。一个好教师对学生的影响可以绵延一生。存在主义教育

---

① ［德］马丁·布伯：《我与你》，陈维纲译，41 页，北京，商务印书馆，2013。

家认为，师生之间应该建立平等、互信、相互尊重的民主关系。

存在主义教育否定传统教育理念，认为现存制度化的教育是为社会发展需要服务的，必然压抑学生的个性自由发展，学校灌输抽象的概念和客观性价值观，必然泯灭学生的创造性。存在主义教育提出的教育主张对于修正当时教育当中忽视学生的自主性和个体性价值等具有积极意义。然而存在主义教育的某些观点过于偏激，过高估计了学生个体的主动性，过分强调学生的个人意志和自我选择，忽视了外在因素对学生发展的作用，主张社会和教育完全服从个人的自我发展和生成，呈现出较为突出的个人主义倾向。

六、结构主义教育

结构主义教育以瑞士心理学家皮亚杰（J. P. Piaget）的认知心理学为基础。皮亚杰是发生认识论的创立者。皮亚杰认为，人的认知活动依赖于一定的认知结构，因此编写教材、组织教学活动都应以儿童的认知结构为基础。20 世纪 60 年代，皮亚杰的心理学理论传入美国，布鲁纳将发生认识论应用于教育改革中，创立了结构主义教育理论。布鲁纳的教育著作主要有《教育过程》《教学论探讨》《教育的适合性》等。

结构主义教育认为教学的任务在于根据儿童认知发展的规律促进儿童智能的发展。教学论的中心问题是课程的知识结构。

> **结构主义教育**
> 结构主义教育认为教育的任务是通过让学生掌握学科的基本结构发展学生的认知能力，主张教授各门学科的基本知识，采用发现学习法。

因为任何一门学科都是由一系列概念和原理组成的基本结构。教学目的就是使儿童掌握某门学科的基本结构以及该学科的研究方法。因此，结构主义教育反对分科课程论和经验课程论，而将教学过程看成是儿童连续构造一门学科基本结构的过程。儿童对一门学科基本结构的掌握有利于知识的迁移。

结构主义教育主张，儿童的学习准备状态主要是由环境和教育造就的，而不是生理年龄增长的结果。教育应当积极创造条件，让儿童尽早开始学习某学科的基本结构。教育者应创造条件，引导学生亲自发现学科的基本结构和规律，获得同科学家创造发明一样的体验，培养学生的独立思考能力。在教学过程中，教师是主要的辅助者，也是学生的榜样和典范，因此教师应善于启发诱导并利用各种教学辅助用具。

结构主义教育将心理学研究和教育研究相结合，主要关注课程和教学改革领域，在研究中融入了现代信息社会的系统科学概念和方法，具有创新性和时代感，对西方现代教学与课程论的发展影响很大，成为 20 世纪 60 年代美国课程改革的指导思想。但结构主义教育过于强调认知结构和知识结构对儿童发展的作用，相对忽视了学生道德、情感的发展，引起了人们的争议，未能实现课程改革的预期效果。

七、新行为主义教育

新行为主义教育是从早期行为主义发展而来的心理学理论流派，20世纪30年代后兴起，并在60年代达到顶峰。美国心理学家华生（J. B. Watson）提出心理学研究要成为真正的科学，必须改变对机体内部状态的研究，转而研究可见的行为，即研究刺激与反应的关系（S-R），实现了心理学研究的转向。新行为主义教育的代表人物包括赫尔（C. L. Hull）、托尔曼（E. C. Tolman）、斯金纳（B. F. Skinner）和加涅（R. M. Gagne）。其中以斯金纳对欧美教育思想影响最大。

> **新行为主义教育**
>
> 新行为主义教育认为教学过程就是操作性条件反射过程。新行为主义教育推行程序教学法，并设计了教学机器。

斯金纳认为美国学校课堂教学中儿童的学习行为得不到及时强化，往往拖延一天甚至几周，而反应与强化的时间间隔是影响强化效果最重要的因素，拖延几秒钟就会造成不同的效果。此外，教学中的强化行为次数也太少，因此导致美国学校教学效果不佳。要改变这种状况，就需要运用行为科学的方法改造教育，创造操作性条件反射的学习条件。先确定要学生形成什么行为，在塑造学生行为过程中给予学生及时有效的强化，将教学过程尽可能分解为许多小步骤以提高强化频率。

斯金纳主张实施程序教学，即通过一系列强化控制和塑造有机体的行为教学。程序教学可以通过教学机器进行，斯金纳倡导使用"能评价应答式反应的机器"。这种机器将学习材料分小步骤进行直线式编排，学生每学一步并正确回答问题后，机器再出示第二步，直到学完为止。教学机器可以实现个别化教学，给予学生及时反馈并使学生一直处于积极的反应状态。

新行为主义教育论将自然科学方法论引入心理学、教育学研究领域，以严格的实验为依据，提高了教育研究的科学性和客观性。程序教学的一些基本原则如循序渐进、个别化学习、用强化手段调动学生学习积极性等，至今依然对教育理论和实践产生着重要影响。但是行为主义教育理论以实验室中的小白鼠、鸽子等动物为研究对象得出相关理论，是对人类教育和学习行为的简单化和机械化，不足以揭示人类学习真正的内在机制。

八、分析教育哲学

分析哲学产生于19世纪末20世纪初，对教育影响较大的两个分支是逻辑实证主义和日常语言学派。分析教育哲学是分析哲学的方法在教育中的运用。第一本运用分析哲学方法研究教育问题的著作是1942年分析教育哲学先驱哈迪（Charles D. Hardie）出版的《教育理论中的真理与谬误》。分析教育哲学的主要代表还包括英国的奥康纳（Daniel J. O'Connor）、彼得斯（Richard S. Peters）和美国的谢夫勒（Israel Scheffler）等。

分析教育哲学并不关心课程的具体内容是什么，关注的是教育者用什么语言设计课程、实施课程。教师应避免在教育活动中采用模棱两可、容易混淆的术语。教师还应该将分析教育哲学的方法介绍给学生，为学生开展有效交流提供基础。

分析教育哲学认为，教师应当精通各学科如何对特定的观念进行解释，教师是学生的榜样，教师应当给学生示范分析哲学家所使用的哲学分析和语义分析的方法，注意与学生、同事、公众进行交流的方式。学生的学习任务就是掌握分析的程序和方法，并运用到学习和生活中，不断进行强化。所有学生都具有理解和运用分析程序和方法的能力。

分析教育哲学的积极意义在于发现语言、概念对思维和教育理论建设的重要作用，重视厘清教育思想和概念的意义，消除由于对教育概念表述模糊不清而导致的争论，避免教育理论在表述中出现语义错误，为教育理论发展提供了有利条件，使教育理论更加科学化。同时，分析教育哲学主张教育应少用思辨的、玄虚的术语，在课堂教学和教育实践中应结合实际运用意义准确并能被人理解的定义，推动了教育理论的实践化。分析教育哲学的局限性首先体现在分析教育哲学忽视了教育中的价值和道德问题。分析教育哲学将所分析的概念、命题是否符合日常语言的使用作为分析的标准，然而日常语言本身就存在不确定性和语义的多样性。

> **分析教育哲学**
> 分析教育哲学认为，教育哲学是一种"清思"活动，分析教育哲学家的任务是澄清教育领域的概念、命题，实现教育理论的科学化和实践化，对教育活动中陈旧的、不合理的现象进行改造。

九、现代人文主义教育

第二次世界大战后，科学技术的发展虽然使人的物质生活越来越丰富，但却导致了人精神生活的空虚和价值观念的丧失。现代人文主义教育以现代人文主义哲学和现代人文主义心理学为依据，在批判传统教育学业负担过重及忽视儿童情感发展的基础上，提出教育目的是培养"完整的人"，强调情感因素和智力的有机联系，最终促进人的自我完善。现代人文主义教育思潮 20 世纪 60—70 年代在美国盛极一时，其主要代表人物有马斯洛（A. H. Maslow）、罗杰斯（C. R. Rogers）、弗洛姆（E. Fromm）和奥尔波特（G. W. Allport）。

关于教育目的，现代人文主义教育认为教育的目的是促进人的自我实现。自我实现包括

> **现代人文主义教育**
> 现代人文主义教育认为教育的目的是促进人的自我实现，以促进个体自我实现为中心编排课程，倡导建立和谐的师生关系，实施非指导性教学。

人身体、感觉、精神、理智、情感等方面的整体发展以及人与外部世界的和谐一致，还包括人的创造性发展。

关于课程，现代人文主义教育主张，课程实施应注意认知因素与情感因素的结合。情感因素对学生学习的促进作用很大，教育者要注意引导学生的好奇、兴奋、激动、自信、着迷等情感因素，应该依据学习者的兴趣、能力、需要选择课程内容并将思想性和情感因素相融合。课程内容应注意以某个特殊问题或学生感兴趣的问题为中心，注意知识的内在结构和逻辑的统一性。课程开设进度应与学生个性特征相适应。课程评价应侧重过程评价，侧重学生认知、情感和心理发展情况。课程学习过程分为六个环节：开发能引领学生体验真实课程的教材；给学生提供实现新的思考、行动和情感的完整教材；协助学生从体验中了解课程的意义；促使学生将此体验与自己的价值、目的、行为以及与他人的关系建立关联；通过实践练习使学生建立新的思考、行动与情感；使新的思考、行动、情感内化并改变学生的行为。课程内容是学校中包括课程大纲、教材在内的一切促进学生成长的内容，课程内容与学生的整个生长过程有机联系。

关于师生关系，现代人文主义教育认为学习是人的自觉行为，因为人都有实现自身潜能的倾向，所以教育者需要创造一种学习条件促进学生的这种倾向性得以发挥，而最佳的学习条件就是自由的心理气氛、融洽的师生关系。传统师生关系由于过分注重教师权威导致学生紧张、敬畏。他们认为教师应该帮助学生明确学习的意义，通过关怀鼓励和提供选择机会等方式理解和接受学生，关注学生学习过程中的情感和情绪反应，促进学生个性发展和潜能的实现。

针对20世纪60年代美国课程改革过分注重学科知识结构问题，现代人文主义教育提出课程设置必须促进学生情感发展和认知发展统一，创建适合学生成长的自由心理氛围，发展学生的认知、创造、审美等能力，发展学生潜能，促进学生达到自我实现。但现代人文主义教育忽略了社会对于个体发展的必然制约，过分夸大了人的自然素质和内部力量，受到了人们的批评，于20世纪80年代逐渐衰落。

十、终身教育

终身教育思想的渊源可以追溯到古希腊。苏格拉底、柏拉图和亚里士多德认为人一生接受的教育是连续不断的。文艺复兴后，许多教育家也提出了终身教育的思想。工业革命使成人教育越来越被重视。第二次世界大战后，单一教育制度的弊端更加明显。1960年，国际成人教育大会在加拿大蒙特利尔市举行，大会提出成人教育需向终身教育发展。1965年，联合国教科文组织成人教育计划处处长保罗·朗格郎（P. Lengrand）向国际成人教育委员会提交了一份关于终身教育构想的提案，要求教育纵向贯穿人的一生，横向联结个人和社会生

活的各个侧面，随时能以最好的方式提供必要的知识技能。这
一提案引起了强烈反响。1972 年，联合国教科文组织国际教育
发展委员会发布《学会生存——教育世界的今天和明天》报
告，建议将终身教育作为全球各国今后若干年制定教育政策的
指导原则。朗格朗撰写的《终身教育引论》是终身教育思想的
代表作。1996 年，联合国教科文组织 21 世纪教育委员会在
《教育：财富蕴藏其中》的报告中，将终身教育作为打开 21 世
纪光明之门的钥匙。

> **终身教育**
>
> 终身教育是指人们为应对
> 现代社会的多种挑战，而
> 在其一生各阶段所受教育
> 的总和。其目标是帮助人
> 们实现更美好的生活，其
> 内容和范围非常广泛，具
> 有多种模式。

　　终身教育认为人类正在面临生存环境急剧变化的挑战，如
科学技术迅猛发展，信息传播速度加快，生活模式和人际关系变化，闲暇时间增多等。人们
需要在智力、体力、情感、态度等方面作好准备迎接挑战，而终身教育正是帮助人们应对挑
战的教育模式。终身教育以其连续性、全面性和整体性将教育活动的时间和空间推向极限。

　　终身教育的目标是实现更美好的生活。为了实现这一目标，终身教育提供适合每个人不
同个性、职业的教育和训练，使每个人能够找到适合自己的发展道路，适应各种变化，实现
充实、幸福的生活。

　　终身教育重视教育民主，并认为终身教育是实现教育民主的有效手段，因为终身教育贯
穿人的一生，有助于实现教育机会均等。朗格朗认为终身教育的实现必须突破学校的框架，
与人们的工作和闲暇时间相联系。教育与职业相联系已经得到了人们的普遍认可，而朗格朗
进一步提出终身教育必须训练人提高闲暇生活的质量。体育锻炼应该是终身教育的重要方
面，并且应该将体育锻炼同智力、道德、艺术、社交活动紧密结合。

　　朗格朗提出在使用各种教育方法时，要注意关注学生，注重过程，注意教育与生活相联
系，及早施教等。终身教育在各国的实现不可能采用同一种模式，因为各国的体制、传统、
条件等不尽相同，但是发展终身教育应遵循一些共同的原则：保证教育的连续性；使教育计
划和方法适应社会具体要求；教育各阶段都应培养能适应不断进步的社会的新人；充分利用
各种教育手段和信息；在各种形式的行动（技术的、政治的、工业的、商业的行动等）和
教育目标之间建立密切联系。

　　终身教育理念从一个全新的角度对教育进行诠释，是教育理论的重大变革，突破了传统
教育的局限，被世界各国所接受，成为各国制定教育法令和开展教育改革的依据，对各国教
育事业产生了重大影响。但是终身教育的实现依赖社会发展水平、政策制定者、教育者和广
大民众的观念等因素，其真正实现还有很长的路要走。

　　上述欧美教育思潮的产生与特定的时代背景和教育存在的问题息息相关。它们就教育
目的、教育内容、教育方法、师生关系等阐述了各自的主张。每种教育思潮都有其合理性的
一面，但是由于受到社会观、历史观、哲学观的局限，每种教育思潮又都有各自的片面性和

局限性，而蕴含于各种教育思潮中的主旋律是实现教育民主化以促进人类共同发展。

第五节
苏霍姆林斯基的教育思想

学习目标

掌握苏霍姆林斯基教育思想的主要内容。

瓦西里·亚历山德罗维奇·苏霍姆林斯基（1918—1970 年）是享誉世界的苏联当代著名教育理论家和教育实践家。苏霍姆林斯基长期在教育一线工作，其教育实践为其教育理论奠定了坚实的基础。他的教育思想对苏联教育界和我国教育界产生了重要影响。其教育思想主要体现在《培养学生的集体主义精神》《青年一代共产主义信念的形成》《和青年校长的谈话》《帕夫雷什中学》和《把整个心灵献给孩子》等著作中。

一、教育目的

苏霍姆林斯基认为教育的目的在于培养个性全面和谐发展的人。他详尽阐述了个性全面和谐发展的涵义，并论证了实现个性全面和谐发展的决定性因素是学习者的内在精神力量和思想状态。

（一）个性全面和谐发展的涵义

苏霍姆林斯基认为人的发展是"全面发展""和谐发展"和"个性发展"的融合，又以"全面发展"为主体。"全面发展"包括三层含义。首先是学习者身体、品德、智力、劳动、美感等方面的发展。其次是学习者的身心发展、体脑结合。最后是明确全面发展各方面需要发展到何种程度。具体来说：智力发展要"智力丰富""才智出众"，具有"高深的知识""清醒的理智"；品德发展要"道德纯洁""情操高尚""心灵健康""精神丰富"；身体发展要"身体健康""体质强壮""体魄完美""动作优雅"；劳动发展要"热爱劳动、坚毅顽强""聪明勤劳""心灵手巧"；美感发展要善于"感知美和领会美"，能"珍惜和爱护美"。

（二）个性全面和谐发展教育的实现

苏霍姆林斯基认为，学生自身的精神状态是实现全面和谐发展教育的关键。学生的这种精神状态是指他们从内心深处具有要求上进、渴求知识、追求学习、接受教育的愿望和信念并坚持付出努力。

教育者的引导、激发以及教育内容、教育手段等外在条件必须建立在学生的主观能动性基础上才能发挥作用。教育者需要引导学生将个人的愿望与社会的利益协调一致，还需要训练学生的责任感、纪律性、自觉性、自尊感、自豪感、自律性、自我评价等品质。这些品质能使学生发挥个人的精神力量和自我教育能力。而这些品质的形成不是与生俱来的，需要教育者的培养和训练。

苏霍姆林斯基希望通过教育提高学生的精神境界、开拓学生的精神世界、增强学生的精神活力，使学生的心灵充实，提升学生自我教育的愿望和能力，实现学生个性全面和谐发展。

二、教育内容

（一）体育

体育的首要任务是增进学生的身体健康，培养学生的道德品质，提升学生的审美情操，促进人的身体和精神协调发展。苏霍姆林斯基反对竞技体育，主张开展具有普遍性、群众性的体育运动。学校要认真执行教学大纲规定的体育课程和体育锻炼，学校还应注意建立适度的作息制度和良好的生活环境，开展丰富多彩的体育活动，促进学生加强体育锻炼并重视食品营养。这样才能使学生保持健康的体魄和充沛的精力。

（二）德育

苏霍姆林斯基认为只有树立坚定的道德信念，人才能为实现道德理想顽强奋斗，所以道德教育是全面发展教育的核心，而道德教育的主旨就是树立坚定正确的道德观念。

学校德育的首要任务就是培养学生的基本道德素养，帮助学生形成道德习惯。为此学校必须经常对学生进行思想教育，并让学生通过观察各种社会现象形成对善恶的判断能力，获得道德情感体验，培养学生的自尊感和责任感。道德习惯的形成需要经历三个阶段。首先，学校要通过正确的教育使学生形成牢固的乐于助人的习惯。其次，教师应要求学生在对待劳动、对待亲人、对待同学的态度和行为方面对自己作出评价。最后，教师应要求学生的行为符合道德原则，使其道德习惯的形成达到成熟阶段。

道德情感是人对各种现象所持有的态度、评价和感受，与个人的主观思想和意识密不可分。道德情感包括道德敏感性、同情心和义务感。道德敏感性教育旨在培养学生善于判断正误、是非、善恶、好坏，培养学生能体察事物的本质和感受深藏在人们心灵深处的忧患、不幸和郁闷的情感，直至为正义事业献身。道德同情心教育是培养学生同情人、关心人、尊重人、体贴人。道德义务感教育是道德教育的核心，旨在培养青年人立志创造财富、推动社会发展。

苏霍姆林斯基认为道德信念的坚定性是促使道德教育产生良好成效的关键因素。学生对道德知识的掌握并不能直接导致形成道德信念。学生必须经过思考、分析、判断，将道德认识内化为自己的观点，再经过思想、情感、兴趣、意志、毅力、行为等活动反复锻炼，才能最终建立起坚定的道德信念。

道德理想是道德发展的最高境界，苏霍姆林斯基将道德理想分为社会精神和公民精神。社会精神表现为个人对先进思想和正义事业的真挚信仰和坚定信念，并为之忠贞不渝、英勇奋战的思想和行动。公民精神表现为个人对祖国和人民的爱以及为祖国繁荣强盛而勤奋劳动、英勇斗争。苏霍姆林斯基认为"理想高于生命"，道德教育的最重要任务就是教育学生树立高尚的道德理想。

(三) 智育

苏霍姆林斯基认为智育的任务是传授和积累知识，发展智力并培养学生掌握知识和发展智力所必备的技能和本领（智能）。

苏霍姆林斯基指出，基本知识是学习和思维的工具，是知识得以发展、加深和充实的钥匙。除了基本知识外，学生还需学习那些无须记住但必须了解的知识，也就是重视"底子知识"的充实。

苏霍姆林斯基提出学习知识不能死记硬背，必须深入理解。教师必须引导学生独立阅读、认真观察、深入思考、细致分析、准确判断，这样才能实现对知识的融会贯通和牢固记忆。苏霍姆林斯基认为不能将知识掌握与智力发展相对立。智力是分析问题和解决问题的能力，具体体现为思考、认识、理解、记忆、分析、概括、推理、判断等能力。掌握知识和发展智力是互相促进的，在任何一门科目的学习中，教师都应在引导学生掌握知识的同时发展相应的思维判断能力。

(四) 劳动教育

劳动教育是苏霍姆林斯基个性全面和谐发展中的有机组成部分。苏霍姆林斯基的劳动教育理论并不着重于劳动和教学相结合，而是重点讨论劳动如何改变人的道德面貌以及创造性劳动理论。

在论证劳动与社会进步以及人的精神面貌的辩证关系上，苏霍姆林斯基指出，人在作用于外部世界，改变外部世界的同时，增进了对自然和外在世界的认识，而外部世界又反作用于人，使人获得改变。人创造了社会物质财富，同时也提高了自己的精神境。人创造的物质财富越多，对社会的贡献越大，对世界本质的认识就越深，内心就越满足。这种满足感和幸福感会使人更愿意创造更多的财富，创造更美好的世界。二者的辩证关系是教师必须引导学生明确的。

苏霍姆林斯基认为劳动教育必须实现社会目的和思想目的。劳动教育的社会目的是指劳动要为社会创造财富。劳动教育的思想目的是指劳动要充实人的精神生活，提高人的道德素养，增强人的审美情操等，使人将劳动看成一种生活享受。苏霍姆林斯基还提出，劳动教育的任务是使学生掌握从事实际劳动的技艺；通过劳动充实学生的精神生活，增强其劳动的"明确的公民目的性"。

由于科学技术的迅猛发展并成为社会直接生产力，创造性劳动对于培养高科技创新人才，促进人个性的发展，最终实现培养个性全面和谐发展的人具有重要意义。在苏霍姆林斯基看来，创造性劳动至少具备下列三个特点之一：用足够的知识、智慧和高超的才干去丰富劳动内容，完善劳动过程，使劳动充满丰富的智力活动；用新技术取代传统劳动方式，用机械化代替纯体力劳动；手脑结合的劳动。学校必须加强对学生进行创造性劳动教育。

（五）美育

苏霍姆林斯基提出学校美育的首要任务是教学生认识美，进而培养学生美的情操和修养。教师要引导和启发学生用理智和情感去认识美，在生活中逐渐学会珍惜美、爱护美。学校要培养学生美的高尚情操，需要通过多方面的教育来实现。此外，美育还要培养学生对美的创造能力。教师可以引导学生通过绘画、写作等方式表达自己对美的感受。苏霍姆林斯基认为审美教育与其他各方面教育相互依存、相互补充。因为，人的文化素养越高，审美素养也越高，感受美的能力也越强，对艺术或美的创作水平也越高。

三、学校管理与领导

苏霍姆林斯基长期从事学校管理工作，积累了丰富的学校管理经验。他认为学校管理的首要任务是健全学校行政组织机构，明确部门职责。他提出由教师代表、学校各部门负责人、家长委员会代表组成校务委员会，校务委员会成为学校的最高议事和决策机构。校长在领导学校时，要将培养个性全面和谐发展的人作为最基本的教育信念，通过各种方式将这一教育信念内化为全体师生的共同信念，从而对学校实施教育思想上的领导。

苏霍姆林斯基之所以能够将学校管理工作做得井然有序，关键就在于他将教育思想领导作为核心问题，使师生在共同信念的指导下自觉行动，使自己从繁重的行政管理事务中解脱出来，能够兼顾教育科研工作和教学质量。

苏霍姆林斯基从实际出发，结合时代需求，不断开展富有创新精神的教育研究，取得了多方面的研究成果。他对教育事业鞠躬尽瘁、呕心沥血的奉献精神值得所有教育工作者学习。

本章小结

　　第二次世界大战后，世界进入建设发展时期，各国纷纷根据各自实际情况开展了教育改革，并在教育实践中表现出一些共同趋势：教育行政体制向均权化方向发展，以追求教育管理权更合理的分配，诸如法国等实行教育中央集权制的国家向地方分权发展，而诸如美国等实行教育地方分权制的国家则加强中央政府对教育的控制；注重扩大学校办学自主权，提高学校管理的民主参与度。

　　在初等教育阶段，普遍延长义务教育年限。在中等教育阶段，各国试图寻找升学与就业、大众教育与精英教育、公平与效益的平衡点。在高等教育阶段，各国高等教育朝大众化方向发展。在职业技术教育方面，德国的"双元制"堪称成功典范，但是这并非其他不同文化背景国家解决职业技术教育问题的灵丹妙药，各国还在持续探索发展职业技术教育之路。各国师范教育发展由封闭走向开放，师资培养逐渐归入大学教育，师范教育逐渐向职前、职后一体化教师教育转型。

　　20世纪后半期，在各国教育改革的过程中，涌现出众多教育思想流派。它们大多以哲学或心理学理论作为自己的主要理论依据，展开对教育问题的研究。改造主义教育是对进步主义教育的继承和发展。永恒主义、要素主义和新托马斯主义主张恢复传统，站在进步主义教育的对立面。存在主义和现代人文主义教育批判当前技术社会对个人尊严和价值的漠视。结构主义和新行为主义教育体现了心理学的研究成果，注重教育方法和技术的革新。分析教育哲学主要目的在于厘清教育概念。终身教育反映了人们为了应对当前社会职业流动和科技发展在教育方面所作出的变革。20世纪后半期，苏联出现了凯洛夫、赞科夫、苏霍姆林斯基等具有世界影响力的教育家，他们的教育理论受到广泛关注和借鉴。

总结 >

Ａａ　关键术语

| 《国防教育法》 *National Defense Education Act* | 生计教育 career education | 《巴特勒教育法》 *Butler Education Act* |
| 《罗宾斯报告》 *Robbins Report* | 《郎之万-瓦隆教育改革方案》 *Langevin-Wallon Plan* | 双元制职业教育 dual-system vocational education |

《教育基本法》	《学校教育法》	发展性教学理论
Basic Law for Education	*School Education Law*	theory of developing teaching
改造主义教育 reconstructionism in education	要素主义教育 essentialism in education	永恒主义教育 perenialism in education
存在主义教育 existentialism in education	结构主义教育 structuralism in education	现代人文主义教育 modern humanism in education
终身教育 life-long education		

章节链接

在这一章，你读到……	在其他章节中，你将发现相关的讨论……
新托马斯主义教育	第五章第五节 中世纪西欧的教育
要素主义教育	第六章第五节 裴斯泰洛齐的教育思想
改造主义教育	第七章第一节 美国进步主义教育运动

应用 >

批判性思考

1. 总结第二次世界大战后欧美主要国家教育改革的共同特点。

2. 分析第二次世界大战后日本的教育改革如何促进经济高速发展。

3. 探讨第二次世界大战后苏联的教育理论发展情况。

4. 分析市场经济条件下俄罗斯教育发展的新趋势。

5. 分析比较各种教育思潮的共性和区别。

6. 述评苏霍姆林斯基促进个性全面和谐发展的教育理论。

体验练习

以下一些自测题可以帮助你了解自己对本章一些内容的掌握情况。

一、下列每题给出的选项中，只有一个选项是符合试题要求的。

1. 1958 年，美国联邦政府颁布《国防教育法》，主张加强"新三艺"教学。

其中"新三艺"是指（　　）。

    A. 自然科学、数学、现代外语

    B. 物理学、化学、数学

    C. 人文科学、社会科学、自然科学

    D. 哲学、经济学、政治学

2. 在英国教育史上，规定英国公共教育体系由初等教育、中等教育和继续教育组成，确立英国中央与地方教育行政管理体制上的"伙伴关系"的教育法案是（　　）。

    A.《福斯特法案》   B.《巴尔福尔教育法》

    C.《巴特勒教育法》   D.《费舍教育法》

3. 20 世纪 60 年代，英国开始实施高等教育"双重制"，即高等教育包括大学和（　　）。

    A. 多科技术学院 B. 城市学院   C. 职业学院   D. 开放大学

4. 1968 年 11 月，法国议会通过并颁布了《高等教育方向指导法》，确立法国高等教育发展的三项办学原则，即"自主自治""民主参与"和（　　）。

    A."多科性结构"   B."单科性结构"

    C."学术自由"   D."开放办学"

5. 20 世纪 70 年代后期美国教育改革的主题是（　　）。

    A. 返回基础   B. 教育平等   C. 普及科学   D. 精英教育

二、要求判断正误，并说明理由。

1. 要素主义教育主张道德教育须从最简单的要素——儿童对母亲的爱开始。

2. 改造主义教育是作为实用主义教育的对立面而出现的。

拓展 >

补充读物

1   贺国庆、何振海：《战后美国教育史》，上海，上海交通大学出版社，2014。

    本书分为上下两编，全面反映二战后美国教育发展与变革的历程。上编以时间为线索分六个阶段，系统梳理了联邦政府的教育政策以及各阶段教育发展宏观走向。下编分析了美国二战后教育发展的五个热点问题：教育哲学与教育思想、教师教育、少数族裔教育、女子教育、职业教育。

2   何伟强：《英国教育战略研究》，杭州，浙江教育出版社，2014。

    本书讨论了二战后社会经济发展战略总体布局中英国教育的发展状况，着重分析了新工党执政以来英国历次教育战略规划的历史演进逻辑，各级教育战略运作计划以及政党轮替后英国教育改革的走向。

3 王晓辉：《当代法国教育》，太原，山西教育出版社，2021。

   本书阐述了二战后法国中小学教育、教师教育、私立学校、教育评估、高等教育、科学研究等发展情况。

4 杨明、赵凌：《德国教育战略研究》，杭州，浙江教育出版社，2014。

   本书展现了二战后德国教育政策法律、基础教育标准的制定与实施、职业教育的改革发展、高等教育的质量保障和财政改革、教育信息化战略和终身教育发展战略。

5 汪辉、李志永：《日本教育战略研究》，杭州，浙江教育出版社，2013。

   本书阐述了 21 世纪日本教育战略的实施背景、基础教育改革战略、世界一流大学建设战略、教育国际化战略、产学研协同战略和教育管理体制改革。

6 肖甦、朋腾：《俄罗斯教育制度与政策研究》，北京，人民教育出版社，2020。

   本书展现了俄罗斯教育制度的整体形态、基本结构、核心职能和主要特征，深入探究了社会转型以来俄罗斯教育改革政策的制定与实施、存在的问题与发展趋势。

7 安双宏：《印度教育战略研究》，杭州，浙江教育出版社，2014。

   本书阐述了二战后印度教育战略的社会经济发展背景，在国家发展中的重大意义及其演进，以及印度教育战略的未来走向。

8 吴旻雁、黄超：《埃及文化教育研究》，北京，外语教学与研究出版社，2022。

   本书从不同方面、不同维度论述埃及教育的发展历史、现行体系、教育政策、发展战略、相关法规、治理模式等。

9 万秀兰：《巴西教育战略研究》，杭州，浙江教育出版社，2014。

   本书从宏观层面评述二战后巴西教育战略的变迁及其对社会发展的影响，还详细阐述了教育治理、教育公平、教育质量、教育结构等战略主题。

参考文献

1. 曹孚、滕大春等:《外国古代教育史》,北京,人民教育出版社,1981。

2. 戴本博、张法琨:《外国教育史》,北京,人民教育出版社,1989。

3. 滕大春:《外国教育通史(1—6卷)》,济南,山东教育出版社,2005。

4. 滕大春:《外国近代教育史》,北京,人民教育出版社,1989。

5. 滕大春:《卢梭教育思想述评》,北京,人民教育出版社,1984。

6. 吴式颖:《外国教育史简编》,北京,教育科学出版社,1988。

7. 吴式颖:《外国教育史教程(第三版)》,北京,人民教育出版社,2015。

8. 吴式颖:《外国现代教育史》,北京,人民教育出版社,1999。

9. 吴式颖、任钟印:《外国教育思想通史(1—10卷)》,长沙,湖南教育出版社,2002。

10. 赵祥麟:《外国教育家评传(1—3卷)》,上海,上海教育出版社,1992。

11. [德]第斯多惠:《德国教师培养指南》,袁一安译,北京,人民教育出版社,1990。

12. [德]福禄培尔:《人的教育》,孙祖复译,北京,人民教育出版社,1991。

13. [德]赫尔巴特:《普通教育学》,李其龙译,北京,人民教育出版社,2015。

14. [法]卢梭:《爱弥儿 论教育(上、下卷)》,李平沤译,北京,人民教育出版社,1985。

15. [古希腊]柏拉图:《理想国》,郭斌和、张竹明译,北京,商务印书馆,2019。

16. [捷]夸美纽斯:《大教学论》,傅任敢译,北京,人民教育出版社,1984。

17. [美]布鲁纳:《布鲁纳教育论著选》,邵瑞珍等译,北京,人民教育出版社,2018。

18. [美]格莱夫斯:《中世教育史》,吴康译,上海,华东师范大学出版社,2005。

19. [美]约翰·杜威:《民主主义与教育》,王承绪译,北京,人民教育出版社,2001。

20. [瑞士]裴斯泰洛齐:《林哈德和葛笃德(上、下卷)》,北京编译社译,北京,人民教育出版社,1984。

21. [瑞士]裴斯泰洛齐:《裴斯泰洛齐教育论著选》,夏之莲等译,北京,人民教育出版社,1992。

22. [苏]巴班斯基:《教学过程最优化——一般教学论方面》,张定璋等译,北京,人民教育出版社,2007。

23. [苏]马卡连柯:《马卡连柯教育文集(上、下卷)》,吴式颖等编,北京,人民教育出版社,1985。

24. [苏]赞科夫:《教学与发展》,杜殿坤等译,北京,人民教育出版社,1985。

25. 吴元训:《中世纪教育文选》,北京,人民教育出版社,1989。

26. [意]玛丽亚·蒙台梭利:《童年的秘密》,马荣根译,北京,人民教育出版社,2005。

27. [英]阿伦·布洛克:《西方人文主义传统》,董乐山译,北京,三联书店,1997。

28. ［英］海斯汀·拉斯达尔:《中世纪的欧洲
大学（1—3 卷）》，崔延强、邓磊译，重
庆，重庆大学出版社，2011。

29. ［英］赫·斯宾塞:《斯宾塞教育论著选》，
胡毅、王承绪译，北京，人民教育出版社，
1997。

30. ［英］托·亨·赫胥黎:《科学与教育》，单
中惠、平波译，北京，人民教育出版社，
1990。

31. ［英］约翰·洛克:《教育漫话》，杨汉麟
译，北京，人民教育出版社，2006。

关键术语表^①

青年礼	initiation	青年礼又称"成丁礼"或"青年礼"，是人类社会早期原始部落考验青少年身心发展状况，从而确定其成人社会地位的仪式。
文士学校	scribe school	文士学校又称"书吏学校"，是古埃及专事培养掌握阅读、书写及计算技能的文士的学校，常由享有较高社会地位的文士在自己家里开办。
泥板书舍	tablet house	泥板书舍是古代两河流域的苏美尔人开设的以泥板书为教材、以泥板为主要学习工具，旨在向学生传授文字及符号知识的学校。
智者	sophists	智者原指荷马时代具有某种精神方面的能力和技巧的人，公元前5世纪中后期，智者专指古希腊城邦中以传授雄辩术和其他科学知识为职业的学者，是西方最早的职业教师。
产婆术	catechetics	产婆术又称"苏格拉底法""苏格拉底方法"或"精神助产术"，是苏格拉底提出的一种教学方法，主张教师在与学生谈话的过程中，不直接把知识传授给学生，而是通过讨论问答甚至辩论的方式揭露对方认识中的矛盾，逐步引导学生自己获得知识。
体育馆	gymnasium	体育馆是古代雅典用于训练体育运动参赛者、举办公共活动和开展哲学辩论的公共机构或场所，又是男童接受全面教育的场所。
五项竞技	pentathlon	五项竞技又称"五项运动"，是古代希腊体操学校和体育馆训练的重要内容，也是古代奥林匹克运动会的主要比赛项目，包括赛跑、跳跃、摔跤、掷铁饼和投标枪。
"三艺"	trivium	"三艺"是西方教育史上对文法、修辞学和辩证法的总称，是"七项自由艺术"的前三种，是古代和中世纪欧洲初等和中等学校教育的重要内容。
"四艺"	quadrivium	"四艺"是西方教育史上对算术、几何学、天文学、音乐的总称，是"七项自由艺术"的后四种，是古代和中世纪欧洲中等教育和高等教育的重要内容。
"七艺"	seven liberal arts	"七艺"全称是"七项自由艺术"，是欧洲古希腊、古罗马和中世纪时期对百科知识的一种分类方法。中世纪学校中"自由七艺"的内容包括文法、修辞学、辩证法、算术、几何学、天文学和音乐。

---

① 本书关键术语主要摘编自以下书籍。

教育学名词审定委员会：《教育学名词：2013》，北京，高等教育出版社，2013。

王焕勋：《实用教育大词典》，北京，北京师范大学出版社，1995。

顾明远：《教育大辞典（增订合编本，下）》，上海，上海教育出版社，1998。

续表

中世纪大学	medieval universities	中世纪大学是 11 世纪后期在欧洲各地（如博洛尼亚、巴黎、牛津）普遍兴起的一类高等教育机构，是现代大学的前身。
修道院学校	monastic school	修道院学校旧译"僧院学校"，是中世纪欧洲附设于修道院的学校，是当时主要的教会教育机构。
骑士教育	chivalric education	骑士教育是西欧中世纪时期盛行的一种特殊形式的家庭教育，主要目标是培养具有骁勇善战、忠君敬主的骑士精神和作战技能的骑士。
骑士七技	chivalric seven perfections	骑士七技是西欧中世纪骑士教育的主要内容，包括骑马、游泳、投枪、击剑、打猎、弈棋和吟诗。
教学环	teaching cycle	教学环是伊斯兰教清真寺中对已接受过初等教育的成年人实施较高程度教育的一种教学形式，教者坐于廊下或者院中，听者环坐成圆形，故得此名。
人文主义教育	humanism in education	人文主义教育是欧洲文艺复兴时期人文主义者所推行的教育，注重教育的世俗化，强调以"人"为中心，以古典人文学科为主要内容。
自由教育	liberal education	自由教育，又称"文雅教育"或"博雅教育"，是西方教育史上的一种重要教育观念，主张通过基本的道德、智慧、身体等多方面教育以发展人一般的、综合的文化素养。其具体内涵随时代变迁而有变化。
自然主义教育	naturalism in education	自然主义教育是近代西方影响较大的一种教育理论和教育思潮，主张教育应遵循儿童的自然天性、年龄特征、兴趣差异和个体特征，安排不同的学习内容，使用不同的教学方法等。
教育心理学化	educational psychologizing	教育心理学化是 19 世纪上半期西方教育思想探索和教育实践革新中的一项中心议题。在裴斯泰洛齐的首倡下，经赫尔巴特、福禄培尔、第斯多惠等教育学家的推动，教育理论和教育实践逐步符合儿童发展的心理学规律，心理学知识逐步融合与渗透到教育理论和教育实践领域内的过程。
要素教育	elementary education	要素教育是近代瑞士教育家裴斯泰洛齐提出的一种关于初等教育教学的理论，认为在各学科的教学内容中都存在各自最简单的要素，教学应寻找这些要素并从这些要素开始，逐步转向复杂的要素，以取得最佳的教学效果。
绅士教育	education of gentlemen	绅士教育是欧洲文艺复兴后兴起的一种教育观，认为教育应以培养身体强健、举止优雅、富有德行、知识渊博和才干出众的事业家（绅士）为宗旨，以洛克的绅士教育理论为代表。
公学	public school	公学是 14—15 世纪在英国出现的由公众团体集资兴办的学校，后演变成为主要招收贵族、资产阶级和教士子弟的私立寄宿制中等学校，以培养学生升入牛津、剑桥等大学为主要办学目标。

续表

贝尔-兰卡斯特制	Bell-Lancaster system	贝尔-兰卡斯特制,又称"导生制"或"相互教学制度"。是 18 世纪末由英国国教会牧师贝尔和公谊会教徒兰卡斯特分别创立的一种教学组织形式。在实施中教师先教一些年龄较大且成绩优秀的学生(导生),再由他们去协助教师转教其他年龄较小的学生。
自然后果法	method of natural consequences	自然后果法是 18 世纪法国启蒙思想家卢梭在其名作《爱弥儿》中提出的一种道德教育方法,要求儿童通过亲自体验其过失造成的不良后果去认识错误,自行改正。
国立中学	lycée	国立中学是 19 世纪初由法国中央政府创设、后被纳入帝国大学和大学区管理体制的一类六年制中等教育机构。
市立中学	collège	市立中学又译"市镇中学",是 19 世纪初由法国各城镇政府和城市团体创设、以地方财政和学生学费作为教育经费主要来源的六年制中等教育机构类型,后纳入帝国大学的学校系统,接受帝国大学和学区的行政管理,主要进行拉丁语、法语、地理、历史和数学课程的教育。
形式教学阶段	formalstufen	形式教学阶段,又称"教学阶段论"或"四段教学法",是德国教育家赫尔巴特创立的一种教学过程理论,教学过程分为"明了""联合""系统""方法"四个阶段,并将此四阶段确定为普遍适用于教学活动的形式。
恩物	gift	恩物是德国教育家福禄培尔为儿童设计的一套玩具,是儿童认识万物和理解自然的初步手段。
赠地学院	Land Grant College	赠地学院,又称"农工学院"和"拨地学院",是美国各州利用通过 1862 年和 1890 年两次《莫雷尔法》获得的联邦政府捐赠土地和资助经费而设立发展起来的新型高等学校,注重通过实施农业、机械工艺教育来培养各类实用技术人才。
文部省	もんぶしよう	文部省是 1871 年创建的日本最高教育行政机关,创设初期其掌管全国教育行政及各类学校管理事务,第二次世界大战后,其主要职责转变为就国家教育方针、政策的制定提出建议。
藩学	はんがく	藩学又称"藩黌",是日本江户时代向武士阶层子弟传授儒学知识和训练作战技能而设立的教育机构。
新教育运动	New Educational Movement	新教育运动,又称"新学校运动",是 19 世纪末 20 世纪初兴起于欧洲的以创设新学校、重视体育和手工劳动课程教育,是提倡发展儿童自由个性与活动能力为特征的教育革新运动。
初级学院	junior college	初级学院是美国的一种两年制高等学校,于 19 世纪 90 年代出现, 1901 年伊利诺伊州建立美国第一所公立初级学院。 20 世纪上半叶迅速发展。第二次世界大战以后公立初级学院改称社区学院,成为美国普及高等教育的重要形式,提供转学教育(大学一二年级教育)、职业技术教育和社区教育。

进步主义教育运动	Progressivism Education Movement	进步主义教育运动是 19 世纪末至 20 世纪中期产生于美国的、以杜威教育哲学为主要理论基础、以进步主义教育协会为组织中心、以改革美国学校教育为宗旨的教育理论探索和教育实验活动。
做中学	learning by doing	做中学是美国教育家杜威实用主义教育理论观点之一，主张以活动性的主动作业代替传统教材，强调学生应该在活动中获取经验和知识。
八年研究	eight-year study	八年研究，又称"三十校实验"（thirty schools experiment），是 1933 年至 1941 年间由美国进步主义教育协会组织、30 所中学参与的一次中学综合课程改革研究活动。
实用主义教育	pragmatism in education	实用主义教育是 19 世纪末 20 世纪初出现于美国的一种以实用主义哲学和机能心理学为基础，强调经验和探究，主张"教育即生活""学校即社会"，强调儿童中心主义，注重"从做中学"的教育思潮，主要代表人物为杜威。
统一劳动学校	единая трудовая школа	统一劳动学校是十月革命后苏联教育行政部门以"所有学校是一个不间断的阶梯"和"所有学校将劳动列入学校课程"为理论基础而构建的一种重视劳动教育的普通学校模式。
《国防教育法》	National Defense Education Act	《国防教育法》是美国国会 1958 年通过的一项教育法律，授权美国联邦政府拨款，采取各种方式对州和地方以及个人提供实质援助，以保证培养出质量上和数量上均适用的人才，满足国际竞争的需要。
生计教育	career education	生计教育又称职业前途教育，是 20 世纪 70 年代美国改革发展职业教育的新尝试，是 1971 年由美国联邦教育总署署长西德尼·马兰发起的。生计教育贯穿于小学一年级到高级中学甚至大专院校的所有年级，这使中学毕业生（即使是中途退学者）也能掌握维持生计的各种技能。
《巴特勒教育法》	Butler Education Act	《巴特勒教育法》是 1944 年英国议会通过教育大臣巴特勒递交的教育法案，也称《1944 年教育法》。该法确立和完善了中央与地方在教育行政管理体制上的相互合作的"伙伴关系"。
《罗宾斯报告》	Robbins Report	《罗宾斯报告》是英国高等教育委员会 1963 年向议会提交的报告。该报告对英国 1960—1980 年的高等教育发展进行了规划，提出了 178 条建议和著名的"罗宾斯原则"，即为所有具备入学能力和资格并希望接受高等教育的青年提供接受高等教育的机会。
《郎之万－瓦隆教育改革方案》	Langevin-Wallon Plan	《郎之万－瓦隆教育改革方案》是 1947 年法国公布的教育改革方案。方案提出了法国战后教育改革的六项原则和"教育民主化"的口号。

续表

双元制职业教育	dual-system vocational education	双元制职业教育亦称双重职业训练制度,是德国职业教育的基本形式。凡受完九年教育后不再升入更高一级全日制中学的青少年,必须在定时制职业学校接受三年补充义务教育。定时制职业学校的学生绝大多数都同时在企业受职业训练。这样,企业职业训练与学校职业教育相结合就形成了以企业为主、学校为辅的合作训练制度。
《教育基本法》	*Basic Law for Education*	1947 年颁布的《教育基本法》首次以立法形式确立了日本教育和平与民主的性质,标志日本教育从军国主义、国家主义教育向和平、民主教育转变。
《学校教育法》	*School Education Law*	1947 年,依据日本宪法和《教育基本法》的思想,日本颁布了《学校教育法》,废止了战前作为敕令的各种学校令,制定了新学校制度的基本法规,这成为日本战后教育改革的法律依据。
发展性教学理论	theory of developing teaching	发展性教学理论由苏联著名教育家赞科夫于 20 世纪 60 年代提出。发展性教学理论认为组织教学的目的是在学生的一般发展上达到尽可能比较高的效果。整个教学结构,包括课程设置、教学计划、教学大纲、教学方法以及教学气氛和师生关系等,都要从有利于学生一般发展的角度,重新进行考虑和安排。教学应不断创设最近发展区,并使之向现有发展水平转化。
改造主义教育	reconstructionism in education	改造主义教育是 20 世纪 30 年代至 50 年代出现的一种以改造社会为教育目标,重视培养"社会一致"的精神,主张教学以社会问题为中心,强调行为科学的教育指导意义的教育思潮,主要代表人物为康茨。
要素主义教育	essentialism in education	要素主义教育是 20 世纪 30 年代在美国诞生的一种强调学校教育要传授人类文化的"共同要素",主张教学过程是一个智慧训练过程,强调教师在教学过程中的核心地位的教育思潮,主要代表人物包括巴格莱、贝斯特和科南特。
永恒主义教育	perenialism in education	永恒主义教育是 20 世纪 30 年代在欧美国家中出现的一种强调教育性质永恒不变,教育目的在于培养人类天性中的共同要素,古典学科应在学校课程中居于核心地位的教育思潮,主要代表人物包括美国赫钦斯、阿德勒,英国的利文斯通和法国的阿兰。
存在主义教育	existentialism in education	存在主义教育是 20 世纪 50 年代对世界影响颇大的一派西方现代教育思潮。存在主义教育认为教育的目的是促进学生个人在自由选择中得到自我发展,并达到人格的自我完成。知识教育的内容主要是启发学生对自我的认识,理性发展应让位于个人情感与意志的发展,道德教育的核心是由学生通过自我选择行为标准确定自己的行为并承担后果,主张启发式教学方法,主张个别教学组织形式,主张平等的师生关系。

续表

结构主义教育	structuralism in education	结构主义教育是 20 世纪 50—60 年代形成的当代西方资产阶级教育思想流派之一。结构主义教育思想的核心在于把教育活动建立在儿童智力发展结构和知识的基本结构的基础上，促进儿童智力的发展和提高知识教学的水平。瑞士心理学家皮亚杰提出，教学必须依据儿童认知结构与心理特点进行，促进儿童智力、理解力、分析与解决问题能力的发展，培养儿童的主动性。美国心理学家布鲁纳提出在依据心理结构发展的基础上让学生学习学科知识的基本结构，强调"发现"教学法。
现代人文主义教育	modern humanism in education	现代人文主义教育又称"人本主义教育"，是 20 世纪五六十年代在美国兴起的一种强调培养整体的、自我实现的和创造型人才的教育思潮。
终身教育	life-long education	终身教育指在一个人整个一生中持续进行的教育。它的目的和形式必须适应个人发展不同阶段的需要，追求教育的连续性和一贯性。终身教育的教学内容、学习时间和学习方法具有机动性和多样性，其最终目的是维持和改善个人社会生活的质量，发展个性的各个方面，以适应社会发展和技术进步的需要。